清華簡《尚書》類文獻箋釋

馮勝君 著

上海古籍出版社

本書受到國家社科基金項目

"清華簡《尚書》類文獻綜合研究"（批准號：13BZS012）、

國家社科基金重大項目"簡帛學大辭典"（批准號：14ZDB027）的資助，

謹致謝忱！

目　　録

緒論　　001

《尹至》篇釋文與箋釋　　081
《尹誥》篇釋文與箋釋　　097
《程寤》篇釋文與箋釋　　107
《保訓》篇釋文與箋釋　　127
《金縢》篇釋文與箋釋　　149
《皇門》篇釋文與箋釋　　175
《祭公》篇釋文與箋釋　　207
《說命上》篇釋文與箋釋　　233
《說命中》篇釋文與箋釋　　247
《說命下》篇釋文與箋釋　　259
《厚父》篇釋文與箋釋　　273
《封許之命》篇釋文與箋釋　　293
《命訓》篇釋文與箋釋　　313
《攝命》篇釋文與箋釋　　333

參考文獻　　366

後記　　389

緒　論

在先秦典籍中，《尚書》最爲難治。 清人段玉裁曾總結《尚書》歷經"七厄"：

> 經惟《尚書》爲尊，《尚書》之離厄最甚：秦之火，一也；漢博士之抑古文，二也；馬、鄭不注古文逸篇，三也；魏、晉之有僞古文，四也；唐《正義》不用馬、鄭，用僞孔，五也；天寶之改字，六也；宋開寶之改《釋文》，七也。七者備而古文幾亡矣。①

上引這段話中，涉及《尚書》學史上最爲重要，也最爲紛繁複雜的三個問題： 其一爲"秦火"對《尚書》所產生的影響；其二爲《尚書》今古文之別；其三爲僞古文《尚書》問題。 下面我們先討論第二、第三個問題，再討論第一個問題，最後談一談清華簡《書》類文獻的價值和意義。

一、《尚書》今、古文之別

《漢書·藝文志》：

> 《尚書》。古文《經》四十六卷。② 爲五十七篇。

---

① 段玉裁：《古文尚書撰異自序》，鍾敬華點校：《經韻樓集〔附補編、年譜〕》第364頁，上海古籍出版社，2008年。
② 此處多數學者將"尚書古文經"連讀，並加書名號，標點爲"《尚書古文經》四十六卷"，張舜徽謂："此條應讀'《尚書》'二字爲句，乃冒起下文之辭。 此籍本（轉下頁）

《經》二十九卷。大、小夏侯二家。歐陽《經》三十二卷。

《傳》四十一篇。

歐陽《章句》三十一卷。

大、小夏侯《章句》各二十九卷。

大、小夏侯《解故》二十九篇。

歐陽《說義》二篇。

劉向《五行傳記》十一卷。

許商《五行傳記》一篇。

《周書》七十一篇。周史記。

《議奏》四十二篇。宣帝時石渠論。

凡《書》九家，四百一十二篇。入劉向《稽疑》一篇。

《易》曰：“河出圖，雒出書，聖人則之。”故《書》之所起遠矣，至孔子篡焉，上斷於堯，下訖于秦，凡百篇，而爲之序，言其作意。秦燔書禁學，濟南伏生獨壁藏之。漢興亡失，求得二十九篇，以教齊魯之間。訖孝宣世，有《歐陽》、《大小夏侯氏》，立於學官。古文《尚書》者①，出孔子壁中。武帝末②，魯共王壞孔子宅，欲以廣其宮，而得古文《尚書》

（接上頁）但稱《書》，不稱《尚書》，‘尚’字乃古之編錄者所加。”張氏並將《六藝略》相應文句斷讀爲“《易》。《經》十二篇，施、孟、梁丘三家”；“《詩》。《經》二十八卷，魯、齊、韓三家”；“《禮》。《古經》五十六卷，《經》（七十）〔十七〕篇，《記》百三十一篇”；“《春秋》。《古經》十二篇，《經》十一卷”。 參看張舜徽：《漢書藝文志通釋》第177—255頁，華東師範大學出版社，2004年。 另參馬楠：《周秦兩漢書經考》，清華大學博士學位論文（導師：彭林教授），2012年。

① 歷來標點《漢書·藝文志》者，均將"古文尚書"一併加以書名號作《古文尚書》（參看中華書局標點本《漢書》卷三十《藝文志》第1706頁，中華書局，1962年；陳國慶：《漢書藝文志注釋彙編》第31頁，中華書局，1983年），實際上並不嚴謹。 當時無論今文、古文，書名只是《書》或《尚書》，並沒有《古文尚書》或《今文尚書》這樣的書名存在（《志》文雖有《歐陽》、《大小夏侯氏》這樣的提法，是以人名指代書名，情況不同）。 特別是《志》文又有"而得古文《尚書》及《禮記》、《論語》、《孝經》凡數十篇，皆古字也"一句，"古文"二字冒下面提到的《尚書》、《禮記》、《論語》、《孝經》四本書，將"古文"二字放到書名號中標點爲《古文尚書》，"古文"由冒四書變爲專指《尚書》，尤誤。

② "武帝末"，學者多據魯共王生卒年考訂爲"景帝末"之訛，《論衡·正說篇》："至孝景帝時，魯共王壞孔子教授堂以爲殿，得百篇《尚書》於墙壁中。 武帝使使者取視，莫能讀者，遂祕於中，外不得見。"亦作"景帝"。 另可參看陳國慶《漢書藝文志注釋彙編》第31—32頁引周壽昌說。

及《禮記》、《論語》、《孝經》凡數十篇，皆古字也。共王往入其宅，聞鼓琴瑟鍾磬之音，於是懼，乃止不壞。孔安國者，孔子後也，悉得其書，以考二十九篇，得多十六篇。安國獻之①。遭巫蠱事，未列于學官。劉向以中古文校歐陽、大小夏侯三家經文，《酒誥》脱簡一，《召誥》脱簡二。率簡二十五字者，脱亦二十五字；簡二十二字者，脱亦二十二字。文字異者七百有餘，脱字數十。《書》者，古之號令，號令於衆，其言不立具，則聽受施行者弗曉。古文讀應爾雅，故解古今語而可知也。

《漢書・藝文志》的這段記載，簡明扼要地交待了《尚書》今、古文各自的來源。伏生所傳今文《尚書》爲二十九篇，亦見於《史記・儒林列傳》：

伏生者，濟南人也。故爲秦博士。孝文帝時，欲求能治《尚書》者，天下無有，乃聞伏生能治，欲召之。是時伏生年九十餘，老，不能行，於是乃詔太常使掌故朝錯往受之。秦時焚書，伏生壁藏之。其後兵大起，流亡，漢定，伏生求其書，亡數十篇，獨得二十九篇，即以教于齊魯之閒。學者由是頗能言《尚書》，諸山東大師無不涉《尚書》以教矣。

《漢書・儒林傳》相關記載則襲自馬遷。伏生所傳二十九篇《尚書》的篇目，向來頗多聚訟。解決這一問題，首先要找一個定點來作爲討論的基礎。目前所能見到的時代最早的今文《尚書》，爲東漢熹平年間刊刻的石經《尚書》。漢石經到唐朝初年，即已殘毀殆盡。唐宋之間零星出土者，多已收入洪适《隸釋》。自清末以來，漢石經《尚書》殘石又陸續出土，不少學者據殘石推測原碑行款，並試作碑圖以期復原石經原貌②。據漢石

---

① 荀悦《漢紀》："魯共王壞孔子宅，得古文《尚書》，多十六篇。武帝時孔安國家獻之。會巫蠱事，未列於學官。"學者多據此認爲《藝文志》之"安國"後脱"家"字，詳細討論參看蔣善國《尚書綜述》第44—47頁，上海古籍出版社，1988年。
② 參看屈萬里：《漢石經尚書殘字集證》，中研院歷史語言研究所，1963年；張國淦：《漢石經碑圖》，《民國時期經學叢書》第三輯，文聽閣圖書有限公司，2009年；馬楠：《周秦兩漢書經考》。

經殘石可知,東漢時期今文《尚書》篇目當爲①:

1. 堯典　2. 皋陶謨　3. 禹貢　4. 甘誓　5. 湯誓　6. 盤庚　7. 高宗肜日
8. 西伯戡黎　9. 微子　10. 太誓　11. 牧誓　12. 洪範　13. 金縢
14. 大誥　15. 康誥　16. 酒誥　17. 梓材　18. 召誥　19. 洛誥
20. 多士　21. 無逸　22. 君奭　23. 多方　24. 立政　25. 顧命
26. 費誓　27. 呂刑　28. 文侯之命　29. 秦誓　30. 書序

上述篇目恰爲二十九篇,而《書序》在外②。但此二十九篇之目,與西漢初年伏生所傳,並不完全相同。據史籍記載,《太誓》篇爲武帝時後得③,並未在伏生所傳二十九篇之中:

> 武帝末,民有得《泰誓》書於壁内者,獻之,與博士使讀説之,數月皆起,傳以教人。　　　　（《尚書序正義》引劉向《別錄》）
>
> 孝武皇帝末,有人得《泰誓》書於壁中者,獻之,與博士使讀説

---

① 關於熹平石經《尚書》的底本問題,學術界目前尚無定論。羅振玉、屈萬里等學者認爲是小夏侯本,錢玄同、馬衡等學者則認爲是歐陽本(參看虞萬里:《二十世紀儒家石經研究》,載《二十世紀七朝石經專論》上册,第 27—32 頁,上海辭書出版社,2018 年)。

② 《書序》的問題比較複雜且材料不多,本文不擬展開討論。蔣善國認爲《書序》形成於秦末儒家整編《尚書》之時,似較可信[清華簡《尚書》類文獻未見附有小《序》,趙平安(2013A)認爲簡本《説命》三篇中的上篇"更像是《説命》的《序》",謝維揚(2016)指出此説難以成立]。多數研究者認爲孔壁古文《尚書》附有《書序》,而伏生所傳《尚書》無《書序》。蔣善國則認爲孔壁、伏傳《尚書》均附有《書序》,只不過伏傳《尚書》的《書序》是二十九篇,而孔壁《尚書》的《書序》則是四十五篇。熹平石經《尚書》所附《書序》爲二十九篇之《序》,與篇目相對應。但孔壁《尚書》如果附有《書序》,是否爲與篇目相對應的四十五篇之《序》,尚難以質言。在僞孔《尚書》之前,無論是今文還是古文《尚書》的《書序》,都是別爲一卷附於全書之末的,並不是類似今本《尚書》將《書序》分散冠於相應篇目之首。所以《尚書》某一篇亡逸,並不一定意味着相應《序》文佚失(如東漢末年的趙岐在《孟子·萬章》篇注釋中提到:"逸《書》有《舜典》之序,亡失其文。")。朱熹認爲孔壁《尚書》所附爲百篇《書序》,可能是正確的(相關討論,參看《尚書綜述》第 61—74 頁)。

③ 《論衡·正説篇》:"至孝宣皇帝之時,河内女子發老屋,得逸《易》、《禮》、《尚書》各一篇,奏之。宣帝下示博士,然後《易》、《禮》、《尚書》各益一篇,而《尚書》二十九篇始定矣。"《經典釋文序錄》:"漢宣帝本始中,河内女子得《泰誓》一篇,獻之,與伏生所誦,合三十篇,漢世行之。"據此則《太誓》之得爲宣帝時,後世學者多認爲此説不確。

之，因傳以教。　　　　　　　　　　（《文選》李注引《七略》）

至孝武皇帝，……《泰誓》後得，博士集而讀之。

（劉歆《移讓太常博士書》）

武帝之前所傳《尚書》二十九篇之内没有《太誓》，故僅得二十八篇，與漢初伏生所傳二十九篇之數不合①。其原因在於伏生二十九篇中，《顧命》與《康王之誥》分爲二篇。皮錫瑞《經學通論》"論伏生傳經二十九篇非二十八篇當分《顧命》、《康王之誥》爲二不當數《書序》與《大誓》"條論之甚詳：

《史記·周本紀》云："作《顧命》……作《康誥》《康誥》即《康王

---

① 有一種觀點認爲，伏生所傳只有二十八篇。如《尚書序》："以其上古之書，謂之《尚書》。百篇之文，世莫得聞。"孔疏："《泰誓》非伏生所傳，而言二十九篇者，以司馬遷在武帝之世，見《泰誓》出而得行，入於伏生所傳内，故爲史摠之，並云伏生所出，不復曲别分析。云民間所得，其實得時不與伏生所傳同也。"其説《泰誓》非伏生所傳，固然是矣。然謂馬遷將後出之《泰誓》入於伏生所傳，"不復曲别分析"，則不免厚誣良史。又《泰誓》篇"作《泰誓》三篇"句孔疏云："《尚書》遭秦而亡，漢初不知篇數，武帝時有大常蓼侯孔臧者，安國之從兄也，與安國書云：'時人惟聞《尚書》二十八篇，取象二十八宿，謂爲信然，不知其有百篇也。'然則漢初惟有二十八篇，無《泰誓》矣。"此説出自東晉人的僞托，蔣善國辯之甚詳，可參看（《尚書綜述》第340－342頁）。還有一些學者認爲伏生所傳及孔壁所出，均有《太誓》。如王引之《經義述聞》列十二條證據，力主伏生所傳包含《太誓》（《經義述聞·尚書下》"伏生《尚書》二十九篇説"）。但此説於多種古書中明確記載之"《太誓》後得"，難以有圓滿解釋。王引之謂"《太誓》後得"之説爲"向、歆傳聞之訛也"，未免過於敷衍草率。吴承仕云："其（《序録》）以《泰誓》爲後得，則劉歆、王充、馬融、鄭玄、房宏、王肅等具有明説，事在不疑，此其大較也。"（《經典釋文序録疏證》第56－57頁，中華書局，2008年）吴説是矣，"《太誓》後得"之説未可輕易否定。蔣善國亦主伏生所傳、孔壁所出均包含《太誓》説，爲了彌縫與"《太誓》後得"之間的矛盾，蔣説認爲孔壁所出爲完整的《太誓》，共有三篇。而伏生所傳原本只有《太誓》兩篇，加後得之一篇，始成完璧（《尚書綜述》第213－225頁）。此説甚牽强，不可信。如孔壁所出有古文《太誓》，則後得之古文《太誓》與之有何異同，當時學者爲何均無一語言及，此不可解也；如伏生所傳已有兩篇《太誓》，後得之《泰誓》恰好爲伏生所傳缺失的那一篇，也未免太過湊巧；後漢傳古文《尚書》的著名學者馬融，曾對後得《太誓》的真僞提出疑問（主要證據爲以下三點：1."其文似若淺漏"；2.其内容語涉神怪，"得無在子所不語中"；3.先秦古書引《太誓》多不見於後得《太誓》），如孔壁原有與今文相同之《太誓》三篇，馬融難道不會想到這樣一來豈不是連帶孔壁所出之所有經文都存在真僞問題？總之，伏生所傳二十九篇及孔壁所出，均不包含《太誓》篇，是毫無疑問的。伏生《尚書大傳》及《漢書·董仲舒傳》載董仲舒對策引《太誓》文，均在得《太誓》之前。究其原因，很可能在西漢初年，已有殘本《太誓》傳世並爲當世學者所知、所引，因爲殘缺不全的緣故，並未包含在伏生所傳二十九篇之内。遲至武帝末年或宣帝時，始有完整的三篇《太誓》被發現。後得的三篇《太誓》，與之前流傳的《太誓》殘本有較多不同，可能是不同學派的版本。

之誥》。"則史公所傳伏生之書，明分爲二篇，其後歐陽、夏侯乃合爲一。疑因後得《大誓》，下示博士，使讀説以教人。博士乃以《顧命》、《康王之誥》合爲一篇，而攙入《大誓》。此夏侯篇數所以仍二十九，歐陽又分《大誓》爲三，所以篇數增至三十一也。《論衡》所云"益一篇而《尚書》二十九篇始定"，乃據其後言之；云伏生傳龜錯，適得二十九篇，乃據其先言之。如此解則二説皆可通。而伏生所傳篇數，與博士所傳篇數，名同而實不同之故，亦可考而知矣。①

此説最爲平實可信，王先謙《尚書孔傳參正》全用皮氏之説②，後世學者如陳夢家、屈萬里、程元敏等人亦贊同此説③。 如此則伏生所傳《尚書》篇目爲：

1. 堯典 2. 皋陶謨 3. 禹貢 4. 甘誓 5. 湯誓 6. 盤庚 7. 高宗肜日
8. 西伯戡黎 9. 微子 10. 牧誓 11. 洪範 12. 金縢 13. 大誥
14. 康誥 15. 酒誥 16. 梓材 17. 召誥 18. 洛誥 19. 多士
20. 無逸 21. 君奭 22. 多方 23. 立政 24. 顧命 25. 康王之誥
26. 費誓 27. 吕刑 28. 文侯之命 29. 秦誓

據上引《漢書·藝文志》記載："古文《尚書》者，出孔子壁中。……孔安國者，孔子後也，悉得其書，以考二十九篇，得多十六篇。"《志》文記載"古文《經》四十六卷"，則爲上述伏生所傳二十九篇，加多出來的十六篇，共計四十五篇，外加《書序》一篇，正好是四十六篇④。 一篇

---

① 皮錫瑞：《經學通論》第51頁，中華書局，1954年。另參皮錫瑞：《今文尚書考證》卷二十五，中華書局，2009年。
② 王先謙：《尚書孔傳參正》下册，第902—904、990—991頁，中華書局，2011年。
③ 陳夢家：《尚書通論》第46—47頁，中華書局，2005年。屈萬里：《漢石經尚書殘字集證》第22—30頁；《尚書集釋·概説》，中西書局，2014年。程元敏：《尚書學史》上册，第424—429頁，華東師範大學出版社，2013年。
④ 王先謙《尚書孔傳參正序例》："云'四十六卷'者，據《藝文志》云孔安國所得壁中古文，以考伏生二十九篇（自注：云伏生二十九篇，則是無《太誓》者，得多十六篇（自注：據此篇爲一卷），共四十五卷。《釋文》云馬、鄭之徒百篇之《序》總爲一卷，以一加四十五，是四十六卷也。"

爲一卷①，也就是《志》文所記"四十六卷"。孔壁古文《尚書》所增多的十六篇，其篇目見於《尚書・堯典》孔疏引鄭注《書序》：

1. 舜典　2. 汩作　3. 九共　4. 大禹謨　5. 益稷　6. 五子之歌　7. 胤征
8. 湯誥　9. 咸有一德　10. 典寶　11. 伊訓　12. 肆命　13. 原命
14. 武成　15. 旅獒　16. 冏命

故孔壁古文《尚書》的原始篇目當爲：

1. 堯典　2. 舜典　3. 汩作　4. 九共　5. 大禹謨　6. 皋陶謨　7. 益稷
8. 禹貢　9. 甘誓　10. 五子之歌　11. 胤征　12. 湯誓　13. 湯誥

---

① 對於《藝文志》所著錄文獻的單位"篇"與"卷"，李零先生曾有如下意見："古人所說的'卷'和'篇'概念不完全一樣。'篇'是按內容起訖自爲長短，而'卷'則是竹簡編聯成册的一種長度規格。古人著書，可以一篇一卷（長篇還可再分上下），也可以數篇合鈔，本無所謂長短。但向、歆校書，這個問題就很突出，長則一書數卷，短則數書一卷，卷與卷的分量比較接近，才便於上架庋藏。'批量化'導致'規格化'。當然，漢代的'卷'有多長，恐怕只能以握持之便定其大概，實際上也不是固定的（今之卷、冊仍如此）。"（參看氏著《簡帛古書與學術源流》第119頁，生活・讀書・新知三聯書店，2004年）在另一處，李零先生又強調說："篇者是就文字言，寫完一篇算一篇，按內容劃分；卷者是就載體言，簡帛收束，以手持爲便，卷成一卷算一卷，兩者未必相等。目中所錄，凡稱篇者，都是竹書；凡稱卷者，都是帛書或帛圖。大小計，竹書爲主，率以篇計，帛書爲主，率以卷計，帛圖也以卷計。若兼收竹帛而統計之，則有篇卷相抵之法，一篇頂一卷。"（參看氏著《蘭臺萬卷——讀〈漢書・藝文志〉》第10頁，生活・讀書・新知三聯書店，2011年）李氏說"篇"就內容而言，"卷"就載體而言，無疑是正確的。但認爲凡稱"篇"者均爲竹書，凡稱"卷"者均爲帛書或帛圖，此說襲自錢存訓。錢氏說："《漢書・藝文志》中所載的書籍單位，有四分之一的稱爲'卷'，包括部分儒家經典及全部的天文、曆法、醫藥、卜筮等著作，其他大多是稱'篇'的竹書。"（參看氏著《書於竹帛：中國古代的文字記錄》第102—103頁，上海書店出版社，2002年）我們曾指出，錢氏認爲《漢書・藝文志》中的篇和卷分別指竹書和帛書，似乎根據不足。因爲竹書抄寫完畢後，也要收卷起來，當然也可稱爲"卷"（反倒是帛書往往折疊起來庋藏，外部形態並不一定是"卷"）。但他所揭示的不同類型的典籍，傾向於使用不同的載體，則有可能是正確的。儒家經典多用帛書，是因爲"價值重要且需要永久保存"，而星算、占卜等術數類典籍，則是因爲多配有圖畫或在版式上有特殊安排，所以使用縑帛來抄寫（參看拙撰《出土文獻所見古書的載體以及構成和傳布方式》，《出土文獻與古文字研究》第四輯，第195—214頁，上海古籍出版社，2011年）。具體到《尚書》而言，班《志》在書目部分，一般稱篇目爲"卷"，而稱篇數爲"篇"。如古文《尚書》四十六卷，即《尚書》四十五個篇目，外加《書序》；"爲五十七篇"，則指篇數一共有五十七篇。一般來說，計算《尚書》篇數時，不可計入《書序》，而數"卷"時則可計入《書序》。這是因爲"卷"不僅可以指稱內容，更可強調物理單位。《書序》在內容上與《尚書》經文有別，故以"卷"來指稱，無疑更爲合適。

14. 咸有一德　15. 典寶　16. 伊訓　17. 肆命　18. 原命　19. 盤庚
20. 高宗肜日　21. 西伯戡黎　22. 微子　23. 牧誓　24. 武成
25. 洪範　26. 旅獒　27. 金縢　28. 大誥　29. 康誥　30. 酒誥
31. 梓材　32. 召誥　33. 洛誥　34. 多士　35. 無逸　36. 君奭
37. 多方　38. 立政　39. 顧命　40. 康王之誥　41. 冏命　42. 費誓
43. 吕刑　44. 文侯之命　45. 秦誓

　　上述篇目中，增多伏生所傳者十六篇，因爲没有師説①，故稱之爲"逸書"②。鄭玄注古文《尚書》，亦僅注與今文相同的二十九篇③，對於没有師説的"逸書"則略而不注。

　　前引《志》文謂古文《尚書》"四十六卷"，班固自注："爲五十七篇。"桓譚《新論·正經篇》："古文《尚書》舊有四十五卷，爲〔五〕十八篇。"④二者所記卷數及篇數均有所歧異。班《志》云"四十六卷"，當是計《書序》爲一卷⑤。如不計《序》，即《新論》所載之"四十五卷"，篇目即卷數。桓譚所見古文《尚書》爲五十八篇，孔壁古文較之伏生所傳多出來十六個篇目，其中《九共》共九篇，故計篇數則爲二十四篇。如此則桓譚所見古文《尚書》與今文相同的部分爲三十四篇（五十八減去二十四），其中伏生所傳二十九篇，外加後得《太誓》三篇，得三十二篇。又伏生篇目中，《盤庚》分爲三篇（篇數加二），故得三十四篇之數。這裏面反映出兩個問題：一是古文家亦傳後得之《太誓》，二是在得《太誓》之後將《康王之誥》併入《顧命》只是今文家的做法，古文家仍保持《康王之誥》獨立。因此《經典釋文序録》所謂"河内女子得《泰誓》一篇，獻之，與伏生所誦，合三十篇，漢世行之"，反映的或許是古文《尚書》分篇的情況，今文《尚書》則將《康王之誥》併入《顧命》以維持二十九篇之

---

① 馬融云："逸十六篇，絕無師説。"（《尚書·堯典》孔疏引馬融《書序》）
② "逸書"與"亡書"的區別在於，"'逸'是已傳於世，而未立學官，没有師説，'亡'是漢以前已亡而不傳了"（參看蔣善國《尚書綜述》第44頁注8）。
③ 鄭注二十九篇包含後得之《太誓》，此時《顧命》與《康王之誥》已合爲一篇，故仍爲二十九篇。
④ 朱謙之：《新輯本桓譚新論》第38頁，中華書局，2009年。
⑤ 王鳴盛：《尚書後案》下册，第669頁，北京大學出版社，2012年。

數。得《太誓》之後，今文《尚書》的篇目就固定下來了，故《論衡·正說篇》謂之"《尚書》二十九篇始定矣"。今文家傳《尚書》之所以要維持其二十九篇之數，一方面是其"以《尚書》爲備"（劉歆《移讓太常博士書》語）的抱殘守缺經學思想的反映；另一方面是當時有一種觀念，認爲今文《尚書》篇數上法天象，故不可輕易改變（《論衡·正說篇》："或説《尚書》二十九篇者，法北斗、七宿也。四七二十八篇，其一曰斗矣，故二十九。"）。

班《志》所記古文《尚書》篇數爲五十七，較之上述桓譚所記少一篇。其中緣由，或認爲是少《武成》一篇。如王先謙云：

> 僞《武成》疏引鄭云："《武成》，逸《書》，建武之際亡。"譚云五十八者，譚没於世祖時，在建武前，《武成》未亡。班云五十七者，班作《漢書》在顯宗時，《武成》已亡故也。①

顧實亦云："《武成》逸篇，亡於建武之際，班據見存，此班《志》所以曰'爲五十七篇'也。"②此説也有不少學者反對，如上引顧實語下自注云："徐養原《頑石廬經説》謂班不據見存，《史籀》十五篇，建武時已亡六篇，仍録舊目可證。"對此顧氏解釋說"班《志》時有變更《七略》舊文，未可一概論也"。可見，班《志》五十七篇爲少一篇《武成》説，疑點尚多。也有可能班固所見（或所據《七略》等書所著録）之古文《尚書》亦將《康王之誥》併入《顧命》，然上文已提及此爲今文家分篇特點，古文家未必如是。又《尚書·堯典》孔疏云"故《藝文志》、劉向《別録》云五十八篇"，似孔穎達所見班《志》記古文《尚書》篇數即五十八，疑莫能定。

班《志》又云歐陽《經》三十二卷，《章句》三十一卷。"《經》三十二卷"是《太誓》入於經文之後，今文二十九卷中《盤庚》或《太

---

① 王先謙：《尚書孔傳參正·序例》第4頁。也有學者認爲古文《武成》未亡，實即《逸周書·世俘》篇。參看顧頡剛：《尚書學講義》，《顧頡剛全集》卷八，第52頁，中華書局，2011年；顧頡剛：《〈逸周書·世俘篇〉校注、寫定與評論》，《文史》第二輯，第1—41頁，中華書局，1963年。

② 顧實：《漢書藝文志講疏》第24頁，商務印書館，1924年。

誓》分爲三篇①，外加《書序》一篇。《章句》較《經》少一卷，則因《序》無章句。

上文簡要介紹了兩漢時期今、古文《尚書》的篇目情況，其中尚有一些問題較難釐清，限於篇幅，不能展開討論。

孔壁所出古文《尚書》的字體，當以戰國齊魯地區文字爲主②，這一點經過學術界充分討論，應該没有什麽疑問。 西漢初期伏生所傳今文《尚書》（下文簡稱爲"伏傳《尚書》"），文本來源於其所"壁藏"之本（下文簡稱爲"伏壁《尚書》"）。 伏生"壁藏"《尚書》的原因，《史記·儒林傳》和班《志》都説是因爲"秦時焚書"。 如果馬遷、班固所説屬實，則伏壁《尚書》的寫定年代下限當爲秦始皇焚書之年，即秦始皇三十四年（公元前 213 年）。 始皇焚書，目的在於"立官藏而去私藏，尊官學而禁私學"，對此陳夢家有詳細討論：

  余讀《史記·秦始皇本紀》及《李斯列傳》所述李斯之議，而後知斯原意，在立官藏而去私藏，尊官學而禁私學，使教學定於一尊。《本紀》曰："非博士官所職，天下敢有藏詩、書、百家語者，悉詣守尉雜燒之。"是明明詩、書悉藏於官而不許民間私藏也。《李斯傳》曰："臣請諸有文學、詩、書、百家語者，蠲除去之。……若有欲學者，以吏爲師。"是明明存官學而禁私學也。李斯極言私學之患曰（據《本紀》）："今諸生不師今而學古，以非當世，……語皆道古以害今，飾虚言以亂實，人善其所私學，以非上之所建立。……尊私學而相與非法教人，聞令下，則各以其學議之。"③ 是不許民間藏書，乃針對私學而發；因禁私學私議，故不許私

---

① 王先謙、陳夢家等主張應是《盤庚》分爲三篇（《尚書孔傳參正·序例》，第 3 頁；《尚書通論》第 67—68 頁），王鳴盛、蔣善國、屈萬里等人則認爲係分《太誓》爲三篇，然説有不同（參看《尚書後案》下册，第 693—694 頁；《尚書綜述》第 26—27 頁；《漢石經書殘字集證》第 26—28 頁）。

② 參看拙撰《郭店簡與上博簡對比研究》之"國别篇"，綫裝書局，2007 年；張富海：《漢人所謂古文之研究》，綫裝書局，2007 年。

③ 中華書局標點本《史記》將相關文句斷讀爲"今皇帝并有天下， 别黑白而定一尊。 私學而相與非法教， 人聞令下， 則各以其學議之" （《史記》 第 255 頁， 中華書局， 1963 年）。

藏也。然則始皇之所欲燒者，非博士官所職之民間藏書，而非一切書皆燒。始皇之所欲禁者，"相與非法教人"之私學，而非一切教學皆廢。①

信如上引陳氏所論，則秦時博士官所職之書，並不在焚燒之列。而伏生在秦時正是博士，如《史記·儒林傳》："伏生者，濟南人也，故爲秦博士。"《鼂錯傳》："孝文帝時，天下無治《尚書》者，獨聞濟南伏生故秦博士，治《尚書》。"伏生既爲秦博士，他的藏書理應不在焚燒之列②，所以陳夢家認爲典籍所載伏壁《尚書》是爲了避免焚書之厄而藏於牆壁之中的説法是不可信的。

陳夢家詳細考察了《堯典》中的相關記載，認爲其中有不少與秦制相合的内容，歸納起來如下表所列：

堯典	先秦文獻記載	秦　　制
肇十有二州	《禹貢》："九州攸同。" 《左傳》襄公四年："於《虞人之箴》曰：'芒芒禹迹，畫爲九州。'" 《國語·魯語》："及九州名山川澤，所以出財用也。" 叔夷鐘："咸有九州，處禹之堵。"（集成276）	《秦始皇本紀》："數以六爲紀，符、法冠皆六寸，而輿六尺，六尺爲步，乘六馬。……分天下以爲三十六郡。……收天下兵，聚之咸陽，銷以爲鍾鐻，金人十二。……徙天下豪富於咸陽十二萬户。" 《史記·封禪書》："於是自殽以東，名山五，大川祠二。曰太室。太室，嵩高也。恒山，泰山，會稽，湘山。……自華以西，名山七，名川四。曰華山，薄山。薄山者，衰山也。岳山，岐山，吴岳，鴻冢，瀆山。"合計爲十二山。
封十有二山	《禹貢》："九山刊旅。" 《國語·周語》："封崇九山。" 《大戴禮記·五帝德》："巡九州，通九道，陂九澤，度九山。"	秦始皇刻石多四字一句，三句一韻，爲十二字。泰山、之罘、東觀刻石爲三十六句；琅琊、會稽刻石爲七十二句。
咨十有二牧汝二十有二人	《左傳》宣公三年："遠方圖物，貢金九牧。" 《荀子·解蔽》："此其所以喪九牧之地而虚宗廟之國也。" 《逸周書·度邑》："九牧之師，見王于殷郊。"	戰國秦新郪虎符四行四十字；秦統一之後的陽陵虎符，左右各十二字。 "汝二十有二人"包括《堯典》中提到的禹、棄、契、皋陶、垂、益、伯夷、夔、龍、四嶽、十二牧，共計二十五人，與"二十有二人"不合。如原作"九牧"，則恰爲二十二人。

---

① 陳夢家：《尚書通論》第132頁。
② 陳夢家：《尚書通論》第36頁。

續表

堯典	先秦文獻記載	秦　　制
五載一巡守		《史記·秦始皇本紀》："二十七年，始皇巡隴西、北地，出雞頭山，過回中。……三十二年，始皇之碣石，使燕人盧生求羡門、高誓。……三十七年十月癸丑，始皇出游。"出巡間隔恰爲五年。
協時、月，正日；同律、度、量、衡		《史記·秦始皇本紀》："方今水德之始，改年始，朝賀皆自十月朔。……一法度衡石丈尺，車同軌，書同文字。"

而《尚書》又以《秦誓》終篇，或非偶然。 凡此均可說明"漢所傳伏生《尚書》爲秦代官本"①。 蔣善國肯定了陳氏《堯典》爲秦代官本的結論，並在陳説的基礎上，對於《堯典》中涉及秦制、秦法的内容作了更爲詳盡的鉤稽。 蔣氏還對《堯典》中所包含的早期史料情況作了討論（如《堯典》中"厥民析/因/夷/隩"與甲骨文、《山海經》四方風的關係等），得出如下結論：

> 總括起來説，春秋以來早有堯、舜的傳説，戰國初年已傳有《堯典》的簡編。 就古籍引《書》看，《墨子》裏面引《書》很多，可是一句《堯典》也没有引，到了《孟子》才頭一個引《堯典》，這點説明了最初的《堯典》在墨子的時候還没有出現，它的成篇，當在墨子以後、孟子以前。……**至於今本《堯典》却是秦并天下（秦始皇二十六年，即公元前二二一年）到秦始皇末年這期間，經儒家和博士整編的**，因此，裏面所收以戰國以來所傳的舊《堯典》作藍本，而旁搜關於堯、舜的傳説（包括口説和簡編），站在儒家立場上根據秦代制度整編的。《堯典》的史實時代在《尚書》裏面是最古的，可是它的整編時代却是最後的、最晚的。 陳夢家的《堯典爲秦官本尚書考》，肯定今本《堯典》是秦代官本，所見甚是。 按《堯典》在孟子時已出

---

① 陳夢家：《尚書通論》第 132—142、342—348 頁。

現，這個事實就否定了《堯典》編於漢武帝時之論；而《孟子》書中所記堯、舜事，與今《堯典》不同，可見今本《堯典》不是孟子時所見的，而是秦始皇末年禁《詩》、《書》時所整編的。①

陳、蔣二氏認爲今本《堯典》爲秦官本的觀點，有相當堅實的證據，當可信從。所以今本《堯典》寫定的時代上限不會超過秦始皇統一六國之年，即前二二一年。秦統一之後，立即執行了較爲嚴格的"書同文"政策：

> （二十六年）一法度衡石丈尺，車同軌，書同文字。
>
> 　　　　　　　　　　　　　　　　　　（《史記·秦始皇本紀》）
>
> 廿六年，皇帝盡并兼天下，諸侯、黔首大安。立號爲皇帝，乃詔丞相狀、綰，灋度量則，不壹歉疑者，皆明壹之。
>
> 　　　　　　　　　（秦始皇廿六年詔書，《秦漢金文彙編》4-37②）

因此，孔壁古文《尚書》的字體既然爲戰國齊魯文字，其文本寫成年代，按理當在秦統一六國並實行"書同文"政策以前。具體到古文《堯典》這一篇，如果其文本寫定年代早於秦統一，那麼其中就不應有與秦統一之後的制度相暗合的內容。如果這一邏輯成立，至少孔壁《尚書》之《堯典》篇，與伏壁《尚書》之《堯典》篇在內容上一定存在較大差異。但典籍中卻沒有關於孔壁《尚書》與伏傳《尚書》相同篇章內容存在歧異的記載，相反上引班《志》卻說：

> 劉向以中古文校歐陽、大小夏侯三家經文，《酒誥》脫簡一，《召誥》脫簡二。率簡二十五字者，脫亦二十五字；簡二十二字者，脫亦二十二字。文字異者七百有餘，脫字數十。

今文經與古文經"文字異者七百有餘"③，可見二者之間的差異不過是用字上的不同，而且可以據古文補足今文的缺簡，證明彼此的內容並沒有什

---

① 蔣善國：《尚書綜述》第168頁。
② 孫慰祖、徐谷甫編著：《秦漢金文彙編》，上海書店出版社，1997年。
③ 參看王應麟：《漢書藝文志考證》，《漢制考 漢書藝文志考證》第142—146頁，中華書局，2011年。

麽差別，完全可以互校。 如果孔壁《堯典》與伏傳《堯典》內容完全相同的話，從文本流傳的角度是難以理解的。 考古學上有這樣一條原理，即晚期地層中可以包含早期材料，但早期地層如果沒有經過擾亂，不可能包含晚期材料。 這一理論在文獻學上也同樣適用，即寫定較晚的文本，可以包含生成時代較早的內容；但寫定較早的文本如果沒有經過後人竄亂，不應包含時代序列在後的晚起內容。 以戰國齊魯地區文字書寫的《堯典》中，按理不應出現秦統一以後的內容。 如果孔壁《尚書》出土後，孔安國依據伏傳《尚書》對孔壁古文《堯典》的部分內容進行了篡改，以當時對戰國文字的了解和掌握，在技術上存在相當的難度。 因此這一奇特現象背後的成因到底是什麽，值得深入思考和探究。

　　蔣善國先生曾經指出："今傳《堯典》是秦統一天下到秦始皇末年這個期間儒家所整編的，它不但是當時博士所掌的《堯典》，而且還是漢代伏生和孔安國所傳今、古文相同的那篇《堯典》。"①如果不能否認孔壁古文《堯典》與同出其他各篇性質相同，而伏傳《尚書》的底本是秦始皇統一之後整編的秦官本，那麽孔壁《尚書》的底本也只能是秦官本，其抄寫年代自然不能早於其底本年代的上限——秦統一之年，也就是説**孔壁古文《尚書》是秦統一之後用戰國時期通行的齊魯地區文字抄寫的秦官本**。 前文已經提到，秦統一之後，立即實行了較爲嚴格的"書同文"政策，而且"非博士官所職"，禁止天下人"藏《詩》、《書》、百家語"。 齊魯儒者在上述嚴峻的秦法之下，用"不與秦文合"②的齊魯地區文字抄寫了《尚書》，當然是冒着極大風險的。 我們推想，這個用戰國齊系字抄寫的秦官本《尚書》，可能在抄成後不久就被藏到墙壁之中，即使有所傳布，也只能在極小的範圍内秘密進行。

　　我們後面還要提到，先秦時期，古書流傳多以篇章爲單位，特別是《書》類文獻的特點決定了其篇章之間的關係比較鬆散。 因此在沒有定本之前，某一批《書》類文獻具體包含哪些篇章，帶有很大偶然性。 如目前

---

　　① 《尚書綜述》第150頁。
　　② 許慎：《説文解字敘》："……言語異聲，文字異形。 秦始皇帝初兼天下，丞相李斯乃奏同之，罷其不與秦文合者。"

公布的清華簡《尚書》類文獻共十二個篇目（《説命》分三篇，故篇數爲十四），見於伏傳二十九篇的只有一篇（《金縢》），篇目見於孔壁古文或百篇《書序》的有三篇（《尹誥（咸有一德）》、《説命》、《攝命（囧命）》），見於《逸周書》則有四篇（《程寤》①、《皇門》、《祭公》、《命訓》），另外也有完全没有流傳到後世的逸書（《尹至》、《保訓》、《厚父》、《封許之命》）。根據史書記載，伏生所藏的《書》類文獻，在漢初"亡數十篇，獨得二十九篇"（《史記·儒林列傳》），也就是説如果伏壁藏書得以完整保存，其篇目應該遠遠多於二十九篇。孔壁古文《尚書》共四十五篇，而之前發現的伏壁《尚書》二十九篇竟然全部包含在内，這究竟是巧合還是背後隱藏着我們尚未了解的真相？爲了精確描述孔壁和伏壁《尚書》之間的關係，我們認爲引入數理統計的方式是十分必要而且是可行的。

爲了便於理解和計算，我們假設伏壁和孔壁《尚書》來源於同一個樣本集（也就是當時流傳的單篇《尚書》的集合），那麽孔壁《尚書》45篇包含全部伏壁《尚書》29篇的概率（p）可以用如下公式來表示：

$$p = \frac{C_{n-29}^{45-29}}{C_n^{45}} \times 100\%$$

其中"n"表示來源樣本的數量，當我們選定不同的 n 值的時候，所得出的概率如下表所示：

n	p
$n=100$	$7.32 \times 10^{-58}\%$
……	……
$n=50$	0.96%
$n=49$	2.29%
$n=48$	5.6%

---

① 今本《逸周書·程寤》只有篇名而無内容，《藝文類聚》、《太平御覽》等類書中保存有《程寤》篇部分文句。

續表

n	p
$n=47$	14.39%
$n=46$	36.96%
$n=45$	100%

如果我們假定伏壁和孔壁《尚書》是從所謂百篇《尚書》中分別選取的，那麽孔壁《尚書》中恰好包含全部伏壁《尚書》的概率是 7.32×10^{-58}%，也就是説這種可能性已經低到完全可以忽略不計的程度。伏壁《尚書》"亡數十篇"，則其原本至少應該在 50 篇左右（29＋20）。如果伏壁和孔壁《尚書》都來源於一個 50 篇左右的文本集，那麽從上表計算的結果來看，孔壁篇目完全包含伏壁篇目的概率也不到 1%。我們回過頭來再看上表的計算結果，應該説結論已經昭然若揭，即孔壁《尚書》45 篇應該是當時的一個完整文本，伏壁《尚書》就是這個文本的殘本。只有這樣，孔壁篇目完全包含伏壁篇目的概率達到 100%，是一個確定會出現的事件。除此之外，應該説都是小概率事件。結合我們之前的討論，我們認爲**孔壁古文《尚書》是秦官本的全本和定本，包含了經過秦統一之後整編的全部篇章（四十五篇）。伏壁《尚書》本來也是這個本子，所亡失的篇目就是孔壁古文多出來的十六篇**。史書所記"亡數十篇"可能是指篇數（24 篇）而非篇目（16 篇），也可能是約數而非實指①。

蔣善國認爲伏生所傳二十九篇是秦朝的官定選本，根本不是亡佚的結果②。如果這種可能性存在的話，那麽孔壁《尚書》就是在這個本子的基礎上又增加了十六篇。但這種看法與史書關於伏壁《尚書》"亡數十篇"的記載相牴牾，不能令人滿意。但是他指出："伏生是秦時的博士，也就

---

① 陳夢家統計《史記》所引《尚書》篇目共計 60 篇，在伏壁所出 29 篇外，多出 31 篇。這 31 篇中有見於孔壁的 10 篇，另有逸《書》21 篇。他認爲司馬遷所記伏壁《尚書》"亡數十篇"，是指這 31 篇而言。據此説，則所謂"亡數十篇"是馬遷據所見、所引《尚書》篇目推測伏壁《尚書》的亡失情況（參看《尚書通論》第 271 頁）。

② 參看《尚書綜述》第 28 頁。

是當時教《尚書》的經師,漢初他在齊、魯所傳授的《尚書》只四十五篇,可見孔家人在秦禁《詩》、《書》時所藏的《尚書》只四十五篇。"①這一看法雖不很精確②,但與我們前面得出的結論非常接近。

今、古文經之間最初也是最為直觀的差別,無疑體現在字體方面。伏壁《尚書》如爲秦官本,則經文的字體就應該是早期古隸③。到了西漢初期,伏傳《尚書》的字體或仍保持早期古隸,或已被轉寫爲時代較晚的古隸④。從馬王堆帛書等西漢前期簡帛材料來看,早期和晚期古隸,是當時傳世書籍的主要字體⑤。孔壁所出古文經的字體是戰國齊魯地區文字,所以孔壁《尚書》與當時流傳的伏傳《尚書》在字體上的差別是顯而易見的。孔壁《尚書》發現後,孔安國"悉得其書"。《史記·儒林列傳》:

> 孔氏有古文《尚書》,而安國以今文讀之,因以起其家。逸《書》得十餘篇,蓋《尚書》滋多於是矣。

王念孫《讀書雜志》引王引之説:

---

① 蔣善國:《尚書綜述》第62頁。
② 《漢書·藝文志》明確記載伏生所藏《尚書》"漢興亡失,求得二十九篇",則伏生在西漢初年所傳《尚書》爲二十九篇,而非四十五篇,當無疑問。但伏生作爲博士,在秦末之時所掌《尚書》有四十五篇,可能是符合實際的。
③ 參看裘錫圭:《秦漢時代的字體》,《裘錫圭學術文集·語言文字與古文獻卷》第205—229頁,復旦大學出版社,2012年。
④ 王國維認爲:"夫今文家諸經,當秦漢之際,其著於竹帛者,固無非古文,然至文景之世,已全易爲今文。"(王國維:《漢時古文諸經有轉寫本説》,《觀堂集林》第二册,第327頁,中華書局,1959年)今按,此説過於絶對。如伏壁《尚書》爲秦官本,則其字體一定是古隸,而非六國古文。陳夢家認爲"伏生傳誦的《尚書》在秦代應是篆文,漢初錄以今文",蔣善國認爲"鼂錯由伏生取回的《尚書》原簡,即使不是古文,也必是秦代小篆"(《尚書綜述》第93頁注1),這種觀點恐怕也不可信。目前所見出土簡帛文獻,很少有用篆書書寫的,馬王堆帛書《陰陽五行甲篇》,舊稱《篆書陰陽五行》,其字體兼有篆、隸筆意,而且還混雜有不少戰國楚文字的寫法,也非典型的秦篆(參看裘錫圭主編:《長沙馬王堆漢墓簡帛集成》第五册,第66頁,中華書局,2014年)。目前所見秦代簡帛文獻,基本上是用古隸抄寫的。彭裕商也認爲:"推測伏生壁藏的本子很可能與馬王堆帛書《老子》甲本類同,爲秦隸,朝錯等受書以後,錄以漢隸,故稱'今文',是當時通行的文字。"(參看彭裕商:《梅本古文〈尚書〉新考》,《出土文獻與古文字研究(第六輯)——復旦大學出土文獻與古文字研究中心成立十周年紀念文集》第654頁,上海古籍出版社,2015年。)
⑤ 參看裘錫圭主編:《長沙馬王堆漢墓簡帛集成》第四册,第1頁。

當讀"因以起其家"爲句,"逸《書》"二字連下讀。起,興起也;家,家法也。漢世《尚書》多用今文,自孔氏治古文經,讀之說之,傳以教人,其後遂有古文家。是古文家法自孔氏興起也,故曰"因以起其家"。……《書序》正義引劉向《別錄》曰:"武帝末,民間有得《泰誓》者,獻之。與博士,使讀說之,數月皆起。"《後漢書·桓郁傳》注引《華嶠書》曰:"(明帝)問郁曰:'子幾人能傳學?'郁曰:'臣子皆未能傳學,孤兄子一人學方起。'帝曰:'努力教之,有起者即白之。'"是"起"謂其學興起。①

王國維對此有進一步闡發:

蓋古文《尚書》初出,其本與伏生所傳頗有異同,而尚無章句訓詁。安國因以今文定其章句,通其假借,讀而傳之,是謂"以今文讀之"。其所謂"讀",與班孟堅所謂"齊人能正《蒼頡》讀",馬季長所謂"杜子春始通《周官》讀"之"讀",無以異也。然則安國之於古文《尚書》,其事業在讀之起之。至於文字,蓋非當世所不復知如王仲任輩所云也。②

蓋諸經之冠以"古"字者,所以別其家數,非徒以其文字也。……於是"古文"二字,遂由書體之名,而變爲學派之名。③

上引王引之、王國維說,均强調今、古文《尚書》的根本差異在於家法的不同,這一點無疑是正確的。最爲顯著的例子是,後得之《太誓》本爲古文本,武帝命博士"讀說之"。當時的博士,均爲今文經博士,古文《太誓》經過今文博士的闡釋(當然也應有將古文改寫爲今文的過程),變成了今文《尚書》的一部分(前引熹平石經即包含《太誓》篇)④。可見即

---

① 王念孫:《讀書雜志》第一册,第410—411頁,上海古籍出版社,2014年。
② 王國維:《〈史記〉所謂"古文"說》,《觀堂集林》第二册,第310—311頁。
③ 王國維:《〈漢書〉所謂"古文"說》,《觀堂集林》第二册,第312—313頁。
④ 這一點也可以反過來證明,伏傳《尚書》二十九篇中一定不包含《太誓》(《尚書大傳》中有《太誓》殘文,有學者認爲可能是傳文,而非經文。當然也不能排除是經文殘篇,但因爲經文殘缺過甚,伏生傳《書》時並未將其列入,故亦無師說)。如果伏傳《尚書》包含完整的《太誓》篇,則該篇一定有師說。後出古文《太誓》文本不可能與之前的今文《太誓》完全相同,文本的差異必然導致師說的不同,今文家不可能將一篇家法和師說不同的《太誓》篇納入其經文之中。正因爲古文《太誓》首次發現,之前並無家法與師說,故而今文博士"讀"之,使之具有今文的家法和師說,才有可能納入今文經的系統。

便文本是古文經，但家法和師説屬於今文家，也可以變成今文經。今文家之所以抵制、排斥包含《尚書》在内的古文經，説到底還是爲了維護今文家法。古文《尚書》正是由於孔安國"讀之起之"，才有了古文家法。所以王國維强調，"孔壁書之可貴，以其爲古文經故，非徒以其文字爲古文故也"。正是由於孔壁古文的發現，始有古文經以及古文家法，肇啓兩漢今古文經爭勝，對於中國學術史的影響之巨，固非今古文經字體之别所能籠罩。但孔安國只能"讀"古文《尚書》中與今文（即伏傳"二十九篇"）相同的部分，所以古文家法只限於這部分篇目。至於不見於今文的部分（多出來的"十六篇"），由於無所憑依而不易"讀"，故没有師説和家法，被稱爲"逸《書》"①。關於這一點，由於目前有多批古書類戰國竹簡的整理經驗，可以有較爲深切的體會。凡是有今本可以對讀的文獻，如郭店《緇衣》、《老子》、《周易》，清華簡中有今本《尚書》、《逸周書》對

---

① 虞萬里先生認爲："馬融所謂十六篇'絶無師説'，一般理解爲古文十六篇没有傳注文字，實乃絶對之誤解。所謂兩漢師説，殆指被立爲博士而傳授之師法經解，未立爲博士，雖可在野傳授，却不能稱爲'師法'或'師説'。《古文尚書》在朝廷博士制度之外傳授不絶，有傳授，必有解説，亦即有傳注文字。所以古文十六篇之傳注並非無源之水。筆者近數年專注於秦漢經典傳記注疏體式之研究，比較《孔傳》與其他傳注，發現《孔傳》既有西漢傳記體式因子，而更多的是東漢以後注體之範式。此在某種程度上亦可認爲是十六篇的'師説'。"（虞萬里：《以丁晏〈尚書餘論〉爲中心看王肅僞造〈古文尚書傳〉説——從肯定到否定後之思考》，載氏著《榆枋齋學林》上册，第213頁，華東師範大學出版社，2012年。）按，典籍中從未明確提到兩漢人傳授古文《尚書》時，對於逸十六篇有注釋或説解，虞先生所謂"有傳授，必有解説"，並無確證。彭裕商也認爲："當時人以今文與孔壁古文相對讀，能搞清楚的也只能是當時流行的今文《尚書》裏有的篇章，至於多出的十多篇也就不識其字了。……漢初人是不識六國古文的，其以今文與壁中古文對讀，其範圍也只是在二十八篇今文《尚書》之内。"（彭裕商：《梅本古文〈尚書〉新考》）應該説，對於有今文《尚書》對讀的古文諸篇，漢人還是可以釋讀其文字的。當時學者通過今古文經對讀，可以認識一些六國文字。彭先生認爲漢初人完全不識六國古文，未免過於絶對。但對於文義的理解則是另一個方面的問題，以我們今天整理古書類竹簡的經驗而言，如果一段文句中有幾個不能確釋的文字，就會對理解文義造成很大障礙。古文《尚書》中的"逸《書》"之所以不易讀，一方面在於其文本中一定會存在當時人不認識的文字，由於没有今本作爲對照，在文義疏解方面不免難以措手；另一方面也由於没有今本傍依而創立家法，並非易事。孔壁古文發現之初，對其進行研究的學者僅孔安國一人而已。後入藏秘府，外人罕睹，故孔壁"逸十六篇"一直未有疏解及家法。武帝時發現古文《太誓》，政府組織博士"集而讀之"達數月之久（解經時師心自用、自我作古之處或亦難免），方能興起家法，傳以教人。古文逸經之難讀，家法創立之不易，於此可見一斑。

讀的諸篇，在文義疏解方面，一般不會存在太大的障礙；但是那些沒有今本可以對讀且文本生成年代較早的文獻，不僅在文義理解方面會存在不少窒礙，有的時候甚至連簡序都很難確定（如簡本《程寤》篇等）。這些困難，漢人在面對沒有今文《尚書》作爲對照的古文《尚書》諸篇的時候，一樣會存在。如果經文的文本無法確定，文義無法完全理解，是沒有辦法"傳以教人"的。所以古文《尚書》中不見於今文經的諸篇沒有注釋和師説，這一點是經學史上的關鍵所在，不可不察。

兩漢古文經學家引用、説解古文《尚書》，一般僅限於與今文《尚書》相同的篇目（前文提到所謂《尚書》第三厄"馬、鄭不注古文逸篇"），對於逸《書》則鮮見稱引。例如《説文》所收"古文"，絕大部分來源於孔壁竹書。以《説文》稱引《尚書》古文爲例，可以確定篇目的共計157例，除晚得古文《太誓》外，没有逸出伏傳二十九篇者①（具體篇目引用次數統計見下表）。

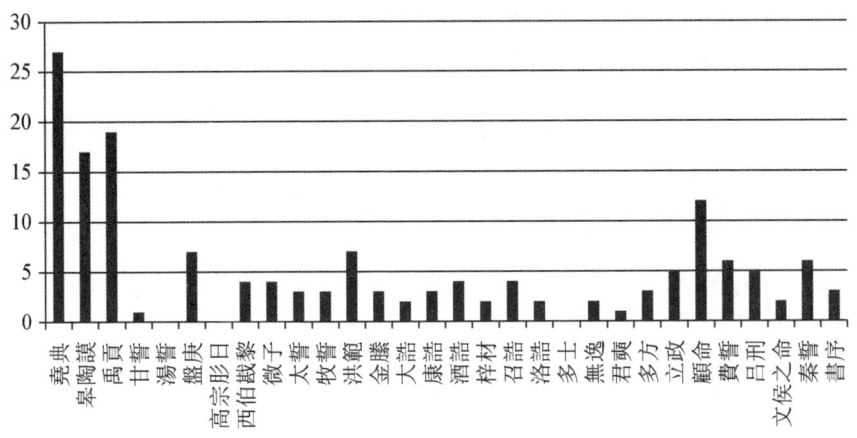

據《漢書·景十三王傳》記載，河間獻王"修學好古，實事求是。從民得善書，必爲好寫與之，留其真"。孔壁竹書被發現後，孔安國在將這批珍貴的先秦典籍獻給朝廷之前，應該也留有副本。故王國維認爲："安

---

① 統計數據主要依據馬宗霍《説文解字引經考》（中華書局，2013年），另外尚有7例可以確定篇目的《逸周書》字例未列入統計範圍。

國雖讀古文以今文,未必不別爲好寫藏之而後獻諸朝,其遲之又久而始獻者,亦未必不因寫書之故。"①古文《尚書》何時有今文轉録本,史書中没有明確記載。 王國維推測説:

> 兩漢古文《尚書》及《春秋左氏傳》,人間均有傳業。《後漢書·賈逵傳》:"帝令逵自選公羊、嚴、顔諸生高才者二十人,教以《左氏》,與簡紙經傳各一通。"是當時授業皆有經本,且其經本猶當爲古文。觀漢代古學家如張敞、杜林、衛宏、徐巡、賈逵、許慎等,皆以小學名家,蓋以傳古學者均須研究古文字故。②

王氏並認爲古文經改爲隸定之本,"當在賈、馬、鄭以後"③。 今按,王氏此説推測的成分較大,不一定符合事實。 據《後漢書》等文獻記載,當時授業確有經本,然此經本爲古文本抑或爲今文轉録本,尚難質言。《後漢書·杜林傳》:"林前於西州得漆書古文《尚書》一卷,常寶愛之,雖遭難困,握持不離身。"杜林所得僅爲古文《尚書》之一卷,已視若拱璧,可見當時的古文《尚書》全經並非觸手可得。 東漢時,民間所藏古文經當已非常稀少,許慎等古文經學家所利用的古文經,當來源於中秘藏書。

兩漢時期流傳的今、古文《尚書》,經歷西晉時期"永嘉之亂",遭受重大損失。《經典釋文·序録》云:

> 漢始立歐陽《尚書》,宣帝復立大小夏侯博士,平帝立古文。永嘉喪亂,衆家之書並滅亡。

《隋書·經籍志》亦云:"及永嘉之亂,歐陽、大小夏侯《尚書》並亡。"則三家今文《尚書》亡於西晉永嘉年間,當無疑問。《隋書·經籍志》及《新唐書·藝文志》尚著録有馬融、鄭玄所注《尚書》,而馬、鄭所傳爲古文《尚書》④,可見古文《尚書》中與今文相同的篇目,至唐時尚存。 吳

---

① 王國維:《漢時古文諸經有轉寫本説》,《觀堂集林》第二册,第 327—330 頁。
② 同上注。
③ 王國維:《兩漢古文學家多小學家説》,《觀堂集林》第二册,第 330—336 頁。
④ 《後漢書·儒林列傳》:"扶風杜林傳古文《尚書》,林同郡賈逵爲之作訓,馬融作傳,鄭玄注解,由是古文《尚書》遂顯於世。"

承仕云：“唐代，馬、鄭之書卷帙完具，各家時見稱引。至王應麟而有輯本，則知宋末已散亡矣。”①至於古文《尚書》逸十六篇，其中《武成》篇據史書記載亡於建武之際，而其他諸篇，屈萬里認爲亡於唐、宋之際：

  隋書經籍志云："又有尚書逸篇，出於齊梁之間。考其篇目，似孔壁中書之殘缺者。"故隋志著録尚書逸篇二卷，新唐志尚有徐邈注逸書三卷。是孔壁所出十六篇逸書，至唐猶有殘存者。自是以後，遂不見於記載。蓋全部亡失，約在唐宋之際也。②

今按，《尚書》逸篇出自孔壁以來，從未有注解訓釋，至《新唐書·藝文志》忽然著録有"徐邈注《逸篇》三卷"，閻若璩認爲"此齊、梁間好事者爲之，而又假托晉儒徐邈以自重"③。其實逸《書》之亡，原非一時。《禮記·緇衣》鄭玄注："《尹告》，伊尹之誥也，《書序》以爲《咸有一德》。今亡。"《孟子·萬章》趙岐注："逸《書》有《舜典》之序，亡失其文。"可見，因爲逸《書》没有師説，流傳不廣，不免陸續亡失。一般認爲孔壁所出之逸《書》在"永嘉之亂"後已全部亡失。孔穎達作《尚書正義》，已不見孔壁逸《書》原文（篇目則依據鄭玄注《書序》）④，屈萬里將逸《書》之亡定在唐、宋之際，未免過晚。

二、《尚書》真僞問題

今本《尚書》共有五十八篇，前文提到，桓譚《新論》、劉向《別録》也説古文《尚書》共有五十八篇。但二者篇數雖同，篇目却有很大差異。我們先把漢代所存百篇古文《尚書》篇目列表如下（表中篇目次序依鄭注《書序》⑤，以▲號表亦見於今文的篇目；以●號表古文獨有篇目；以○號表原本爲古文，但久已亡失，今本係僞造或從其他篇中割裂而來的篇目；

---

① 吴承仕：《經典釋文序録疏證》第67頁。
② 屈萬里：《尚書集釋·概説》第13頁，中西書局，2014年。標點據原書。
③ 參看陳夢家《尚書通論》第305—306頁。
④ 參看陳夢家《尚書通論》第104頁。
⑤ 參看陳夢家《尚書通論》第76—85頁。

表中用斜體表示文本既不見於孔壁《尚書》，也不見於今本《尚書》的篇目）：

《書序》篇目		兩漢古文篇目	今本古文篇目	備　　注
1	堯典	▲	▲	
2	舜典	●	○	孔壁古文有《舜典》篇，已亡。今本《舜典》係割裂《堯典》下半而來，並在篇首附益二十八字。
3	汩作	●		
4—12	九共（9）	●		
13	槁飫			
14	大禹謨	●	●	
15	皋陶謨	▲	▲	
16	益稷	●	○	孔壁古文有《棄稷》篇，已亡。今本《益稷》係割裂《皋陶謨》下半而來。
17	禹貢	▲	▲	
18	甘誓	▲	▲	
19	五子之歌	●	●	
20	胤征	●	●	
21	帝告			
22	釐沃			
23	湯征			
24	汝鳩			
25	汝方			
26	夏社			
27	疑至			

續表

《書序》篇目		兩漢古文篇目	今本古文篇目	備　注
28	臣扈			
29	湯誓	▲	▲	
30	典寶	●		
31	湯誥	●	●	
32	咸有一德	●	●	
33	仲虺之誥		●	
34	明居			
35	伊訓	●	●	
36	肆命	●		
37	徂后			
38—40	太甲（3）		●	
41	沃丁			
42—45	咸乂（4）			
46	伊陟			
47	原命	●		
48	仲丁			
49	河亶甲			
50	祖乙			
51—53	盤庚（3）	▲	▲	
54—56	説命（3）		●	
57	高宗肜日	▲	▲	
58	高宗之訓			
59	西伯戡黎	▲	▲	

續表

《書序》篇目		兩漢古文篇目	今本古文篇目	備　　注
60	微子	▲	▲	
61—63	太誓（3）	▲	○	武帝時《太誓》後出，本爲古文本，今文博士讀後，列入今文經傳授系統。後亡。今本《泰誓》係僞造。
64	牧誓	▲	▲	
65	武成	●	●	
66	洪範	▲	▲	
67	分器			
68	旅獒	●	●	
69	旅巢命			
70	金縢	▲	▲	
71	大誥	▲	▲	
72	微子之命		●	
73	歸禾			
74	嘉禾			
75	康誥	▲	▲	
76	酒誥	▲	▲	
77	梓材	▲	▲	
78	召誥	▲	▲	
79	洛誥	▲	▲	
80	多士	▲	▲	
81	無逸	▲	▲	
82	君奭	▲	▲	

续表

《書序》篇目		兩漢古文篇目	今本古文篇目	備 注
83	成王政			
84	將蒲姑			
85	多方	▲	▲	
86	周官		●	
87	立政	▲	▲	
88	賄息慎之命			
89	亳姑			
90	君陳		●	
91	顧命	▲	▲	
92	康王之誥	▲	▲	
93	畢命		●	
94	君牙		●	
95	冏命	●	●	
96	蔡仲之命		●	
97	費誓	▲	▲	
98	呂刑	▲	▲	
99	文侯之命	▲	▲	
100	秦誓	▲	▲	

上述篇目差異，主要集中在兩漢時期古文《尚書》不見於今文的部分（即"孔壁古文"十六篇），與今本《尚書》中不見於今文的部分（即"晚出古文"十九篇）。差異情況如下表所示[①]：

---

① 參看陳夢家《尚書通論》第 85—86 頁。

孔壁古文（篇目16，篇數24）		
孔壁古文獨有篇目	孔壁古文與晚出古文共有篇目	晚出古文獨有篇目
舜典、汩作、九共（9）、棄稷、典寶、肆命、原命	大禹謨、五子之歌、胤征、湯誥、咸有一德、伊訓、武成、旅獒、冏命	仲虺之誥、太甲（3）、説命（3）、太誓（3）、微子之命、蔡仲之命、周官、君陳、畢命、君牙
	晚出古文（篇目19，篇數25）	

從上表可以很直觀地看出，孔壁古文較今文多十六個篇目，其中《九共》分爲九篇，故篇數爲二十四；晚出古文較今文多十九個篇目，其中《太甲》、《説命》、《太誓》各分爲三篇，故篇數爲二十五。根據之前我們對伏壁《尚書》篇目的考訂，並參考下引孔疏所言[1]，兩漢古文《尚書》五十八篇與今本《尚書》五十八篇的計算方式分別爲：

29（與伏壁同者）＋2（《盤庚》分爲三篇）＋3（後得《太誓》三篇）＋24（孔壁古文篇數）＝58

29（與伏壁同者）＋2（《盤庚》分爲三篇）＋2（後分出《舜典》《益稷》）＋25（晚出古文篇數）＝58

孔穎達《尚書正義·堯典》"虞書"下正義云：

案壁內所得，孔爲傳者凡五十八篇，爲四十六卷。三十三篇與鄭注同，二十五篇增多鄭注也。其二十五篇者：《大禹謨》一、《五子之歌》二、《胤征》三、《仲虺之誥》四、《湯誥》五、《伊訓》六、《太甲》三篇九、《咸有一德》十、《説命》三篇十三、《泰誓》三篇十六、《武成》十七、《旅獒》十八、《微子之命》十九、《蔡仲之命》二十、《周官》二十一、《君陳》二十二、《畢命》二十三、《君牙》二十四、《冏命》二十五。但孔君所傳，值巫蠱不行以終。前漢諸儒知孔本有五十八篇，不見孔傳，遂有張霸之徒於鄭注之外，僞造《尚書》凡二十四篇，以足鄭注

---

[1] 孔疏認爲伏生所傳有《泰誓》無《康王之誥》，此説非是，茲不取。

三十四篇爲五十八篇。其數雖與孔同，其篇有異。孔則於伏生所傳二十九篇内無古文《泰誓》，除《序》尚二十八篇。分出《舜典》、《益稷》、《盤庚》二篇、《康王之誥》爲三十三篇，增二十五篇爲五十八篇。鄭玄則於伏生二十九篇之内，分出《盤庚》二篇、《康王之誥》，又《泰誓》三篇爲三十四篇，更增益僞書二十四篇爲五十八。所增益二十四篇者，則鄭注《書序》：《舜典》一、《汩作》二、《九共》九篇十一、《大禹謨》十二、《益稷》十三、《五子之歌》十四、《胤征》十五、《湯誥》十六、《咸有一德》十七、《典寶》十八、《伊訓》十九、《肆命》二十、《原命》二十一、《武成》二十二、《旅獒》二十三、《冏命》二十四。以此二十四爲十六卷，以《九共》九篇共卷。除八篇，故爲十六。故《藝文志》、劉向《別録》云"五十八篇"。

上述孔穎達的這段話，以後出古文爲真，反誣孔壁古文爲張霸所僞造①，其錯謬之處實不足深辯。但其可貴之處在於，明確列出了鄭注《書序》中較之今文經多出來的十六個篇目，即孔壁古文同於今文經之外的篇目。鄭注古文《尚書》唐時尚存，但歷來傳古文經者，只注與今文經相同的部分，逸經十六篇附古文《尚書》以傳，然既無注釋，更無師説。永嘉之亂後，逸經當已全部散失，其篇目保留在鄭注古文《尚書》的《書序》中，孔穎達保留了逸經篇目，在這一點上是《尚書》研究的功臣②。

今本《尚書》晚出古文部分，自宋代以來，就不斷有學者質疑其真實性。比較有代表性的觀點，如朱熹曾指出：

孔壁所出《尚書》，如《禹謨》、《五子之歌》、《胤征》、《泰誓》、

---

① 《漢書·儒林傳》："世所傳《百兩篇》者，出東萊張霸，分析合二十九篇以爲數十，又采《左氏傳》、《書敘》爲作首尾，凡百二篇。篇或數簡，文意淺陋。成帝時求其古文者，霸以能爲《百兩》徵，以中書校之，非是。霸辭受父，父有弟子尉氏樊並。時太中大夫平當、侍御史周敞勸上存之。後樊並謀反，乃黜其書。"可見張霸所僞造者爲《百兩篇》，篇數即與孔壁所出不合。且其書旋生旋滅，並没有學者傳習。
② 王鳴盛曰："鄭只注伏、孔共有之二十九篇及《書序》一篇，而增多篇不注，但述其篇目，而於《書序》注中間引其文，即穎達此段疏中所載者是也。……假令穎達作疏於彼增多篇目置不論，予輩生千餘年後，又何從而考之？"（《尚書後案》下册，第 685—686 頁，北京大學出版社，2012 年）

《武成》、《冏命》、《微子之命》、《蔡仲之命》、《君牙》等篇皆平易，伏生所傳皆難讀。如何伏生偏記得難底，至於易底全記不得？此不可曉。　　　　　　　　　　　　　　　　　　　　（《朱子語類》卷七八）

伏生《書》多艱澀難曉，孔安國壁中《書》却平易易曉。或者謂伏生口授女子，故多錯誤，此不然。今古書傳中所引《書》語，已皆如此，不可曉。　　　　　　　　　　　　　　　　　（《朱子語類》卷七八）

《尚書》孔安國傳，此恐是魏晉間人所作，托安國爲名，……今觀《序》文亦不類漢文章。漢時文字粗，魏晉間文字細。如《孔叢子》亦然，皆是那一時人所爲。　　　　　　　　（《朱子語類》卷七八）

某嘗疑孔安國《書》是假書。……漢儒訓釋文字，多是如此，有疑則闕。今此却盡釋之，豈有千百年前人説底話，收拾於灰燼屋壁中與口傳之餘，更無一字訛舛！理會不得。……況孔《書》至東晉方出，前此諸儒皆不曾見，可疑之甚！　　（《朱子語類》卷七八）

到了元代，趙孟頫撰《尚書今古文集注》，將今文和古文分列，並以晚出古文爲僞。吳澄《書纂言》則只注今文二十八篇，他認爲：

伏生《書》雖難盡通，然辭義古奧，其爲上古之書無疑；梅氏所增二十五篇，體制如出一手，采集補綴，雖無一字無所本，而平緩卑弱，殊不類先漢以前之文。夫千年古書，最晚乃出，而字畫略無脱誤，文勢略無齟齬，不亦大可疑乎？……故今以此二十五篇自爲卷帙，以別於伏氏之《書》，而《小序》各冠篇首者，復合爲一，以置其後，孔氏《序》亦並附焉。①

朱熹、吳澄等人將今本《尚書》中與今文經相同的部分，認定爲伏生所傳，並不準確。永嘉之後，歐陽、大小夏侯等三家今文經都已亡失，流傳於世的只有古文經（但爲了行文方便，後文有時也將今本《尚書》中與今文相同的部分徑稱爲"今文"）②。今本《尚書》與今文經相同的部分，

---

① 吳澄：《書纂言·後序》，轉引自《尚書綜述》第278頁。
② 參看崔述：《崔東壁遺書》下册，第528—583頁，上海古籍出版社，2013年；馬雍：《尚書史話》第62頁，中華書局，1982年。

經文來源於兩漢流傳的孔壁古文經，並非伏生所傳。 吳澄在注《尚書》時，只注與今文相同的部分，與今文不同的古文經則略而不注；兩漢古文經學家注古文《尚書》時，亦只注與今文相同部分，逸出的古文經亦存而不注。 只不過前者是因爲懷疑晚出古文經爲僞，後者則是因爲逸經沒有師說。

宋、元時期對於晚出古文的懷疑，主要還是從今、古文在文體和辭氣上的差異來立論。 到了明代，對於晚出古文的質疑就變得更加科學、嚴密，其中的代表人物爲梅鷟。 他提出晚出古文爲僞的兩條重要證據： 一是晚出古文二十五篇，其篇數與《史記》、《漢書》所記孔壁古文"十餘篇"、"十六篇"不合；二是《孔傳》中提到的地名，有的出現時代晚於孔安國①。 這兩條證據說服力很强，經常爲後世學者所引用。

到了清代，由於樸學興盛，很多優秀學者畢生致力於經籍考據。 流風所及，對晚出古文的辯僞也取得了極大進步。在這方面取得重要成就的學者有很多，限於篇幅，這裏不能詳細討論。其中，成就最大的無疑是閻若璩，他所著《尚書古文疏證》，是一部晚出古文辯僞的集大成著作。 全書共有 128 個條目，但其中有 29 條爲空目，實際有内容的共計 99 個條目。 閻書較爲全面地吸收了前人對晚出古文辯僞的成果，由於全書内容龐雜，條例也不很清晰，蔣善國先生對閻書的要點進行了梳理和總結，我們擇要節引如下（引用閻書原文的部分一般從略）：

關於辯僞經部分，分爲下列三項：

第一，僞《古文尚書》的來源不可信，……他一方面指出漢孔安國古文傳授的四個系統，一方面指出東晉出現的僞古文在鄭沖以前沒有傳授。

第二，僞古文的篇數和篇名均不合，從兩方面來論述：

一、僞古文的篇數和篇名與兩漢人所說的不同。

二、僞古文篇數和篇名與鄭玄注《書序》所說的篇數和篇名不合。

第三，《晚書》與今古文經文都不同。

關於辯僞《孔傳》的部分，也分以下三項：

第一，《孔傳》就經下爲傳，漢武帝時沒有這種體例。

---

① 參看《尚書綜述》第 279—280 頁。

第二,《孔傳》所説的地名不是漢孔安國所能預言。

第三,《孔傳》與《孔安國論語注》所説的不同。①

應該説閻書一出,則晚出古文以及孔傳之爲後人僞托,已成定讞。此後雖有毛奇齡《古文尚書冤詞》、朱鶴齡《尚書埤傳》等爲晚出古文辯護,"但是攻擊僞古文的高潮既被掀起,好像風卷落葉一樣,一發而不可復遏"②。

近半個世紀以來,隨着地下出土簡帛文獻大量湧現,引發了學術界對於"古史辨派"的重新認識和評價。隨着對簡帛古書的深入研究,以及對古書體例的細緻考察和歸納,學術界已清醒認識到古史辨派所進行的古書辯僞工作,在研究方法上存在過分使用"默證"的缺陷,直接後果就是"僞書"的擴大化。裘錫圭先生説:"根據上世紀70年代以來出土的先秦秦漢文獻來看,古史辨派在古籍真僞和時代方面的見解,可以説是失多於得的。"③通過與出土簡帛古書進行對比研究,爲一些之前被認定爲"僞書"的古書恢復了名譽。對於自宋代以來就被認定爲嫌疑犯,到了清代被正式定罪的晚出古文《尚書》及孔傳,近年也有不少學者認爲量刑過重,甚至認爲當認定爲無罪。李學勤先生在《對古書的反思》一文中説:

> 通過這些年來整理出土簡帛的經驗,又使我們認識到古代發現佚書時,整理的要求和標準可能和今天不一樣。歷史上有兩次發現大量古籍,一次是西漢時的"孔壁中經",一次是西晉時的汲冢竹書。壁經以古文《尚書》爲主,汲冢所出則有《紀年》、《穆天子傳》、《師春》等等。古文《尚書》東漢末始多流傳,今本出於晉代梅賾所獻,自孔安國起的整理過程是很漫長的。清代學者批評今本古文《尚書》,其中有些問題也許就出於整理的緣故。④

---

① 參看《尚書綜述》第286—290頁。
② 《尚書綜述》第291頁。
③ 裘錫圭:《新出土先秦文獻與古史傳説》,《裘錫圭學術文集·古代歷史、思想、民俗卷》第254—270頁。
④ 李學勤:《對古書的反思》,載《中國傳統文化的再估計》,上海人民出版社,1987年;又收入氏著《李學勤集》第41—46頁,黑龍江教育出版社,1989年;《簡帛佚籍與學術史》第28—33頁,江西教育出版社,2001年。

從上引文章的行文邏輯來推測，李先生似乎認爲梅賾所獻古文《尚書》即來源於孔壁古文《尚書》，這一點不能説完全沒有道理。梅本古文《尚書》中，與伏傳《尚書》（或者可以籠統地稱之爲"今文經"）相同的篇目，其主體無疑來源於孔壁《尚書》，只是其文本受東漢時期鄭玄等學者解經的影響，已經呈現出今古文雜糅的趨勢；另外這部分經文中，還摻雜有後人根據《説文》古文、三體石經古文等材料反推、擬構的部分，所以並不純粹是孔壁古文《尚書》了。但把歷代學者揭露出來的今本《尚書》中晚出古文部分（即逸出今文經的二十五篇古文）存在的問題，含混地説"也許就出於整理的緣故"，恐怕還是有問題的（李先生的觀點後來也發生了改變，參下引裘錫圭先生文）。李先生在文章中還認爲，"我國古代大多數典籍是很難用'真'、'僞'二字來判斷的"，這一點是否適用於晚出古文《尚書》，我們留待後文討論。

郭店簡《緇衣》、《成之聞之》等篇引用了部分晚出古文《尚書》中的文句，有的學者據此認爲晚出古文不僞。裘錫圭先生在文章中舉了這樣一個例子：

> 郭簡中的一篇佚書（《郭簡》定名爲《成之聞之》），引用了《尚書》的《大禹謨》的一句話"余才宅天心"。《大禹謨》不見於今文《尚書》，而見於梅賾古文《尚書》。可是在今傳《尚書·大禹謨》中却找不到上引的那句話。這是梅賾古文《尚書》，也就是今傳古文《尚書》是僞書的又一證據（原注：李學勤《郭店楚簡與儒家經籍》，《中國哲學》第二十輯 19—20 頁）。然而却有學者根據郭簡引《書》的情況來爲僞古文《尚書》翻案。他説：
>
> ……郭店竹簡引用了多條《古文尚書》的材料，其中大部分見於今傳《古文尚書》（有幾條不見於今本，説明今本有佚文），這足以證明《古文尚書》不僞。（原注：郭沂《郭店竹簡與中國哲學》，《郭店楚簡國際學術研討會論文彙編》第一册，武漢大學，1996，296 頁。）

他所説的"見於今傳《古文尚書》"的郭簡引《書》之文，全都見於《緇衣》篇。《緇衣》編入《禮記》後一直傳了下來。其中引《書》之文，僞造古文《尚書》者當然可以分別采入相應之篇。而郭簡中的佚篇，僞造者見不到，其中的引《書》之文無從采入，所以在今傳古文《尚書》中就見不到了（原注：參看廖名春《郭店楚簡〈成之聞之〉、〈唐虞之道〉篇與〈尚書〉》，《中國史研究》1999 年 3 期 3 頁）。這種現象只能用來證明今傳古文《尚書》之僞，怎麽能反而用來證明其"不僞"呢？

裘錫圭先生還在文章中批評說，學術界把僞古文《尚書》當作真《尚書》來引用的學者越來越多，是"很不正常的現象"①。

由於長期以來，在先秦、秦漢時期的出土文獻中没有發現《尚書》特别是古文《尚書》的完整篇章，所以有關晚出古文《尚書》的真僞問題，一直缺少一錘定音的關鍵證據。李學勤先生在《走出疑古時代》一文中，引用張政烺先生的話說，"什麽時候挖出《尚書》就好了"②，這反映了關心《尚書》研究學者的共同期盼。

2008 年，清華大學入藏了一批戰國竹簡。引起學術界極大關注的是，在這批竹簡中，竟然包含有多篇《尚書》（包括《逸周書》）以及體裁與《尚書》相類的文獻。具體篇目如下表所示：

出處	篇　目	備　注
清華（壹）	《尹至》《尹誥》《程寤》《保訓》《金縢》《皇門》《祭公》	《尹誥》篇即孔壁古文《尚書》中的《咸有一德》，亦見於梅本古文《尚書》；《程寤》篇原係《逸周書》中的一篇，今本已佚；《保訓》篇内容未見於典籍記載，是一篇佚《書》；《金縢》篇（簡本自名《周武王有疾周公所自以代王之志》）今、古文均有，保存在今本《尚書》中；《皇門》篇見於今本《逸周書》；《祭公》篇（簡本自名爲《祭公之顧命》）見於今本《逸周書》。
清華（叁）	《說命上》《說命中》《說命下》	《說命》（簡本自名《傅說之命》）篇不見於孔壁古文《尚書》，梅本古文《尚書》有，亦分爲三篇。

---

① 裘錫圭：《中國古典學重建中應該注意的問題》，載氏著《裘錫圭學術文集・簡牘帛書卷》第 334 — 344 頁。

② 李學勤：《走出疑古時代》，載氏著《走出疑古時代》第 5 頁，遼寧大學出版社，1994 年。

續表

出處	篇　目	備　　注
清華（伍）	《厚父》《封許之命》《命訓》	《厚父》篇是一篇佚《書》，個別文句見於《孟子·梁惠王下》；《封許之命》篇內容未見於典籍記載，是一篇佚《書》；《命訓》篇見於今本《逸周書》。
清華（捌）	《攝命》	整理者認爲即見於孔壁古文《尚書》的《冏命》篇，當可信。

爲了眉目清晰起見，將上表中的篇目重新分類如下：

今文《尚書》	古文《尚書》	《逸周書》	逸《書》
《金縢》	《尹誥》《説命上》《説命中》《説命下》《攝命》（《冏命》）	《程寤》《皇門》《祭公》《命訓》	《尹至》《保訓》《厚父》《封許之命》

上表古文《尚書》一欄中的《尹誥》（《咸有一德》）、《説命》和《攝命》（《冏命》）篇，均見於梅本古文《尚書》。但是除了古書中引用過的文句之外（這些文句已被僞造古文《尚書》的人盡數采入相應篇章），彼此完全不同（由於典籍中並没有確定的《冏命》篇引文，故僞古文《冏命》與《攝命》篇連一句相同的話都没有）。此處以《尹誥》爲例，將清華簡本《尹誥》與梅本古文《咸有一德》的文本對比如下（簡本釋文用寬式，不作嚴格隸定）：

清華簡《尹誥》	梅本古文《咸有一德》
唯尹既及湯咸有一德，尹念天之敗西邑夏，曰："夏自沮其有民，亦唯厥衆。非民無與守邑，厥辟作怨于民，民復之，用離心，我翦滅夏。今后曷不監。"執告湯曰："我克協我友，今唯民遠邦、歸志。"湯曰："於乎！吾何作于民，俾我衆勿違朕言？"執曰："后其賚之其有夏之金玉田邑，舍之吉言。"乃致衆于亳中邑。	伊尹既復政厥辟，將告歸，乃陳戒于德。曰："嗚呼！天難諶，命靡常。常厥德，保厥位；厥德匪常，九有以亡。夏王弗克庸德，慢神虐民；皇天弗保，監于萬方，啓迪有命，眷求一德，俾作神主。**惟尹躬暨湯，咸有一德**。克享天心；受天明命，以有九有之師，爰革夏正。非天私我有商，惟天佑于一德；非商求于下民，惟民歸于一德。德惟一，動罔不吉；德二三，動罔不凶。惟吉凶不僭，在人；惟天降災祥，在德。今嗣王新服厥命，惟新厥德，終始惟一，

續表

清華簡《尹誥》	梅本古文《咸有一德》
	時乃日新。任官惟賢材，左右惟其人。臣爲上爲德，爲下爲民。其難其慎，惟和惟一。德無常師，主善爲師；善無常主，協于克一。俾萬姓咸曰：大哉王言！又曰：一哉王心！克綏先王之禄，永底烝民之生。嗚呼！七世之廟，可以觀德；萬夫之長，可以觀政。后非民罔使，民非后罔事。無自廣以狹人，匹夫匹婦，不獲自盡，民主罔與成厥功。"

因此裘錫圭先生指出：

    清華簡的《尹誥》（即《咸有一德》）和《傅説之命》（即《説命》）也是佚《書》，但僞《古文尚書》裏都有。清華簡的《尹誥》跟僞《古文尚書·咸有一德》，清華簡的《傅説之命》跟僞《古文尚書·説命》，除傳世古書引用過的文句外，彼此毫無共同之處，絕不能以"同篇異本"作解釋。僞《古文尚書》還把作於商湯時的《咸有一德》安排於太甲時。清華簡整理者已指出，這些也是僞《古文尚書》的僞證。有些學者在看到清華簡之後，仍爲僞《古文尚書》辯護，這就叫人有些難以理解了。①

學術界之所以仍然有學者不願意承認晚出古文《尚書》係魏晉人所僞造，當是由於對評判古文《尚書》真僞標準的理解存在巨大差異所致。前引李學勤先生文章中提到"我國古代大多數典籍是很難用'真'、'僞'二字來判斷的"，虞萬里先生也認爲，"《古文尚書》之形成遠比後人猜測想象的要複雜得多，絕非簡單地判個'真僞'可以了得"②。我們認爲，《尚書》不僅可以判斷真僞，而且必須判斷真僞，不然就不能正確利用這部珍貴文

---

① 裘錫圭：《出土文獻與古典學重建》，《光明日報》2013年11月14日第11版。更有甚者，竟然有學者認爲清華簡《傅説之命》三篇係經後人"删改和僞造"的，而古文《尚書·説命》則是真正的商代文獻，這種觀點已經喪失了討論的價值（參看楊念群：《清華簡〈説命〉考論》，《淮陰師範學院學報（哲學社會科學版）》2014年第1期）。

② 虞萬里：《榆枋齋學林·自序》第2頁。

獻。伏壁、孔壁《尚書》爲真，晚出古文《尚書》中多出來的二十五篇爲僞，這是毫無問題的。判斷《尚書》經文的真僞，只有一條簡單的標準，即蔣善國先生指出的"漢以前的《尚書》都是真《書》，所謂僞《書》，是指先秦没有的《書》或漢以後假造的《書》"①。蔣先生的界定非常清晰明確，具有很强的可操作性。伏壁《尚書》與孔壁《尚書》的文本寫成年代都在漢以前，所以其中没有僞書。過去多將《尚書》文本的時代問題與真僞問題混爲一談，曾有不少學者對伏傳《尚書》中的一些篇章也提出質疑，如袁枚認爲，"《金滕》雖今文，亦僞書也"②。判斷的依據主要是《金滕》篇所記周公的言行，不符合後人心目中聖人的行爲規範。其實《金滕》篇不僅見於伏壁與孔壁《尚書》，而且也見於清華簡，是一篇貨真價實的先秦文獻。至於該篇是西周初期的文獻還是後人的擬作，只涉及文本產生的時代問題，與文本真僞無關。又如清華簡《保訓》篇，記述周文王臨終之際訓誡太子發，從體裁上看無疑屬於《尚書》類文獻。但因其内容所反映的時代特徵不會早到西周時期，所以有的學者不承認《保訓》篇爲逸《書》，這也是不了解《書》類文獻的體例和特點所致。收入《尚書·虞夏書》的那些篇章，文本生成時代無論如何早不到虞夏時期，均爲後人擬作，但這並不會削弱這些文獻的重要性。

　　歷史上第一次出現僞造《尚書》的事例，發生在漢成帝時期。據《漢書·儒林傳》記載：

　　　世所傳《百兩篇》者，出東萊張霸，分析二十九篇以爲數十，又采《左氏傳》、《書叙》爲作首尾，凡百二篇。篇或數簡，文意淺陋。成帝時求其古文者，霸以能爲《百兩》徵，以中書校之，非是。霸辭受父，父有弟子尉氏樊並。時太中大夫平當、侍御史周敞勸上存之。後樊並謀反，乃黜其書。

可見從西漢時期開始，就有人爲了謀求利禄，不惜鋌而走險，僞造《尚書》以欺上。因爲當時中秘還藏有不少古文《尚書》，對比之下，張霸所

---

① 蔣善國：《尚書綜述》第234頁。
② 轉引自《尚書綜述》第233—234頁。

偽造的百兩篇《尚書》當時便被識破了。 但是經過漢、魏時期的數次動亂，内府藏書散逸殆盡（三家今文《尚書》以及孔壁中多出來的十六篇，在永嘉之亂後即已不存，古文《尚書》中與今文相同者，民間尚有流傳，成爲梅本古文《尚書》的主要依據和來源），魏晉時期突然冒出來一部托名孔安國作傳的古文《尚書》，竟然順利地被當時學者所接受，到了唐代並取代鄭注古文《尚書》成爲官方認可的定本。

梅本古文《尚書》出現的確切時代以及作偽者究竟爲誰，學術界頗多異說，迄今未有定論，本文亦不擬展開討論。 正如前文所揭示的，梅本古文《尚書》與西漢時期流傳的古文《尚書》都是五十八篇，這是作偽者爲了欺騙世人，故意與真正的古文《尚書》在篇數上保持一致，使人誤以爲此本即西漢孔安國所傳。 但當時流傳的古文《尚書》只有三十四篇（即伏傳二十九篇，外加後得《太誓》三篇，以及《盤庚》分出來的兩篇）①，而且由於後得之《太誓》篇與先秦文獻中所引之《太誓》頗多不同②，故作偽者將西漢後得《太誓》棄置不用，另拾掇先秦文獻中引《太誓》文，偽造古文《太誓》三篇。 這樣的話，三十四篇古文《尚書》去掉三篇《太誓》，只剩下三十一篇。 作偽者又將《堯典》和《皋陶謨》的後半拆分出來，冒充孔壁古文《舜典》和《棄稷》，故梅本古文《尚書》中只有這三十三篇是可信的（其篇目實際上就是伏傳二十九篇，加上《盤庚》分出來的兩篇，再加上後拆分出來的《舜典》和《益稷》）。 這三十三篇距五十八篇之數，尚有二十五篇的差額，而孔壁古文較之今文多出來的篇數是二十四篇，彼此仍有齟齬。 按照常理推測，作偽者應盡量依托孔壁古文多出來

---

① 《尚書·堯典》正義云：" 鄭玄則於伏生二十九篇之内，分出《盤庚》二篇、《康王之誥》，又《泰誓》三篇爲三十四篇。"

② 《尚書·泰誓》正義云："馬融《書序》曰：'《泰誓》後得，案其文似若淺露。 又云："八百諸侯，不召自來，不期同時，不謀同辭。" 及："火復於上，至於王屋，流爲鳥，五至，以穀俱來。" 舉火神怪，得無在子所不語中乎？ 又《春秋》引《泰誓》曰："民之所欲，天必從之。"《國語》引《泰誓》曰："朕夢協朕卜，襲于休祥，戎商必克。"《孟子》引《泰誓》曰："我武惟揚，侵于之疆，取彼凶殘，我伐用張，于湯有光。"《孫卿》引《泰誓》曰："獨夫受。"《禮記》引《泰誓》曰："予克受，非予武，惟朕文考無罪。 受克予，非朕文考有罪，惟予小子無良。" 今文《泰誓》，皆無此語。 吾見書傳多矣，所引《泰誓》而不在《泰誓》者甚多，弗復悉記，略舉五事以明之，亦可知矣。'"

的十六個篇目來僞造經文。但孔壁古文中的《九共》篇不僅篇數有九篇之多，而且在先秦兩漢典籍中竟然沒有一條引文①，在没有任何憑藉的情况下要僞造九篇《九共》，其難度可想而知。故作僞者不得不另起爐灶，僞造了不見於孔壁古文的《仲虺之誥》、《太甲》（三篇）、《説命》（三篇）、《太誓》（三篇）、《微子之命》、《蔡仲之命》、《周官》、《君陳》、《畢命》、《君牙》等十個篇目共計十六篇，外加見於孔壁古文的《大禹謨》、《五子之歌》、《胤征》、《湯誥》、《咸有一德》、《伊訓》、《武成》、《旅獒》、《冏命》等九個篇目，湊成了十九個篇目共計二十五篇。其中緣由，閻若璩已經很敏鋭地指出了：

> 作古文者正當據安國所傳篇數爲之補綴，不當别立名目，自爲矛盾。然揣其意，如作《泰誓》三篇，則因《禮記》、《孟子》、《國語》所引用也，以及《仲虺之誥》、《蔡仲之命》、《君陳》、《君牙》莫不皆然。蓋作僞者不能張空卷、冒白刃，直自吐其中之所有，故必依托往籍以爲之主，摹擬聲口以爲之役，而後足以售吾之欺也。不然，此書出於魏晉之間，去康成未遠，而康成所注百篇《書序》明云某篇亡，某篇逸，彼豈無目者，而乃故與之牴牾哉？蓋必據安國所傳篇目一一補綴，則《九共》九篇將何從措手邪？此所以甘與之違而不顧也。②

晚出古文二十五篇中，《太甲》、《説命》、《泰誓》均爲三篇，揣摩作僞者心理，亦是儘量用較少之篇目，湊成較多之篇數也。特別是棄去西漢後得之《太誓》不用，另外僞造三篇，並將所能見到的先秦《太誓》引文納入其中，尤其具有迷惑性。但所謂弄巧成拙，仍不免露出馬腳：

> 梅賾忽獻古文《尚書》，有《泰誓》三篇，凡馬融所疑不在者悉在焉，人烏得不信以爲古文。而不知其僞之愈不可掩也。何也？馬融明言"書傳所引《泰誓》甚多，弗復悉記，畧舉五事以明之"，非謂盡於此五事也。而僞作古文者不能博極群書，據馬融之所及，而不據馬融之所未及，故《墨子·尚同篇》有引《太誓》曰："小人見

---

① 參看陳雄根、何志華編著：《先秦兩漢典籍引〈尚書〉資料彙編》，香港中文大學中國文化研究所，2003年。
② 閻若璩：《尚書古文疏證》上册，第30—31頁，上海古籍出版社，2010年。

姦巧，乃聞不言也，發罪均。"墨子又從而釋之曰："此言見淫辟不以告者，其罪亦猶淫辟者也。"可謂深切著明矣。墨子生孔子後、孟子前，《詩》、《書》完好，未遭秦焰，且其書甚真，非依托者比，而晚出之古文獨遺此數語，非一大破綻乎？①

　　清代學者對於梅本古文《泰誓》的僞迹有不少討論和揭發，限於篇幅，這裏不能展開討論。 至於西漢後得《太誓》，我們在前文注釋中提到，東漢學者馬融曾提出質疑。 清代學者龔自珍曾作《太誓答問》，不僅不相信東晉僞古文《泰誓》，亦不相信西漢《太誓》。 劉師培作《駁泰誓答問》，對龔說有所駁議。 從目前的種種證據來看，西漢後得《太誓》確實是先秦文獻，司馬遷《史記》中曾引西漢《太誓》近百字，受詔讀《太誓》的博士們，也沒有因爲先秦文獻中的《太誓》引文未見於此本而發生懷疑，可見當時學者都認爲後得之《太誓》並非僞書。 至於先秦文獻中《太誓》引文未見於西漢後得《太誓》，說明在先秦時期《太誓》有多個版本傳世②，也可能是因爲不同學派爲了宣揚其學說，對《太誓》做了有利於自己學派的改造。 例如，裘錫圭先生曾指出，"清華簡的主人，顯然並未受到儒家《詩》、《書》選本的影響。 ……今傳《尚書》、《詩經》屬於儒家系統，清華簡的《詩》、《書》則屬於非儒家的流傳系統"③。

　　另外還有作僞者對於古書中的《尚書》引文歸屬未能做出正確判斷而致誤的例子，如僞古文《大禹謨》中有一句話："惟口出好興戎。"語見《墨子·尚同中》："是以先王之書《術令》之道曰：'惟口出好興戎。'"孫詒讓在《墨子閒詁》中已正確指出《術命》即《說命》，清華簡《說命中》此句作"作惟口起戎出好"，說明孫詒讓的意見是正確的。 作僞者不知《術令》篇爲何，故將此句誤入《大禹謨》中。 與此相關的引文還見於《禮記·緇衣》第十六章：

　　　　子曰：小人溺於水，君子溺於口，大人溺於民，皆在其所褻也。

---

① 閻若璩：《尚書古文疏證》上册，第28頁。
② 參看陳夢家：《尚書通論》第48—63頁。
③ 裘錫圭：《出土文獻與古典學重建》，《出土文獻》第四輯，第14頁。

夫水近於人而溺人，德易狎而難親也，易以溺人；口費而煩，易出難悔，易以溺人；夫民閉於人，而有鄙心，可敬不可慢，易以溺人。故君子不可以不慎也。《太甲》曰："毋越厥命以自覆也。若虞機張，往省括于厥度則釋。"《兑命》曰："惟口起羞，惟甲胄起兵，惟衣裳在笥，惟干戈省厥躬。"《太甲》曰："天作孽，可違也；自作孽，不可以逭。"

《緇衣》的這一章不見於郭店、上博簡本，疑爲後人所竄入。 其中引《太甲》文已分别編入僞古文《太甲上》、《太甲中》，引《兑（説）命》文"惟口起羞，惟甲胄起兵，惟衣裳在笥，惟干戈省厥躬"，亦幾乎一字不差地編入僞古文《説命中》篇，只是將引文中的"兵"改爲"戎"。 試對比清華簡相關文句：

　　　　复（作）隹（惟）口叾（起）戎出好（羞），隹（惟）戎（干）戈复（作）疾，隹（惟）忬（哀）戝（載）惥（病），隹（惟）戎（干）戈生（眚）氒（厥）身。　　　　　　　　　　6-7號簡

不難發現《緇衣》引《兑（説）命》文已經有不少錯訛之處，距離先秦時期的文本已經有較大差距。 又上引《緇衣》引《尹吉〈告〉》"惟尹躬天見于西邑夏"句，僞古文誤入《太甲上》篇，作"惟尹躬先[1]見于西邑夏"，而清華簡文作"尹念天之敗西邑夏"，"躬"爲"念"的音近誤字[2]，"見"（或"視"）爲"敗"則因形近致訛。 上述這些錯訛類型多樣，產生的時間層次也應該有早有晚。 應該説從文本流傳的角度來看，這些錯訛原樣再次發生在另一個文本中的可能性微乎其微。 僞古文《説命》、《太甲上》相應文句與《緇衣》引文幾乎完全相同，再一次證明了僞古文《尚書》多出來的二十五篇完全是利用先秦引文抄襲補苴、敷衍成文的，並没有可靠且完整的先秦文本爲依據，也不是所謂"整理"的結果。

---

　　① 僞古文《太甲上》改《緇衣》之"天"爲"先"，當是爲了在文義上求通，但從清華簡《尹誥》簡文來看，"天"字不誤。
　　② 參看馬楠：《清華簡第一册補釋》，《中國史研究》2011年第1期。

三、先秦時期《書》類文獻的樣貌

先秦時期，《詩》、《書》、《禮》、《易》、《春秋》等，只是文獻的類別，而非具體的書名。如《易》類文獻有《周易》、《連山》、《歸藏》，流傳到今天的《春秋》，也只是魯國的《春秋》，其他國家也有類似文獻，只是多未能流傳下來。出土於汲冢的《竹書紀年》，就是流傳於晉地的《春秋》類文獻。《詩》、《書》類文獻包含哪些篇章，在先秦時期並沒有一定，《詩》、《書》所指稱的只是同類文獻的集合，並沒有規定好的篇目、數量。特別是《詩》、《書》類文獻，篇章之間缺乏必然的聯繫，也就呈現出更為鬆散的狀態，這一點與《易》、《春秋》類文獻有所不同。《易》類文獻如《周易》，六十四卦構成了一個整體，缺一不可，而且卦序的排列順序也往往蘊含着特定的哲學思想（馬王堆帛書本《周易》卦序與今本不同，應該反映了不同流派對於《周易》思想理解上的歧異），不能輕易改動；《春秋》是按照時間順序編排的，其內容構成了一個連貫的整體，如果缺少了某一年或某幾年的記述，就會有明顯的缺環。類似《易》、《春秋》類文獻的體裁，使得其文本內部互相勾連、咬合得比較緊密，流傳的時候以一個整體而不是某些篇章為單位。但是《詩》、《書》類文獻，由於篇章之間基本上不存在互相依存的關係，所以流傳的時候基本單位是"篇"，但哪些篇章會聚合在一起，則帶有很大的偶然性。

比起《詩》類文獻而言，《書》類文獻更為複雜之處在於其體裁的多樣性。對於今本《尚書》體裁的研究，前人做了很多工作。如偽托孔安國《書大序》將《尚書》分為"典、謨、訓、誥、誓、命"等六種體裁，孔穎達在此基礎上，又進一步細分為"十體"，並對每一體所統攝的篇目做了説明：

> 檢其此體，為例有十：一曰典、二曰謨、三曰貢、四曰歌、五曰誓、六曰誥、七曰訓、八曰命、九曰征、十曰範。《堯典》、《舜典》二篇，典也。《大禹謨》、《皋陶謨》二篇，謨也。《禹貢》一篇，貢也。《五子之歌》一篇，歌也。《甘誓》、《泰誓》三篇、《湯誓》、《牧誓》、《費誓》、《秦誓》八篇，誓也。《仲虺之誥》、《湯誥》、《大誥》、《康誥》、《酒誥》、

《召誥》、《洛誥》、《康王之誥》八篇，誥也。《伊訓》一篇，訓也。《説命》三篇、《微子之命》、《蔡仲之命》、《顧命》、《畢命》、《冏命》、《文侯之命》九篇，命也。《胤征》一篇，征也。《洪範》一篇，範也。此各隨事而言。《益稷》亦謨也，因其人稱言以別之。其《太甲》、《咸有一德》，伊尹訓道王，亦訓之類。《盤庚》亦誥也，故王肅云："不言誥，何也？取其徒而立功，非但録其誥。"《高宗肜日》與訓序連文，亦訓辭可知也。《西伯戡黎》云"祖伊恐，奔告于受"，亦誥也。《武成》云"識其政事"，亦誥也。《旅獒》戒王，亦訓也。《金縢》自爲一體，祝亦誥辭也。《梓材》、《酒誥》分出，亦誥也。《多士》以王命誥，自然誥也。《無逸》戒王，亦訓也。《君奭》周公誥召公，亦誥也。《多方》、《周官》上誥於下，亦誥也。《君陳》、《君牙》與《畢命》之類，亦命也。《吕刑》陳刑告王，亦誥也。《書》篇之名，因事而立，既無體例，隨便爲文。①

孔氏較《書大序》多出來的"四體"即"貢"、"歌"、"征"、"範"，顯然是爲了使《禹貢》、《五子之歌》、《胤征》、《洪範》有所歸屬而新立的名目，不僅没有同類篇章可統攝，而且除了"歌"以外，"貢"、"征"、"範"也很難認定是文章體裁。對此，宋代學者林之奇就曾提出過批評：

《書》有五十八篇，其體有六：曰典，曰謨，曰誥，曰命，曰訓，曰誓。此六者，錯綜於五十八篇之中，可以意會而不可以篇名求之。先儒乃求之於篇名之間，其《堯典》、《舜典》則謂之典，《大禹謨》、《皋陶謨》則謂之謨，至於訓、誥、誓、命，其説皆然。苟以篇名求之，則五十八篇之義不可以六體而盡也，故又增而爲十：曰貢，曰征，曰歌，曰範。雖增此四者，亦不足以盡《書》之名。學者不達古人作《書》之意，而欲於篇名求之，遂以一篇爲一體。固知先儒所謂貢、歌、征、範，增而爲十，蓋有不知而作之者，不可從也。②

---

① 《尚書·堯典》孔穎達正義。
② 林之奇：《尚書全解》，《儒藏》精華編第15册，第124頁，北京大學出版社，2014年。另請參看程浩《"書"類文獻先秦流傳考——以清華藏戰國竹簡爲中心》第151頁，清華大學博士學位論文（導師：李學勤教授），2015年。

出於對傳統《尚書》體裁分類方法的不滿意，近世學者提出了一些新的分類方法，如陳夢家認爲《尚書》大致可分爲三類：

一、誥命　成王時：《多士》、《多方》、《大誥》、《康誥》、《酒誥》、《梓材》、《君奭》、《無逸》、《立政》、《洛誥》、《召誥》
　　　　　康王時：《康王之誥》
　　　　　其　他：《盤庚》、《文侯之命》
二、誓禱　師旅之誓：《甘誓》、《湯誓》(《泰誓》)、《牧誓》、《費誓》、《秦誓》
　　　　　禳疾代禱：《金縢》
三、敘事　有關夏的：《堯典》、《皋陶謨》、《禹貢》
　　　　　有關殷的：《高宗肜日》、《西伯戡黎》、《微子》、《洪範》
　　　　　有關周的：《吕刑》

陳氏的分類方法，在很大程度上跳出了舊説往往據篇名立類的窠臼，概括性更强，類别所統攝的篇目在内容上也更具有一致性。

李零先生針對《書》類文獻的體裁和分類，也提出了自己的獨到見解：

案《尚書》類型的古書，即先秦所謂"書"，本即"文書"之"書"，乃檔案之别名。這類檔案，因文體不同，各有名稱，似可粗分爲四類：

1. 掌故類（典、謨）

古人有以歷史掌故垂教訓的傳統。如《左傳》文公六年、《國語·楚語上》有所謂"訓典"，《尚書》有《堯典》、《舜典》，是所謂"典"（義同"典故"之"典"）；《尚書》有《大禹謨》、《皋陶謨》，是所謂"謨"（取謀議之義）。它們都是以古史傳説垂教訓的篇章（《益稷》、《禹貢》也屬於這一類）。《尚書》中的《虞夏書》各篇，基本上是這一類。當然，《尚書》和《逸周書》，它們也包含年代稍晚的故事（如《尚書》的《太甲》、《西伯戡黎》、《金縢》，等等）。這一類講教訓，和第二類的"誥"、第四類的"訓"有交叉，但它的特點是不托空言，藉助歷史掌故。

2. 政令類（訓、誥、誓、命）

《尚書》有《伊訓》、《高宗之訓》（即《高宗肜日》），《逸周書》有《度訓》、《命訓》、《常訓》，是所謂"訓"（此類多爲教訓之辭，《尚書》的《沃丁》、《洪範》、《無逸》也屬於這一類）；有《帝告（誥）》、《仲虺之誥》、《湯誥》、《尹誥》（即《咸有一德》）、《盤庚之誥》（即《盤庚》）、《大誥》、《康誥》、《酒誥》、《召誥》、《洛誥》、《康王之誥》，是所謂"誥"（此類多爲布政之辭，但也含教訓之辭，有時與"訓"無別，《尚書》中的《微子》、《梓材》、《多士》、《多方》、《立政》也屬於這一類）；有《甘誓》、《湯誓》、《泰誓》、《牧誓》、《費誓》、《秦誓》，是所謂"誓"（誓神曰誓，此類多爲軍旅之辭）；有《肆命》、《原命》、《說命》、《旅巢命》、《微子之命》、《賄肅慎之命》、《顧命》、《畢命》、《冏命》、《蔡仲之命》、《文侯之命》，是所謂"命"（此類多爲命官之辭）。

3. 刑法類（刑、法）

《左傳》昭公十四年有"皋陶之刑"，昭公六年有夏"禹刑"、商"湯刑"和周"九刑"，《逸周書·嘗麥》有周成王《刑書》，《尚書》有《吕刑》，是所謂"刑"；《管子·任法》有黄帝置法之説，《左傳》昭公七年有《周文王之法》，《逸周書》有《劉法》，是所謂"法"。

4. 戒敕類（箴、戒）

《左傳》襄公四年有《虞人之箴》，《逸周書·嘗麥》有成王箴大正之辭，是所謂"箴"（此類多屬勸諫之辭）。《大戴禮·武王踐阼》提到周武王"退而爲戒書"，《逸周書》有《大戒》，是所謂"戒"（此類多屬警告之辭）。

按照李零先生的分類方法，《書》類文獻主要以"掌故類"和"政令類"爲主，是《書》類文獻的主要體裁類型。

長期以來，學術界在討論《尚書》體裁時，都是針對《尚書》本身篇目而言，是在一個相對封閉的系統内進行分類研究，李零先生的分類，不僅包括《逸周書》，還兼顧了《左傳》、《大戴禮記》等文獻中提到的類似《尚書》的文獻，是一個進步。但後者多爲隻言片語，不易從中抽繹出典型特徵。即便如此，上述分類方法也存在先天不足，正如前文所言，先秦時期《書》類文獻是一個開放性的文本系統，從相對封閉系統內所包含的樣本中歸納出的特徵和共性，無法完全涵蓋先秦《書》類文獻的實際情況。例如，清華簡整理者説："《清華大學藏戰國竹簡》第一輯共收錄竹簡九篇。前八篇爲《尚書》、《逸周書》及體裁類似的文獻，依内容記述的事迹時代排列，即《尹至》、《尹誥》、《程寤》、《保訓》、《耆夜》、《金縢》、《皇門》和《祭公》。"①看來整理者是把上述八篇文獻，都看作是《書》類文獻的。其中《耆夜》篇"簡文講述武王八年伐黎大勝之後，在文王太室舉行飲至典禮，武王君臣飲酒作歌的情事"②，篇中引《詩·唐風·蟋蟀》，雖然與今本有比較明顯的差異，無疑是同一篇文獻，只是在流傳過程中樣貌發生了較大變化而已。李學勤先生認爲，"從《唐風》一篇顯然比簡文規整看，簡文很可能較早，經過一定的演變歷程才成爲《唐風》的樣子"③。正因爲《耆夜》篇中包含有較爲完整的《詩》類文獻，所以後來多數學者並不將其歸入《書》類文獻。如程浩先生認爲："《耆夜》篇雖有大量君臣對話，但都是以詩歌的形式進行，難以歸入'書'類。"④而對於《保訓》篇，李學勤先生認爲"完全是《尚書》那種體裁"⑤。程浩先生則認爲："作爲清華簡中最早公布的篇目，《保訓》曾被視作'《尚書》'的佚篇而受到廣泛關注。但隨着討論的深入，逐漸有學者開始認爲《保訓》時代較晚，並非文王親述。況且《保訓》篇用簡較短，與清華簡中其他'書'篇的簡制有着明顯區別。"故而將《保訓》篇亦排除在《書》類文獻之外。

---

① 李學勤主編：《清華大學藏戰國竹簡（壹）》下冊，第1頁，中西書局，2011年。
② 李學勤主編：《清華簡大學藏戰國竹簡（壹）》下冊，第149頁。
③ 李學勤：《論清華簡〈耆夜〉的〈蟋蟀〉詩》，《中國文化》第33期；又載氏著《初識清華簡》第127—134頁，中西書局，2013年。
④ 程浩：《"書"類文獻先秦流傳——以清華藏戰國竹簡爲中心》第7頁。
⑤ 李學勤：《清華簡中的周文王遺言〈保訓〉》，《光明日報》2009年4月13日；又載氏著《初識清華簡》第15—18頁。

從上面的例子可以看出，對於先秦時期哪些文獻可以歸入《書》類，學術界的認識是很不統一的，用以界定《書》類文獻的標準也很模糊。 即以《保訓》篇爲例，程浩先生不把它看作《書》類文獻的理由有二： 1. 時代較晚，非文王親述；2. 竹簡形制與其他《書》類文獻有别。 其實這兩條理由都很牽强，我們在前文曾經提到，《尚書》中後人擬托的篇章不能算少數，現存的《虞夏書》各篇都是後人擬作的，文本生成的時代一般認爲當在東周時期①。《堯典》、《皋陶謨》等篇中堯、舜、禹説的話，當然也非本人親述，我們不能因此否認《堯典》、《皋陶謨》等篇不是《書》類文獻。 至於竹簡形制，就更没有説服力了。 先秦時期，竹簡形制與内容之間並没有形成固定的聯繫，也就是説並没有規定《書》類文獻要用多長的簡。《保訓》篇所用竹簡稍短，可能有各種原因，不能據此判定這篇文獻的體裁和性質。 所以我們還是認爲李學勤先生的意見是正確的，《保訓》是一篇非常典型的《書》類文獻。

《耆夜》篇的情况比較特殊，我們先把簡文引在下面（釋文用寬式，不作嚴格隸定。 爲避繁瑣，對於各家考釋意見，恕不一一出注）：

　　武王八年，征伐耆，大戡之。 還，乃飲至于文大室。 畢公高爲客，邵公保奭爲介，周公叔旦爲主，辛公諫甗爲位，作册逸爲東堂之客，師尚父命爲司正，監飲酒。 王舉爵酬畢公，作歌一終，曰《樂樂旨酒》："樂樂旨酒，宴以二公。 紝夷兄弟，庶民和同。 方壯方武，穆穆克邦。 嘉爵速飲，後爵乃從。" 王舉爵酬周公，作歌一終，曰《輶乘》："輶乘既飭，人服余{不}胄。 胥士奮刃，繄民之秀。 方壯方武，克燮仇讎。 嘉爵速飲，後爵乃復。" 周公舉爵酬畢公，作歌一終，曰《贔贔》："贔贔戎服，壯武赳赳。 諡静謀猷，裕德乃鳩。 王有旨酒，我憂以燙。 既醉又侑，明日勿慆。" 周公又舉爵酬王，作祝誦一終，曰《明明上帝》："明明上帝，臨下之光。 不顯來格，歆厥禋盟。 於……月有成轍，歲有桌行。 作兹祝誦，萬壽無疆。" 周公秉爵未飲，蟋蟀躍升于堂。〔周〕公作歌一終，曰《蟋蟀》："蟋蟀在堂，役車其行。 今夫君子，不喜不樂。 夫日……忘。 毋已大樂，則終以康。 康樂

---

① 參看《尚書綜述》第136—139頁。

而毋荒，是唯良士之迈迈。蟋蟀在席，歲聿云暮。今夫君子，不喜不樂。日月其邁，從朝及夕。毋已大康，則終以祚。康樂而毋〚荒〛，是唯良士之瞿瞿。蟋蟀在舍，歲聿云……〚從冬〛及夏，毋已大康，則終以衢。康樂而毋荒，是唯良士之瞿瞿。"

簡文描述了武王伐耆歸來，行飲至之禮的情形。在宴會上，武王和周公各有酬唱之作。席間周公看到蟋蟀"躍升于堂"，有動乎中，即興賦《蟋蟀》之詩。應該説這篇簡文在形式上兼有《詩》、《書》類文獻特徵，但又非典型的《詩》、《書》類文獻，其實這恰恰反映了先秦時期各類文獻之間界限並非截然分明的特點。在《耆夜》簡文中，記載周公諷誦了一篇名爲《明明上帝》的詩，李學勤先生説："這首詩叫作《明明上帝》，使我們想起《逸周書·世俘》（或即《古文尚書·武成》的別本）載，武王克商，在牧野舉行典禮，當時有樂舞：'籥人奏《武》，王入，進萬，獻《明明》三終。'《武》是《大武》，……《明明》或許即是周公這篇《明明上帝》。"[1] 對比《世俘》與《耆夜》，會發現二者所記述的事件都屬軍禮範疇（《世俘》爲獻俘禮，《耆夜》爲飲至禮），都有歌詩之舉（甚至都歌誦了《明明上帝》詩）。如果《世俘》篇將《大武》和《明明》的內容記錄下來，那麼在形式上就與《耆夜》更加接近了。我們能否認爲，因爲《世俘》篇沒有記錄《大武》、《明明》等詩的具體內容，就可放心地歸入《書》類文獻（正如上引李學勤先生文中提到的，一般認爲《世俘》就是孔壁古文《武成》），而《耆夜》因爲將諷誦之《詩》的內容詳細記錄下來了，就不能稱爲《書》類文獻了呢？這種對於體裁的判斷標準，總是難以令人滿意的。無論是《耆夜》還是《世俘》，都混雜了《詩》、《書》、《禮》、"樂"的某些特徵，反映了先秦時期各類體裁文獻之間的界限是模糊不清的。如果按照後世的標準去裁斷，未免方鑿圓枘，只能落得個"七竅開而混沌死"的結局。楊博先生認爲，"《耆夜》性質似是以闡述'本事'爲形式的'詩話'"，是否妥當，還可以再討論（其實上博簡《孔子詩論》更近於後世"詩

---

[1] 李學勤：《周武王、周公的飲至詩歌》，《光明日報》2009年8月3日；又載氏著《初識清華簡》第19—23頁。

話"），但是他對於《詩》、《書》類文獻之間的糾葛，却有較爲客觀的認識：

"詩"最大特點即是用韻。"書"類文獻的某些篇章可能因爲用韻，也會被看作是"詩"。《墨子·兼愛下》引《洪範》有："周《詩》曰：'王道蕩蕩，不偏不黨。王道平平，不黨不偏。'"（原注：《墨子閒詁》卷四，頁124。）《非命下》：

《太誓》之言也，於《去發》曰："惡乎君子！天有顯德，其行甚章。爲鑒不遠，在彼殷王。謂人有命，謂敬不可行，謂祭無益，謂暴無傷。上帝不常，九有以亡。上帝不順，祝降其喪。惟我有周，受之大帝。"昔紂執有命而行，武王爲《太誓》《去發》以非之（原注：《墨子閒詁》卷九，頁281—282）。

《洪範》是"書"類，因爲用韻被當作"周《詩》"。劉起釪曾指出《洪範》全文有韻是不爭的事實（原注：劉起釪，《〈洪範〉這篇統治大法的形成過程》，《古史續辨》，頁303—336），而《太誓》在先秦時有散文、韻文兩個文本（原注：劉起釪，《尚書學史》，頁30）。此處所引當是韻文本，基本上四字一句，故應看作是"詩"。《孟子·滕文公下》亦引《太誓》："我武惟揚，侵於之疆，則取於殘，殺伐用張，于湯有光。"（原注：《孟子注疏》，卷六上，《滕文公章句下》）上引劉起釪續指出"此與《非命下》引《去發》用韻全同，知爲同一篇誓詞。"（原注：劉起釪，《尚書學史》，頁30）《太誓》有散文、韻文兩種文本，似提示"書"篇與"詩"篇存在互通之可能。

尚需説明的是，上述"書"類文獻改編時，由早期文獻所改編而來的應並不僅僅包含"書"類，還應包括"春秋"和部分"詩"等。是故《太誓》散文和韻文的兩種文本可能同時出現。《詩·大雅·江漢》的大部分內容是宣王册命召伯虎的文誥，只是被改造成了韻文，因而被當作"詩"。《大雅》的改定多數屬西周晚期宣王以後，少數在春秋初期。其與"書"篇集中改定的年代並無大的區別，如《韓奕》"王錫韓侯，淑旂綏章，簟茀錯衡，玄袞赤舄，鉤膺鏤鍚，鞹鞃淺幭，鞗革金厄"（原注：《毛詩正義》，《大雅·韓奕》，卷一八，《韓奕》），實質上亦即是從類似銘文中的册命賞賜之辭修改而來的。但是《魯頌》所産生的時期約春秋中期（原注：朱鳳瀚、徐勇，《先秦史研究概要》，頁45），《魯頌·閟宫》："王曰：叔父，建爾元子，俾侯于魯。大啓爾宇，爲周室輔。乃命魯公，俾侯於東。錫之山川，土田附庸。"（原注：《毛詩正義》，《魯頌·閟宫》，卷二〇，《閟宫》）似是將西周初年成王封魯的誥命改造融入了"詩"篇之中。程俊英等亦認爲《魯頌·閟宫》此篇的寫定在春秋時代〔原注：程俊英、蔣見元，《詩經注析》（北京：中華書局，1991），頁1012—1014〕，這似爲"書"改造入"詩"提供了證據。

某些有韻的"書"被看作是"詩"，反之有些有韻的"詩"也會被看作"書"。《左傳》哀公六年："《夏書》曰：'惟彼陶唐，帥彼天常，有此冀方。今失其行，亂其紀綱，乃滅而亡。'"（原注：《春秋左傳正義》，卷五八，哀公六年）《吕氏春秋·慎大》："《周書》曰：'若臨深淵，若履薄冰。'"（原注：《吕氏春秋集釋》，卷一五，頁353）前者所引《夏書》的韻脚分别是常、方、綱、亡，均是陽部韻。而後者則見於《詩·小雅·小旻》。……

……清人孫詒讓即曾點明古"詩""書"亦多互稱（原注：《墨子閒詁》卷四，孫詒讓注，頁123）。

綜觀清華竹書《耆夜》全篇，其敘述的重點無疑是詩。篇中對於征伐耆國、宴饗的場所、各人在禮儀中的角色、地位等或一句帶過，或簡單介紹，可以看出這些只是類似於引子或必要的説明。……可見《耆夜》的主體就是記述作詩，其他内容是服務於本篇所録的詩篇的。……因此，《耆夜》性質似是以闡述"本事"爲形式的"詩話"。①

趙平安先生據晚書《五子之歌》有韻現象，認爲清華簡《芮良夫毖》應屬《尚書》類文獻②。作者對此觀點也進行了討論，認爲趙平安的説法有相當的道理，但按照後世《詩》、《書》的分野，類似《芮良夫毖》和《周公

---

① 楊博：《戰國楚竹書非"史書"類文獻史料内涵析論》，《中國文化研究所學報（香港）》第68期，2019年1月。

② 趙平安：《〈芮良夫毖〉初讀》，《文物》2012年第8期，第77—80頁。

之琴舞》這樣的文獻，還應該是《詩》類文獻。至於《詩》與《易》、"樂"之間的糾葛，因爲與本文主旨關係不大，故不擬展開討論，可參看李學勤、夏含夷等先生的相關論著①。艾蘭先生也曾對如何界定《書》類文獻發表過一個看法，她認爲：

《書》最重要的特徵有：（1）《書》是或假稱是即時的文獻記錄；（2）《書》包含古代（西周或更早時期）模範君王或大臣的正式講話；（3）許多《書》中包含"王若曰"這樣的表達方式。雖然這種表達方式並非出現於所有的《書》中，但它無疑也是理解《書》區別於其他文獻的一條綫索。

我的假設是：《書》起源於爲君主講話而事先準備的講話稿，後來《書》變成以這些古文獻的方式虛構而成的作品。《書》的基本形式即正式講話的形式，這一點從《書》的六種典型模式的名字（"典"、"謨"、"誓"、"訓"、"誥"、"命"）就可以看出來。

……

總而言之，如果我們將《書》定義爲一種文獻體裁的話，《書》就是任何聲稱是即時記録古代君王講話的文獻。一些《書》是爲君主講話而事先準備好的真實講稿，而有些《書》就是基於這些講話的文獻，還有些則是對古代君王或大臣可能説的話的虛構性重建。就如《詩》，如上所述，孔子對於《詩》使用"雅言"，而《書》則代表了古人真實的講話。但是，《詩》源於口頭表達後來才被寫成文字，而《書》一開始就是書面作品（雖然其目的也是爲了口頭宣讀的）。在這種意義上，《詩》、《書》可以看作是中國最早的書面作品。②

應該説，上引艾蘭先生提出的《書》類文獻標準，概括性較强，可以作爲

---

① 李學勤：《新整理清華簡六種概述》，《文物》2012年第8期；又載氏著《初識清華簡》第172—185頁；夏含夷：《興與象》，載氏著《興與象——中國古代文化史論集》第1—19頁，上海古籍出版社，2012年。

② 艾蘭：《論〈書〉與〈尚書〉的起源》，《出土文獻與古文字研究（第六輯）——復旦大學出土文獻與古文字研究中心成立十周年紀念文集》第648、652頁，上海古籍出版社，2015年。

判斷和界定《書》類文獻的一個重要標尺。但如果認爲所有不符合這一標準的文獻，都不能認定爲《書》，似乎又太過絕對。例如程浩先生認爲《禹貢》"其所論多爲地理問題，絕不是禹在行政過程中所發表的演講"，故認爲不當屬於《書》①。《禹貢》篇見於伏壁、孔壁《尚書》，可見先秦時期就已經被歸入《書》類文獻。我們最多承認《禹貢》篇體裁較爲特殊，但却不宜將其排除在《書》類文獻之外②。

學術界普遍認爲，《書》類文獻來源於官府檔案。如葛志毅先生認爲：

> 春秋戰國前出於統治管理的需要，經常發佈各種詔令文件，是即所謂"書"。書的撰擬出自史官之手，同時與之相關還有一套嚴格的檔案文件保管制度，使得"書"的保存流傳成爲可能。③

李零先生也有類似意見："戰國時期的古書，年代最早的古書，如《詩》、《書》、《易》，就是直接選自古代的記府、樂府，來源是文書檔案。"④謝維揚先生對於《書》類文獻的早期形態，以及這類文獻由封閉的檔案轉向公開的書籍的過程，做了精彩的論述：

> 談到《尚書》的"成書"，也許需要明確一個認識，即在今天一般所説的《尚書》"成書"前，《尚書》的主要文字内容已經在一定程度上以未知的形式流傳和被利用了，這是因爲《尚書》大部分内容的原型，是來自藏於周室以及少數諸侯國（如魯國）公室的、由各級史官撰寫、整理，並加以保管的官方歷史文獻或資料，也就是商周文獻中説到的"典策"（如陳夢家認爲《尚書·多士》所説"惟殷先人，有册有典"，指的就是這類文獻和資料）。而此類資料在商周之間有長時間的累積和保存。至春秋時期，《左傳》昭公二年所記述的"韓宣子來聘，……觀《書》于大史氏"中的"《書》"，指的也應是這類文

---

① 程浩：《"書"類文獻先秦流傳考——以清華藏戰國竹簡爲中心》第6頁。
② 對《書》類文獻甄別標準的討論，還可參看黃澤鈞《出土文獻中"書類文獻"判別方式討論》，《"出土文獻與尚書學研究"國際學術研討會論文集》第126—134頁，2018年9月。
③ 葛志毅：《試論〈尚書〉的編纂資料來源》，《北方論叢》1998年第1期。
④ 李零：《三種不同含義的"書"》，《中國典籍與文化》2003年第1期。

獻資料，並且從《左傳》定公四年關於周初對魯、衛、唐（晉）分封情節的詳細記述中可以知道，魯國擁有的這些資料的重要來源之一就是魯被分封時由周室賜與魯國的"典策"。從《左傳》的記述看，此時這些官方歷史文獻或資料有可能已經被稱爲"《書》"。（原注：關於《左傳》昭公二年所説"觀《書》"的"書"的讀法，向有爭議。陳夢家《尚書通論》認爲可讀爲專名，可參看。又可參李學勤《新整理清華簡六種概述》。）迄今爲止，《尚書》學研究普遍認同，這類原始的書類資料，應該就是後來被編爲《尚書》各篇文字的文獻內容的原型或雛形，但是其具體的形式並不知。原始書類資料在很長時期內除作爲官方檔的用途外，還以未知的形式被用於貴族教育（《左傳》僖公二十七年有趙衰稱晉將郤縠"説禮樂而敦《詩》、《書》"，便反映這一點）。但在早期這些官方歷史檔案資料對大多數人還是封閉的。《左》昭二的記述很清楚地表明這一點，説明當孔子少年時（11歲）能接觸原始書類文獻的還只有韓宣子這樣的高級貴族，且十分不方便。但到孔子成年時，這種狀況顯然已開始改變，因爲編書已經是孔子教學活動的一部分，意味着書類資料已進入爲更多階層人群利用的階段。在當前文獻學通用的概念裏，所謂《尚書》的"成書"，應該是指早期書類資料擺脱官方收藏限制後，成爲流行文本的過程。孔子無疑是參與這一過程的先行者。由於孔子編書活動的發生，出現了社會性流傳的《尚書》文本，《尚書》成書的一個過程也由此啟動。①

上引謝先生文一個非常重要的觀點，即封閉的官府檔案（"典策"），只能看作是《書》類文獻的資料來源，只有這些文獻進入公共知識體系，才能稱之爲"書"。 在這個過程中，孔子、墨子等人對於檔案文獻的整理、選編，無疑起到了關鍵作用，對此李零先生也有過論述：

即使早期古書是直接脱胎於文書檔案，它也不是文書檔案中必然包含的種類。它之成爲後世意義上的"書"，恐怕是後人删選、改編

---

① 謝維揚：《由清華簡〈説命〉三篇論古書成書與文本形成二三事》，《上海大學學報（社會科學版）》2016年第11期。

的結果（不管是不是由孔子刪削），有些可能是原始記錄，有些可能是後人擬作，還有些則明顯是改編的故事。選取的標準也多是談話、議論較多，有一定思想性和可讀性的篇章，並不是隨隨便便，找些流水賬式的東西，拿過來就能讀。比如，今《尚書》各篇，它們和上述銅器銘文的五大類就很不一樣，大部分是藉歷史事件，講道德教訓。它關心的不是事件本身，而是事件引發的教訓，所以對話和議論很多，和純粹記事的檔案有一定的區別。不但閱讀方式不同（不是查書，而是讀書），留什麼不留什麼，也都是選擇的結果（歷代都有"選學妖孽"，"選擇"對於古書的傳與不傳起很大作用）。①

與今本《尚書》相對比，清華簡中的一些《書》類文獻檔案色彩更強，呈現出相對原始的狀態。如清華簡《封許之命》篇，與今本《文侯之命》體裁類似，可歸入《書》類文獻中的"命"，爲了討論方便，我們把《封許之命》和《文侯之命》的文本對比如下（釋文用寬式，不作嚴格隸定）：

《封許之命》	《文侯之命》
……越在天下，故天勸之無斁，競純厥德，膺受大命，畯尹四方，則惟汝吕丁，肇規文王，諡光厥烈。武王嗣明型，鷙厥獸，祗事上帝，桓桓不矞，嚴莊天命。亦惟汝吕丁，捍輔武王，攼敦殷受，咸成商邑。囗囗余小子，余惟申文王明型，非敢蕩怠。畏天之非忱，冊羞哲人，審民之若否。今朕永念乃勛，命汝侯于許。汝惟壯者爾獸，虔卹王家，簡乂四方不貢，以勤余一人。**錫汝秬鬯、鬯一卣，路車：璁衡玉軛、鑾鈴、素旂朱竿，元馬四匹，鞗勒、毳遷、羅纓、鉤膺、鑣、鋈、柅。贈爾薦彝：鄩囗、豚䀇、龍鬲、甗、鐘、鉦、罍、勺、盤、鑑、鋈、鎣、周匠、鼎、簋、觥、卣、格**。王曰："於乎！丁，戒哉！余既監于殷之不若，淊湛在憂，靡念非常，汝亦惟臺章爾速，祗敬爾獸，以永厚周邦。勿廢朕命，經嗣世盲。"封許之命	王若曰："父義和！丕顯文、武，克慎明德；昭升于上，敷聞在下；惟時，上帝集厥命于文王。亦惟先正，克左右昭事厥辟，越小大謀獸，罔不率從，肆先祖懷在位。嗚呼！閔予小子嗣，造天丕愆；殄資澤于下民，侵戎，我國家純。即我御事，罔或耆壽俊在厥服，予則罔克。曰：'惟祖惟父其伊卹朕躬。'嗚呼！有績，予一人永綏在位。父義和！汝克紹乃顯祖。汝肇刑文武，用會紹乃辟，追孝于前文人。汝多修，扞我于艱，若汝，予嘉。"王曰："父義和！其歸視爾師，寧爾邦。**用賚爾秬鬯、鬯一卣；彤弓一，彤矢百，盧弓一，盧矢百，馬四匹**。父往哉！柔遠能邇，惠康小民，無荒寧，簡卹爾都，用成爾顯德。"

---

① 李零：《三種不同含義的"書"》，《中國典籍與文化》2003年第1期。

這兩篇"命"類文獻，格式基本相同，在文義上可大致分爲三個段落，即 1. 天子贊頌受封者的功勛；2. 列舉賞賜物品；3. 天子對受封賜者進行一番勸勉訓誡，然後以"勿廢朕命"、"無荒寧"一類話結尾。 如果作爲受封者的私人文獻，將天子所賞賜的物品詳細列舉出來（特別是賞賜物品較多的情況下），無論對於其本人還是後世子孫而言，都是一件非常值得誇耀的事情。可以想見，這樣的文獻在其家族内部世代流傳，後人通過閱讀賞賜品的清單，對於其先祖蒙受的休蔭榮耀，仍會有感同身受的情感體驗。 但是如果這類文獻進入公共知識領域，成爲真正的《書》類文獻，其所面對的讀者由家族内部成員變成了普通大衆。 讀者在閱讀文獻時，情感體驗已經被抽離。受封者賞賜品的多寡，已經無法在讀者的心中激起情感的漣漪，他們更關注歷史故事以及由此生發的道德教訓（也就是前文提到的三段式中的第一、第三段）。 受到封賞的橋段仍然會保留，但是其篇幅自然大大壓縮，只能列舉最重要的賞賜品。 在《文侯之命》中，賞賜品只列舉了三樣：秬鬯、弓矢、馬匹，當時天子對於晉侯的賞賜或許還有許多，可能在這篇文獻由檔案變成"書"的時候，被删削刊落了。 反觀《封許之命》，其中列舉的賞賜品種類，多達三十餘種（即前引李零先生所説的"流水賬式的東西"）。 這部分内容，對於普通讀者而言，並没有什麽實際意義。 這應該是《書》類文獻較爲原始的面貌，保留了私人文獻（或檔案）的較多特徵。

　　清華簡第八輯中，有一篇典型的《書》類文獻，簡文無篇題，整理者據受册命者名"巺（攝）"，故將此篇定名爲《攝命》，並推測可能就是古文尚書《冏命》。 古書中"伯冏"或作"伯臩"，"巺"、"臩"形近，所以"伯臩"可能就是"伯巺（攝）"之訛。《冏命》篇見於孔壁古文，今本係僞古文。 如果整理者的意見是可信的，那麽這是晚出古文係僞造的又一證據，因爲清華簡《攝命》與今本《冏命》完全不同。

　　《攝命》是一篇典型的來源於册命文書的《書》類文獻，整理者指出："篇末'唯九月既望壬申，王在鎬京，各于大室，即位，咸。 士疌右伯攝立在中廷，北鄉，王乎作册任册命伯攝'云云，與西周册命銘文基本一致。"① 整理

---

① 李學勤主編：《清華大學藏戰國竹簡（捌）》第 109 頁，中西書局，2018 年。

者提到的《攝命》篇末這段話，在官府檔案文本中不應存在，按道理更不應該出現在"書"中。 爲了便於説明問題，我們引頌鼎（《殷周金文集成》2827－2829）作爲西周册命金文的典型樣本（釋文用寬式，不作嚴格隸定）：

A	唯三年五月既死霸，甲戌，王在周康卲宫。 旦，王格大室，即位。 宰引右頌入門，立中廷。 尹氏受王命書，王呼史虢生册命頌。
B	王曰：頌，命汝官嗣成周賈廿家，監嗣新寤賈，用宫御。 錫汝玄衣黹純、赤市朱黄、鑾旂、攸勒，用事。
C	頌拜稽首，受命册，佩以出，反入瑾璋。 頌敢對揚天子丕顯魯休，用作朕皇考龏叔、皇母龏姒寶尊鼎，用追孝、祈匄康龢、純右、通禄、永命。 頌其萬年眉壽，畯臣天子，霝終。 子子孫孫寶用。

在上引銘文中，只有 B 段文字，是周王命史虢生宣讀的册命文書的内容，這份文書檔案在典禮結束後交給了頌（"受命册"），另外應該還有一個副本收藏於官府。 頌在鑄造這件鼎的時候，銘文引用了文書全文或部分内容①，而 A 和 C 兩部分，則是對册命典禮的時間、地點的記述，以及頌本人對於天子及其家族的祝頌祈福，即所謂"嘏辭"。 因此這兩部分内容是册命文書之外的附加部分，並不包含於原始的官府檔案之中。 一般來説，來源於官府檔案的《書》類文獻，不應該包含類似上引銘文中 A、C 部分内容。 而且這部分内容具有臨時性或私人性的特點，也不適合成爲面對普通讀者的"書"的一部分内容。 清華簡《攝命》篇中包含與上引銘文中 A 部分相類似的内容，表明這篇文獻的文本應該來源於青銅器銘文，而非更爲原始的官府檔案。 這從一個側面揭示了《書》類文獻形成的途徑，可能比我們想象的更爲複雜多樣。

---

① 後者的可能性較大，因爲前面討論過的《封許之命》提到賞賜品多達三十餘件，對於頌的封賞，銘文中只提到了四件物品，或許有所删節。 因爲銅器作爲銘文的載體，空間畢竟有限，無法容納太多字數。 而竹簡作爲書寫載體，用於書寫的空間理論上是可以無限擴展的，所以完全可以不考慮字數方面的限制。 這一點，吴振武先生曾在"《清華大學藏戰國竹簡（五）》發佈會"上明確指出。 青銅器銘文中來源於官府檔案的部分，可能多數都經過删改了。 關於青銅器銘文與官府檔案之間的關係，可看夏含夷《中國歷史與銘刻》，載氏著：《海外夷堅志——古史異觀二集》第 2－25 頁，上海古籍出版社，2016 年；《西周歷史》，載氏著《海外夷堅志——古史異觀二集》第 32－33 頁。

四、清華簡《書》類文獻的價值和意義

近二十多年來，出土了幾批重要的戰國時期古書類文獻，如郭店簡、上博簡、清華簡以及新近公布的安大簡。郭店簡和上博簡以儒、道家文獻爲主，文本生成的時代沒有早於東周時期的。清華簡中第一次發現了多篇完整的《書》類文獻，其在學術史特別是《尚書》學史上的意義，無論怎麽高估都不過分。

清華簡《書》類文獻的價值是多方面的，而且隨着研究的深入，還會被不斷地發掘和展現出來，必將推動相關領域研究不斷進步。我們下面分五個方面對清華簡《書》類文獻的價值和意義進行簡單概括，有一些例證在正文相關篇章的注釋中有詳細討論，請互相參看。

（1）清華簡《書》類文獻在《尚書》學史上的重要意義

僞古文《尚書》問題，應該説是《尚書》學史上頭等重要的問題，困擾了學術界一千多年。自宋代大學者朱熹以來，歷代學者苦心孤詣、爬羅剔抉，漸漸釐清了梅本古文《尚書》中存在的種種問題，坐實了晚出二十五篇古文《尚書》非孔壁所出、安國所傳，係後人僞造。這一觀點自清代以來，本來已成定讞，是古典學研究領域的常識。但隨着建國以來戰國、秦漢古書類簡帛文獻材料日益豐富，一些過去被普遍認爲時代較晚甚至被貼上"僞書"標籤的典籍，如《周禮》、《尉繚子》、《鶡冠子》等，陸續在簡帛文獻中找到了材料有較早來源或不僞的證據。在這種情況下，學術界的目光自然轉向了僞書中的代表著作——梅本古文《尚書》。在簡帛文獻中有關晚出古文《尚書》真僞的關鍵證據出現之前，已經有個別學者重新堅持晚出古文《尚書》不僞的觀點，也有學者相對謹慎地認爲，晚出古文《尚書》中存在的種種問題，或許是魏晉時期學者整理古文《尚書》的結果，梅本古文仍可視爲與孔壁古文一脉相傳。在清華簡發現之前，簡帛文獻中並沒有梅本古文《尚書》"僞"或"不僞"的直接證據，郭店簡中不見於後世的逸篇《成之聞之》，曾引古文尚書《大禹謨》，這條引文不見於傳世典籍，僞造古文《尚書》的人見不到，故未能采入晚出古文《大禹謨》，這其實是從側面證明了前人反復論證過的晚出古文《尚書》係僞造的結

論，前面提到的裘錫圭先生文對此有詳細討論。可是仍有學者把這樣的材料當作晚出古文《尚書》不僞的證據，看來這種研究已經超出了嚴謹的學術研究範疇。

清華簡的公布，可以説是爲晚出古文《尚書》的真僞問題帶來了決定性的證據。清華簡《尹誥》（《咸有一德》）、《説命》篇亦見於晚出古文二十五篇，但除了傳世古書中的引文之外，彼此毫無共同之處，完全不能用異本或整理的結果來解釋。清華簡第八輯中，又有《攝命》篇，整理者認爲應該就是見於孔壁古文的《冏命》篇。因爲傳世古書中並没有《冏命》篇的引文（除了《説文》曾引"伯䎽"二字之外）①，所以清華簡《攝命》與晚出古文《冏命》連一句相同的話都没有。如果整理者的意見可信，那麽這又是晚出古文二十五篇完全是僞造的堅强證據。

還有就是通過清華簡《書》類文獻，大大豐富了我們對先秦時期《書》文獻的生成和樣貌的認識。過去對於《尚書》體裁的歸納和分析，都是基於封閉的系統，即今本《尚書》中可信的那些篇章，與先秦時期《書》類文獻的本來面貌無法完全吻合。通過對清華簡《耆夜》篇的研究，使我們了解到先秦時期《詩》、《書》、《禮》、"樂"等體裁的文獻之間，界限往往是比較模糊的，很難用後世古書分類的標準去衡量和界定。通過對《封許之命》、《攝命》等篇的分析，也使我們對於古書流傳過程中檔案與"書"、文本與讀者、文本與載體之間的複雜關係，有了更爲深切的了解②。

通過清華簡《書》類文獻，我們對於《逸周書》的認識也更加客觀和準確。在已公布的清華簡中，書類文獻共計12個篇目，見於伏壁、孔壁《尚書》的只有《金縢》、《尹誥》（《咸有一德》）、《説命》、《攝命》（《冏命》）等四篇，其他八篇均爲"逸書"。其中有六篇是廣義的"逸周書"，見於今本的有《程寤》、《皇門》、《祭公》、《命訓》等四篇，另外兩篇即《保訓》、《封許之命》則不見於今本。李學勤先生曾經指出："'逸周

---

① 參看陳雄根、何志華編著：《先秦兩漢典籍引〈尚書〉資料彙編》第272頁。
② 關於文本與載體之間的關係問題，還可參看拙作《材料所見先秦古書載體以及構成和傳布方式》，《出土文獻與古文字研究》第四輯，上海古籍出版社，2011年。

書'就是失傳了的《周書》，'逸'不是不存在，而是没有師說，'絕無師說'。所以它還是《周書》。"①剩下的兩篇中《尹誥》可以稱之爲"逸商書"，《厚父》或許可以稱爲"逸夏書"②。正如李學勤先生所指出的，在清華簡中，没有《尚書》和《逸周書》的差别，"後來被稱作《逸周書》的東西，在當時至少有很大一部分被承認就是《書》"③。

（2）清華簡《書》類文獻對於了解先秦時期古書體例的重要價值

清華簡《書》類文獻的文本生成年代，要大大早於簡文的抄寫年代。對於清華簡時代（戰國中晚期）的讀者來説，《書》類文獻也是古代的文本。只不過這些文本經過歷代傳抄，其中的時代性和地域性特徵已經幾乎被完全消除。我們曾在一篇小文中提到："與郭店簡、上博簡一樣，從字體上看，清華簡中這批成書年代較早的《尚書》類文獻也是用戰國文字書寫的，而且多數文本呈現出鮮明的楚文字風格。……西周、春秋時期的文獻流傳到戰國中晚期時，已經基本變成了用當時當地人使用的文字所書寫的文本。其中雖然存在個別早期文字形體或用字習慣，但畢竟是零星和偶然的。古書類文獻在歷代傳抄過程中，歷時差異逐漸被消滅殆盡。"④也就是說，古人在抄書的時候，一般不會刻意保留底本中與抄手自身時代和地域不相符的文字形體和用字習慣。像上博簡《緇衣》篇那樣較爲忠實地複製底本的現象⑤，畢竟較爲罕見。

《尚書》中一個著名的早期文本中的文字形體，以訛變的形式殘存在晚期文本中的例子，就是"前寧人"、"寧王"、"寧武"之"寧"，係兩周之際寫作 ▨ （曾伯文簠，集成 4052）形的"文"字之訛。這一點清人早已指出，如陳介祺在一封書信中提到，"福山王廉生農部懿榮書來，謂《大

---

① 李學勤：《清華簡與〈尚書〉、〈逸周書〉的研究》，《史學史研究》2011 年第 2 期；又載氏著《初識清華簡》第 99—109 頁。
② 參看郭永秉《簡説清華簡〈厚父〉篇應屬〈夏書〉而非〈周書〉》，復旦網，2015 年 5 月 6 日。
③ 李學勤：《清華簡與〈尚書〉、〈逸周書〉的研究》。
④ 馮勝君：《有關出土文獻的"閱讀習慣"問題》，《吉林大學社會科學學報》2015 年第 1 期。
⑤ 參看馮勝君：《郭店簡與上博簡對比研究》之"國别篇"。

誥》'甯王'、'甯武'皆古'文'字作[字形]作[字形]之訛"①。 通過這個例子，我們聯想到清華簡《祭公之顧命》篇"㦔余少（小）子"這句話中，"㦔"字寫作[字形]形，過去均釋爲"哀"，現在看很可能也是"文"字之訛。 先秦文獻"閔予"是相對固定的搭配，如《文侯之命》上下文爲"閔予小子嗣，造天丕愆"，《閔予小子》則爲"閔予小子，遭家不造"，均與簡文"㦔余小子，……旻天疾威，余多時假懲"辭例極爲相似。"哀余/予"的説法，先秦文獻中未見，不如"閔予"符合先秦文獻的表述習慣。 吴鎮烽《銘圖》2311號著録一件哀鼎，時代爲春秋早期。 銘文中釋爲"哀"之字寫作[字形]形，但春秋時期{哀}均作"哀"，未見有寫作"㦔"形者，可見將其釋爲"哀"是很可疑的。 這一形體與時代相近的寫作[字形]（曾伯文簠，集成4052）形的"文"字極爲接近，應該視作異體關係。《尚書・君奭》"我迪惟寧王德延"，"寧〈文〉"字三體石經古文寫作[字形]②，正與"㦔"字同形③。 可見《尚書》類文獻在傳抄過程中，"文"字是有可能訛爲"㦔"形的。 這種訛混可能早在兩周之際就已經發生，通過文本系統流傳到了戰國時期。 如果簡文"㦔"確係"文"字之訛，可以直接讀爲"閔"。

清華簡中的《保訓》是一篇較爲特殊的《書》類文獻，竹簡形制以及簡文字體都與清華簡中其他《書》類文獻有别。 我們曾在一篇小文中提到，《保訓》篇的字體風格與三體石經古文非常相近，説明二者在書法風格上均屬齊魯系文字風格的文本④。 但《保訓》篇簡文中絶大多數文字從形體結構的角度分析還是典型的戰國楚文字，也就是説《保訓》篇的書法風格可能源於齊魯地區，但文字形體却基本上是楚文字。 我們可以説《保訓》篇是書法風格具有齊魯地區特徵的楚文字抄本。 類似的例子如清華簡中源於三晉地區的一些文獻，如《良臣》、《祝辭》等篇，在書法風格上亦

---

① 陳介祺：《簠齋尺牘》卷一。
② 參看孫海波：《魏三體石經集録》，藝文印書館，1975年。
③ 網友"海天"先生在復旦讀書會（2011F）一文跟帖中已經注意到傳抄古文"寧"與"㦔"訛混，但他認爲"㦔"所從"心"旁由"口"旁訛變而來，似無據。
④ 馮勝君：《試論清華簡〈保訓〉篇書法風格與三體石經的關係》，《清華簡研究》第一輯，中西書局，2012年。

與典型楚文字有別，而與侯馬盟書等晉系文字相近。這些例子雖然在先秦竹書中尚屬個案，但也極大豐富了我們對古書傳抄過程的認識和了解。

（3）清華簡《書》類文獻對於校正今本《尚書》、《逸周書》中的訛誤具有重大價值

今本《尚書》、《逸周書》經過歷代傳抄、刊刻，文本中有大量訛脱衍倒之處，特別是《逸周書》未能列入經典，故歷代學者對其重視不夠，文本中存在的各類問題和錯誤更多。清華簡《書》類文獻，特別是見於今本《尚書》、《逸周書》的那些篇章，對於校訂今本中的訛誤，其作用之顯著和直接，是毋庸贅言的。這裏我們略舉幾例，以見一斑。

《逸周書·祭公》："我亦維有若祖祭公之執和周國，保乂王家。"這句話中"執和"一詞，歷代學者雖有各種説解，但均難以信從。李學勤先生早在1988年就已經敏鋭地指出："'執和'即史墻盤、師詢簋的'盩龢'。"① "執和"之"執"是"盩"和"盭"的共同初文"叙"的形近訛字，而"叙"字原本既有"盩（周/調）"的讀音，也有"盭（戾）"的讀音，故金文中"盩龢"一詞過去主要有讀爲"戾和"和"調和"兩種意見。"執和"在清華簡《祭公》篇中寫作"埊和"，"攸"與"調"讀音相近，看來將金文中的"盩龢"讀爲"調和"的意見應該是可信的②。清華簡已將"盩龢"之"盩"用音近的"埊"字代替，而今本"執"却顯然是"叙"的形近訛字，從這一點上看，今本保存了較爲古老的字形以及用字習慣。這種早期字形以訛誤的形式殘存在晚期文本中的例子，正可與前面討論過的今本《尚書》中"寧"爲"文"字早期字形訛誤的例子相類比。

再舉一個今本《逸周書·祭公》篇中的例子，今本中有這樣一句話"乃詔畢桓于黎民般"，這句話非常令人費解，前人有各種説法，如朱右曾云："桓，憂也。言信如王言，君臣當悉心以憂民，使民和樂。般，樂也。"于鬯曾正確指出，"畢桓"爲"人氏名，疑畢公高之後"③。對於理

---

① 李學勤：《文物研究與歷史研究》，《中國文物報》1988年3月11日。
② 詳細討論，參看正文《祭公》篇注釋。
③ 于鬯：《香草校書》上册，第201頁，中華書局，1984年。

解文義有所推進，但全句仍不可解。"畢桓于黎民般"在清華簡《祭公》篇中寫作"畢駈井利毛班"，整理者注釋云："井利、毛班，見《穆天子傳》。《穆傳》又有畢矩，不知是否與此畢駈有關。"可見簡文"畢駈"即今本"畢桓"；"于"爲"井"之訛，"利"、"黎"音近通假；"毛"、"民"形近致訛，"班"、"般"音近通假。可以想見，如果沒有簡本的對照，今本中類似的訛誤幾乎不可能完全得到解決。

今本《逸周書·命訓》篇中有這樣一句話："夫民生而樂生，無以穀之，能無勸乎？""穀"字或訓爲"善"，或訓爲"禄"，但"無以穀之"和"能無勸乎"兩句話在文義上的承接關係恰好是相反的，所以劉師培認爲"無"可能是字誤①。清華簡本《命訓》篇此句作"夫民生而樂生穀，上以穀之，能毋勸乎"，可見今本"無"係"上"之訛字，劉師培的意見是對的。整理者亦訓"穀"爲"禄"，不確。"穀"有生養、養育義。《廣雅·釋詁一》："穀，養也。"《戰國策·齊策六》："乃布令求百姓之饑寒者收穀之。"由"生養"義稍加引申則爲生存、活着，表示一種狀態，與"死喪"相對。《爾雅·釋言》："穀，生也。"《詩·王風·大車》："穀則異室，死則同穴。"故簡文"生穀"爲同義連言。簡文下面還有"夫民生而痛死喪"一句，"死喪"亦爲同義連言，與"生穀"爲對文。

（4）清華簡《書》類文獻可用以檢視前人校讀《尚書》、《逸周書》的得失

自清"乾嘉學派"以來，學者們運用傳統的校勘學方法，對幾乎所有傳世古書進行了全面而深入的整理，所取得的成績成爲今天我們閱讀古書的重要基礎。近些年簡帛古書的大量出土，不僅成爲校讀古書的利器②，還可用來檢視、評價前人在校讀古書方面的得失。李零先生屢次拈出《山經》"肺腑而能語，醫師色如土"語，用來形容以簡帛古書核驗前人校讀古

---

① 黄懷信等：《逸周書彙校集注》第 24 頁，上海古籍出版社，2007 年。
② 參看裘錫圭：《中國出土簡帛古籍在文獻學上的重要意義》，《裘錫圭學術文集·簡牘帛書卷》第 311 — 318 頁；《中國古典學重建中應注意的問題》，《裘錫圭學術文集·簡牘帛書卷》第 334 — 344 頁；《簡帛古籍的用字方法是校讀傳世先秦秦漢古籍的重要根據》，《裘錫圭學術文集·語言文字與古文獻卷》第 464 — 468 頁；《出土文獻與古典學重建》，《光明日報》2013 年 11 月 14 日，第 11 版。

書的意見，無疑是十分貼切的①。今本《逸周書》由於未能列入經典，在流傳過程中訛脱衍倒的情況尤爲突出。乾嘉以來，學者們雖然用力不少，多方校訂，但恐怕距離其原貌仍有不小的差距。下面以《皇門》篇爲例，一方面考察前人校訂工作的得失，另一方面也對今本與清華簡本之間的結構性差異加以探討。

今本《皇門》篇學界一般承認其爲可信的西周時期的文獻②。清華簡本《皇門》與今本無疑是同一篇文獻，但二者之間的差異之處亦復不少。有學者統計："簡本與今本《皇門》中字詞文句的疑問之處共計153例（重複者合併統計），其中訛變85例，刪脱35例，增衍26例，顛倒7例。"③這些訛脱衍倒，絶大多數是今本在輾轉傳抄過程中產生的，但也有個別簡本有誤而今本不誤的情況（詳下）。自清人以來，學者們對《皇門》篇中存在的各類問題，做了不少校訂工作。我們把前人對《皇門》的校訂情況及簡本相應文句列爲下表④，一方面便於觀覽，另一方面也可作爲討論的基礎。

		今　本	校訂者	校訂意見	簡　本	備　注
訛文	1	皇門（篇名）	劉師培	疑篇名本作"閔"，後人誤改爲"皇"。		簡本無篇題。
	2	周公格左閎門，會群門	王念孫	"會群門"之"門"爲"臣"之訛		簡本無此三字，唐大沛、俞樾謂作"門"自可通，不必改。

---

① 李零：《説考古"圜城"》，《讀書》1996 年第 12 期，又氏著《何枝可依》第 118 頁，三聯書店，2009 年；《尋找回來的世界》，《書城》2003 年第 2 期；《讀〈劍橋戰爭史〉》，氏著《何枝可依》第 244 頁。

② 參看黃懷信等：《逸周書匯校集注·序言》，上海古籍出版社，2007 年。

③ 趙雅思：《從簡本與傳世本〈皇門〉看古書流傳與校勘問題》，《文學界（理論版）》2012 年第 5 期。

④ 下表內容只限校改意見，不涉及釋讀意見。引用簡文時，用寬式隸定。引用各家之説，主要參考了黃懷信等《逸周書匯校集注》一書。

續表

		今　本	校訂者	校訂意見	簡　本	備　注
訛文	3	沈入	盧文弨	"入"改爲"人"	沈人	盧改與簡文合。
	4	非不用明刑	盧文弨	"非"爲"罔"之訛	非敢不用明刑	
	5	我聞在昔有國誓王之不綏于卹	王引之	"之"爲"亡"之誤	我聞昔在二有國之哲王，則不共于卹	相關討論，詳下文。
	6	內不茂揚肅德	盧文弨	"內"爲"罔"之誤	懋揚嘉德	盧校對文義理解與簡文相符。
	7	先用有勸	王引之	"先"疑"克"之誤	先王用有勸	王説與簡文不合。
	8	維時及胥學于非夷	趙曦明 王引之	"及"，趙疑爲"反"之訛，王認爲係"乃"之訛。	乃維訮=（汲汲）胥驅胥教于非彝	今本"及"不誤，惟脱漏重文符號。趙、王二説與簡文不合。
	9	不屑惠聽	盧文弨	"不屑"疑"不肯"之訛	不肯惠聽	盧説與簡文合。
	10	譬若匹夫之有婚妻	王念孫	"婚"本當作"昏"	譬如覺夫之有媚妻	整理者謂"婚"爲"媚"之形訛。
	11	媚夫有邇無遠	王引之	"媚"當是"媢"之訛	媚夫有邇無遠	王説與簡文合。
	12	乃食蓋善夫	王引之	"食"當爲"弇"之訛	乃弇蓋善夫	王説與簡文合。
	13	俾莫通在士王所	沈彤	改"在士"爲"在于"	善夫莫達在王所	"士"可能係衍文。
	14	小民率穡，保用無用，壽亡以嗣	莊述祖	改"穡"爲"癏"	小民用禱無用祀	據簡文，今本"率穡保用無"等字當爲衍文。

續表

		今 本	校訂者	校訂意見	簡 本	備 注
訛文	15	夫明爾德	莊述祖 朱右曾	莊改"夫"爲"矢",朱改"夫"爲"大"。	大明爾德	莊、朱二説均與簡文不合。
	16	無維乃身之暴皆卹爾	盧文弨	"皆卹"疑當作"是卹"	毋維爾身之囂,皆卹爾邦	據簡文,今本"爾"下脱漏"邦"字,盧改與簡文不合。
	17	資告予元	孫詒讓	"元"疑爲"允"之訛	既告汝元德之行	據簡文,今本"元"下脱漏"德之行"三字。
	18	譬若衆畋	莊述祖	改"衆畋"爲"泳淵"	譬如艖舟	莊改於文義有當。
	19	汝無作	劉師培	"亡"、"乍"形近易訛,"作"蓋當爲"忘"。	毋作祖考羞哉	據簡文,今本"作"下有脱文,劉説不合於簡文。
衍文	20	人斯是助王	劉師培	"是"與"斯"同,蓋衍文。	是人斯助王	據簡文,"是"與"人斯"位置互倒。
	21	以昏求臣	王念孫	"求"爲衍文,當在後文"皁良"之間。	以餌求于王臣	王説與簡文不合。
	22	汝無作	朱右曾	此三字爲衍文	毋作祖考羞哉	朱説與簡文不合。
脱文	23	其善臣以至于有分私子	盧文弨	此句上疑本有"自"字	自蠢臣至于有分私子	盧説與簡文合。
	24	人斯是助王	劉師培	根據孔晁注,疑當作"人順斯助王"。	是人斯助王	劉説與簡文不合。

續表

		今　本	校訂者	校訂意見	簡　本	備　注
脫文	25	永有□于上下	莊述祖丁宗洛陳逢衡朱駿聲	今本闕文，莊補"啓"，丁補"孚"，陳補"格"，朱補"言"。	以賓右于上	按之簡文，今本方空處似並無闕文，諸家說與簡文均不合。
	26	人斯既助厥勤勞王家	唐大沛	"厥"下疑脫"辟"字	是人斯既助厥辟勤勞王邦王家	唐說與簡文合。
	27	小人用格□能稼穡	莊述祖朱駿聲陳逢衡	闕處莊補"家"，朱補"爰"，陳補"用"。	小民用叚能稼穡	據簡文，今本並無闕文。
	28	以家相厥室	俞樾劉師培	俞說"厥室"上當有"亂"字；劉說"厥室"上似脫"私"字。	以家相厥室	二說與簡本均不合。俞說據《逸周書·祭公》篇"汝無以家相亂王室"，清華簡本作"汝毋各家相而室"，亦無"亂"字。
	29	維德是用	孫詒讓	"德"上當有一字，此上下文所言皆惡德。	維偷德用	孫說與簡文合。
	30	王皇良	王念孫	"良"上當有"求"字	我王訪良言於是人	從簡文文義來看，王說似可信。
	31	以昏求臣	王念孫	"以昏臣"三字上有脫文	以餌求于王臣	王說與簡文不合。
	32	汝無作	趙曦明	此三字下有闕文	毋作祖考羞哉	趙說與簡文合。

續表

		今　本	校訂者	校訂意見	簡　本	備　注
倒文	33	維其開告于予嘉德之説	王引之	"于予"爲"予于"之倒	唯莫開余嘉德之説	簡本無介詞"于",但從簡本動詞後接"余"來看,王引之説不誤。
	34	乃維其有大門宗子、勢臣	莊述祖	改"大門宗子"爲"大宗門子"	廼唯大門宗子、邇臣	莊改與簡文不合。
	35	不屑惠聽,無辜之亂辭是羞于王,王阜良,乃惟不順之言	王念孫	校改爲"不屑惠聽無辜之辭,乃惟不順之辭是羞于王,王阜求良言"。	不肯惠聽無辜之辭,乃惟不順是治。我王訪良言於是人。	王説大體與簡文相符。
	36	譬若匹夫之有昏妻,曰予獨服在寢	于鬯	疑下文"媢夫有邇無遠",當在"譬若匹夫之有昏妻"與"曰予獨服在寢"之間。	譬如覺夫之有媢妻,曰余獨服在寢	于説與簡文不合。

上表統計了前人對《逸周書·皇門》篇中可能存在的訛脱衍倒之處所進行的校訂,其中訛文19條,衍文3條,脱文10條,倒文4條,共計36條。通過與清華簡《皇門》篇進行對比,可以檢視前人上述校訂工作的成敗得失。

上述校訂中,與清華簡《皇門》完全吻合的共計6例①,分別是第3、9、11、12、23、26例,約占全部36例的17%。這六例當中,校訂的難度與學術含量是各不相同的。第3例今本所謂"建沈入"之"入",盧文弨將"入"校改爲"人";第23例今本"其善臣以至于有分私子",盧文弨謂句上

---

① 這裏所説的"完全吻合",包含了雖用字不同,但表示同一個詞的情況。

應該有一"自"字；第 26 例今本"人斯既助厥勤勞王家"，唐大沛謂"厥"下當有"辟"字。 以上三例平心而論，應該說校改的難度都不是很大。 如第 3 例"建沈入"，孔晁注"又建立沈伏之賢人"，則"入"無疑是"人"之訛；第 23 例，通過句中的"以至于"很容易聯想到句首應該有一"自"字與其搭配；第 26 例從文義上看，人臣自然是幫助君主來"勤勞王家"，孔注"助君也"，也有一定提示作用，因此想到"厥"下脫"辟"字也比較自然。

其餘三例校訂則有一定難度，如第 9 例今本"不屑惠聽"，盧文弨認爲"不屑"當作"不肯"，與簡本相合。"屑"、"肯"字形相近，有訛混的可能。 但"不屑惠聽"的意思是認爲不值得而不願意傾聽（《詩·鄘風·君子偕老》："鬒髮如雲，不屑髢也。"），從文義上講與"不肯惠聽"相當接近。 在這種情況下，能做出正確校改，是難能可貴的。 第 12 例今本"乃食蓋善夫"，王引之謂："'食蓋'二字義不相屬，'食'當爲'弇'。……'弇蓋善夫，俾莫通在王所'亦承上文'媢嫉'言之。《大學》引《泰誓》曰：'媢嫉以惡之。'又曰：'而違之俾不通。'正此謂也。'弇'與'食'字相似，故'弇'誤爲'食'。"①簡本正作"弇蓋"，與王氏說完全吻合。但這條校訂應該在很大程度上是受到孔晁注的啓發，今本此處孔注爲"媢夫見利而無遠慮，利爲**掩蓋**善夫，使莫通"②，王氏云："孔注云'掩蓋善夫'，是其明證矣。"

比較經典的一例校訂，無疑當屬第 11 例。 今本原文是"媢夫有邇無遠，乃食〈弇〉蓋善夫，俾莫通在士〈于〉王所"，王念孫《讀書雜志·逸周書弟二》：

> 引之曰："'媢'當爲'媢'字之誤也。自注：下'媢夫'同。《顏氏家訓·書證篇》曰：'太史公論英布曰："禍之興自愛姬，生於妒媢，以至滅國。"又《漢書·外戚傳》亦云："成結寵妾，妒媢之誅。"此二"媢"並當作

---

① 王念孫：《讀書雜志》第 38—39 頁，上海古籍出版社，2014 年。
② 孔晁所見的《皇門》篇文本，"弇"應該還沒有訛爲"食"，與今本相比更接近原貌。類似的例子如今本"爾假予德憲，資告予元"，簡本作"假余憲，既告汝元德之行"，可見今本在"元"下無疑脫漏了"德之行"三字。 此處孔注作"借我法，用德之告我**大德之所行**也"，以"大德之所行"解釋"元德之行"，顯然表明孔晁所見本尚未脫"德之行"三字。

"媢"，媢亦妒也，義見《禮記》、《三蒼》。且《五宗世家》亦云："常山憲王后妬媢。"王充《論衡》云："妒夫媢婦。"益知媢是妬之別名。原英布之誅爲意賁赫耳，不得言媢。'案《五宗世家》索隱亦云：'媢，鄒氏作媚。'《潛夫論·賢難篇》：'妬媢之攻擊也，亦誠工矣。'今本'媢'字亦誤作'媚'。《爾雅·釋宮》：'楣謂之梁。'《釋文》：'楣，或作湄。'蓋隸書'眉'字或作𦫳，與'冒'相似，故從'冒'、從'眉'之字，傳寫往往訛溷。鄭注《大學》曰：'媢，妬也。'此'媢夫'二字正承上文'讒賊媢嫉'言之，非謂其佞媚也，不當作'媚'明矣。"①

王引之所說的"下'媚夫'同"，意即今本下文"媚夫先受殄罰"句中的"媚夫"亦當爲"媢夫"之誤。今本這兩處"媚"字，簡本均作"忢"，②整理者謂："忢，讀爲'媢'，皆明母侯部字，妒忌。"整理者的意見無疑是正確的，這也證明王引之將"媚"校正爲"媢"，確不可易。于鬯反對王氏之説，謂：

　　　　王氏尚未審此文之錯，故以"媚"爲"媢"字之誤。要其説可以解下文之"媚夫"，不可以解此之"媚夫"，此"媚"自是佞媚之"媚"，非媢嫉之"媢"。下文"媚夫先受殄罰"，却當云"媢夫先受殄罰"，蓋即涉此"媚夫"而誤"媢"爲"媚"也。豈知"媢夫"者，謂婚妻之媢其夫，非謂其夫之媢。"媚夫"者，謂其人曰媚夫。於義殊絶也。③

于氏還認爲"媚夫有邇無遠"，當在上文"譬若匹夫之有婚妻"與"曰予獨服在寢"之間（參看上表例36），驗之簡本，其説均非是。從這個例子可以看出，于鬯在學養和識見方面，弗如王氏父子遠甚。

　　除了上述六條與簡本完全吻合的校訂之外，上表中還有一些與簡本大體相符，或在文義上得到簡本支持的意見。這方面的例子有第5、6、18、29、30、32、33、35例，共計8例，約占全部36例的22%。

　　例5、6情況相近，例6今本"內不茂揚肅德"，盧文弨認爲"內"爲

―――――――――――
①　王念孫：《讀書雜志》第38—39頁；"楣"當作"湄"，又可參看桂馥：《札樸》第41—42頁，中華書局，1992年。
②　今本"讒賊媢嫉"一句，簡本中相當於今本"媢嫉"二字恰巧殘缺，不知簡本此處用字情況。
③　于鬯：《香草校書》上冊第188頁，中華書局，1984年。

"罔"之誤,"罔不"雙重否定,文義變爲肯定,簡本作"懋揚嘉德",與盧校文義相合。 例5今本"我聞在昔有國誓王之不綏于卹",王引之認爲"之"爲"亡"之誤,"亡"讀爲"罔",並訓"綏"爲安。① 此句簡本作"我聞昔在二有國之哲王,則不共于卹",整理者讀"共"爲"恐",孫飛燕認爲:"'不'當讀爲'丕',語助詞。 這一用法古書習見,如《書·多方》'爾尚不忌于凶德',《詩·大雅·思齊》'肆戎疾不殄,烈假不遐','不'均應讀爲'丕'。'不共于卹'即'丕恭于卹',是恭敬于憂國的意思。"②朱鳳瀚亦將"共"讀爲"恭",謂"恭有恭勤之意",將"不恭于卹"理解爲"不會爲那些憂患之事過分操勞"。 同時還指出:"簡文下邊即是做解釋,夏商先哲王所以可以不爲憂患之事操勞,是因爲'廼佳(唯)大門宗子、埶臣,茅(懋)昜(揚)嘉惪(德),气(迄)又(有)窑(寶),以虇(助)氒(厥)辟,菫(勤)卹王邦王豕(家)。'"③我們認爲朱鳳瀚先生對文義的理解是正確的,順着這一思路,我們認爲"共"當讀爲"邛"。《詩·小雅·巧言》:"匪其止共,維王之邛。"郭店簡《緇衣》7-8號簡引作:"非丌(其)止(止)之共,唯王惹(邛)。"張富海謂:"簡文'之'字誤在'止'下(上海博物館藏《緇衣》不誤),當移正。 共,通作'恭',《毛詩》《釋文》:'共音恭,本又作恭。'鄭注:'邛,勞也。 言臣下不止於恭敬其職,惟使君之勞。 此臣使君勞之詩也。''邛'訓勞,見《爾雅·釋詁》。 郝懿行《爾雅義疏》指出'邛'與'劬'爲一聲之轉,甚是。'邛'與'劬'聲母、聲調、等呼皆同,韻母的關係屬東、侯對轉,其爲同源詞的關係甚明。'邛'之本義爲地名,古書中假借用來表示一個與'劬'同源的詞;簡文作'惹',也表示同一個詞。 上海博物館藏《緇衣》此字作上从力、下从工之形,似爲本字。"④古書中"邛"或訓爲"病",《詩·小雅·小旻》:"我視謀猶,亦孔之邛。"毛傳:"邛,病

---

① 王念孫:《讀書雜志》第35—36頁。
② 孫飛燕:《清華簡〈皇門〉管窺》,《清華大學學報(哲學社會科學版)》2011年第2期。
③ 朱鳳瀚:《讀清華楚簡〈皇門〉》,《清華簡研究》第一輯。
④ 張富海:《郭店楚簡〈緇衣〉篇研究》,北京大學碩士學位論文,2003年。

也。""劬勞"與"憂病"義本相應,勞極則病,所謂"憂勞成疾"也。 正如《詩·小雅·北山》:"或燕燕居息,或盡瘁事國。""瘁"爲勞累義;《詩·大雅·瞻卬》:"人之云亡,邦國殄瘁。""瘁"爲病困義。"病"本身亦有疲勞義,如《孟子·公孫丑上》:"今日病矣,予助苗長矣。"趙岐注:"病,罷也。"《詩》"匪其止共,維王之卬",可與簡文此處文義對照理解。《詩》義爲臣下不恭敬於職守,則使王憂勞;簡文此處則是說王不因憂恤國事而勞病,正是因爲"大門宗子、邇臣"等忠於職守而"勤卹王邦王家"。"卬"郭店簡寫作"悲",从"共""工"雙聲,故簡文"共"可讀爲"卬"。 王引之將今本文義理解爲"始於憂勤者,終於佚樂。 哲王之憂,乃其所以得安也",雖優於按今本本字求解,但仍未達一間。 我們認爲今本"亡(罔)不綏于卹",可直接理解爲安於憂恤,與簡文不勞病於憂恤,文義相近。

例18 今本"譬若衆畋",莊述祖改"衆畋"爲"泳淵",簡本作"舣舟"。 簡文"舣"之釋讀尚有爭議,然與行舟渡水有關則無疑問。 莊氏校改雖未能與簡本完全吻合,但對文義的理解還是正確的。 例29 今本"維德是用",孫詒讓謂"'德'上當有一字,此上下文所言皆惡德",簡本作"維俞德用",整理者謂:"俞,讀爲'揄',《說文》:'巧黠也。'《左傳》襄公三十年注:'薄也。'"復旦大學出土文獻與古文字研究中心研究生讀書會(下文簡稱"復旦讀書會")《清華九簡研讀札記》謂:"簡文'俞德'表示的意思當是'惡德'一類,疑'俞'字可讀爲從俞聲的'偷',《上海博物館藏戰國楚竹書(六)·景公瘧》'塼(敷)情而不愈(偷)'、'盍(蓋)必(比?)死,愈(偷)爲樂乎'兩處皆用從俞聲的'愈'字爲'偷',亦可爲旁證。 偷是'苟且、怠惰'的意思。"[1]我們認爲復旦讀書會的意見是正確的,孫詒讓指出今本"德"上應有表示惡德的闕文,得到了簡文的證實。 例30 今本"王卑良",王念孫謂"良"上當有"求"字,簡本作"我王訪良言於是人",整理者謂:"訪,諮詢。《書·洪範》:'王訪

---

[1] 復旦讀書會:《清華九簡研讀札記》,復旦大學出土文獻與古文字研究中心網,2010年5月30日。

于箕子。'"按表示"諮詢"義的"訪",後面一般接被訪的人,如"王訪于箕子"(《書·洪範》)、"穆公訪諸蹇叔"(《左傳》僖公三十二年),而且動賓之間往往有介詞"于"、"諸"等。 簡文"訪良言"之"訪",應理解爲尋求、探求,《晉書·儒林傳序》"於是傍求蠹簡,博訪遺書","求"、"訪"互文,"訪"亦爲搜求義。 今本"皐"並無"求"義,①所以王念孫謂"良"上當有"求"字,對文義的理解非常正確。

王念孫還有一例比較經典的校改,即上表中的例 35,今本"不屑惠聽,無辜之亂辭是羞于王,王皐良,乃惟不順之言",王念孫校改爲"不屑惠聽無辜之辭,乃惟不順之辭是羞于王,王皐求良言",簡本作"不肯惠聽無皐之辭,乃惟不順是治。 我王訪良言於是人",王氏校改雖與簡本略有出入(今本下文"于是人"亦應屬上讀),但能將顛倒錯亂之文本大體復原,確具卓識。

根據以上統計,前人對《皇門》篇校訂意見 36 條,其中與簡文相合或文義基本相符的 14 條,約占 39%。 其餘 22 條均不合於簡文,占全部校訂的六成多。

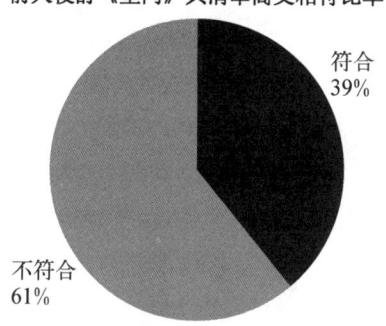

前人校訂《皇門》與清華簡文相符比率

符合 39%
不符合 61%

我們對上表中各位學者的考證意見分別作了統計,並根據其考證數量和與簡文符合比率,生成下表:

---

① 復旦讀書會、蘇建洲等認爲"皐"可能是"訪"的假借字,恐不確(參看復旦讀書會:《清華九簡研讀札記》;蘇建洲:《〈清華簡〉考釋四則》,復旦大學出土文獻與古文字研究中心網,2010 年 1 月 9 日)。

前人考證成就圖示

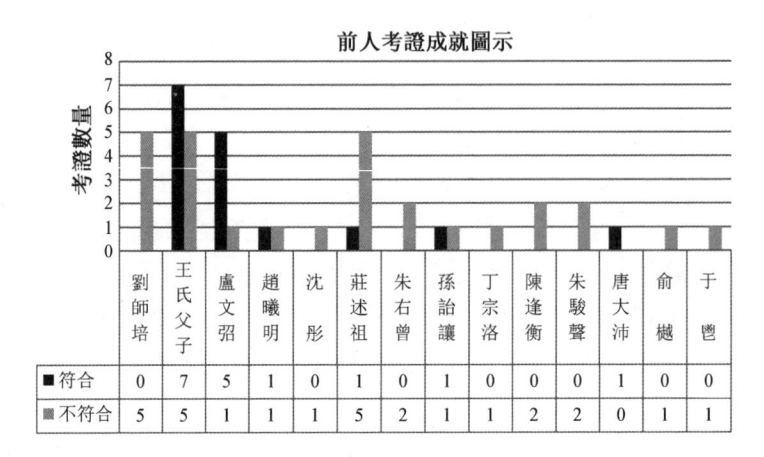

	劉師培	王氏父子	盧文弨	趙曦明	沈彤	莊述祖	朱右曾	孫詒讓	丁宗洛	陳逢衡	朱駿聲	唐大沛	俞樾	于鬯
符合	0	7	5	1	0	1	0	1	0	0	0	1	0	0
不符合	5	5	1	1	1	5	2	1	1	2	2	0	1	1

從上表可以很直觀地看出，盧文弨和王氏父子所取得的成就，要遠超其他學者。結合考證數量和難度來考慮，仍當以王氏父子爲翹楚。李昭陽在碩士學位論文《利用出土文獻審視清代學者校勘古書之得失——以〈逸周書〉爲例》中，統計了今本《逸周書》中見於清華簡的《皇門》、《祭公》、《命訓》等篇清人校勘得失，諸學者的正確率如下圖所示①：

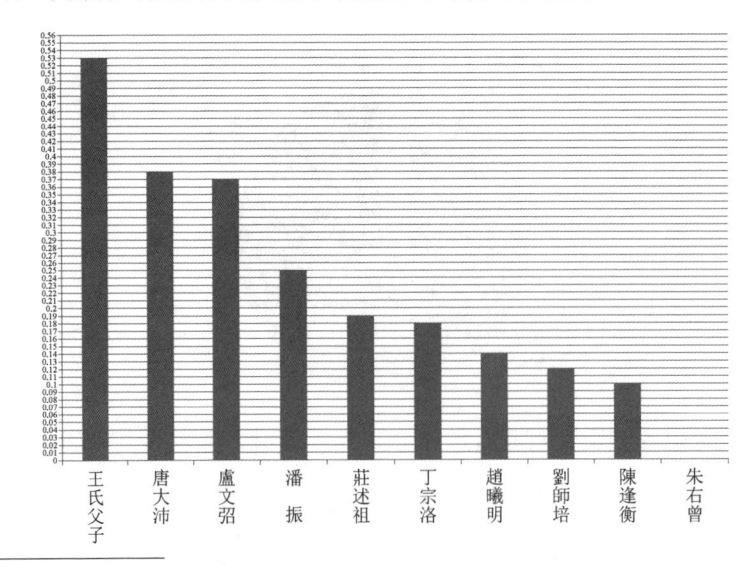

（王氏父子、唐大沛、盧文弨、潘振、莊述祖、丁宗洛、趙曦明、劉師培、陳逢衡、朱右曾）

---

① 李昭陽：《利用出土文獻審視清代學者校勘古書之得失——以〈逸周書〉爲例》第126頁，吉林大學碩士學位論文（導師：馮勝君教授），2018年。

上圖所呈現出的結論，與《皇門》篇的情況大體吻合。

總體來說，與今本相比，簡本在字詞、文義方面更接近《皇門》篇原貌，這一點毫無疑問。但簡本爲戰國中晚期抄本，如果《皇門》篇確實成書於西周初年，那麼簡本距離其成書年代已有六、七百年的歷史，在簡本中存在個别訛誤，也並不奇怪。仔細對勘今本與簡本《皇門》文本，我們認爲簡本存在對文義理解的重大失誤。我們把今本與簡本《皇門》文本列表如下（簡本釋文用寬式，不作嚴格隸定）①：

	今　本	簡　本
A	維正月庚午，周公格左閎門，會群門，曰：嗚呼！下邑小國，克有耇老，據屏位，建沈人，非不用明刑，維其開告于予嘉德之説。	唯正庚午，公格在者門。公若曰：於乎！朕寡邑小邦，蔑有者耇虞事、屏朕位。肆朕沖人，非敢不用明刑，唯莫開余嘉德之説。
B	命我辟王，小至于大，我聞在昔有國誓王之不綏于卹，乃維其有大門宗子、勢臣，内不茂揚肅德，訖亦有孚，以助厥辟，勤王國王家，乃方求論擇元聖武夫，羞于王所，其善臣以至于有分私子，苟克有常，罔不允通，咸獻言于王所，人斯是助王，恭明祀，敷明刑，王用有監明憲，朕命用克和有成，用能承天嘏命，百姓兆民，用罔不茂在王庭，先用有勸，永有□于上下，人斯既助厥，勤勞王家，先人神祇，報職用休，俾嗣在厥家，王國用寧，小人用格，□能稼穡，咸祀天神，戎兵克慎，軍用克多，王用奄有四鄰遠土，丕承萬子孫，用末被先王之靈光。	今我譬小于大：我聞昔在二有國之哲王，則不共于卹。迺唯大門宗子、邇臣，懋揚嘉德，迄有孚，以助厥辟，勤卹王邦王家。迺旁求選擇元武聖夫，羞于王所，自釐臣至于又分私子，苟克有諒，罔不遂達，獻言在王所。是人斯助王共明祀、敷明刑，王用有監多憲，政命用克和有成，王用能承天之魯命，百姓萬民用無不柔比在王廷。先王用有勸，以賓右于上。是人斯既助厥辟，勤勞王邦王家，先人、神祇報式用休，俾服在厥家，王邦用寍，小民用叚，能稼穡，咸祀天神，戎兵以能興，軍用多實，王用能奄有四鄰、遠土，丕承子孫用蔑被先王之耿光。

---

① 今本基本按照原貌照録，並未根據前人校訂對文本進行改動；簡本釋文用寬式，不做嚴格隸定。

續表

	今 本	簡 本
C	至于厥後嗣，弗見先王之明刑，維時及胥學于非夷，以家相厥室，弗卹王國王家，維德是用，以昏求臣，作威不祥，不屑惠聽，無辜之亂辭是羞于王，王阜良，乃惟不順之言，于是人斯，乃非維直以應，維作詐以對，俾無依無助，譬若畋犬驕，用逐禽，其猶不克有獲，是人斯，乃讒賊媢嫉，以不利于厥家國，譬若匹夫之有婚妻，曰：予獨服在寢以自露厥家。媢夫有邇無遠乃食蓋善夫，俾莫通在于王所，乃維有奉狂夫，是陽是繩，是以爲上，是授司事于正長。命用迷亂，獄用無成，小民率穡，保用無用，壽亡以嗣，天用弗保，媢夫先受殄罰，國亦不寧。	至于厥後嗣立王，廼弗肯用先王之明刑，乃維汲汲胥驅胥教于非彝，以家相厥室，弗卹王邦王家。維偷德用，以昏求于王臣，弗畏不祥，不肯惠聽無罪之辭，乃唯不順是治。我王訪良言於是人，斯乃非休德以應，乃維詐誣以答，俾王之無依無助。譬如農夫，喬用從禽，其猶克有穫？是人斯廼讒賊□□，以不利厥辟厥邦，譬如覺夫之有媢妻，曰余獨服在寢，以自露厥家。媢夫有邇無遠，乃弇蓋善夫，善夫莫達在王所。乃維有奉癋夫，是煬是繩，是以爲上，是受司事師長，政用迷亂，獄用無成，小民用禱無用祀，天用弗保，媢夫先受殄罰，邦亦不盜。
D	嗚呼！敬哉。監于茲，朕維其及，朕藎臣夫，明爾德，以助予一人憂，無維乃身之暴皆卹爾，假予德憲，資告予元，譬若衆敗，常扶予險，乃而予于濟，汝無作。	於乎！敬哉。監于茲。朕遺父兄，眔朕藎臣，夫明尔德，以助余一人憂，毋惟尔身之遂，皆卹尔邦，叚余憲。既告汝元德之行，譬如舩舟，輔余于險，遂余于濟，毋作祖考羞哉！

從今本來看，《皇門》篇可分爲四段。A段介紹《皇門》篇背景，點出"耇老"的重要性；B段闡述夏、商時期"大門宗子、勢臣"能夠選賢進能，所以國家興盛；C段則用對比的方式，痛責"厥後嗣"像嫉妒的妻子一樣"獨服在寢"，壅蔽賢良，導致君王"無依無助"，邦家阢隉不安。D段則告誡周王的"父兄、藎臣"應同舟共濟，輔弼周王以共克時艱。

復旦讀書會在上引文中指出，在今本《皇門》篇中，"周公先追述'大門宗子勢臣'勤勉王事、選賢與能的業績，然後對'厥後嗣''弗卹王國王家，惟[偷]德是用'的現狀提出批評和告誡"，顯然是把今本C段開頭的"厥後嗣"理解爲"大門宗子勢臣"的後嗣，這一理解是非常正確的。

簡本在"厥後嗣"後面有"立王"二字,《清華大學藏戰國竹簡（壹）讀本》（下文簡稱爲《讀本》）認爲："簡本'後嗣'後'立王'爲傳本所刪脱,'立王'更有强調'立爲國君'之意。"按截至目前,似尚未有學者提出簡本"立王"爲衍文的意見,《讀本》的看法代表了學術界主流觀點。但如果按照簡本,將"厥後嗣立王"理解爲夏商兩朝之"哲王"的後嗣,則與後文"以家相厥室,弗卹王邦王家"無法接榫,《讀本》將這兩句話翻譯爲"後世立王只顧治理家事,不去擔憂國家的事務（把天下當自己家來治理——只圖私利享受,不擔心王邦王家）"①,實際上是不合適的。君王撫有四海,以天下爲家,可以説其"家事"就是"天下事"。這兩句話是典型的針對臣下而言的,正如簡本 B 段講"二有國之哲王"時期,"大門宗子邇臣……以助厥辟,勤卹王邦王家","弗卹王邦王家"與"勤卹王邦王家"顯然是對文,不可能前面用來講臣下,後面就變成針對君主。同樣,今本接下來講到"維[偷]德是用,以昏求臣",同樣是在講臣下的行爲,復旦讀書會指出,"'方求論擇元聖武夫'意思是廣泛而謹慎地選擇通人武夫②,這是'大門宗子勢臣'選賢與能、勤勉王事的表現;'厥後嗣'不勤王事,在選拔王臣的問題上就表現得昏聵迷亂",對文義的理解非常準確。簡本將今本"以昏求臣"改爲"以昏求于王臣",把針對臣下的話,變成了針對君主的話,無疑是爲了與前文"至於厥後嗣立王"相呼應。

簡本"我王訪良言於是人",也很費解。《皇門》通篇是以周公的口氣在講話,那麽"我王"就應該指周王,那麽"是人"是指誰呢？如果按照簡本,"是人"就是夏商兩朝的後嗣立王,周王如何能向他們"訪良言"呢？這顯然是講不通的。正如前文所指出的,今本 B、C 兩段是嚴格對應的,都是在講夏商時期的事情,簡本在 C 段中突然出現"我王",變成講周王朝的事情,是非常不自然的。今本"王"前並無"我"字,黄懷信認

---

① 季旭昇主編:《清華大學藏戰國竹簡（壹）讀本》第 216、188 頁,藝文印書館,2013 年。

② 讀書會將"論"翻譯爲"謹慎地",應是按本字求解。我們認爲今本此處的"論"或許應該讀爲"掄",《國語·晉語八》："君掄賢人之後,有常位於國者而立之。"韋昭注:"掄,擇也。""論（掄）擇"與簡本"選擇"均爲同義複合詞。

爲簡本"我"字係衍文①，非常正確。但正如黃文所指出的，簡文前面講"後嗣立王"如何昏瞶，而"訪良言"則顯然是賢明君主的行爲。這實際上再一次證實了簡本"至于厥後嗣立王"句中的"立王"係衍文，不當有。"厥後嗣"是指前朝賢臣的後嗣，他們没見過先王時期的光輝典範（"弗見先王之明刑"，簡本作"迺弗肯用先王之明刑"亦不如今本明晰），"維偷德用"，王向這種人"訪良言"，當然不會有好的回應（"非休德以應"）。

通過以上論述可見，簡本對C段文義的理解出現了重大偏差，所以才有以上種種無法自圓其說之處。而上述問題，在今本中都並不存在，可見今本對於簡本而言，在文本校訂方面也有重要價值。

（5）清華簡《書》類文獻對於古史研究的重要作用

清華簡《書》類文獻以及《繫年》等記載了不少商周時期的歷史事件，而簡文對這些歷史事件的原委和過程的記述，又往往與傳世典籍記載有所歧異，這爲我們探究和檢討以往學界長期聚訟的歷史問題提供了寶貴的資料。我們曾在《也談清華簡〈金縢〉以及〈詩·豳風·鴟鴞〉所見周初史事》這篇小文中②，對簡本與今本《金縢》篇歧異之處所反映的不同歷史樣貌有所討論，現將要點撮述於下。

今本《金縢》篇中有這樣一段話：

> 武王既喪，管叔及其群弟乃流言於國，曰："公將不利於孺子。"周公乃告二公曰："我之弗辟，我無以告我先王。"周公居東二年，則罪人斯得。于後，公乃爲詩以貽王，名之曰《鴟鴞》；王亦未敢誚公。

在這段話中，前人對於"周公居東"的理解有重大分歧。一種觀點認爲，"周公居東"反映了周公東征的歷史事件，起因是管叔等人散佈周公將不利於成王的流言，"罪人斯得"則表明周公抓獲了管叔等人；還有一種觀點認爲，"周公居東"係周公下野而避居國都東郊，將"罪人斯得"理解爲成王

---

① 黃懷信：《清華簡〈皇門〉校讀》，簡帛網，2011年3月14日。
② 馮勝君：《也談清華簡〈金縢〉以及〈詩·豳風·鴟鴞〉所見周初史事》，《簡帛》第八輯，第13—22頁，上海古籍出版社，2019年。

了解了事情真相,知道了散佈流言的罪人爲誰。通過仔細研讀清華簡《金縢》篇簡文,特別是認真比對簡文與今本的差異之處,我們認爲"周公居東"當從後説,即周公下野避罪,而非東征。關於"東征"説與史實的牴牾之處,前人有很多舉證,我們在《金縢》篇注釋中亦有引述,這裏不再詳細討論。但"避罪説"一直未能成爲學界共識,也是因爲在今本中有不少不利於"避罪説"的證據。如今本《金縢》在"周公居東二年"與"罪人斯得"兩句話之間,有一"則"字連接,似表明這兩件事有因果關係。如果是周公"避罪"而非"東征",那麽"罪人"如何"得"就難以解釋(將"罪人斯得"理解爲成王了解罪人爲誰,與周公"避罪"之間亦無必然聯繫,且成王了解事情真相後,周公嫌疑當自動洗清,也就不應存在以《鴟鴞》諷喻成王之舉)。而且正如毛奇齡所説,管、蔡等散佈流言,不宜遽稱之爲"罪人",只有"啓商共叛",才當得"罪人"的稱呼。稱三監爲"罪人"表明此時叛亂已起,故"周公居東"自應理解爲平叛之舉。但在簡本《金縢》篇中,今本"周公居東二年,則罪人斯得"寫作"周公居東三年,禍人乃斯得",簡本在兩句話之間没有"則"字,表明"居東"與"禍人乃斯得"兩件事之間没有必然的因果關係;今本"罪人",簡本寫作"禍人",上引毛奇齡的疑問也自然消除。也就是説,在簡本《金縢》篇中,凡是與"避罪説"相矛盾的地方都不存在,這對於"避罪説"無疑是極爲有利的。簡本的"禍人"也表明管、蔡等人只是散佈流言禍亂周邦的"禍人",而非勾結殷遺,意圖顛覆周邦的"罪人"。那麽"禍人乃斯得"究竟反映了怎樣的歷史事實,我們認爲當結合周公爲諷喻成王所賦《鴟鴞》篇來理解。《詩‧豳風‧鴟鴞》篇全文如下:

鴟鴞鴟鴞,既取我子,無毀我室。恩斯勤斯,鬻子之閔斯。
迨天之未陰雨,徹彼桑土,綢繆牖户。今女下民,或敢侮予。
予手拮據,予所捋荼,予所蓄租,予口卒瘏。曰予未有室家!
予羽譙譙,予尾翛翛。予室翹翹,風雨所漂搖。予維音嘵嘵!

前人多已意識到,詩中"鴟鴞鴟鴞,既取我子"與《金縢》篇"則罪人斯得"(也就是簡本的"禍人乃斯得")説的是一回事,當有統一的解釋。楊筠如等學者已經根據《詩·豳風》中《鴟鴞》、《東山》、《破斧》等篇的次序，指出《鴟鴞》篇所反映歷史事件的時間絶不能晚到東征之後（《破斧》爲描述東征之詩），而只能是周公避罪下野之後，取得成王諒解回到國都之前（《東山》爲周公回歸國都之詩）。"鴟鴞鴟鴞，既取我子，無毀我室"爲周公口吻，他以"鴟鴞"這種惡鳥喻指以武庚爲首的殷遺，斥責他已經俘取了周人之子（實即管、蔡等三監），並企圖顛覆周人家室。這種解釋最爲直接，於詩義貼合得也最爲緊密。簡本《金縢》"禍人乃斯得"句，亦應該理解爲禍亂周邦的管叔等三監被以武庚爲首的殷遺所俘獲。清華簡《繫年》第三章"商邑興反，殺三監而立彔子耿"，"彔子耿"即王子祿父，亦即武庚。《繫年》的這條簡文，明確指出"三監"爲殷遺所俘所殺，這爲正確理解《鴟鴞》和《金縢》篇相關文義提供了强有力的支撑。前人之所以在此問題上提出種種存在難以彌縫之矛盾的曲解，皆是因爲我們提出的這種解釋與傳世典籍所記述周初史事大相徑庭的緣故（傳世典籍皆記述管、蔡等三監參與了武庚叛亂，但在出土文獻中毫無這方面的記載）。現在有清華簡《金縢》、《繫年》等新材料，我們完全可以對周初史事做出與前人迥然不同的描述。

綜合相關記載可知，周初的政治局勢非常複雜。周武王去世不久，成王還很年輕，周王室的統治尚未穩固，殷人的勢力也尚未完全窮除。周公居於首輔之位，而管、蔡等貴胄欲與周公争權，故散佈周公欲不利於成王的流言。周公爲了避免激化與成王之間的矛盾，主動下野，避居東郊。周初動蕩不安的政局，爲武庚等叛亂提供了可乘之機（《尚書大傳》："奄君蒲姑謂禄父曰：'武王既死矣，今王尚幼矣，周公見疑矣，此百世之時也，請舉事！'"）。故武庚鳩集殷遺民俘獲並殺掉管、蔡等"三監"，起兵反叛（"三監"本來就是周人爲監視殷遺而設，故殷遺叛亂必須首先除掉"三監"）。在此危難之際，周公貽詩諷喻成王，表達了希望回朝輔佐成王平叛的迫切心情。

清華簡中類似的例子還可以舉出一些，如根據傳世典籍的記載，夏王孔甲是一位昏王。《國語·周語》："昔孔甲亂夏，四世而隕。"《史記·夏本紀》："帝孔甲立，好方鬼神，事淫亂。夏后氏德衰，諸侯畔之。"但清華簡《厚父》云"弗用先哲王孔甲之典刑",對孔甲的考語却是夏之"哲王"。所以李零先生説:"古人講歷史,常常文史不分,歷史記載和文學想象,經常混着講。因此同一故事有不同講法,很正常。今人讀古書,應耐心傾聽古人的主訴,理解他們的敘事方式,信以傳信,疑以傳疑。不必一遇矛盾,馬上就斷定,兩種説法,必一真一僞。"①這是通達的看法。古人有關歷史的記述,往往存在多個自洽的敘事系統。上述有關周初史事的討論,應該就是已經被淘汰並湮没在歷史長河中的另外一個歷史片段,現在我們通過出土文獻及傳世古書中一些蛛絲馬迹,將其鉤沉出來。吉光片羽,彌足珍貴。

---

① 李零:《西伯戡黎的再認識——讀清華楚簡〈耆夜〉篇》,載氏著《大地文章——行走與閲讀》第114—115頁,生活·讀書·新知三聯店,2016年。

尹至

尹　　至[1]

　　隹（唯）尹自顕（夏）蔖（徂）白（亳）[2]，彔至才（在）湯＝（湯）[3]。湯曰："各（格）！女（汝）亓（其）又（有）吉志。"[4]尹曰："句（后）！我逨（來），越（越）今旬＝（旬日）[5]。余兇（微）亓（其）又（有）顕（夏）衆[6]，【1】不吉好[7]；亓（其）又（有）句（后）㞢（厥）志亓（其）倉（爽）[8]，■龍（寵）二玉[9]，弗悇（虞）亓（其）又（有）衆[10]。民沇（遂？）曰[11]：'余汲（及）女（汝）皆（偕）芒（亡）。'[12]隹（唯）戠（滋）虘（虐）悳（德）[13]，瘥（暴）慬【2】亡（無）簍（典）[14]。顕（夏）又（有）恙（祥）[15]，才（在）西才（在）東，見章于天[16]。亓（其）又（有）民達（率）曰：'隹（唯）我棘（速）裪（禍）。'[17]咸曰：'憲（曷）今東恙（祥）不章[18]，今【3】亓（其）女（如）怠（怠/怡一台）？'"[19]湯曰："女（汝）告我顕（夏）陾（隐）[20]，達（率）若寺（時）？"[21]■尹曰："若寺（時）。"■湯眔（盟）慹（質）汲（及）尹[22]，𢎥（兹）乃柔大縈[23]。湯迬（往）【4】㱿（征）弗䧠（附）[24]，執氐（度）執悳（德）[25]，不憯（僭）[26]，自西䎽（窮）西邑[27]，戡（戡）亓（其）又（有）顕＝（夏[28]。夏）料民，內于水，曰："詈（戰）！"[29]帝曰："一

勿遺！"[30]【5】

【箋釋】

　　[1]　整理者："本篇竹簡共五支，簡長四十五釐米，三道編。滿簡書寫二十九至三十二字。原無篇題，現據篇首'惟尹自夏徂亳，逯至在湯'句試擬。簡背有次序編號。文字保存較好，祇有第二簡上端首字磨滅。簡文記述伊尹自夏至商，向湯陳説夏君虐政，民衆疾苦的狀況，以及天現異象時民衆的意願趨向，湯和伊尹盟誓，征伐不服，終於滅夏，可與多種傳世文獻，如《書·湯誓》、古本《竹書紀年》、《史記·殷本紀》等參看。簡文敘事及一些詞語特別近似《呂氏春秋》的《慎大》篇，可證《慎大》作者曾見到這篇《尹至》或類似文獻。"朱曉海（2010）謂："清華簡的《尹至》很可能就是百篇《尚書》中的《疑至》。至少也是同一傳説的不同述古之作。二者的關係猶同《尚書·武成》之於《周書·世俘》。"

　　[2]　整理者："尹，伊尹。清梁玉繩《古今人表考》卷二云伊尹'伊氏，尹字，名摯'。'白'、'亳'均並母鐸部字。'自夏徂亳'，與《國語·楚語上》云武丁'自河徂亳'句似。"今按：夏，指夏都斟尋。有關"斟尋"的地望，典籍記載有異説。《水經·巨洋水注》："按《地理志》'北海有斟縣'，京相璠曰：'故斟尋國，禹後，西北去灌亭九十里。溉水又北逕寒亭西而入别畫湖。《郡國志》曰："平壽有斟城、有寒亭。"薛瓚《漢書集注》云：'按《汲郡古文》，相居斟灌，東郡灌是也。明帝以封周後，改曰衛。斟尋在河南，非平壽也。'又云：'太康居斟尋，羿亦居之，桀又居之。《尚書序》曰："太康失國，兄弟五人溪于河汭。"此即太康之居，爲近洛也。'"根據上引《郡國志》，則斟尋在今山東濰坊附近（今濰坊市有寒亭區），然此説在考古學上得不到支持。夏末魯東地區爲岳石文化分佈區，其文化面貌與夏文化的典型代表二里頭文化有顯著不同。薛瓚《漢書集注》認爲斟尋在河南洛水流域，是正確的。現在學術界一般認爲河南偃師二里頭遺址，即桀都斟尋（關於二里頭遺址的性質，學術界有不同意見，我們同意二里頭遺址一至四期均爲夏文化的觀點）。后羿爲夷人，典

籍又稱之爲"夷羿"（見《左傳》襄公四年、《楚辭·天問》等），其始居地或在今山東濰坊一帶，故其地有斟城、寒亭等地名。 代夏之後，其所居之夏都（即太康所居者）亦蒙斟尋之名。 夏都斟尋，始於太康、后羿，或非偶然。 蔖，整理者括注爲"徂"。《詩·大雅·緜》"自西徂東"，鄭箋："徂，往也。"《説文》："𢓴，往也。 从辵、且聲。 𢓴，齊語。 徂，𢓴或从彳。 遁，籀文从虘。"簡文從"虘"聲，與《説文》籀文同。 亳，趙慶淼（2016）："清華簡《湯處於湯丘》亦記載了有莘氏小臣伊尹歸湯的史事，却謂商湯所居之地曰'湯丘'。 對比不難看出，'亳'與'湯丘'應該屬於'同地異名'的關係，'亳'既爲帝嚳之墟，故爲舊名，'湯丘'則是因商湯居此而產生的新地名。"

[3] 整理者："彔，字從录聲，讀爲'逯'，《方言》十二：'行也。'《廣雅·釋詁一》同。 才，讀爲'在'，《爾雅·釋詁》：'存也。'《左傳》襄公二十六年'吾子獨不在寡人'，注：'在，存問之。'"宋華強（2011）認爲："'彔'疑當讀爲'從'。 郭店簡、上博簡《緇衣》中與今本'從容有常'之'從'對應之字，李家浩先生認爲是從'录'得聲，讀爲'從'。"郭永秉在復旦讀書會（2010）跟帖中提出"彔"當與甲骨文中表示時稱之字聯繫起來考慮，並在郭永秉（2013）中詳細加以論證，謂"彔"作爲時稱名詞見於甲骨文，"大概和'夜'、'夕'一樣，是一種泛指的時稱"。 簡文"彔至在湯"，"意思是伊尹在夜裏的某個時候來到了湯之處"。 黃懷信（2011A）同意整理者讀"彔"爲"逯"的説法，引《説文》："逯，行謹逯逯也。"《集韻》："行謹也。"《廣韻》："謹也。"等書證，認爲簡文"彔（逯）"應該是"謹慎而連續地行的意思"，並認爲伊尹在夏爲間，事涉隱秘，故須謹慎而行。 羅琨（2011）謂："此次伊尹歸亳没有事先知會，行動謹慎小心，突然或悄然出現在湯的面前，正體現了'間夏'的背景。"其説與黃懷信説基本相同。 按以上二説各有利弊，對於時稱説，子居（2011A）認爲："此若是時段名稱，那麼前面理當有從夏地出發時的時段名稱，二者才能構成一個完整的時間段説明，但'惟尹自夏徂亳'中，完全没有任何涉及一日中之時段的内容，此後的文字，更是與此解爲時稱的'彔'字絶不相關，'自夏徂亳'非朝夕可至，全文内容也

顯然不是一夜之間的事情,那麼何以此處要交代個時稱呢?"而讀"彔"爲"逯",訓爲"行"或"謹行",在先秦傳世典籍罕見用例(《淮南子·精神訓》:"居不知所爲,行不知所之,渾然而往,逯然而來。形若槁木,心若死灰。"高誘注:"謂無所爲,忽然往來也。"此書證時代偏晚,且用法亦與簡文不合)。時代爲春秋晚期的甚六鼎銘文中有"以鹿四方,以從句吳王"句,吳振武(2006A)認爲銘文中的"鹿"當讀爲"逯"或"逯"。"逯",《說文》訓爲"隨從也",與"逯"或爲同源詞。吳師讀"鹿"爲"逯"的意見非常可信,彌補了"彔"讀爲"逯"缺乏先秦書證的不足。總之,此處"彔"字當如何釋讀,仍有待進一步研究。 在,廖名春(2010)、宋華强(2011)等均認爲"在"當理解爲表示行爲處所的介詞。宋文所舉例證主要有:《詩·小雅·魚藻》"魚在在藻",謂魚在於藻也;《書·文侯之命》"昭升于天,敷聞在下","于"、"在"互文同義;《左傳》僖公五年"藏於盟府",襄公十一年則説"藏在盟府"。清華簡《皇門》10～11號"善夫莫達才(在)王所","在"亦猶"于"、"於"。郭永秉(2013)同意宋華强説,並補充如下書證:《詩·召南·小星》:"肅肅宵征,夙夜在公。"鄭箋:"或早或夜,在於君所。"《詩·魯頌·有駜》:"夙夜在公,在公明明。"鄭箋:"時臣憂念君事,早起夜寐,在於公之所。""在公"和"在湯"的用法相近。

　　[4] 整理者:"吉志,《説文》: 吉,'善也';志,'意也'。《盤庚下》:'歷告爾百姓于朕志。'"黃懷信(2011)謂:"懷疑此'志'當作'言',或是因下文'厥志'之'志'而誤。 吉言,即好話、好情報、好消息。 湯見伊尹回來,猜想他肯定有重要情報,所以説: 你急急忙忙趕回來,莫非有吉言? 屬於問話。 以下所言夏有祥在西在東,夏人盼東祥彰等事,即所謂'吉言'。"

　　[5] 整理者:"越字多從一'止'。 越,訓'及',如《書·召誥》'越六日乙未'、'越三日戊申',見《經傳釋詞》。'旬日'合文,有合文符號。"

　　[6] 整理者:"岂,通'微',明母微部,與明母文部之'閔'對轉。 其有夏衆,'其有'同於作爲名詞前語助的'有'。"復旦讀書會(2011A)

括注爲"美",沈建華(2011)讀爲"聞"。 何有祖(2011)、黄懷信(2011)、劉信芳(2011)、張富海(2011)均讀爲"微",伺察、暗訪之義。 蕭旭在復旦讀書會(2011A)跟帖中認爲這種意義上的"微",即《説文》訓爲"司也"的"𧢦"。 張崇禮在劉信芳(2011)跟帖中亦同意此説,並有補充論證。 各文列舉典型書證有:《墨子·號令》:"期盡,匿不占,占不悉,令吏卒散得,皆斬。"孫詒讓《墨子閒詁》引王引之云:"若期盡而匿不占,或占之不盡,令吏卒伺察而得者,皆斬也。"《墨子·魯問》:"所謂忠臣者,上有過則微之以諫。"《墨子閒詁》解釋"微之以諫"爲"伺君之閒而諫之"。《史記·孝武本紀》:"使人微得趙綰等姦利事。"裴駰集解引徐廣曰:"纖微伺察之。"張崇禮還提到:"'其有夏衆不吉好'與'其有后厥志其倉(喪),寵二玉,弗虞其衆'都是'微'的賓語,亦即伊尹偵察到的内容。"

〔7〕 整理者:"第二簡簡首'吉'字上一字滰失。"李松儒在復旦讀書會(2011A)跟帖中指出"吉"上一字當是"不"字,可信。

〔8〕 整理者:"倉,清母陽部,疑讀爲心母陽部之'爽',《爾雅·釋言》'爽,差也',又'忒也'。"在復旦讀書會(2011A)跟帖中,張新俊認爲這個字也可能釋爲"寒",讀爲"涣",離散之意;沈培認爲"倉"當讀爲"喪",謂:"'喪德'、'喪志'爲常語。《尚書·旅獒》:'玩人喪德,玩物喪志。'《左傳》昭公元年:'疾不可爲也,是謂近女,室疾如蠱,非鬼非食,惑以喪志。 良臣將死,天命不祐。'(經文暫依楊伯峻《春秋左傳注》第1221頁讀,中華書局,1990年5月第2版)杜注'惑以喪志':'惑女色而失志。 喪,息浪切。'又,《潛夫論·忠貴》:'晉平殆政,惑以喪志,良臣弗匡,故俱有禍。'簡文下文即言'寵二玉',正是説夏桀惑女色而殆政之事,可見'厥志其倉'讀爲'厥志其喪'是合適的。 又,'厥志其喪'前可能當點斷。 其前'余美其有夏衆不吉好其有后'作一句讀。'越今旬=',前也當標句號,不與上句連讀,整理者似誤解'越,及也'之解中的'及'爲'及至'義。"按照上引沈培的意見,則簡文當斷讀爲"尹曰:'后,我來。 越今旬=,余美其有夏衆不吉好其有后,厥志其喪'。 如此則簡文有以下難解之處:一是"尹曰'后,我來'",文意未完;二是"越

今昀₌"如何解釋，闇昧不明；三是"余美其有夏衆不吉好其有后"如作一句讀，則"氒志其喪"的主語就變成了"有夏衆"，這顯然與簡文文義不合。 沈文又謂"整理者似誤解'越，及也'之解中的'及'爲'及至'義"，按《經傳釋詞》解釋《書·召誥》"惟二月既望，越六日乙未"的意思爲"言自既望及乙未六日也"（《經傳釋詞》42 頁，中華書局，1956年），至少王引之是把這裏的"及"理解爲到、及至的意思的，並不存在整理者誤解的情況。

[9] 整理者："寵二玉，指寵愛琬、琰二女。《太平御覽》卷一三五引《紀年》：'后桀伐岷山，岷山女於桀二人，曰琬曰琰。 桀受二女，無子，刻其名於苕華之玉，苕是琬，華是琰。'事亦見《呂氏春秋·慎大》及上海博物館藏簡《容成氏》等。"

[10] 整理者："悬讀爲'虞'，《太玄·玄瑩》范望注：'憂也。'《呂氏春秋·慎大》云桀'不恤其衆'，'恤'亦訓'憂'。"

[11] 整理者："沇，讀爲'噂'，'噂'與從允得聲的'俊'字等皆精母文部。《詩·十月之交》'噂沓背憎'，《説文》：'噂，聚語也。'"沈建華（2011）讀爲"怨"。 在復旦讀書會（2011A）跟帖中，孫飛燕認爲"沇"當讀爲"允"，訓爲信，誠然的意思；孟蓬生則讀爲"率"；沈培（2011）認爲當讀爲"遂"。

[12] 整理者："余及汝皆亡，《書·湯誓》：'時日曷喪，予及汝皆亡。'《孟子·梁惠王上》引'皆'作'偕'。"黄懷信（2011）："所謂'時（是）日'，亦當因西祥之日而來，否則不可直接以日比桀。 可見有'日'祥之事夏民皆知。 所以，疑此'夏有祥，在西在東，見章于天'之説較爲可信，《呂氏春秋·慎大》之説當由傳聞演繹。 就是説當時夏邑天空確曾出現過東西方各有一個太陽的奇異天象。 這種天象，在今天看來並不難解釋，即大氣光學所產生的反射現象。 而在古人，自以爲是吉凶之兆。"

[13] 整理者："虘，從'虍'，即《説文》古文'虐'，《書·金滕》'遘厲虐疾'，傳：'暴也。'惠，端母職部，讀爲群母職部之'極'，《吕氏春秋·適音》注：'病也。'" 簡文"戠"，整理者釋文括注爲"災"。 惠，

復旦讀書會（2011）讀爲"德"。 宋華强（2011）讀"㦰"爲"載"，訓爲行。 古書有"載德"，如《漢書·叙傳上》"奕世載德"。 按，"載德"一詞的書證，時代過晚，恐不可信。 頗疑"㦰"或可讀爲"滋"，即滋生的意思。《左傳》哀公元年："伍員曰：'不可。 臣聞之："樹德莫如滋，去疾莫如盡。"'"此句被采入僞古文《尚書·泰誓下》："樹德務滋，除惡務本。"僞孔傳："立德務滋長，去惡務除本。""虐德"猶言"凶德"。《尚書·盤庚下》："古我先王，將多于前功，適于山，用降我凶德，嘉績于朕邦。"僞孔傳："下去凶惡之德，立善功於我國。"《左傳》文公十八年："孝敬、忠信爲吉德；盗賊、藏姦爲凶德。"

［14］ 整理者："瘴，《説文》：'脛气足腫……《詩》曰：既微且瘴。'字或讀爲'腫'，《説文》：'癰也。'箕，《説文》古文'典'，《周禮·天官·序官》'典婦功'注：'主也。'"今按，整理者讀爲"瘴"之字原篆作■，《字表》中經處理過的字形作■，整理者隸定爲"䑽"。 鄔可晶（2016A）認爲此字以"身"爲意符，當讀爲表示懷孕義的重身之"重"。"瘴䑽"讀爲"暴重"，義爲凌虐孕婦，這也是古書中經常記載的商紂惡行之一。 賈連翔（2020）指出，此字左下從"心"，類似"千"形的所謂"身"旁，實爲"心"旁被編繩痕迹破壞後的殘畫。 認爲此字應從明珍（2014）釋爲"憧"（字亦見於《芮良夫毖》12號簡，該簡"憧"字寫作■形，所從"心"旁亦偏於左下方，與本篇簡文"憧"字形體幾乎全同），讀爲"動"。 箕，宋華强（2011）："疑當讀爲'腆'。《左傳》昭公七年'鄭雖無腆'，杜預注：'腆，厚也。'疑當訓爲'善'，《儀禮·士昏禮》'辭無不腆'，鄭玄注：'腆，善也。''亡腆'即'不腆'，意謂夏桀德行無善。" 沈建華（2011）讀"亡典"爲"荒殄"，理解爲滅亡、殄絶。 黄懷信（2011）謂："亡，讀爲'無'。 無典，謂不由典常。"引《尚書·微子之命》："率由典常。"《畢命》："弗率訓典。"《君牙》："乃惟由先正舊典時式。"等爲證，可信。

［15］ 整理者："𥄃，讀爲'祥'，《左傳》昭公十八年注：'變異之氣。'《國語·楚語上》注：'吉氣爲祥。'"

［16］ 整理者："在西爲夏之祥，在東爲商之祥。"黄懷信（2011）謂

此東西"二祥"，即指二日，故言"見章于天"。

　　[17]　整理者："棘，楚文字'速'字所從，在此即讀爲'速'，《詩·行露》傳訓爲'召'。"

　　[18]　整理者："以上參看《呂氏春秋·慎大》：'末嬉言曰："今昔天子夢西方有日，東方有日。兩日相與鬬，西方日勝，東方日不勝。"伊尹以告湯。'類似傳説又見《開元占經》卷六引《孝經緯》、《論語讖》等，詳見王利器《呂氏春秋注疏》卷十五《慎大》疏。但簡文言祥不言日，與各書不同。"按，類似記載見《博物志·異聞》："夏桀之時，費昌之河上，見二日，在東者爛爛將起，在西者沈沈將滅，若疾雷之聲。昌問於馮夷曰：'何者爲殷，何者爲夏？'馮夷曰'西夏東殷。'於是費昌徙族歸殷。"慐，整理者括注爲"胡"。復旦讀書會（2011A）謂當讀爲"曷"，《尚書·多方》："爾曷不忱裕之于爾多方？爾曷不夾介乂我周王？……爾曷不惠王熙天之命？"

　　[19]　整理者："其如台，《商書》多見，如《湯誓》'夏罪其如台'、《盤庚上》'卜稽曰其如台'、《高宗肜日》'其如台'、《西伯戡黎》'今王其如台'，'如台'意爲奈何。"

　　[20]　整理者："𤯝，從亞聲，影母文部，讀爲同音之'隱'，《詩·柏舟》傳：'痛也。'參看《盤庚下》'尚皆隱哉'，《國語·周語上》'勤恤民隱而除其害也'。"黄懷信（2011）："夏隱，謂夏人幽隱蔽藏之情，即上伊尹所告諸事。因爲伊尹所言皆刺探得來的隱蔽之情，故曰隱。"廖名春（2010）説同。張富海（2016A）認爲此字當讀爲"診"，謂"應理解爲省視察看義的另外一個引申義，及所省察的情狀、狀況，轉爲名詞。告我夏𤯝（診），就是告訴我夏的情況"。

　　[21]　整理者："寺讀爲'時'，《詩·駉驖》箋訓爲'是'。《呂氏春秋·慎大》'湯謂伊尹曰："若告我曠夏盡如詩。"'，自高誘注以下均未能通解，對照簡文，知'詩'應讀爲'時'字。"李鋭在復旦讀書會（2010）跟帖中認爲"寺"當讀爲"詩"，理解爲歌謡、民謡，廖名春（2010）、子居（2010）説同。宋華強（2011A）則讀爲"兹"，舉《大誥》"卜陳惟若兹"，《酒誥》"予不惟若兹多誥"，《多士》"降若兹大喪"等書證，謂讀

"若寺"爲"若兹"符合《尚書》用語習慣。 按，整理者的説法平實可信。"若時"一詞，《尚書》屢見。 如《君陳》："爾有嘉謀嘉猷，則入告爾后于内，爾乃順之于外。 曰：斯謀斯猷惟我后之德。 嗚呼！ 臣人咸**若時**，惟良顯哉。"《無逸》："周公曰：'嗚呼！ 自殷王中宗及高宗及祖甲，及我周文王，兹四人迪哲。 厥或告之曰："小人怨汝詈汝！"則皇自敬德。 厥愆，曰："朕之愆，允**若時**。"不啻不敢含怒。'"《洛誥》："王若曰：'公明保予沖子。 公稱丕顯德，以予小子揚文武烈，奉答天命，和恒四方民，居師。 惇宗將禮，稱秩元祀，咸秩無文。 惟公德明光于上下，勤施于四方，旁作穆穆迓衡，不迷文武勤教。 予沖子夙夜毖祀。'王曰：'公功棐迪篤，罔不**若時**。'"從上引諸例上下文義來看，"若時"無疑均表示"若是"的意思，與簡文用法吻合。 李鋭等讀"寺"爲"詩"，亦非。《尚書》中"詩"字兩見（《堯典》"詩言志"，《金縢》"公乃爲詩以貽王"），均非歌謡、民謡義。 表示歌謡、民謡的詞，典籍多用"謡"，如《國語·晉語》："童謡有之曰：'丙之晨，龍尾伏辰，均服振振，取虢之旂。 鶉之賁賁，天策焞焞，火中成軍，虢公其奔！'"又："風聽臚言於市，辨祆祥於謡，考百事於朝，問謗譽於路。"《鄭語》："且宣王之時有童謡曰：'檿弧箕服，實亡周國。'"宋華强讀爲"若兹"，亦不如讀爲"若時"直接。

[22] 整理者："慜在楚文字中讀爲'慎'，此爲'誓'字誤寫。 湯盟誓及尹，即及尹盟誓，倒裝句。《吕氏春秋·慎大》：'湯與伊尹盟，以示必滅夏。'"蘇建洲在復旦讀書會（2010）跟帖中提到，"慎"當讀爲"質"。 按，蘇説似可信。"盟質"一詞，見於《國語·晉語》："晉、鄭，兄弟也，吾先君武公與晉文侯戮力一心，股肱周室，夾輔平王，平王勞而德之，而賜之**盟質**，曰：'世相起也。'"這裏的"盟質"係名詞，而簡文"盟質"係動詞。 古漢語往往名動相應，如"盟誓"一詞既可作名詞，亦可作動詞。 湯與伊尹相"盟質"，似表明二人並非僅僅立盟起誓，而且有交换質信的行爲。 鄔可晶（2018）認爲，"'盟質'之'質'可能指'策名委質'（《左傳·僖公二十三年》）中的'委質'一類事。 ……伊尹族與商族的這種聯盟，彼此之間的地位顯然不會是平等的，伊尹應該是帶着本族人歸附於商族的，即尊商湯爲'盟主'"。

[23] 整理者："兹，《爾雅·釋詁》：'此也。'兹乃，參看《書·酒誥》'兹乃允惟王正事之臣'，《立政》'兹乃三宅無義民'、'兹乃俾乂國'。 柔，《爾雅·釋詁》：'安也。'縈從熒聲，在此讀爲'傾'，《國語·晉語三》注'危也'，與上'柔'訓'安'相對。"子居（2010）謂"縈"當讀爲"禜"，《説文·示部》："禜，設緜蕝爲營，以禳風雨、雪霜、水旱、癘疫於日月星辰山川也。 從示，榮省聲。 一曰禜、衛，使灾不生。《禮記》曰： 雩，禜。 祭水旱。"《左傳》昭公元年："山川之神，則水旱疫癘之灾，於是乎禜之。 日月星辰之神，則雪霜風雨之不時，於是乎禜之。"《周禮·春官·大祝》："大祝掌六祈，以同鬼神示，四曰禜。"《吕氏春秋·慎大》篇云："商涸旱，湯猶發師，以信伊尹之盟。"以旱故，故大禜以祭。 黄人二、趙思木（2011B）謂"柔"當讀爲"務"，"縈"亦讀爲"禜"。"務大禜"即禳除旱災之意。 王寧（2012A）讀"縈"爲"營"，訓爲惑，後又在王寧（2012B）一文中謂原釋爲"縈"之字是"繚"之本字，在清華簡《尹至》中讀爲"勞"，本義是操勞，引申爲輔佐之意。 對簡文做了如下疏解：

  根據古籍記載，本來伊尹爲了個人的利益，在選擇夏、商這兩方的問題上是摇擺不定的，《孟子·告子下》、《淮南子·泰族訓》里都説他"五就汤，五就桀"，《鬼谷子·忤合》説："故伊尹五就湯，五就桀，而不能所明，然後合于湯。"《史記·殷本紀》也説："伊尹去湯適夏，既醜有夏，復歸于亳。"《尹至》開頭説的"唯尹自夏徂白（亳），彔至在湯"，應當是和《殷本紀》裏説的是一個意思。伊尹在桀、湯之間摇擺多次之後，最後又轉回湯這裏，湯和他盟誓共同滅夏，即《吕氏春秋·慎大》裏説的"湯與伊尹盟，以示必滅夏"，伊尹這才下決心在湯這裏安定下來，大力爲成湯操勞，出謀劃策，去征伐不肯歸附的方國，實施滅夏大計。也就是説，《尹至》裏的這幾句話，實際上説的就是伊尹"五就湯、五就桀"之後最終"合于湯"的史實。這樣解釋既可與典籍記載相印證，文意也更圓通。

我們基本同意王寧（2012B）對簡文文義的理解。 在此基礎上，我們懷疑簡文"縈"當讀爲"援"。 縈,影紐耕部;援,匣紐元部。 影、匣均爲喉音,發音部位相近。"縈"從"熒"聲(即古文字中的𤇾,《説文》將從"熒"得聲之字均分析爲從"熒"省聲,不確),從"熒"得聲之字多在匣紐,如熒、瑩、螢、𥌚、瞢等字。 耕、元二部係旁轉關係,讀音相近。 典籍中從"熒"聲之字,與從"袁/睘"(《説文》謂"瞏/寰"從"袁"聲)聲之字常可相通。 如《詩·齊風·還》"子之還兮",《漢書·地理志》、《水經注·淄水》引"還"作"營";《韓非子·五蠹》"自環者謂之私",《説文》則作"自營爲私";《老子》二十六章"雖有榮觀",馬王堆帛書《老子》甲乙本"榮"均作"環";《詩·唐風·杕杜》"獨行睘睘",《釋文》:"睘,又作煢。"而"袁/睘"聲與"爰"聲相通之例亦極多,如《左傳》成公二年"晉師及齊國佐盟于爰婁",《穀梁傳》"爰婁"作"袁婁";屢見於《史記》之人名"袁盎",《漢書》均作"爰盎";《左傳》僖公十五年"晉於是乎作爰田",《國語·晉語》"爰田"作"轅田";《漢書·外戚傳》"宮門銅鍰也",顏師古注:"鍰,讀與環同。"《釋名·釋車》:"轅,援也,車之大援也。"猿猴之"猿",其異體作"猨",《玉篇·犬部》:"猨,似獼猴而大,能嘯也。 猿,同猨。"既然"熒"聲與"袁/睘"相通,"袁/睘"聲又與"爰"聲相通,則"縈"當可讀爲"援"。 柔,整理者訓爲"安",應理解爲安撫之義。《左傳》文公七年:"叛而不討,何以示威? **服而不柔**,何以示懷?"杜預注:"柔,安也。"簡文"湯盟慎(質)及尹,茲乃柔大縈(援)","大援"一詞,亦見於典籍,如《左傳》桓公十一年:"君多內寵,子無**大援**,將不立。"《左傳》宣公十八年:"季文子言於朝,曰:'使我殺適立庶以失**大援**者,仲也夫!'"《國語·晉語》:"自臣之祖,以無**大援**於晉國,世隸於欒氏,於今三世矣,臣故不敢不君。"簡文謂湯與伊尹盟質,以此安撫伊尹這一强援,讓他一心一意與湯合作(也就是《尹誥》所説的"唯尹既及湯咸有一德"),共同伐夏。 鄔可晶(2018)認爲:"'大縈'與《五星占》的'大鎣'有關('縈'、'鎣'古通),指商這一方面的天象而言。 伊尹帶來了關於夏的重要情報,湯又與之結成聯盟,不利於商族的'大縈'異象好像得到了安撫一樣,因此而平息。"任達(2020)對此説有進一步申論,認爲"'大鎣'或'大縈'等詞本義是指兩個明亮天體共同出現的天象，因此既可用來描述'水星與金星相犯、相合'，又可用來描述'兩日並出'。"

　　［24］整理者："雋即'鳥'字，從鳥聲，鳥即'鳧'字，實從勹得聲，可通並母職部之'服'，參看單育辰《談戰國文字中的'鳧'》（《簡帛》第三輯）。湯往征弗服，指《詩·長發》所云伐韋、顧、昆吾之事。"復旦讀書會（2011A）謂"雋"當讀爲"附"，可信。

　　［25］整理者："伊尹名摯，見《孫子·用間》、《墨子·尚賢中》、《楚辭·離騷》及《天問》等。 乇，即'宅'，通'度'字，《爾雅·釋詁》：'謀也。'"

　　［26］整理者："《詩·抑》'不僭不賊'，傳：'僭，差也。''不僭'又見於《詩·鼓鍾》、《殷武》及《書·大誥》等。 番生簋（《殷周金文集成》四三二六）有'溥求不僭德'。"

　　［27］整理者："自西，參看《呂氏春秋·慎大》'故令師從東方出於國，西以進'，係應天象。 戠，即三體石經《春秋》僖公三十二年'捷'字古文'戠'。《左傳》莊公八年注：'捷，克也。'"復旦讀書會（2011A）認爲："'戠'即甲骨金文屢見的'戠'字，當從陳劍先生説釋讀爲'翦'。"劉洪濤在跟帖中則認爲此字應釋爲"截"，讀爲"殲"。

　　［28］整理者："匄，讀爲'戜'，即《説文》'戡'字古文，《西伯戡黎》序傳：'勝也。'"

　　［29］整理者："釆，《説文》古文'番'，讀爲'播'，《國語·晉語二》注：'散也。'《書·大誥》'于伐殷逋播臣'，疏：'謂播蕩逃亡之意。'曰，訓爲'以'，見裴學海《古書虛字集釋》卷二。 水，地名。《墨子·三辯》'湯敗桀於大本'，《道藏》本作'湯放桀於大水'。《呂氏春秋·慎大》則云：'未接刃而桀走，逐之至大沙，身體離散，爲天下戮。'王利器《呂氏春秋注疏》以《三辯》'大水'之'水'爲'沙'字壞文，並引呂調陽云：'大沙即南巢也，今桐城西南有沙河埠，其水東迆故巢城南，而東入菜子湖也。'又引《山海經·大荒西經》：'成湯伐夏桀于章山，克之。'《路史·後紀》卷十四引其郭注云：'章山名大沙，或云沙丘。'《太平御覽》卷八十二引《帝王世紀》則云：'桀未戰而敗績，湯追至大涉，遂禽桀於焦，

放之歷山，乃與妹喜及諸嬖妾同舟浮海，奔於南巢之山而死。'徐宗元《帝王世紀輯存》云：'"大涉"當作"大沙"。'"復旦讀書會（2011A）："整理者釋'夏'下一字爲'釆（播）'，大概根據的是《上博（一）·緇衣》簡15的 字，此字今本《緇衣》作'播'。 不過，《尹至》此字原作，从'米'从'斗'，與上博簡《緇衣》用爲'播'之字有異，可據形隸定爲'料'。'料'字見於《説文·斗部》，訓爲'量也'，'从斗、米在其中'（小徐本作'從米在斗中'）。《國語·周語上》：'宣王既喪南國之師，乃料民於太原。 仲山父諫曰："民不可料也！ 夫古者不料民而知其少多，……且無故而料民，天之所惡也。 ……"'韋昭注：'料，數也。'整理者已指出'内（入）于水'之'水'乃地名，《墨子·三辯》'湯敗桀於大本'，《道藏》本作'湯放桀於大水'。 若此，《國語》'料民於太原'與簡文'料民内（入）于水'的説法十分接近，可證釋'釆（播）'爲'料'是合適的。"復旦讀書會（2011G）是在復旦讀書會（2011A）基礎上的修改稿，文中對簡文"料民"做了補充論證，所舉書證有：《管子·霸言》："故善攻者，**料衆**以攻衆，料食以攻食，料備以攻備。 以衆攻衆，衆存不攻；以食攻食，食存不攻；以備攻備，備存不攻。"《吴子·圖國》："武侯問曰：'願聞治兵、料人、固國之道。'起對曰：'古之明王，必謹君臣之禮，飾上下之儀，安集吏民，順俗而教，簡募〈篡一選〉良材，以備不虞。 昔齊桓募士五萬，以霸諸侯。 晉文召爲前行四萬，以獲其志。 秦繆置陷陳三萬，以服鄰敵。 故强國之君，**必料其民**。 民有膽勇氣力者，聚爲一卒。 樂以進戰效力、以顯其忠勇者，聚爲一卒。 能踰高超遠、輕足善走者，聚爲一卒。 王臣失位而欲見功於上者，聚爲一卒。 棄城去守、欲除其醜者，聚爲一卒。 此五者，軍之練鋭也。 有此三千人，内出可以决圍，外入可以屠城矣。'"基於以上書證，得出了如下論斷："所謂'料民'或'料人'，大概包括'安集吏民'、'順俗而教'等工作，最核心的就是'簡篡（選）良材'，考察民衆的不同才幹，分别徵調、聚集起來，以應敵作戰。 這是'料民'與攻戰治兵有關的最直接的證據。《尹至》'夏料民，入于水，曰戰'，意即夏桀考察、簡選民衆，命其進入水地，下令作戰。"蘇建洲亦釋爲"料"，讀爲"勞"。 黄懷信（2011）認爲"水"非地名，就是水域的意思,"或是大沙即南巢所在地之巢湖"。子居（2011A）謂:"上古凡江河湖海皆可稱大水。《釋名·釋水》:'天下大水四,謂之四瀆,江,河,淮,濟是也。'……《禮記·月令》:'季秋之月……爵入大水爲蛤。'清華簡《尹至》篇所言之'水'則是指伊洛河,彼時正逢大旱,伊洛河淺至徒步可涉,故言'入于水',也正是因爲伊洛河之水甚淺的緣故,使得夏桀之都斟鄩失去了一個天然的地理屏障。"

［30］ 整理者:"帝,指已即位之湯,《天問》稱之爲'后帝'。一,《大戴禮記·衛將軍文子》注:'皆也。'勿遺,參照《盤庚中》'我乃劓殄滅之,無遺育',又參看西周禹鼎（《集成》二八三三～二八三四）銘:'勿遺壽幼。'"

尹誥

尹 誥[1]

　　隹（唯）尹既及（及）湯咸又（有）一意（德）[2]，尹念天之敗西邑夏[3]，曰："夏自𦤀亓（其）又（有）民[4]，亦隹（唯）氒（厥）衆[5]。非民亡（無）與獸（守）邑[6]，【1】氒（厥）辟复（作）悁（怨）于民，民𡐦（復）之，用麗（離）心[7]，我褻（翦）滅（滅）夏[8]。今句（后）害（曷）不藍（監）？"摯告湯曰："我克勰（協）我宕（友）[9]，今【2】隹（唯）民遠邦、逞（歸）志。"[10]湯曰："於虖＝（乎！吾）可（何）复（作）于民[11]，卑（俾）我衆勿韋（違）朕言？"摯曰："句（后）亓（其）齎（賚）之亓（其）又（有）夏之【3】金玉田邑[12]，舍之吉言。"[13]乃至（致）衆于白（亳）审（中）邑[14]。𠃊【4】

【箋釋】

　　[1]　整理者："本篇竹簡共四支，簡長四十五釐米，三道編。滿簡書寫三十一至三十四字。原無篇題，此係據《禮記》與郭店簡、上博簡《緇衣》所引確定。簡背有次序編號。文字保存較好，惟第四簡上端首字缺損一半。《尹誥》爲《尚書》中的一篇，或稱《咸有一德》。據《書·堯典》孔穎達《正義》所述，西漢景帝末（或説武帝時）曲阜孔壁發現的古文《尚書》即有此篇，稱《咸有一德》。《史記·殷本紀》及今傳孔傳本《尚書》及《尚書序》，也都稱《咸有一德》。簡文與孔傳本《咸有一德》全然不同，東晉梅賾所獻的孔傳本確如宋以來學者所考，係後世偽作。《殷

本紀》云'伊尹作《咸有一德》',事在湯踐天子位後,介於《湯誥》、《明居》之間,而孔傳本及《書序》則以爲太甲時,列於《太甲》三篇之下,與《殷本紀》不合。按司馬遷曾問學於孔安國,孔安國親見孔壁《尚書》,所説自屬可信。現在簡文所敘,很清楚時在湯世,僞《咸有一德》的謬誤明顯。"

[2] 整理者:"既,訓爲'已'。《禮記·緇衣》:'《尹吉》曰:"惟尹躬及湯咸有壹德。"'鄭玄注:'吉當爲告。告,古文誥字之誤也。尹告,伊尹之誥也。《書序》以爲《咸有壹德》,今亡。'郭店簡《緇衣》作'《尹𢍰(誥)》員(云):"隹(惟)尹允及湯咸又(有)一㥁(德)。"'上博簡同,惟'湯'作'康',乃通假字。咸有一德,《禮記·緇衣》鄭注:'咸,皆也。君臣皆有壹德不貳,則無疑惑也。'《書·咸有一德》孔傳:'言君臣皆有純一之德。'解釋略有不同。"按簡文"唯尹既及湯咸有一德",爲今本《禮記·緇衣》所引,亦見於郭店及上博《緇衣》,故從古至今,討論者頗多。與整理者一樣,絕大多數論者均以鄭注爲歸依,即在"湯"字下斷讀,鄭注且謂《尹告(誥)》篇《書序》稱之爲《咸有一德》,更增強了此說的權威性。甲骨文發現之後,已有學者根據成湯在甲骨文中又名"咸",意識到這句話也可能在"咸"字下斷讀,如張秉權(1957)謂:"又《禮記·緇衣篇》引尚書逸文《尹吉》曰'惟尹躬及湯咸,有壹德',假使我們不照傳統的斷句法,而在'咸'字斷句,則湯咸豈不成了一個名詞而和成湯、成唐、咸父乙等一樣?"另外《尚書·酒誥》"自成湯咸至于帝乙"句,如按照傳統説法將"咸"訓爲"徧"(江聲《尚書集注音疏》)或"覃"(章炳麟《尚書拾遺定本》),於文意均有未安。胡厚宣(1959)認爲:"《書·酒誥》說'自成湯咸至于帝乙',又《多士》說'自成湯至于帝乙',句法相同,而《酒誥》稱成湯爲成湯咸。《太平御覽》八三引古本《竹書紀年》說'湯有七名而九征',《金樓子》也說'湯有七號',疑咸者當爲湯之一名。"《酒誥》稱湯爲"成湯咸",對於《尹誥》"湯咸"連讀説有利。詳細討論,可參看蔡哲茂(2006、2013)。簡文"既",整理者訓爲"已",可信。"及",當訓"與"。"一"當從鄭注,解爲專一不貳之義。簡文如在"咸"字下斷讀,則"唯尹既及湯咸,有一德",是説伊尹

已經和成湯（湯咸）有同心不貳之美德。《尹至》、《尹誥》兩篇文意連貫，前後相承。《尹至》結尾部份講湯與伊尹"盟質"，《尹誥》開頭講伊尹與湯"有一德"，其實是一件事情的不同表述方法。"盟質"是外在的約束，"一德"是內在的品德。《尹誥》用"唯尹既及湯咸，有一德"爲開篇第一句話，很巧妙地呼應了《尹至》的主要內容，在《尹至》、《尹誥》兩篇之間建立起了有機的聯繫。鄔可晶（2018A）同意整理者將"唯尹既及湯咸有一德"作一句讀的意見，認爲所謂"一德"是指"把不同族、同族内部的各宗以至於不同人的'德'統一到天下大宗（君主）的'德'上來"。在這篇文章的"補記二"中，鄔先生還引了陳劍先生的一個説法，謂："'惟尹既（或'允'）及湯咸有一德'的'咸'，當'事畢'講。此種'咸'字，西周金文與《詩》、《書》等早期文獻數見。……從西周春秋金文看，'及'或'暨'有一種動詞用法，其前往往爲參與者，其後則跟主事者及所主之事，……'惟尹既（或'允'）及湯咸有一德'的'及'，清華簡《尹誥》作'汲'，僞古文《咸有一德》作'暨'，正與金文此種'及/暨'的用字相合。這句話的大意是説，伊尹已經（或'果然'）參與了湯完成'有一德'之事（湯爲天下共主，需要把各族之'德'統一起來，伊尹族只是其中之一）。"鄔先生在基本贊同上引陳説的基礎上，認爲尚無法完全排除"及"是介詞的可能，將簡文理解爲"伊尹已經（或'果然'）同湯完成了'有一德'這件事"。

[3] 整理者："《禮記·緇衣》：'《尹吉》曰："惟尹躬天見于西邑夏，自周有終，相亦惟終。"'鄭注：'《尹吉》，亦《尹誥》也……見或爲敗。邑或爲予。'簡文正有'敗'字，但無後兩句。"簡文"念"，今本《禮記·緇衣》作"躬"，廖名春（2011）謂："'躬'與'念'古音相近，《詩·邶風·谷風》：'我躬不閲。'《禮記·表記》引'躬'作'今'。今本《周易·蹇》卦六二爻辭：'王臣蹇蹇，匪躬之故。'上海博物館藏楚簡本和帛書《二三子》引'躬'也都作'今'。所以，'躬'與'念'可以互用。"馬楠（2011）謂："念、躬爲侵、冬旁轉。念所從之今聲爲見母，與躬雙聲。"睡虎地秦簡《日書》有"豻觭"，即"窮奇"。另外上博簡《凡物流形》20號簡"一言而終不龡"，"龡"基本聲符爲"今"而讀爲

"窮"。 凡此均"躬"與"念"相通之例證。《禮記·緇衣》之"惟尹躬（念）天見〈敗〉于西邑夏"與簡文"尹念天之敗西邑夏"相對應，自無疑問。 惟今本下文尚有"自周有終，相亦惟終"兩句，與簡文"夏自![字]亓（其）又（有）民，亦隹（唯）氒（厥）衆"是否有關，學界尚有分歧。整理者認爲簡文"無後兩句"，意即"自周有終，相亦惟終"在簡文中無對應文句，多數學者均同意此説。 馬楠（2011）提出，今本"終"當讀爲"衆"，"周"可看作是"害（割）"之形訛（《禮記·緇衣》引《君奭》"周田觀文王之德"句中的"周"字，于省吾認爲是"害（割）"之形訛），則今本之"自周有終，相亦惟終"可讀爲"自周〈害-割〉有終（衆），相亦惟終（衆）"，這樣可大致與簡文"夏自慹（害-割）其有民，亦惟厥衆"相對應（慹，馬楠亦認爲從'弦'聲，讀爲'害'，訓爲割害）。 今按，馬楠説頗巧妙，但在上下文義解説方面，仍有滯礙。 其將"自周〈害-割〉有終（衆），相亦惟終（衆）"解釋爲"夏自割害其衆，則其衆亦助成其敗"，似有偷換概念之嫌。"自周〈害-割〉有終（衆），相亦惟終（衆）"只能解釋爲"（夏）自割害其民衆，其民衆亦助其（割害）"，民衆如何助夏王割害自身，這是無法解釋的。 所以我們同意整理者的説法，即今本之"自周有終，相亦惟終"在簡文中無對應文句。

　　［4］　整理者："慹字中右疑從'㡭'，即'絕'字，慹當即'蕝'字異體。"在復旦讀書會（2011A）跟帖中，張新俊、蘇建洲、紫竹道人均認爲此字從"弦"聲。 張新俊讀爲"捐"，訓爲棄；蘇建洲讀爲"虔劉"之"虔"，翦除、滅絕義；紫竹道人認爲當讀爲"殄"，舉《左傳》宣公二年"敗國殄民"，《尚書·召誥》"亦敢殄戮用乂民"爲書證。 今按此字原篆作![字]，疑從"乍"得聲（對比郭店《緇衣》27 號簡"乍"字寫作![字]形），讀爲"沮"。《莊子·逍遥游》"舉世非之而不加沮"，成疏："沮，怨喪也。"是由於怨恨而喪志的意思。 簡文大意是夏自行不義，其民因怨恨而喪志，與其上離心離德。

　　［5］　整理者："亦惟厥衆，意謂夏敗也是其民衆促成。"黃麗娟（2012）指出簡文"民"、"衆"係互文足義，可信。 但她認爲"民"、"衆"俱爲庶民義，則非是。 互文的特點就是使對舉的兩個詞意義互相補

足,如果兩詞意義完全相同,就失去了互文的必要。 王寧(2011B)指出簡文"民"、"衆"意義有別,可信。"民"指普通民衆,這一點固然無異議,但他認爲"衆"當是指夏商的軍隊,這一點我們並不贊同。 我們認爲簡文中的"衆",當指百官而言。 典籍中有"衆"與"萌/氓(民)"對舉的例子,如《墨子·尚賢上》:"逮至遠鄙郊外之臣、門庭庶子、國中之**衆**、四鄙之**萌**人,聞之皆競爲義。""萌"即氓(民)也。《吕氏春秋·高義》:"翟度身而衣,量腹而食,比於賓萌,未敢求仕。"高誘注:"萌,民也。"楊樹達《讀〈吕氏春秋〉札記·高義》:"氓、萌古音同,故假萌爲氓耳。"《詩·衛風·氓》:"氓之蚩蚩,抱布貿絲。"毛傳:"氓,民也。"《尚書·盤庚中》:"盤庚作惟涉河,以民遷。 乃話民之弗率,誕告用亶。 其有衆咸造,勿褻在王庭,盤庚乃登進厥民。"這段引文中,"衆"咸造于王庭,可見人數不會太多,結合《盤庚》篇中其他"衆"的用法,不難斷定"衆"的身份應該就指百官,而"民"則是指普通百姓(參看顧頡剛、劉起釪《尚書校釋譯論》第二册,第961—962頁)。《禮記·曲禮下》:"天子之五官曰司徒、司馬、司空、司士、司寇,典司五衆。" 鄭玄注:"衆謂羣臣也。"簡文"衆"的含義,與《盤庚》篇相同。

[6] 整理者:"非民亡與守邑,參看《國語·周語上》引《夏書》:'衆非元后何戴,后非衆無與守邦。'今孔傳本《咸有一德》有'后非民罔使,民非后罔事',涵義相近。"

[7] 整理者:"復,《左傳》昭公六年注:'報也。'用,訓'以'。 離心,參看《左傳》昭公二十四年引《大誓》:'紂有億兆夷人,亦有離德,余有亂臣十人,同心同德。'"按"離心"一詞,習見於先秦典籍,如《國語·周語》:"出令不信,刑政放紛,動不順時,民無據依,不知所力,各有**離心**。"《荀子·議兵》:"彼畏我威、劫我執(勢),故民雖有**離心**,不敢有畔慮。"《韓非子·觀行》:"時有滿虛,事有利害,物有生死,人主爲三者發喜怒之色,則金石之士**離心**焉。"《戰國策·齊策》:"齊孫室子陳舉直言,殺之東閭,宗族**離心**。"

[8] 整理者:"戢,即三體石經'戩'(捷)字。 捷,《吕氏春秋·貴卒》注:'疾也。'浅即'滅'字,例見郭店簡《唐虞之道》二八號簡。《説

文通訓定聲》云'戚'以戌爲聲。"復旦讀書會（2011A）從陳劍先生説，釋"戠"爲"翦"。"翦滅"一詞見於典籍，如《左傳》成公二年："余姑翦滅此而朝食。""戠"如釋"捷"，則"捷滅"不辭。

[9] 整理者："協，《説文》：'衆之同和也。'《書·湯誓》：'有衆率怠弗協。'㕛，《説文》古文'友'。"黃懷信（2011B）："友，謂友邦。"陳民鎮（2011B）説同，並舉《尚書·牧誓》："我友邦冢君禦事。"《尚書·大誥》云："肆予告我友邦君越尹氏、庶士、禦事。"爲證。按"友邦"之"友"爲形容詞，是修飾"邦"的，簡文"友"爲名詞。單獨的"友"，並無"友邦"之義。這裏的"友"，當從申超（2012）説理解爲"僚友"之義。這種用法的"友"在金文中習見，如大鼎（集成 2807）："王乎善夫駛召大，以厥友入攻。"孫詒讓引阮元説："友謂臣僚也。"師奎父鼎（集成 2813）："用嗣乃父官友。"毛公鼎（集成 2841）："善效乃友正。"友，均指僚友。僚、友義本相因，不僅"友"有同僚之義，"僚"亦可指普通意義上的朋友。如《左傳》昭公十一年："泉丘人有女，夢以其帷幕孟氏之廟，遂奔僖子，其僚從之。"杜注："鄰女爲僚友者隨而奔僖子。"竹添光鴻《左傳會箋》："僚，《集韻》'朋也'，朋，羣也，相與羣游之人。"簡文"我克協我友"，謂伊尹能協和其僚友而遵從王命。

[10] 整理者："遠邦歸志，云去其家邦者有回歸之志。《國語·周語下》'將有遠志'，注：'遠志，遁逃也。'《呂氏春秋·慎大》云夏'衆庶泯泯，皆有遠志'，注：'有遠志，離散也。'以'今惟'起首之文句，見《書·康誥》、《酒誥》、《多士》、《費誓》等。"陳民鎮（2011B）謂"遠邦"爲"遠裔之邦"，廖明春（2011）、黃懷信（2011B）等説同。"歸志"，陳民鎮（2011B）理解爲歸附之心，王挺斌（2013）説同。按，"今惟民遠邦歸志"一句的主語無疑是"民"，"遠邦歸志"是"遠邦而有歸志"的省略説法。故從簡文上下文義綜合考慮，仍以整理者的説法爲長。典籍中"歸志"一詞均指遠離家國而有回歸之志，如《左傳》襄公九年："子孔曰：'晉師可擊也，師老而勞，且有**歸志**，必大克之。'"《孟子·公孫丑下》："夫出晝，而王不予追也，予然後浩然有**歸志**。"《吳子·論將》："士輕其將而有**歸志**。"這段簡文大意是説，"伊尹告訴商湯，我雖然能協和

我的僚友（使他們遵從王的命令），但參與伐夏之役的普通百姓，他們離開家鄉太久了，不免有思鄉之情，回歸之意"。下文接着説商湯於是問計於伊尹："我該怎麽辦，才能讓百姓聽從我的命令？"文意銜接得十分順暢。

[11] 整理者："复，讀爲'祚'，《説文》：'福也。'"廖名春（2011B）讀爲"作"，是。

[12] 整理者："䣝，讀爲'賚'。《湯誓》'予其大賚汝'，《史記·殷本紀》引作'理'。日，讀爲'實'，《釋名》：'日，實也。'《小爾雅·廣詁》：'實，滿也。'"《爾雅·釋詁上》："賚，賜也。"復旦讀書會（2011A）認爲"日"當讀爲"牣"，充實、充牣之義。陳劍在跟帖中認爲：

《尹誥》簡4所謂"日"字，放大細審實乃"田"字： 。此字誤認遂致原文難通，故研究者多歧説，不具引。伊尹之語"后其䣝（賚）之其有夏之金玉、田邑，舍之吉言"，意本甚明。"䣝（賚）之"、"舍之"兩"之"字皆指商民，蓋伊尹勸商湯既賞賜商衆以自夏人處所得財物與田地城邑，復予商衆善言即以善言告誡（"賚"、"舍"之解略從廖名春先生説）。此即物質與精神並重，冀以此爲手段"俾我衆勿違朕言"也。商湯全采納之，故下文僅言"乃致衆于亳中邑"而全文畢，以致衆即行此所言賞賜訓誥之事，已不必復言。

賈連翔（2013）據補拍的紅外照片，認爲陳説可信。

[13] 吉言，善言也。《尚書·盤庚上》："汝不和吉言于百姓，惟汝自生毒。"黄傑（2013A）認爲"言"當讀爲句末語氣詞"焉"，非是。

[14] 整理者："致衆，見《左傳》哀公二十六年等。亳，在此指商，當時商都在亳。"《尚書·湯誥序》："湯既黜夏命，復歸于亳，作《湯誥》。"劉雲在復旦讀書會（2011A）跟帖中提到，馬瑞辰《毛詩傳箋通釋》對《詩·周南·葛覃》"施于中谷"之"中"有如下解釋：

凡《詩》言"中"字在上者，皆語詞。"施于中谷"猶言施于谷也，"施于中逵"、"施于中林"猶言施于逵、施于林也。"中心有違"、"中心好之"、"中心藏之",凡言"中心"者,猶言"心"也。又《詩》"瞻彼中原"、"于彼中澤"、"中田有廬"之類,"中"皆語詞。《式微》詩"露"與"泥"皆邑名,詩言"中露"、"泥中",兩"中"字亦語詞。推之,《禮》言"中夜無燭",《易》言"葬于中野","中"字亦皆語詞。

據此,劉雲認爲簡文"亳中"之"中"亦爲語詞,"乃致衆于亳中邑"即爲"乃致衆于亳邑"。

程

寤

程 寤[1]

隹（唯）王元祀貞（正）月既生朙（霸/魄）[2]，大姒夢見商廷（庭）隹（唯）棘（棘）[3]，迺孚=（小子）發（發）取周廷（庭）杍（梓）桓（樹）于氒（厥）閒（間）[4]，爲=（化爲）松、柏、棫、柞[5]。【1】悟（寤）敬（驚），告王=（王。王）弗敢占，卲（召）大子發，卑（俾）霝（靈）名兇（夢-凶）[6]，敓（祓）[7]：祝忻敓（祓）王，巫澨敓（祓）大姒，宗丁敓（祓）大子發（發）[8]。 幣告【2】宗方（祊）、社（社）禝（稷）[9]，忻（祈）于六末、山川[10]，攻于商神[11]，睦（望）承（徵）[12]，占于明堂。 王及大子發（發）並拜吉夢[13]，受商命【3】于皇帝=（上帝）[14]。 興，曰："發（發）！女（汝）敬聖（聽）吉夢[15]。朋棘（棘）戔（戩）杍=松=（梓松[16]，梓松）柏副[17]。棫橐（苞）柞=（柞作）[18]，爲=（化爲）橚（樗）[19]。 於虖（乎）！ 可（何）敬（警）非朋，可（何）戒非【4】商[20]，可（何）用非桓=（樹。 樹）因欲不違芽（材）[21]。 女（如）天降疾，旨（耆）味既甬（用），不可藥[22]。 時（時）不遠[23]，隹（唯）商懋（感）才（在）周=（周，周）懋（感）才（在）商[24]。 【5】睪（擇）用周[25]，果[图]不忍[26]，妥（綏）用多福[27]。 隹（唯）杍（梓）幣（斃）不義[28]，迅（芃）于商[29]，卑

（俾）行量亡（無）乏[30]。明＝（明明）才（在）向〈尚（上）〉[31]，隹（雖）容内（納）楾（棘），意【7】欲隹（唯）柏[32]。夢徒庶言𣁋[33]，引（矧）又勿亡秋[34]。明武禔[35]，女（如）械柞亡（無）堇（根）[36]。於虖（乎）！敬才（哉）。朕聕（聞）周長不弍（貳）[37]，烰（敄-侮）【6】亡勿甬（用）[38]，不忎（？）思使卑（比）脜（擾）和川（順）[39]，眚（生）民不芣（災），裏（懷）夋（允）[40]？於虖（乎）！可（何）監非旹（時），可（何）烰（敄-務）非和[41]，可（何）禔（畏）非文（旻）[42]，可（何）【8】保非道[43]，可（何）忢（愛）非身，可（何）力非人＝（人）[44]。人）惥（謀）疆（彊），不可以瘝（藏）[45]。遂＝戒〖＝〗（後戒後戒）[46]，人甬（用）女（汝）母（謀）[47]。忢（愛）日不跋（足）。"[48]𠄌【9】

【箋釋】

［1］ 整理者："本篇竹簡共九支，三道編，簡長四十五釐米，保存完好。全篇原無篇題，亦無次序編號。按《藝文類聚》、《太平御覽》等傳世文獻曾有引用《逸周書·程寤》篇的若干文句，將其與本篇簡文的内容相對照，可知本篇簡文即久已失傳的《程寤》篇。本篇簡文敘及周文王之妻太姒夢見商庭生棘，太子發（即後來的周武王）取周庭之梓樹於其間，以象徵周即將代商。這一事件可能與周人豔稱的'文王受命'有關。本篇簡文的重新發現，使我們得以瞭解整個事件的發生時間及來龍去脉，而篇中周文王'商感在周，周感在商'的有關言論，更有助於我們瞭解商朝後期商、周之間錯綜複雜的關係。"復旦讀書會（2011B）將原整理者所編定的6、7號簡位置對調，本文從之。

［2］ 整理者："貞月，即正月。'貞'端母，'正'章母，同在耕部。"朙，從月白聲，即習見於西周金文之月相詞"既生霸"、"既死霸"之

"霸"。《説文》："霸，月始生霸然也。 承大月二日，承小月三日。 从月、䨣聲。《周書》曰： 哉生霸。 ▨，古文霸。"月相詞"霸"，典籍多作"魄"，如今本《尚書》中《康誥》、《顧命》諸篇之"哉生魄"。"霸"字甲骨文作▨（屯南873），金文則多作"霸"（《新金文編》889—892頁），偶爾省作"䨣"（鄭虢仲簋，集成4025）。《説文》謂"霸"從"䨣"聲，但"䨣"字不見於典籍用例，《説文》的分析不見得可信。 金文"霸"字或寫作從䨣帛聲（師奎父鼎，集成2813），其基本聲符與簡文"朙"相同。

[3] 大姒，典籍或作"太姒"，文王正妃，武王母。《左傳》定公六年："大姒之子，唯周公、康叔爲相睦也。"《史記·管蔡世家》："武王同母兄弟十人。 母曰太姒，文王正妃也。"黄懷信（2011C）謂："廷，宜如諸書所引作'庭'，院子。 商庭，商王所居之庭院。"簡文"棶"，原篆作▨。 整理者隸定爲"棶"，擴注爲"棘"。 按字書中有"棶"字，如《玉篇·木部》："棶，椋也。"《廣韻·咍韻》來小韻："棶，棶椋，木名。"但字書中的"棶"與簡文當是同形字的關係，並非一字，簡文"棶"或許是"棘"字異體。 郭店簡《窮達以時》4號簡"邵（吕）室（望）爲牂（臧）棶瀆"，裘錫圭先生在按語中懷疑"棶瀆"當讀爲"棘津"，無疑是正確的。 郭店《老子》乙"啓其悦，賽其事，終身不棶"（13號簡），其中"棶"字北大簡《老子》作"來"（41號簡），馬王堆帛書《老子》乙本作"棘"（188行下）。 凡此均可證"來"或從"來"聲之字可以讀爲"棘"。出土材料中，讀爲"棘"之字或作"杁"，如帛書《老子》甲本"楚杁生之"（153行），乙本及今本"杁"作"棘"。 新見的一件戰國三晉銅戈銘文中有複姓"棘丘"，其中"棘"亦作"杁"。 田旭東（2013）："棘，叢生的小棗樹，即酸棗樹，《説文》'小棗叢生者也'，爲難長之木。 常'荆棘'並稱，古人多用以比喻小人，如《楚辭·七諫·怨思》：'行明白而曰黑兮，荆棘聚而成林。'王逸注：'荆棘多刺，以喻讒賊。'《文選·袁宏〈三國名臣序贊〉》：'思樹芳蘭，剪除荆棘。'李善注：'荆棘以喻小人。'"《吕氏春秋·知化》載伍子胥諫吴王不要伐齊而吴王不聽，"子胥兩袪高蹶而出於廷，曰：'嗟乎！ 吴朝必生荆棘矣。'"田文引此以證荆棘生於朝堂爲亡國之兆，簡文所記"太姒夢境中的'商廷惟棘'也可作商將亡

國的象徵之解,不一定非作'以棘比喻奸佞朋黨'之解",亦頗有理致。

〔4〕 整理者:"《博物志》引作'乃小子發',較他本多一'乃'字。'迺'與'乃'通。'氒'(厥)字習見於金文,訓爲'其',《藝文類聚》、《太平御覽》等引作'闕'。" 簡文讀爲"梓"之字,原作"杍"。"杍"在《說文》中是"李"字古文,但戰國楚文字中"李"字均寫作"杢",從"來"聲(來、子均爲之部字,但來、李聲紐相同,讀音更爲接近),多用爲職官之名"理",亦用爲李樹之"李"(如上博八《李頌》1背李樹之"李")。 曾侯乙77號簡所記車名中有"椁"字,從文字結構來看,很可能是楚文字李樹之"李"的異體。 簡文"杍"字當是從木子聲之字,古音與"梓"均爲精紐之部字,故將"杍"讀爲"梓"當無疑問。 商承祚《說文中之古文考》:"《說文》:'李,果也,从木子聲。 杍,古文。'案,此非李之古文,乃梓之古文也。《尚書·梓材》馬融云:'古文作杍。'《大傳》'橋梓'作'橋杍',是作'杍'者,壁中古文也。 此誤入。"田旭東(2013):"梓,《詩經·鄘風·定之方中》:'樹之榛栗,椅、桐、梓、漆。'《史記·貨殖列傳》:'江南出楠梓。'《說文·木部》:'梓,楸也。'《爾雅·釋木》:'大而皵,楸;小而皵,榎。 椅,梓。'郭璞注亦曰:'即楸。'梓樹即現代植物學中紫葳科,屬喬木落葉樹,木質輕而易割,古代常用作琴瑟或建築木材。《周禮·考工記》:'攻木之工,輪、輿、弓、盧、匠、車、梓。'古人稱木工爲梓人或梓匠,《儀禮·大射》'工人士與梓人,升自北階兩楹之間',注曰:'工人士、梓人,皆司空之屬。'《墨子·節葬中》云'凡天下群百工,……陶冶梓匠,使各從事其所能'。《埤雅·釋木》:'梓爲木王,蓋木莫良于梓,故《書》以《梓材》名篇,《禮》以《梓人》名匠也。'稱木工爲梓人或梓匠,可見梓也可泛指一般的木材。"又《文選·任昉〈王文憲集序〉》李善注引《尚書大傳》:"伯禽與康叔朝於成王,見乎周公,三見而三笞之。 二子有駭色,乃問於商子曰:'吾二子見於周公,三見而三笞之,何也?'商子曰:'南山之陽有木名橋,南山之陰有木名梓,二子盍往觀焉!'於是二子如其言而往觀之,見橋木高而仰,梓木晉而俯。 反以告商子。 商子曰:'橋者,父道也;梓者,子道也。'"係以"梓/杍"諧音"子",後世以"橋梓"指代父子,典出於此。 簡文

"周廷杍（梓）"會不會有暗指周太子發的含義，也是值得考慮的。因爲簡文以"杍（梓）"取代"棘"來暗指周取代商，那麼以"杍（梓）"來指稱最終滅商的太子發，也是非常自然的。另可參看沈寶春（2011）、夏含夷（2018）相關論述。簡文"厥"指代前文"商廷唯棘"之"商廷"。《藝文類聚》卷七十九引文作"太子發取周庭之梓樹於闕"，"闕"後無"間"字；《文選·陸倕·石闕銘》"周史書樹闕之夢"，均已將代詞"厥"誤讀爲名詞門闕之"闕"，黃懷信（2011C）從之，非是。《册府元龜》卷八九二引文作"門間"，則是在此基礎上的進一步訛誤。

[5] 整理者："譌，此處爲'譌爲'合文。譌，爲聲，匣母歌部，讀爲曉母歌部之'化'。"今按，郭店簡《唐虞之道》21號簡兩見"蝸"字，在簡文中均讀爲"化"（化乎道；化民）；上博六《孔子見季桓子》三見"蝸"字（11、12、19號簡），在簡文中均讀爲"僞"（邪僞之民）。簡文"譌"當即"蝸"之異體，《説文》以"蝸"爲"逶"之或體。《玉篇·虫部》："蝸，形似蛇。"《管子·水地》："涸川之精者生於蝸，蝸者，一頭而兩身，其形若虵，其長八尺。以其名呼之，可以取魚鼈。此涸川水之精也。"族徽金文中有字作形（集成3314），據《管子》所記則或爲"蝸"的象形初文。"譌/蝸"既可讀爲"化"（參看上引《唐虞之道》簡文），又從"爲"聲，故在簡文中可讀爲"化爲"。關於"松柏棫柞"四種樹木的寓意，學界頗多討論，如田旭東（2013）："松，典籍常見樹木，常綠。《詩經·小雅·斯干》：'如竹苞矣，如松茂矣。'因其經冬不凋，樹齡長久，常常以喻堅貞，祝壽考。柏，與松樹相同，皆爲典籍常見樹木，其木質堅硬，不畏霜雪，經冬不凋，枝葉繁茂，古代詩文中往往與松樹並稱，作爲志操堅貞的象徵，《論語·子罕》'歲寒然後知松柏之不凋也'，也以耐寒不凋敷喻棟梁之材。棫、柞，亦爲木類。《詩·大雅·皇矣》'柞棫斯拔，松柏斯兌'，《釋文》引《三蒼》：'棫，即柞也。'《詩經·大雅》有《棫樸》篇，曰：'芃芃棫樸，薪之槱之，濟濟辟王，左右趣之。'意謂棫樸叢生，根枝茂密，共相附著，比喻賢人衆多，人才濟濟，國家興盛。"袁瑩（2011A）認爲"棫柞"與"松柏"是相對立的，並非都是好的東西："正因爲大姒夢中化爲的是'松柏棫柞'，並不都是'松柏'這種美好的事

物，所以太姒才會'癋驚'，王才會心有驚懼而不敢貿然占卜，而是舉行一系列祓除不祥的祭祀之後，才敢在明堂占卜。"按"柞棫"連稱，尚見於《石鼓·作原》及《詩·大雅·旱麓》、《大雅·緜》等篇。《棫樸》："芃芃棫樸，薪之槱之。"毛傳："山木茂盛，萬民得而薪之。"《旱麓》："瑟彼柞棫，民所燎矣。"毛傳："瑟，衆貌。"《緜》："柞棫拔矣，行道兌矣。"毛傳："兌，成蹊也。"《皇矣》："帝省其山，柞棫斯拔，松柏斯兌。"毛傳："兌，易直也。"從上引文來看，"棫"、"柞棫"雖有生長茂盛的特點，但其主要功用是"民所燎"的"薪柴"。而且柞棫如果生長得過於繁茂，還會遮蔽道路、影響松柏生長。所以只有將其拔除，行道才能貫通，松柏才能挺直。這樣看來，簡文"松柏"與"棫柞"也應該像《皇矣》篇那樣，理解爲對立的兩組事物。後文 6 號簡提到"女（如）棫柞亡（無）堇（根）"，對於"棫柞"的評價顯然是負面的，也能印證這一點。因此，上引袁說當可信。

［6］ 整理者："靈，《説文》：'巫也。'《九歌》注：'靈，巫也。'名兇，'兇'字見包山簡，讀爲'凶'，《説文》：'惡也。''名凶'猶《周禮·男巫》之'授號'。"孟蓬生在復旦讀書會（2011A）跟帖中認爲，"'靈名'與下文'祝岊'、'晉率'、'宗丁'文例相同，均爲大名冠小名結構。'靈'爲通名，'名'爲私名。'兇'音當同'蔓'，借爲'總'，爲動詞，有'統領'之義。"按整理者將"兇"讀爲"凶"，可信。但謂"名凶"即見於《周禮》之"授號"，則似有可商。《周禮·春官宗伯·男巫》"掌望祀望衍授號"，杜子春："授號，以所祭之名號授之。"細繹歷代疏解，"授號"是指男巫將應祭之神祇名號授之祝官，由祝官進行祝號祭祀。將簡文"名凶"之"凶"理解爲神祇，似於理不合。我們認爲"凶"即指凶祟而言，"名凶"相當於典籍中的"求祟"。《論衡·程材》："如自能案方和藥，入室求祟，則醫不售而巫不進矣。"《論衡·明雩》："夫知病之必不可治，治之無益，然終不肯安坐待絕，猶卜筮求祟，召巫和藥者，惻痛慇懃，冀有驗也。"新蔡簡中亦有"求祟"之貞，如"☐膚一已。或以求其祟，有祟於太、北☐"（甲三 110）；"☐求其祟，有祟於☐"（乙三 36）。詳細討論，可參看沈培《從戰國簡看古人占卜的"蔽志"——兼論"移祟"說》（陳昭

容主編：《古文字與古代史》第一輯，398—400頁，中研院歷史語言研究所，2007年）。

　　[7]　整理者：" 敚，讀爲'祓'，《說文》：'除惡祭也。'《左傳》僖公六年注'除凶之禮'，《小爾雅·廣詁》：'潔也。'"我們認爲整理者將"敚"讀爲"祓"的意見是正確的。裘錫圭（2011）文同意孟蓬生將"名"理解爲"靈"的私名，將"兇"讀爲"總"的意見，並進一步提出"敚"當讀爲蔽志之"蔽"。裘先生不同意整理者的釋讀意見，主要原因有兩條：一、祝、巫、宗均有私名，"靈"不當例外；二、太姒之夢，並非對周人不利的惡夢，不應舉行除惡之祭。按照我們的理解，這兩點疑問都可以解釋。首先，"俾靈名凶、祓"是總括下文而言的，"靈"是總名，包括下文的祝、巫、宗，故"靈"後不應出現私名；其次，前引袁瑩（2011A）文已經指出，在太姒之夢中出現的不僅有梓、松、柏等良木，尚有棫、柞等惡木，故行除惡之祭，是理所應當之舉。後文又云"攻于商神"，即向商人祖先及神靈攻說以解除凶祟的意思，是在祓祭基礎上的進一步用攻解的方式除祟。很可能在之前的"名凶"（即"求祟"）的過程中，已經知道商神有可能爲祟，故施行攻說之祭。

　　[8]　整理者：" 祝忻、巫率、宗丁，後一字皆人名。巫，即《周禮》'女巫'。《國語·楚語下》：'在男曰覡，在女曰巫。'宗，即《左傳》成公十七年'祝宗'。巫祓太姒，宗祓太子，皆切合身份。"

　　[9]　整理者：" 幣告，參看《周禮·男巫》鄭注'但用幣致其神'，孫詒讓《正義》：'但用幣，則無牲及粢盛也。'宗祊，《國語·周語》韋注：'廟門謂之祊。宗祊，猶宗廟也。'"按，簡文"幣告"是指以幣行告祭，而整理者引鄭玄、孫詒讓說法都是解釋《周禮·男巫》"掌望祀、望衍、授號"中"望衍"的（鄭玄謂"衍"當讀爲"延"），與告祭無關。"告"本爲普通的匯報、告訴意，向神靈祝告、禱告亦稱爲"告"，《書·金縢》："爲壇於南方北面，周公立焉，植璧秉珪，乃告大王、王季、文王。"後來又分化出"祰"作爲告祭的專字，《說文》："祰，告祭也。"典籍或又寫作"造"，《禮記·王制》："天子將出，類乎上帝，宜乎社，造乎禰；諸侯將出，宜乎社，造乎禰。"鄭注："類、宜、造，皆祭名，其禮亡。"孔穎達

疏："造乎禰者，造，至也，謂至父祖之廟也。"按孔疏訓"造"爲至，不確。 朱彬謂："造乎禰者，亦告祖及載主也。 惟言出告，則歸亦告也。《曾子問》曰'出反必親告于祖禰'，是也。"（朱彬：《禮記訓纂》卷五，第175頁，中華書局，1996年）告祭往往用幣，如《大戴禮記·諸侯遷廟》："孝嗣侯某，敢以嘉幣告于皇考某侯，成廟將徙，敢告。"九店楚簡中亦提到向名爲"武夷"的神靈行告祭時用所用祭品有"聶幣"（九店56-43、44）。"宗祊"指宗廟而言，典籍頗有其例，如《左傳》襄公二十四年："豹聞之：'太上有立德，其次有立功，其次有立言。'雖久不廢，此之謂不朽。 若夫保姓受氏，以守宗祊，世不絶祀，無國無之。 禄之大者，不可謂不朽。"又《説文》："祘，門内祭先祖，所以傍徨。 祘或从方。"則以"祊"爲"祘"之或體。

［10］ 整理者："六末，疑指天地四方。"在復旦讀書會（2011B）跟帖中，有網友認爲"末"、"物"音近可通，"六末"疑讀爲"六物"。《左傳》昭公七年： 晉侯謂伯瑕曰："吾所問日食，從矣。 可常乎？"對曰："不可。六物不同，民心不壹，事序不類，官職不則，同始異終，胡可常也?《詩》曰'或燕燕居息，或憔悴事國'，其異終也如是。"公曰："何謂六物？"對曰："歲、時、日、月、星、辰，是謂也。"程浩（2011）則認爲簡文"末"當是"宋"之訛誤，"宋"、"宗"音近，故"六末〈宋〉"當讀爲"六宗"。《尚書·堯典》有"禋于六宗，望于山川"，可與簡文對讀。 王輝（2013）認爲"末"可讀爲"祙"，即鬼魅之"魅"。

［11］ 整理者："攻，《周禮·大祝》注：'攻、説，則以辭責之。'《論衡·順鼓》：'攻者，責也，責讓之也。'商神，殷商之神，恐其作祟，故責之。"裘錫圭（2011）謂："'攻于商神'之'攻'，當與楚墓所出卜筮祭禱簡中屢見之'攻解'義近。'攻解'就是向鬼神攻説以求解除災祟的意思。 ……《程寤》簡文的商神，當指商王的先人以及那些爲商人所奉祀而不爲周人所奉祀的神。 周人怕商神站在商人一邊，爲害於自己，所以要向他們進行攻説，估計是向他們講商紂無道、周代商受命的正當性，並應允在滅商以後仍立殷後來奉祀他們，以求消除他們對周人的敵意。"

［12］ 整理者："望，《淮南子·人間》注'祭日月星辰山川也'，與上

文合。烝，《詩·天保》傳：'冬曰烝。'周正月建子，有冬至節。"裘錫圭（2011）謂："整理者讀'脭'爲望祭之'望'，'承'爲蒸祭之'蒸'。其説可疑。在蔽志和占夢這兩件事之間，似乎不大可能取舉行望、蒸這類常規祭祀。頗疑此二字當屬下讀，即主持占夢之人的名稱，有待進一步研究。"鄔可晶（2017）認爲"承"當讀爲"徵"，"望徵"的意思是觀察日月星辰之象、陰陽之氣、妖祥之兆等活動。

[13] "吉夢"，吉祥之夢。《詩·小雅·斯干》："乃寢乃興，乃占我夢。吉夢維何？維熊維羆，維虺維蛇。"《周禮·春官宗伯·占夢》："季冬，聘王夢，獻吉夢于王，王拜而受之。"

[14] 整理者："帝，'上帝'二字合文。皇上帝，《藝文類聚》卷七九、《太平御覽》卷三九七、《册府元龜》卷八九二引作'皇天上帝'。"按"皇天上帝"還見於《書·召誥》："嗚呼！皇天上帝，改厥元子兹大國殷之命。""皇天上帝"之"皇"是修飾"天"的，所以"皇天上帝"不可能省稱爲"皇上帝"。黃懷信（2011C）認爲簡文"皇"下脱"天"字，亦無確證。簡文"皇上帝"之"皇"，是用來修飾"上帝"的。西周金文默鐘（集成260）銘文有"隹（唯）皇上帝、百神保余小子，朕猷又（有）成亡（無）競，我隹（唯）司（嗣）配皇天"。銘文中的"皇上帝"與"百神"並舉，均爲偏正結構語詞，"皇"字用法與本銘中的"皇天"以及習見於金文的"皇祖考"之"皇"相同。

[15] 整理者："聽，《書·洪範》傳：'察是非。'"

[16] 整理者："朋，《書·皋陶謨》傳：'群也。'戩，讀爲'翦'，《説文》：'棄也。'"在復旦讀書會（2011B）跟帖中，廣瀬薰雄認爲"戩"當讀爲"讎"。"朋棘讎梓松"的意思是以棘爲朋，以梓松爲讎。這是用人失當的比喻。宋華强（2011）謂當讀爲儔侶之"儔"或仇匹之"仇"。王輝（2013）據《説文》"儨，翳也"，理解爲覆蔽義。按，"梓松"之"梓"原寫作"杍"，"梓松"既可以理解爲梓樹和松樹，也可理解爲偏正詞組"杍（子）松"，意即幼小的松樹，或許暗指太子發而言。"朋棘戩梓松"之"戩"，亦見於燕王職壺，壺銘讀爲討伐之"討"。疑簡文"戩"亦當讀爲"討"，暗指商王朝（朋棘）即將與太子發（杍松）代表的周人發生戰

争。《說文·殳部》："毁，縣物殳擊。"《說文·攴部》："敲，棄也。从攴，鬲聲。《周書》以爲討。《詩》云：無我敲兮。""戩""毁""敲"並當爲一字異體。

［17］ 整理者："副，《禮記·曲禮上》注：'析也。'"宋華强（2011）謂："'副'疑當訓爲《詩·大雅·生民》'不坼不副'之'副'，毛傳'凡人……生則拆副'，'副'指分娩生育。"按"副"常訓爲坼裂、剖分，所以《詩》所謂"不坼不副"是指后稷的出生十分暢達（"先生如達"），没有出現因難産而剖腹的情况（"不坼不副"）。可見"副"並非指正常的分娩生育，故宋説不確。簡文"副"就可以訓爲副貳，《莊子·大宗師》"聞諸副墨之子"，成玄英疏："副，副貳也。""杍松柏副"，可理解爲杍松是柏樹的副貳，"柏"或爲伯長之"伯"的諧音，這裏應該暗指西伯即周文王而言。太子發爲文王之子（杍），其作爲西伯（柏）的副貳，在地位上也是合適的。

［18］ 整理者："棄，疑讀爲'覆'。"復旦讀書會（2011A）讀爲"包"，宋華强（2011）謂當據《説文》解"包"爲"象人裹妊"，是生育的意思。在復旦讀書會（2011B）跟帖中，袁瑩認爲"棫包柞乍（作）"講的是棫叢生，柞生長，比喻壞人得志，和前面的"梓松柏副"相對。"包"有叢生的意思，如《書·禹貢》"草木漸包"。"作"有生的意思，如《詩·小雅·采薇》"薇亦作止"。後袁瑩（2011A）一文對上述意見有進一步闡釋，可參看。表示叢生義的"包"，典籍多作"苞"，如《詩·大雅·行葦》："方苞方體，維葉泥泥。"鄭箋："苞，茂也。"《詩·小雅·斯干》："如竹苞矣，如松茂矣。"朱熹集傳："苞，叢生而固也。"

［19］ 整理者："以上數句疑有訛誤，似應爲'朋棘歔梓，松柏副，棫柞覆，化爲膢'，仍係以棘比喻奸佞朋黨，以松柏比喻賢良善人。"膢，宋華强（2011A）謂：

"膢"，整理者未釋，疑當讀爲"樗"。《説文·木部》："樗，木也。以其皮裹松脂。㯉，或從蔖。"古書多以樗爲惡木，如《詩·豳風·七月》"采荼薪樗"，毛傳："樗，惡木也。"孔疏："樗，唯堪爲薪，故云惡木。"《莊子·逍遥游》:"吾有大樹,人謂之樗。其大本,擁腫而不中繩墨;其小枝,捲曲而不中規矩。立之塗,匠者不顧。"簡本下文説"何用非樹? 樹因欲,不違材",大概就和世人多以樗爲無用惡木有關。

王輝(2013)則據段注,謂"欜"即《説文》之"樺",亦即樺樹之"樺"。"柞化爲樺",是小灌木變成大樹,是"吉夢"的象徵。體會簡文文義,似以宋華强説爲可信。"化爲膡"之化,當理解爲生長、化育。棫柞叢生,化育爲"膡(樺)",雖長爲大樹,仍然"唯堪爲薪",體現了棫柞與膡(樺)在本質上是相同的。

[20] 整理者:"何警非朋,何戒非商,意云以朋比爲警,以殷商爲戒。句例參看《書·吕刑》'何擇非人,何敬非刑,何度非及',《逸周書》多有類似句式。"

[21] 整理者:"欲,訓'願'。芧,讀爲'材',材質。"季旭昇(2013):"劉淇《助字辨略》卷一平聲'非'字條下釋《尚書·大禹謨》'可愛非君,可畏非民'云:'此非字猶云豈非。'《尚書·吕刑》'何擇非人,何敬非刑,何度非及',屈萬里《尚書今注今譯》語譯爲:'要選擇什麽呢,不是(好的)官員嗎? 要謹慎什麽呢,不是刑法嗎? 要計畫什麽呢,不是適宜(的事情)嗎?'(聯經版181頁)本簡三句話謂'要警惕什麽呢? 不是朋比的小人嗎? 要戒慎什麽呢? 不是殷商嗎? 要用什麽呢? 不是樹(人才)嗎?'"按,季説大體可信。這裏强調要根據樹木的材質來區分和擇用人才,如果"梓松柏"和"棫柞"都是正面的有用之才,這裏似乎就没有必要强調其材質了。正因爲這兩類樹木材質不同,所以對於"梓松柏"要大樹特樹,對於遮蔽道路(可聯想爲壅蔽賢人)、妨礙松柏生長(對於文王及太子發不利)的"棫柞"要加以拔除。

[22] 整理者:"旨,《説文》:'美也。'"季旭昇(2013):"謂病人平常已經吃夠了(有害健康的)甘美食物,因此不可救藥。"按如將"旨味"理解爲甘美食物,與"不可藥(療)"之間無必然聯繫。雖加"有害健康的"作爲"甘美食物"的限定語,亦嫌牽强。古人認爲飲食與治病之間存在聯繫,如《周禮·天官冢宰·疾醫》:"四時皆有癘疾:春時有痟首疾,

夏時有痒疥疾，秋時有瘧寒疾，冬時有漱（嗽）上氣疾。 以五味、五穀、五藥養其病，以五氣、五聲、五色眂其死生。"所謂以五味養其病，即根據不同季節、類型的疾病，食用某種性質的食物（例如中暑可用性涼之綠豆解之）。 我們認爲簡文"旨"當讀爲"耆"，訓爲"强"。《左傳》昭公二十三年："不僭不貪，不懦不耆。"杜注："耆，强也。"睡虎地秦簡《司空律》："居貲贖責（債），欲代者，耆弱相當，許之。"簡文大意是説天降瘟疫疾病，已經（針對此種疾病）用了相應的强味（仍不見效），説明（殷商）已病入膏肓，不可救藥。

[23] 季旭昇（2013）："'時不遠'指滅亡之時不遠。"按，簡文"哼"讀爲"時"當無疑問。"時"或可訓爲"是"，"時不遠"可理解爲商、周密邇，故下文强調商周互爲肘腋之敵、心腹之患。

[24] 整理者："感，《説文》作'憾'，'憂也'。"黄懷信（2011C）："言商周互爲憂患。 見周人已有滅商之心，商人亦以周爲心腹之患。"

[25] 7號簡與6號簡位置應對調，參看復旦讀書會（2011B）。"擇用周"的主語應該是將商命賜給周的"皇上帝"，上帝在商周之間選擇了周，並賜予天命。

[26] 整理者："果，《禮記·内則》注：'決也。'拜，讀如《詩·甘棠》'勿翦勿拜'之'拜'，鄭箋：'拜之言拔也。'"整理者釋爲"拜"之字原篆作![]，右旁從"手"無疑問，左旁略有殘泐。 本篇3號簡"拜"字寫作![]形，本簡![]形與之相比，左旁所從無論大小比例還是起筆筆勢均有較大差别。 高佑仁在復旦讀書會（2011A）文後的跟帖中提到："頗疑此字從西從手，即《説文》'遷'字古文。"如按照高佑仁説，將該字形左旁復原爲"西"旁作![]形，似頗與殘存筆畫相吻合，故暫從高説。"果抲（遷）不忍"之"忍"，陳民鎮在復旦讀書會（2011A）文後跟帖中認爲可讀爲"恩"，並指出簡帛文獻中"刃"、"紉"皆有讀作"恩"的例子。 如陳説可信，則"恩"在簡文中用作動詞，義爲施恩。"果遷不恩"可以理解爲上帝果斷遷移走了商的天命，不再施恩（於商）。 韋婷（2017）則認爲"忍"當如字讀，理解爲忍耐、姑息。 如是則"果遷不忍"義爲上帝不再（對商朝）姑息容忍而果斷遷走其天命。 上述兩説似以韋説稍長。

[27] 整理者：" 綏用多福，類似語多見於西周金文，如寍簋蓋（《殷周金文集成》四〇二一～四〇二二）'用綏多福'。"

[28] 整理者："敚，《左傳》僖公十年注：'敗也。'"按，"敚"訓爲"敗"，均爲形容詞用法。簡文"幣"用爲動詞，或可讀爲"斃"，訓爲消滅、殺死。《禮記·檀弓下》："子射諸，射之，斃一人……又斃二人。每斃一人，揜其目。"簡文"不義"，自然是指商而言。

[29] 整理者："迖，讀爲'芃'，《詩·棫樸》傳：'木盛貌。'"凡草木高大茂盛，均可謂"芃"。《説文·艸部》："芃，艸盛也。从艸凡聲。《詩》云：'芃芃黍苗。'"

[30] 整理者："量，疑訓爲界限，句謂所行之處無有困乏。"袁瑩（2011A）："'量'有法度、準則的意思，如《管子·牧民》：'上無量，則民乃妄。'《韓非子·詭使》：'守度奉量之士，欲以忠嬰上而不得見。'"按袁説可從，簡文"卑（俾）行量亡（無）乏"，意思是使得品行法度無所匱乏。"乏"的這種用法，可以類比"孝子不匱"之"匱"，都是説品行、儀範不匱乏。

[31] 整理者："在向，'向'疑'尚'之誤，讀爲'上'。"多有學者提到《説文》以"尚"從"向"得聲，認爲簡文"向"可直接讀爲"尚"。雖然"尚"、"向"古音相近，但從古文字用字習慣來看，未見用"向"這個字來表示"尚"這個詞的例子。所以整理者把"向"看作"尚"的誤字而非通假字，是正確的意見。

[32] 整理者："惟容内棘，'内'即'納'，喻對小人亦予包容。億，《左傳》襄公二十五年注：'度也。'億亡，度其將亡。柏，讀爲'白'，《荀子·榮辱》注：'彰明也。'"復旦讀書會（2011B）謂"意"當讀爲連詞"抑"。按，簡文"意"當讀爲本字，志意也。《説文·心部》："意，志也。从心察言而知意也。"《國語·周語上》"有不祭則修意"，韋昭注："意，志意也。"簡文"欲"，當理解爲願望。《孟子·梁惠王上》："吾何快於是？將以求吾所大欲也。""意欲"同義連言，表示意志願望。《韓非子·八説》："使人不衣不食而不飢不寒，又不惡死，則無事上之意。意欲不宰於君，則不可使也。"是相同的用法。"柏"當讀爲本字，與上文

"棘"相對。這段話大意是説，上天甚明，雖然對於"棘（商）"尚寬容，但意志願望却在於"柏（周）"。

[33] 此字周波在復旦讀書會（2011A）跟帖中認爲可能從古文"蔡"得聲。蘇建洲在跟帖中認爲此字"似乎跟楚墓卜筮祭禱簡的一個神祇名作從大從卜形接近，只是卜形寫在下面而已。此字如何釋讀衆說紛紜，李零曾説這些字與蔡字形體相近，李家浩認爲從大卜聲，董珊認爲就是大字讀爲厲。"按蘇建洲提到的所謂"從大從卜"之字，李零（1993）釋爲"太"，董珊（2014）釋爲"大"，李家浩（2015）隸定爲"夵"。新近公布的清華簡《鄭文公問太伯》篇有甲、乙兩個内容基本相同的抄本，其中太伯之"太"寫作 ![字] （甲本1號簡），同篇簡文"大"字就寫作普通的 ![字] （甲本11號簡）形。可見李零等人將其釋爲"太"是可信的。表明在戰國文字中，"太"已有從"大"字分化出來的迹象。"太"字相關字形董珊（2014）列舉較爲全面，可參看。該字有寫作 ![字] （包山215）形者，但類似"卜"形的寫法没有寫在"大"旁下面的例子，而簡文 ![字] 字不僅將類似"卜"旁的筆畫寫在下面，而且上部所從亦非"大"字（與"大"字筆勢不同）。故將此字所從與"太"字比附，在字形上是没有根據的。周波認爲此字可能從古文"蔡"得聲，然與其所列舉的古文"蔡"字形亦不相類。因相關文義不明，暫闕疑。

[34] 整理者："矧，義同'又'，見楊樹達《詞詮》卷五。秋，清母幽部，疑讀爲喻母之'由'。"此字整理者釋爲"引"，張崇禮、周波在復旦讀書會（2011A）跟帖中都認爲當釋爲"射"。周波等人將其釋爲"射"，依據是復旦讀書會（2011A）猜測此字右旁所從爲倒"矢"形，與字形不合，不可信。按"引"字清華簡《祝辭》4號簡寫作 ![字]，九店56號墓71號簡寫作 ![字]，睡虎地秦簡《秦律雜抄》8號簡寫作 ![字]，"弓"旁右側筆畫均與"弓"字相粘連，簡文作 ![字] 形，右旁筆畫與"弓"旁分離，確與"引"字小異。但清華五《厚父》篇"引"字寫作 ![字] （11號簡），右側筆畫亦與"弓"旁脱離，所以整理者的意見可信。

[35] 整理者："明武威，《逸周書》有《大明武》、《小明武》等篇。"按，簡文自"夢徒庶言"至"明武禖"一段，文義費解，諸家雖有各種説

法，均不可信。爲節省篇幅，不一一徵引，可參看季旭昇（2013）引各家説。

［36］ 整理者："菫，讀爲'根'，二字皆爲見母文部。"袁瑩（2011A）認爲"菫"當讀爲樹幹之"榦"。按，簡帛文字材料常以"菫"或從"菫"聲之字表示根柢之"根"，如郭店《老子》甲本"各復其菫"，今本作"各復其根"；上博簡《凡物流形》"既本既槿"，"槿"讀爲"根"。所以從用字習慣來看，整理者的意見是合理的。梜柞當然有根，但與松柏等喬木相比，其根柢無疑要淺得多，所以極言之爲"無根"。《淮南子·説林》"兔絲無根而生"，《吕氏春秋·精通》："人或謂兔絲無根。兔絲非無根也，其根不屬，茯苓是也。"可相類比。

［37］ 整理者："周，《詩·鹿鳴》傳：'至。'長，《説文》：'久遠也。'貳，《國語·周語下》注：'變也。'"按簡文中"周"均指商周之"周"而言，此處亦不應例外。貳，可理解爲匹敵。《左傳》哀公七年："且魯賦八百乘，君之貳也。"杜注："貳，敵也。"《韓非子·八經》："禮施異等，后姬不疑，分勢不貳，庶適不争。"舊注："不令庶子貳適也。""周長不貳"，或可理解爲周祚長久而無可匹敵。

［38］ 侮亡，見於《左傳》宣公十二年："仲虺有言曰'取亂侮亡'，兼弱也。"此句被采入古文《尚書·仲虺之誥》："兼弱攻昧，取亂侮亡。"僞孔傳："弱則兼之，闇則攻之，亂則取之，有亡形則侮之。"疑簡文"侮亡勿用"連讀，意爲不要侮辱亡國之人。

［39］ 整理者："忎，字原作'忎'，疑爲'甚'，《説文》：'毒也。'《説文通訓定聲》云：'憎惡也。'或疑'惡'字之省。"陳民鎮在復旦讀書會（2011A）跟帖中提到，"不其"當屬下讀，引導一個反問句，如《左傳》宣公四年："鬼猶求食，若敖氏之鬼，不其餒而？""比擾"爲同義連用，均有順從、親附之義。《詩·大雅·皇矣》："王此大邦，克順克比。"朱熹集傳："比，上下相親也。"《荀子·儒效》："先王之道，仁人隆也，比中而行之。"王念孫《讀書雜誌·荀子二》："比，順也，從也。""朊"讀爲"擾"，參看《皇門》篇注釋23。"和順"，和睦順從。習見於先秦兩漢典籍，如《管子·形勢解》："父母不失其常，則子孫和順。"《荀子·樂

論》:"則少長同聽之,莫不和順。"《禮記·樂記》:"和順積中而英華發外。"

[40] 整理者:"芇,讀爲'烖'(災),《爾雅·釋詁》:'危也。'懷允,懷,《説文》:'念思也。'允,《爾雅·釋詁》:'信也。'"子居(2011B)引《詩·小雅·鼓鐘》"淑人君子,懷允不忘"之"懷允"與簡文對讀。 按,將"懷"訓爲念思,難以切合簡文文義。 當理解爲使民歸心、親附,類似用法典籍常見,如《書·皋陶謨》:"安民則惠,黎民懷之。"僞孔傳:"愛則民歸之。"《國語·周語上》:"民神怨痛,無所依懷。"韋注:"懷,歸也。"自"周長"至"懷允"一段簡文,可大致翻譯爲: 周朝的國運綿長,無可匹敵。 不要對亡國之人加以羞辱,難道不是使他們親附順從、老百姓没有災害更能夠懷徠、安撫民心嗎?

[41] 整理者:"何監非時,何務非和,《逸周書·小開》有'何監非時,何務非德'。"《逸周書·小開》"何監非時",潘振:"言當視天時也。"陳逢衡:"監,視也。 何監非時,順天道也。""何務非和",子居(2011B)引《國語·鄭語》:"於是乎先王聘后於異姓,求財於有方,擇臣取諫工,而講以多物,務和同也。"按上引文中"和同"一詞,韋昭注:"和謂可否相濟,同謂同欲。"與簡文之"務和"不能簡單比附。《鹽鐵論·周秦》:"故政寬則下親上,政嚴則民謀主,晉厲以幽,二世見殺,惡在峻法之不犯,嚴家之無悍虜也? 聖人知之,是以務知而不務威。 故高皇帝約秦苛法,慰怨毒之民,而長和睦之心,唯恐刑之重而德之薄也。"《群書治要》引"務知"作"務和",按之上下文義,當以"務和"爲是。 此處"務和"一詞的含義,與簡文相近,均指致力於和諧、和睦。

[42] 整理者:"何褢非文,褢讀爲'裹',《説文》:'藏也。'此云韜光養晦。"整理者將"褢"讀爲"裹","裹"即"懷"字異體,上文已有讀爲"懷"之"褢"字,故從用字習慣上看,整理者的意見恐不可信。 我們認爲"褢"當讀爲"畏","文"或可讀爲"旻"。《説文·日部》:"旻,秋天也。 从日文聲。《虞書》曰:仁閔覆下則稱旻天。"典籍多"旻天"連言,如《書·多士》:"爾殷遺多士,弗弔旻天,大降喪于殷。"《詩·小雅·小旻》:"旻天疾威,敷于下土。"簡文用排比的修辭方式,四字一

句，爲了追求句式整齊，所以將"旻天"省爲"旻"。 古書中，講到上天降喪或天威令人恐懼時，多用"旻天"一詞，所以簡文説"何畏非旻"，也是强調旻天是令人敬畏的。 後世亦有將"旻天"省稱爲"旻"者，如陶潛《自祭文》："茫茫大塊，悠悠高旻，是生萬物，余得爲人。"

[43] 黄懷信（2011C）："保，守持。 道，正確的處事方針。《逸周書·芮良夫》：'如文王者，其大道仁，其小道惠。'《武紀》：'内無文道，外無武道。'《周祝》：'告汝不聞道，恐爲身災。'皆言道。"

[44] 整理者："何愛非身，何力非人，身與人對舉。 人即民，《荀子·富國》'守時力民'注：'力民，使之疾力。'"按，典籍中有關"愛身"的記載很多，如《左傳》僖公九年："吾與先君言矣，不可以貳。 能欲復言而愛身乎?"《大戴禮記·曾子本孝》："險塗隘巷，不求先焉，以愛其身，以不敢忘其親也。""何力非人"，意即使人盡其力。《左傳》成公十三年："是故君子勤禮，小人盡力。 勤禮莫如致敬，盡力莫如敦篤。"《左傳》襄公九年："其卿讓於善，其大夫不失守，其士競於教，其庶人力於農穡，商、工、皁、隸不知遷業。"

[45] 整理者："愳，即'謀'字。 彊讀爲'彊'，'彊'訓爲'競'，音近互訓。《詩·桑柔》毛傳：'競，强（彊）。'寢，從爿聲，讀爲'藏'。《逸周書·大開》、《小開》有此句，《小開》'人謀競，不可以'後應脱一'藏'字。 潘振《周書解義》云：'競，力也。 藏，不行也……言我後人即此謀而用力焉，不可以不行也。'"按，"寢"字整理者認爲從爿得聲，讀爲"藏"，非常正確，《逸周書·大開》亦作"藏"。 此字又見於上博簡《用曰》（13號簡）、清華簡《筮法》（57號簡）等篇，《用曰》篇"寢"一般讀爲"莊"，但詞義限制性不强；但《筮法》篇讀爲"藏"（整理者指出與"冬藏"有關），是確定無疑的。 簡文以下四句有韻，"彊"、"藏"押陽部韻，"戒"、"謀"押之部韻。 凡此均可證明"寢"字確實從爿聲，劉洪濤（2010）認爲從"貝"聲，非是。

[46] 整理者："戒字下疑脱一重文符號，全句應爲'後戒，後戒'，此句見《逸周書·小開》、《文儆》。《瘝儆》僅作'後戒'，《大開》則爲'戒後'。"

［47］ 整理者："母，讀爲'謀'，《大開》有'人其用汝謀'，與此句相近。"季旭昇（2013）認爲"人用汝謀"應理解爲"人用汝謀以謀汝"，當是。 以上四句，當聯繫起來理解。"人謀彊"之"人"即上一句"何力非人"之"人"，指與"君子"相對的"小人"，即普通百姓。"人謀"即下文的"人用汝謀"，意思是説老百姓會以你的謀略反施於汝身（如《鹽鐵論·周秦》"政嚴則民謀主"）。"人謀彊，不可以藏"，可以理解爲老百姓企圖謀取你的力量也是很强大的，不可以（讓他們）懷藏（有謀汝之心），所以後人一定要敬慎戒懼。

［48］ 整理者："惡，即'愛'字，義爲愛惜。 欥，即'足'字，'日不欥'即'日不足'。《大開》有'維宿不悉日不足'，《小開》有'宿不悉日不足'，潘振《周書解義》云：'日不足，嫌日短也。'《詩·天保》'降爾遐福，維日不足'，鄭箋：'天又下予女以廣遠之福，使天下溥蒙之，汲汲然如日且不足也。'簡文'愛日不足'，即惜日之短。"讀爲"足"的"欥"字，亦見於新蔡零 193 號簡以及中山王墓所出兆域圖（集成 10478），關於此字的討論，也可參看劉洪濤（2010）。 此句亦應聯繫上文理解，上文强調不可讓百姓懷藏謀上之心，所以君主應夙興夜寐（愛日不足）、勤政愛民，則庶幾可避免出現"人用汝謀"的局面。

保訓

保　　訓[1]

　　隹（唯）王㐫=（五十）年[2]，不瘳（紓）[3]。王念日之多鬲（歷）[4]，忎（恐）述（墜）保（寶）訓[5]。戊子，自演=（酓水）[6]。己丑，昧【1】〖爽〗[7]，……〖王〗若曰：「發！朕疾㱏（漸）甚[8]，忎（恐）不女（汝）及【2】訓[9]。昔𠂹（前）人递（傳）保（寶）[10]，必受（授）之以詷（誦）[11]。今朕疾㐺（允）瘖（病），忎（恐）弗念（堪）終[12]，女（汝）以箸（書）【3】受之[13]。欽才（哉）[14]！勿淫[15]。昔坴（舜）舊（久）复（作）㝊=（小人）[16]，親（親）勘（耕）于鬲（歷）茅[17]，忎（恐），救（求）中[18]。自詣（稽）氒（厥）志，【4】不諱（違）于庶萬眚（姓）之多欲[19]。氒（厥）又攼（施）于上下遠埶（邇）[20]，廼㥯立（位）埶（設）詣（稽）[21]，測【5】会（陰）䖂（陽）之勿（物），咸川（順）不諆（逆）[22]。坴（舜）既旻（得）中，言不易實弁（變）名[23]。身茲備（服），隹（唯）【6】㐺（允）[24]。翼=（翼翼）不解（懈），甬（用）乍（作）三降之惪（德）[25]。帝㫃（堯）嘉之，甬（用）受（授）氒（厥）緒[26]。於虖（乎）！鬵（祇）之[27]。【7】才（在）昔岜（微）叚（假）中于河，以復又=易=（有易，有易）怀（服）氒（厥）皋（罪）[28]，岜（微）亡（無）萬（害），廼道

（逾-償/䝯）中于河[29]。【8】峜（微）寺（志）弗忘[30]，遞（傳）貣（貽）孫=（子孫）[31]。至于成康（湯）[32]，祇（祇）備（服）不解（懈），甬（用）受大命。於虖（乎）！髪（發），敬才（哉）[33]！【9】朕聐（惛/殣）[34]，兹不舊（久），命未又（有）所次（延）[35]。今女（汝）祇（祇）備（服）母（毋）解（懈）[36]！亓（其）又（有）所卣（由）矣，不【10】及尓身受大命[37]。敬才（哉），母（毋）淫！日不足，隹（唯）偱（宿）不羕（祥）。"[38]【11】

【箋釋】

[1] 整理者："《保訓》全篇共有十一支簡，完簡長二十八・五釐米，編痕上下兩道。簡文頂頭書寫，簡尾大都留一個字距的空白。每支簡二十二至二十四字。其中第二支簡上半殘失約十一字。《保訓》內容是記周文王五十年文王對太子發的遺訓。文王對太子發講了兩件上古的史事傳說，用這兩件史事說明他要求太子遵行的一個思想觀念——'中'，也就是後來所說的中道。第一件史事是關於舜的，講的是舜怎樣求取中道。第二件史事是關於商湯的六世祖上甲微的，講微假中於河伯以勝有易，微把'中'的內容'傳貽子孫，至于成湯'，於是湯得有天下。"簡文原無簡序編號，白於藍（2012）將原3號簡抽出，插入10號簡與11號簡之間，依據不足，本文仍從整理者簡序意見。

[2] 整理者："《書・無逸》：'文王受命惟中身，厥享國五十年。'《史記・周本紀》：'西伯蓋即位五十年。'《逸周書・文傳》也是記文王教導太子發之事，開篇'文王受命之九年，時維暮春，在鄗，[召]太子發曰'云云，學者多以為受命之九年即文王五十年。"李學勤（2009A）："《周本紀》云：'西伯蓋即位五十年。……詩人道西伯，蓋受命之年稱王而斷虞、芮之訟，後十年而崩，諡為文王。'歷代學者多從倫理出發，認為文王聖人，不應稱王，例如清崔述《豐鎬考信錄》專有《文王未嘗稱王》

之論。其實《詩·文王有聲》說'文王受命',何尊等金文也說文王受大命,文王晚年稱王恐怕確是事實(儘管《保訓》下文文王不這麼說)。"今按,《保訓》篇簡文"隹"字在象鳥頭的部分施加圓點,這一形體特徵與三體石經古文相吻合,詳參馮勝君(2012)。簡文"年"字寫作 形,所從"禾"省爲帶飾筆的彎筆,這種形體的"年"目前只見於上博簡《君人者何必安哉》8號簡以及《孔子詩論》8號簡"秊"字所從,亦值得注意。

[3] 整理者:"瘵從疒余聲,傳世典籍作'豫'或'懌'。《逸周書·祭公》:'我聞祖不豫有加。'《書·顧命》:'唯四月哉生魄,王不懌。''不豫'或'不懌'都是指身體不適,音近義通。"從典籍用例來看,與疾病有關的"不豫"或"不懌",均非普通的身體不適,而是經歷了長期嚴重疾病之後到了接近彌留狀態(如《顧命》篇之"病日臻,既彌留"),所以《尚書》、《逸周書》等典籍在記載"王不豫/懌"之後,往往緊接着王臨終誥命(今本《金縢》篇記武王有疾,"弗豫",但經過周公册祝之後,"王翼日乃瘳",似與上文所述不合。但清華簡本相當於"王翼日乃瘳"的部分,作"就後武王陟",即後來武王就死了)。舊注一般將"不豫/懌"之"豫"、"懌"訓爲悅,"不豫/懌"爲不怡悅,引申爲身體不適。這種理解恐怕只是拘於"豫"、"懌"本身的含義,其詞義色彩及程度與"不豫/懌"一詞出現的語境很不協調(《書·顧命》"王不懌",《釋文》:"馬本作'不釋',疾不解也。"段玉裁在《古文尚書撰異》中同意《釋文》的解釋,認爲:"孔傳'不悅懌',猶今人云不爽快、不自在也,其疾淺。馬云'疾不解',則深矣。")。"不豫/懌",本篇簡文及清華簡《金縢》篇均作"不瘵",《祭公之顧命》篇作"不余","瘵"或"余"都沒有怡悅的意思,所以將"不豫/懌"解釋爲"不怡悅"恐怕是有問題的。我們認爲簡文之"瘵/余"以及典籍之"豫/懌",或許可以讀爲"紓"。"豫"、"紓"均從"予"聲,通假自無問題;《金縢》篇簡本作"瘵",《釋文》引或本作"忬";《集韻·魚韻》:"紓,《說文》:'緩也。一曰解也。'或作悆。""瘵/余"讀爲"紓"沒有障礙。紓,或作"抒",典籍多訓爲"緩"、"解"(參看宗福邦等編《故訓匯纂》1723頁),一般多指危機狀況的緩和或解除(上引《釋文》據馬本將《顧命》篇中的"懌"讀爲"釋",訓爲

"解",義亦與"紓"相近。但典籍中"釋"並沒有特指疾病或死亡解除的用法,故不取此說)。如《左傳》莊公三十年:"鬭於菟爲令尹,自毀其家以紓楚國之難。"《左傳》文公六年:"趙孟曰:'立公子雍。好善而長,先君愛之,且近於秦。秦、舊好也。置善則固,事長則順,立愛則孝,結舊則安。爲難故,故欲立長君。有此四德者,難必抒矣。'"以上是指國家存亡的危機狀況,另外"紓"也用於指稱個人生命安危的狀況,如《左傳》文公十六年:"初,司城蕩卒,公孫壽辭司城,請使意諸爲之。既而告人曰:'君無道,吾官近,懼及焉。棄官,則族無所庇。子,身之貳也,姑**紓死**焉。雖亡子,猶不亡族。'"《左傳》定公十四年:"大子告人曰:'戲陽速禍余。'戲陽速告人曰:'大子則禍余。大子無道,使余殺其母。余不許,將戕於余;若殺夫人,將以余說。余是故許而弗爲,**以紓余死**。諺曰"民保於信",吾以信義也。'""姑**紓死**焉"、"**以紓余死**"意思是說推遲或解除死亡威脅,如果將"不豫/懌/瘥"讀爲"不紓",將"不紓"看作是"不紓(於)死"之省的話,結合"不豫(紓)"一詞出現的語境,則"不紓"可以理解爲病情難以緩解,(死亡威脅這種)危機狀況沒有解除。《白虎通》"天子病曰不豫",則"不豫"已經變成具有特定含義的詞。另外,黃澤鈞據《方言》三:"愈,或謂之除。"《廣雅·釋詁一》:"除,瘉也。"謂清華簡《金縢》篇"王不瘳"之"瘳"當讀爲"除"(季旭昇 2013, 146—147 頁)。此說的問題在於,"除"與"愈"、"瘳"含義和用法相近,比照"疾愈"(《史記·扁鵲倉公列傳》)、"疾不瘳"(《孟子·滕文公上》)等說法,"除"的主語也應該是"疾",而不應該是人(如清華簡《金縢》篇"王不瘳")。故此說不確,茲不從。

[4] 整理者:"念,《爾雅·釋詁》:'思也。'鬲,讀爲'歷',《說文》:'歷,過也。'《國語·吳語》:'伯父多歷年以沒元身。''日之多歷'是'念'的賓語。據全篇簡文字距,此處'之'字係後補。全句大意是文王顧慮年事已高。關於文王有疾作訓,《逸周書》所附《周書序》有記載:'文王有疾,告武王以民之多變,作《文儆》。文王告武王以序德之行,作《文傳》。'但均與本篇不同。"蔡偉(2011)認爲《逸周書·小開》"王念曰多口"原當作"王念日多囧",可信。李鋭(2009A):"古書

多有'多歷年'之説,當同於此處的'日之多歷',如《尚書·君奭》的'多歷年所';《國語·吳語》:'伯父多歷年以没元身。'"按,整理者將"王念日之多歷"理解爲"文王顧慮年事已高",固然不錯,但尚未達一間。 其實這句話隱含的意思當如子居(2009)理解爲文王因久病不起,已覺來日無多("日之多歷"是其委婉表述,經過的日子多則剩下的日子不多),不久於人世。

[5] 整理者:"忎,《説文》'恐'之古文。 述,讀爲'墜'。《國語·晉語二》'敬不墜命',韋昭注:'墜,失也。'保,通'寶'。《書·金縢》:'無墜天之降寶命。'寶訓指珍貴的訓誡。《逸周書·文傳》:'嗚呼! 我身老矣! 吾語汝,我所保與我所守,傳之子孫。'其中的'所保'亦指所珍視而言。 或疑寶訓爲前人流傳下來的書有得天命及治國之道的玉版,《顧命》:'陳寶、赤刀、大訓、弘璧、琬琰在西序。'"按,整理者將"寶訓"理解爲"珍貴的訓誡",甚確。 所引或説將"寶訓"理解爲"書有得天命及治國之道的玉版",則與簡文所載不符。 簡文後文明確説,前人在傳寶訓的時候,"必授之以誦",顯然強調的是必須通過口頭諷誦的方式來傳寶訓。 而且所謂"寶訓"似乎並無底本,只是從前人那裏口口相傳下來的,所以文王擔心他死後,"寶訓"會失墜。 典籍中"誦"經常用爲並無文本作爲依據的述説、諷諫。 如《孟子·告子下》:"子服堯之服,誦堯之言,行堯之行,是堯而已矣。"《左傳》襄公四年:"臧紇救鄫,侵邾,敗于狐駘。……國人誦之曰:'臧之狐裘,敗我於狐駘。 我君小子,朱儒是使。 朱儒! 朱儒! 使我敗於邾。'"因爲文王病重,擔心無法完成對太子發當面訓誡這一儀式,所以只得從權,通過"書"的方式來傳授。 如果"寶訓"是指玉版,而且其上已經書寫了"得天命及治國之道",那麼不僅文王"恐墜寶訓"的擔心顯得多餘,而且下文提到的"以書受之"也無所承,故知其不確。

[6] 整理者:"溰,字下有合文符號,當釋爲'潰水'(字形分析參看單育辰《佔畢隨録三十一》,復旦大學出土文獻與古文字研究中心網二〇〇九年八月三日),潰讀爲'靧',字或作'頮'、'沬'。《顧命》:'甲子,王乃洮頮水。'"李學勤(2009A):"字左從水,右從《説文》云'古文

蕢'的'臾',字下有合文號,應讀爲'潰水',即'蕢水'。《書·顧命》'王乃洮頮水','頮'或作'蕢'。"李銳(2009A)提到:"在清華大學會議上,李守奎先生指出所隸'潰'字有疑問,但該字右下殘筆影響辨識。後來與李守奎等先生查看原簡,多認爲右部當爲'寅'字,原字當隸定爲'演',殘筆應該無關,如何釋讀則待考。"按照上引李銳先生文,似李守奎、李銳等先生不僅不同意將此字釋爲"潰",而且認爲此字右下並非合文符號。 李銳先生直接將其釋爲"演",讀爲"寅"或"夤",訓爲敬。細審此字右下筆畫,其爲合文符當無疑問,所謂"演"或"演"右下部筆畫從筆勢上看對合文符有所避讓,可見這部分筆畫與文字應看作一個整體。 整理者在《清華大學藏戰國竹簡(壹)·字形表》部分將其隸定爲"演",放入合文部分;李學勤先生主編的《清華大學藏戰國竹簡(壹—叁)文字編》(中西書局,2014年)亦將其歸入合文部分(354頁),但直接釋爲"演",不知是否表明整理者對此字的釋讀意見已經有所改變(但在《文字編》的釋文部分,仍將其隸定爲"演",與字表矛盾)。 李零(2009B)亦主釋"演水"合文說,並將2號簡上端殘損的簡文擬補爲"爽,至于□。武王□□□。 王",將相關簡文理解爲:"戊子日,文王病甚,第二天,武王從外地趕回,從演水到達某地,却沒來得及見最後一面。"林志鵬(2009A)在李零說基礎上,進一步將所謂"演水"坐實爲位於陝南的洵水。 按,簡文"戊子,自演="句無主語,應該是承前省略,即"自演="動作的發出者仍然是文王。 而且簡文下面講到"己丑昧〖爽〗",而"昧爽"往往是周人舉行重要儀式或行動的時段,如在注釋7中整理者提到的《書·牧誓》、《逸周書·酆保》等例子,李零先生將"昧爽"理解爲武王從外地趕回到達某地的時間,也不合理。 從文義上看,整理者和大多數研究者將"演="與《顧命》"王乃洮頮水"聯繫起來,理解爲文王所做的某種與水有關的動作,這一觀點應該是正確的。 但將"演"釋爲"潰",字形上的依據很不可靠(目前古文字中未見有讀爲"貴"或從"貴"聲之字的所謂古文"蕢"之形),而且簡文"蕢/頮水"(包括《顧命》之"洮頮水")頗嫌不辭("蕢/頮"就是洗面的意思,後面本無需帶賓語,如《禮記·内則》:"其間面垢,燂潘請頮。")。 小狐(2010)將

"演"讀爲"酳",謂:

> 《説文》不收"酳"字,而收有"酌"字,訓爲"少少歙也"。段注云:"《士昏禮》注:'酳,漱也。酳之言演也,安也。'漱所以潔口,且演安其食。《特牲》、《少牢》注意略同。《曲禮》注'以酒曰酳'。按《禮》、《禮記》皆作酳,許書作酌。《玉篇》云'酌、酳同字'是也。考《士虞禮》注、《少牢禮》注皆云:'古文酳作酌。'《特牲》注云:'今文酳皆爲酌。'三酌字必皆酳字之誤,其一云'今文'者,則'古文'之誤。許於此字用古文禮,故從酌。《禮記》多用今文禮,故《記》作酳。酳从胤省聲。"段玉裁據文獻用字情況以及《玉篇》所收考證酳與酌同字,可信。"酳"字據字形當分析爲"从酉,胤省聲"。上古音"演"、"胤"、"酌"同在喻母真部,三個字同音可通。鄭玄注"酳之言演也"顯然爲聲訓;又《吕氏春秋‧忠廉》有人名"弘演",高誘注"演讀如胤子之胤"。"演"與"酳"可以相通是没有問題的。如此,則"自演水"即可讀爲"自酳水"或"自酌水",再將《説文》對"酌"字的解釋"少少歙也"代入《保訓》篇,則"戊子,自演水"即意謂"到戊子這天,文王自己稍稍飲了些水"。結合上文的"不豫"來看,句意當是隱指文王彌留之際已經多日不飲不食,而戊子這天忽然精神轉好一些,自己要求稍微飲了些水,因而加以記載。這自然屬於回光返照的現象,文王自知時日不多,所以第二天天不亮就傳保訓,隨後應該是堅持不了多長時間就去世了。

我們認爲上述意見是目前較爲可信的説法。

[7] 整理者:"昚(昧)爽,昧字日在下,與西周小孟鼎(《殷周金文集成》二八三九)、免簋(《集成》四二四〇)等銘同;爽字缺,據文意補。《説文》:'昧爽,旦明也。'習見於典籍,《書‧牧誓》:'時甲子昧爽,王朝至于商郊牧野,乃誓。'《逸周書‧酆保》:'維二十三祀庚子朔,九州之侯咸格于周。 王在酆,昧爽,立于少庭。'"

[8] 整理者:"發,字原作'甖',相當於《説文》'灷'。 朕字作'艅',所從聲符與習見的'灷'不同,在楚文字中多是'卷'字所從的聲符'𢍏',當係混訛。 戰國楚文字'朕'所從的'灷'與'𢍏'易混。

疌，新蔡葛陵簡零・一八九、三〇〇、四八四等有'窒'字，劉樂賢指出其義爲速，疑是'疌'，即'捷'，見其《讀楚簡札記二則》（簡帛研究網二〇〇四年五月二十九日）。學者尚有不同解說，詳參馮勝君《郭店簡與上博簡對比研究》（綫裝書局，二〇〇七年，第一三〇～一三三頁）。簡文此句意云病勢迅速加劇。"今按，簡文"辵"字尚見於包山268、271號簡以及上博簡《競建内之》3號簡，整理者已指出即《說文》之"𣥐（𣥐）"字，只不過將"𣥐"所從兩"止"繁化爲四"止"。楚文字"婪"字均從"辵"，而三晉、齊、秦文字均從"𣥐"。整理者和劉剛（2013）均已指出清華簡《良臣》篇是具有晉系文字風格的抄本，與《良臣》爲同一抄手所抄寫的《祝辭》篇"婪"字寫作從"𣥐"，與楚文字不同，從這一點來看，《祝辭》篇恐怕也不是典型的楚文字抄本。整理者隸定作"疌"之字，所從即陳劍（2006）討論過的"琮"字初文，孟蓬生（2009A）將簡文讀爲"漸"，訓爲甚，特指疾病加劇。《書・顧命》："王曰：嗚呼，疾大漸，惟幾。"《列子・力命》："季梁得疾，七日大漸，其子環而泣之。"張湛注："漸，劇也。"按孟說甚確。

[9] 簡文"恐不汝及訓"，是"恐不及訓汝"的倒裝句式，將賓語提前。

[10] 整理者："'前人'之'人'構形與本篇第四簡'小人'之'人'相近，右筆穿出，當係筆誤。'前人'習見於《書》中的《周書》，可以指以前的受命之君，如《大誥》：'敷賁，敷前人受命。'《君奭》：'在我後嗣子孫，大弗克恭上下，遏佚前人光。''予小人旦非克有正，迪惟前人光施于我沖子。'遳，即'傳'字。保，通'寶'。"

[11] 整理者："詷，《顧命》作'侗'，《釋文》：'侗，馬本作詷。'字與'童'通，指幼稚童蒙。或說此處讀爲'誦'，與下文'以書受之'對舉。"按，整理者前一說法謂"詷"《顧命》作"侗"，檢《顧命》相關文句作"在後之侗，敬迓天威，嗣守文武大訓，無敢昏逾"，語境與本篇完全不同。《顧命》篇"在後之侗"的"侗"是幼童的意思，簡文"必授之以詷"的"詷"是傳授寶訓的方式，"侗"與"詷"並非異文關係，簡單將二者牽合比附，是不合適的。葛志毅（2012）指出《顧命》之"侗"《釋文》除整

理者引"馬本作詞"之外，尚有"云共也"三字，將"詷"訓爲共。《説文》："詷，共也。 從言同聲。《周書》曰：'在后之詷。'"是許慎説與馬本同。 葛先生認爲簡文"詷"亦應訓爲共，但與"在后之詷"一句無關，《顧命》篇有"乃**同召**太保奭、芮伯、彤伯、畢公、衛侯、毛公、師氏、虎臣、百尹、御事。 王曰"云云，"同召"即召集公侯大臣共同聆聽成王遺訓，簡文"昔前人傳寶，必授之以詷"也應理解爲"同召"。 因文王病重，來不及召集諸位大臣，只好用權宜之計，以"書"付與武王一人受遺訓。 子居（2009）説略同。 此説雖頗有理致，然涵泳上下文義，仍有難通之處。 首先"授之以詷"與"以書受之"在文義上是有較爲嚴格對應關係的，如將"詷"理解爲"同召（大臣等）"，是傳寶的範圍，而"書"則是傳寶的方式，二者之間缺乏對應關係。 另外簡文提到如果"授之以詷"的話，則文王擔心因自己病重而"弗堪終"，顯然强調的是因文王自身的原因無法完成"詷"這一儀式，而無論"同召"還是授命於武王一人，對於文王身體狀況的要求似乎並無區別。 所以我們認爲整理者提到的或説將"詷"讀爲"誦"的説法，是可信的。"誦"與"書"一爲口頭、一爲書面，就傳寶方式而言，是嚴格對應的；而且"誦"是需要文王自己完成的傳寶方式，文王必須要具備一定的精力與體力，故文王擔心無法完成，而以"書"的方式則簡單得多，故文王在病重的情況下選擇了這種傳寶方式。"同"聲與"甬"聲相通，簡帛文獻中有很多例子（參看白於藍《戰國秦漢簡帛古書通假字彙纂》637—638頁，福建人民出版社，2012年）。 簡文"詷"從"言"作，不僅對於將其讀爲"誦"是積極的證據，而且不能排除"詷"就是"誦"字異體的可能性。 柯鶴立（2013）曾討論用口述（誦）的方式傳寶訓的重要性，可參看。 另外北大漢簡《周馴（訓）》篇記載了每月更旦之日，周昭文公用述古的方式對龔太子進行口頭訓誡，可與本篇簡文合觀。

　　[12] 整理者："允，誠，確實。 疠，即'病'字，楚文字'丙'下習加'口'。《説文》：'病，疾加也。'即病重。 念，疑讀爲'堪'。 夂，《説文》'終'字古文，《集韻·東韻》：'終，古作夃，隸作夂。'終，終結，意指把傳寶之事做完。"簡文"允"字原篆作，下部人形象腳趾形的部分上

移（同篇5號簡"埶"字寫作▨形，右旁人形部分亦附著有腳趾形），可視爲從"攵""允"聲，嚴格隸定爲"夋"（過去我們在《郭店簡與上博簡對比研究》一書中，把見於上博《緇衣》3號簡的▨字分析爲從"身"，現在看來此字亦可直接釋爲"夋"。郭店簡本《緇衣》此字寫作▨，下部從"身"作，當是在▨形基礎上的進一步訛變），"夋"爲"允"的分化字，在簡文讀爲"允"。

［13］整理者："箸，是楚文字'書'的專字，與《説文》'箸'字同形。簡文中意爲以簡册書寫記録。"按，"箸"在目前所見戰國竹簡文字中確實多用爲｛書｝，但整理者認爲"箸"就是｛書｝的專字，與《説文》訓爲"飯攲"的"箸"只是同形字的關係，則未免過於絶對。古人爲"飯攲"之字造字，從竹者聲的"箸"顯然也是很自然的選擇。

［14］整理者："欽，《爾雅・釋詁》：'敬也。'欽哉，《書》和《逸周書》中習見，如《書・堯典》：'帝曰：往，欽哉！'《逸周書・武穆》：'欽哉！欽哉！余夙夜求之無射。'"

［15］整理者："淫字所從聲旁常與'巠'混訛同形。'淫'習見於《書・周書》，意爲放縱、過度逸樂，是與勤政保民相對立的惡德惡行，關乎國之存亡。《多士》：'在今後嗣王，誕罔顯于天，矧曰其有聽念于先王勤家？誕淫厥泆，罔顧于天顯民祇，惟時上帝不保，降若茲大喪。'《西伯戡黎》：'惟王淫戲用自絶，故天棄我，不有康食。''勿淫'，參照《無逸》周公對嗣王的訓誡：'繼自今嗣王，則其無淫于觀于逸于游于田，以萬民惟正之供。'"

［16］整理者："夋，即'舜'，楚簡中習見，字從允聲。舊，讀爲'久'。《書・無逸》：'其在祖甲，不義惟王，舊爲小人。'《史記・魯世家》集釋引馬融本作'久爲小人'。"簡文"小人"指平民百姓，《書・無逸》："生則逸，不知稼穡之艱難，不聞小人之勞，惟耽樂之從。"戰國簡中"舜"字一般寫作▨（郭店簡《窮達以時》2號簡）、▨（上博簡《曹沫之陣》2號簡）等形，或小有變化，作▨（上博簡《舉治王天下》10號簡）形，均與本篇類似。而具有齊系文字特點的郭店簡《唐虞之道》篇"舜"字寫作▨（1號簡），與《説文》古文作▨形相近。楚文字"矣"字一般

作✸（郭店《老子》甲6號簡），而在具有齊系文字特徵的抄本中則寫作"矣"形，如✸（上博《緇衣》23號簡）、✸（郭店《語叢二》50號簡），體現了平行的字形對應關係（"舜"字字形中包含與"矣/矣"形體相同的偏旁部件）。清華簡《良臣》篇"舜"字作✸形（10號簡），與上述形體均有不同，或許體現了三晉文字的特點。

[17] 整理者："親字簡文作'親'，從見，辛聲，'親'字異體。勘，即'耕'字異體。親耕於鬲茅，上海博物館藏簡《容成氏》'昔舜耕於鬲丘'，郭店簡《唐虞之道》'舜耕於草茅之中'，《管子·版法》、《墨子·尚賢中》、《呂氏春秋·慎人》、《韓詩外傳》卷七等皆言舜耕於'歷山'。茅、丘音近可通。"按，簡文"鬲"字寫作✸形，戰國楚簡文字"鬲"字上部多從"臼"，如郭店《窮達以時》2號簡作✸、清華簡《芮良夫毖》3號簡作✸，或下部所從變形音化爲從"畣"聲，如上博簡《容成氏》13號簡作✸。與簡文形體相類似的"鬲"字，似只見於三晉貨幣文字中，寫作✸（《先秦貨幣文字編》40頁）。"鬲茅"，趙平安（2009）認爲即"鬲山之草茅"，引郭店簡《窮達以時》："舜耕于鬲山，陶拍于河浦，立而爲天子。"上博簡《子羔》："堯之取舜也，從諸草茅之中，與之言禮。"爲證。整理者認爲"茅"、"丘"音近可通，將"鬲茅"讀爲"鬲（歷）丘"。陳偉（2009B）認爲"茅"或可讀爲"嶅"。《說文》："嶅，山名。"《詩·式微》"旄丘"，《釋文》："《字林》作堥，云：'堥，丘也，亡周反。又音毛。'山部又有嶅字，亦云：'嶅，丘，亡付反，又音旄。'"是嶅訓丘，"歷茅（嶅）"與"歷丘"同指。郭店《老子》乙13號簡有✸字，陳民鎮（2011C）認爲即"嶅"字。

[18] 整理者："恐，敬畏。救，讀爲'求'。中，中道。學者對'中'有不同解釋。"李鋭（2009A）將"志"讀爲"恭"。按，沈培（2012）已指出，從用字習慣來看，將"志"讀爲"恭"或其他詞，都是不正確的。在目前所見古文字材料中，"志"均讀爲"恐"（如本篇1號簡），而一般用"龏"或"共"來表示{恭}。整理者的意見可信。簡文"中"字的含義，參看注釋[29]。

[19] 整理者："詣，讀爲'稽'，《周禮·宫正》鄭玄注：'稽猶考

也.'氒即'厥',字形與'氏'混訛。 厥志,《書·盤庚中》:'予若籲懷茲新邑、亦惟汝故,以丕從厥志。'諱,讀作'違'。 眚,讀爲'姓'。 庶萬姓,指庶民百姓。《書·立政》:'式商受命,奄甸萬姓。'春秋時秦公鎛(《集成》二六七~二七〇)銘文'萬生(姓)是敕',秦公簋(《集成》四三一五)'萬民是敕','萬姓'亦即'萬民'。 欲,訓'願'。《孟子·公孫丑上》:'大舜有大焉,善與人同。 舍己從人,樂取於人以爲善。'其意與'不違于庶萬眚之多欲'略同。"

　　[20] 整理者:"𢼸,即'攽',讀爲'施',《論語·爲政》包咸注:'行也。'《逸周書·官人》:'有知而言弗發,有施而心弗德。'《左傳》昭公二十六年:'陳氏雖無大德,而有施於民。'埶,讀爲'邇'。"按,"施"整理者引古注訓爲"行",似未達一間。"施"可訓爲張、訓爲展、訓爲布(參看《故訓匯纂》993頁),略相當於鋪陳、推廣的意思。 簡文"施"的主語應爲舜所求之"中",即舜的內心。 李學勤(2009B)將簡文"厥又施於上下遠邇"翻譯爲"他(指舜)在朝廷內外施政",但簡文"上下"無疑是指天地而言,舜顯然無法施政於天地,所以"施"的主語不可能是舜。 戰國時期,儒家特別是孟子積極倡導推己及人、由內而外的充類之說。 如《孟子·梁惠王上》:"《詩》云:'刑于寡妻,至于兄弟,以御于家邦。'言舉斯心加諸彼而已。"《孟子·盡心上》:"孟子曰:'盡其心者,知其性也。 知其性,則知天矣。 存其心,養其性,所以事天也。 殀壽不貳,脩身以俟之,所以立命也。'"《淮南子·泰族》:"(聖主)推其誠心,施之天下而已矣。 ……故攄道以被民,而民弗從者,誠心弗施也。"上引《淮南子》文,以"誠心"爲"施"之主語,正如簡文以"中"爲"施"之主語,據上引《孟子》文,布陳、推廣其心,可以"知天"、"御于家邦",與簡文"中"(即心)可以施於"上下遠邇"是很相近的思想。

　　[21] 整理者:"易,《詩·甫田》毛傳:'治也。'立,即'位',指職位、官爵。 埶,讀爲'設'。 稽,文書簿籍。《國語·吳語》韋昭注引鄭衆云:'稽,計兵名籍也。''易'與'設'相對互文,有修治義。 易位設稽,並與得衆有關,參看廖名春《〈清華大學藏戰國竹簡《保訓》釋文初讀〉續》(孔子二〇〇〇網二〇〇九年六月二十日)、陳偉《〈保訓〉字句

試讀》（簡帛網二〇〇九年七月十三日）等。"李零（2009B）謂，"易位"是變換方位，"設稽"是設立標準。 按，整理者依據廖明春、陳偉等學者意見，將"易位設稽"理解爲整治官爵職位與文書簿籍，並認爲與"得衆"有關。 此説恐非是。 簡文講的是舜尚爲"小人"時之事，並没有機會行使君主的權利。 李零説亦難稱定論，待考。

[22] 整理者："測，《國語·晉語一》注：'猶度也。'意爲考量。稽、測爲同義詞連用。 会㫳，即'陰陽'。 勿，讀爲'物'，《詩·烝民》：'天生烝民，有物有則。'毛傳：'物，事。''陰陽之物'見於《禮記·祭統》，或有關聯。 川，讀爲'順'。 䇮，屰聲，讀爲'逆'。"測，艾蘭讀爲"則"，訓爲效仿、法則（2016年10月23日清華大學古文字會發言）。

[23] 整理者："既，字原作'歁'，楚文字旡旁與欠、次等偏旁常常混訛。 易，更改。 兊，讀爲'變'，與'易'同義。 不易實變名，是説不變亂名實。 傳世文獻中所見名實之辨，源自孔子的正名，盛行於戰國，例如《管子·九守》：'修名而督實，按實而定名。 名實相生，反相爲情。名實當則治，不當則亂。'又見於《六韜·尚賢》、《孟子·告子下》、《荀子·正名》等。"

[24] 整理者："身，自己。 兹，通'滋'，更加。 備，《説文》：'慎也。'允，《爾雅·釋詁》：'信也。'《書·堯典》：'夙夜出納朕命，惟允。'《逸周書·大匡》：'惟允惟讓。'"李零（2009B）："戰國文字，'備'多半用爲'服'，'兹'是虚詞，不必讀'滋'。'備'字，簡文三見（另兩例在簡9、10），恐怕都應該讀'服'。'服'是從事、行事。"

[25] 整理者："翼，字下有重文符號，《爾雅·釋訓》：'翼翼，恭也。'《詩·大明》：'維此文王，小心翼翼，昭事上帝。'解，即'懈'，《管子·弟子職》：'小心翼翼，一此不解。'甬讀爲'用'，義同'以'，連詞。 作，興。 三降之德，傳世文獻多云'三德'，如《書·洪範》：'三德，一曰正直，二曰剛克，三曰柔克。'"簡文"三降之德"，"德"的限定語爲"三降"而非"三"，"三"是"降"的限定語，而非"德"的限定語。所以"三降之德"並非指"三德"，舊説中將其與"三德"牽合並在此基礎

上所作的解釋，均不可信。"降"應從整理者的意見，讀爲本字。 上博簡《子羔》篇經裘錫圭先生重新編連，在簡文結尾部分有"舜，人子也，而叁天子事之"一段話，裘先生指出，這段話的意思表達的含義是："一個人是否有資格'君天下'，應決定於他的'德'是否'誠賢'（真的賢），而不應決定於他的出身是否高貴。"（參看裘錫圭 2004）本篇簡文講到舜的時候，也是強調其出身"小人"，因爲有德，所以才得以君天下。 如果聯繫起來考慮，《子羔》篇中的"叁天子"（即禹、契、后稷）具有神性，是從上天降下來輔佐舜的。 那麼本篇簡文的"三降之德"，也可以考慮理解爲舜具有了使三位天子降臨輔佐（即"三降"）的德行。

　　［26］ 整理者："兂，《說文》'堯'之古文。 嘉字原有省訛，壴旁省訛爲'禾'，加旁省訛爲'争'，見於侯馬盟書人名異寫。 緒，《詩·閟宮》'纘禹之緒'，毛傳：'業也。'"李零（2009B）謂"緒"指統緒，這裏指舜繼堯位。

　　［27］ 整理者："䇂，三體石經'祇'字古文。《說文》：'祇，敬也。''嗚呼，敬之哉'屢見於《書》和《逸周書》，例如《逸周書·文儆》百餘字短篇三次誡告'嗚呼，敬之哉'。"

　　［28］ 整理者："岕，即商先公上甲微，是湯的六世祖。 上甲微、河與有易之間的史事，見《山海經·大荒東經》：'有困民國，勾姓而食。 有人曰王亥，兩手操鳥，方食其頭。 王亥托于有易河伯僕牛。 有易殺王亥，取僕牛。 河念有易，有易潛出，爲國于獸方食之，名曰搖氏。'郭璞注引《竹書》曰：'殷王子亥賓于有易而淫焉，有易之君緜臣殺而放之。 是故殷主甲微假師于河伯以伐有易，滅之，遂殺其君緜臣也。'《楚辭·天問》'昏微遵迹，有狄不寧'，王國維《卜辭中所見先公先王考》以爲昏微即上甲微，有狄即有易。 叚，字原省又旁，係省形字，簡文中讀爲'假'，義爲借。 同樣寫法的'叚'又見清華簡《繫年》：'叚路於宋。' 河，河伯。 殷墟卜辭中商王所祀的河，有的常與王亥、上甲（微）合祭，而且常用辛日，顯然是一個歷史人物。 復，報復。 伓，即'倍'字，讀爲'服'。'服厥罪'義當典籍的'伏其罪'。《左傳》隱公十一年：'君謂許不共，故從君討之。 許既伏其罪矣，雖君有命，寡人弗敢與聞。'"

［29］ 整理者："無害，無所損害。《逸周書·周祝》：'善用道者終無害。'追，讀爲'歸'。'歸'與上文的'假'相對應。《孟子·盡心上》：'久假而不歸，惡知其非有也。'《淮南子·繆稱》：'生所假也，死所歸也。'"按，裘錫圭（2012）指出整理者將"追"讀爲"歸"的意見不可信，因爲從古文字資料看，"歸"並非如《說文》所說從"𠂤"聲，而是以讀"彗"音的"帚"爲聲符的。 整理者釋爲"追"之字原篆作 形，復旦研究生（2011）將此字隸定爲"遃"，讀爲"償"。 裘錫圭先生在上引文中對相關字形做了詳細討論，認爲用作"賣"字聲符的"𡿪"，本從止從自作"𡿪"，是超踰之"踰"的表意初文，"道"可直接釋爲"逾"。 在本篇簡文中"道（逾）"當讀爲"賣/儥（鬻）"，訓爲"買"。 關於本篇"中"字的含義，學術界聚訟紛紜，限於篇幅，本文不擬做較多引述。 陳民鎮（2011D）有較好總結，可參看。 本篇中"中"出現四次，語境分別爲"（舜）恐求中"與"舜既得中"；"微假中於河"與"（微）儥中于河"。 學者一般主張這四處"中"應該有統一的解釋。 前面提到裘錫圭認爲簡文"儥中于河"之"儥"當訓爲買，因此"中道說"、"公平正義說"等恐難成立；另外影響較大的將"中"讀爲"眾"的意見，不符合用字習慣，亦不可信。 至於旗幟說（或標桿說），立論的主要依據在於"中"的甲骨文字形，有學者認爲象旗幟形，此說雖接受者甚衆，但畢竟是尚未得到證實的假說。 而且李零（2009A）明確指出，"《保訓》所述雖爲西周之事，但從文辭風格看，應屬戰國講述的西周故事，不是當時的典謨訓誥，而是擬古之作"，既然《保訓》的作者是戰國時人，那麽在其心目中是否有"中"爲旗幟（或標桿）的觀念，大成疑問。 我們不能把今天通過甲骨文字形得出的觀點，加到戰國時人的頭上，何況"中"表旗幟義，在典籍中毫無證據。 故持此說者，可謂不察之甚。 還有不少學者認爲"中"指地中（《周禮·地官·大司徒》），典籍中或稱"土中"（《尚書·召誥》）、"天下之中"（《史記·周本紀》），即金文中的"中國"（何尊）。 但此說實亦有未安之處，舜尚爲小人之時，躬耕於隴畝，何以有求取地中的野心並能順利獲得？ 講到上甲微向有易復仇故事時，"河"之"中"爲復仇成功的關鍵，將"中"理解爲"地中"，似亦難稱貼切。 此外尚有"獄訟簿書

说"、"命數説"等，按之簡文，均扞格難通，這裏不一一討論了。 另外還有一種説法，似未得到學界關注，即林志鵬（2009B）將舜"求中"、"得中"之"中"訓爲心（按，可參看《故訓匯纂》25—26頁），"求中"即反求己心，故下文緊接着説"自稽厥志"。 而"得中"則指心明靈清澈（復其本然狀態），故能洞察萬物，使名實相符，言行相及（"言不易實變名"）。 按，此説在解釋舜"求中"、"得中"時，應該是最爲平實貼切的説法。 而且舜"求中"的直接原因是"恐"，"恐"是内心的懼惕，與反求己心在文義上有很自然的承接關係。《孟子》有"求其放心"之説，與簡文"求中"當有密切關係（整理者已指出簡文"不違于庶萬眚之多欲"與《孟子·公孫丑上》相關記載有相似之處，亦非偶然）。 但林氏將下文上甲微故事中的兩處"中"解釋爲軍旅所用建鼓，則不可信。 我們認爲下文"假中於河"與"歸中於河"之"中"，亦當訓爲心，指忠心而言。 中心與忠心，是關係很近的親屬詞。《詩·小雅·隰桑》"中心藏之"，《韓詩外傳》作"忠心"；《荀子·成相》"中不上達"，元刻本作"忠"。"假中（忠）於河"，即假借、求取河的忠心（典籍中有"假虞伐虢"、"狐假虎威"等類似用法，詳細討論，可參看羅琨（2012），參照"狐假虎威"的表述方式，"假中於河"即"微假河忠"；對比"假虞伐虢"的説法，"假中（忠）於河"還可以理解爲"假河伐有易"，只不過前者所"假"爲道路通行權，後者所"假"爲忠心），亦即"微"與"河"結成聯盟，並最終打敗了有易。 簡文"假中（忠）於河"，表明上甲微最初只是求取、利用"河"的忠心，並不實際擁有"河"的忠心。 據《山海經·大荒東經》記載："王亥托于有易、河伯僕牛。 有易殺王亥，取僕牛。 河伯念有易，有易潛出，爲國於獸，方食之，名曰摇民。"從中不難看出，河伯與有易之間的關係還是比較密切的，有易殺了王亥之後，河伯顧念有易，助其逃脱。所以上甲微的復仇，首先要取得河伯的支持。"償（歸）中于河"的説法雖略顯奇怪，但並非不能理解。"償（歸）"既可訓賣，也可訓買，所"償（歸）"之物既可以是實物，也可以是私心、恩惠、賞罰、才華等無形之物。 如《韓非子·内儲説上·七術》："數見久待而不任，姦則鹿（離）散。 使人問他則不歸私。"《韓非子·内儲説下·六微》："賞罰者，利器也，君操之以制臣，臣得之以擁主。故君先見所賞，則臣鬻之以爲德；君先見所罰，則臣鬻之以爲威。"《韓非子·內儲說右上》："發廩粟以賦衆貧，散府餘財以賜孤寡，倉無陳粟，府無餘財，宮婦不御者出嫁之，七十受祿米。鬻德惠施於民也。"《漢書·東方朔傳》："四方士多上書言得失，自衒鬻者以千數。"《管子·四稱》："昔者無道之臣，委質爲臣，賓事左右；執說以進，不蘄亡己；遂進不退，假寵鬻貴，尊其貨賄，卑其爵位。"上引文獻中"鬻私"即販賣其私心；"自衒鬻"即向君主推銷其才華或忠心。簡文"鬻中（忠）於河"，可理解爲收買河伯的忠心，即在"假中（忠）"的基礎上，進一步籠絡河伯，把與河伯之間短暫的聯盟變成長期穩固的同盟關係。《國語·晉語四》有如下記載：

中行穆子帥師伐狄，圍鼓。鼓人或請以城叛，穆子不受，軍吏曰："可無勞師而得城，子何不爲？"穆子曰："非事君之禮也。夫以城來者，必將求利於我。夫守而二心，姦之大者也；賞善罰姦，國之憲法也。許而弗予，失吾信也；若其予之，賞大姦也。姦而盈祿，善將若何？且夫狄之憾者，以城來盈願，晉豈其無？是我以鼓教吾邊鄙貳也。夫事君者，量力而進，不能則退，不以安**買貳**。"令軍吏呼城，儆將攻之，未傅而鼓降。中行伯既克，以鼓子苑支來。令鼓人各復其所，非僚勿從。

上引文中"買貳"之"貳"，即前文的"二心"，與"忠"（一心）相對。"不以安買貳"的意思是不以師旅不勞頓爲代價，買得"二心"。簡文"鬻中（忠）"與"買貳"表述方式完全相同，可以參照理解。

[30]　整理者："寺字之釋，參看沈培《清華簡〈保訓〉釋字一則》（復旦大學出土文獻與古文字研究中心網二〇〇九年七月十五日）。寺，讀爲'志'，記住。《國語·魯語下》'弟子志之'，韋昭注：'志，識也。'"裘錫圭（2012）校案謂："本文所引清華簡《保訓》'微寺（持）弗忘'，似不必改讀爲'亡'。《左傳·文公十八年》：'先君周公……作誓命曰："毀則爲賊，掩賊爲藏。竊賄爲盜，盜器爲姦。主藏之名，賴姦之用，爲大凶德，有常，無赦。在九刑不忘。"''不忘'與此'弗忘'用法相近。"

［31］ 整理者："傳貽子孫,《墨子·明鬼下》:'故書之竹帛,傳遺後世子孫。'《非命下》:'琢之盤盂,傳遺後世子孫。'《魯問》:'則書之於竹帛,鏤之於金石,以爲銘於鐘鼎,傳遺後世子孫。'"

［32］ 整理者："成康,即'成湯'。湯或作'唐','康'和'唐'同從庚得聲。成湯見《書·君奭》。"

［33］ 整理者："相同的句式見於《書·康誥》:'王曰:嗚呼！封,敬哉！'"

［34］ 整理者："䎽,《說文》'聞'之古文。《說文》:'聞,知聞也。'舊,通'久'。"按,簡文"䎽"疑當讀爲"惛"或"殙",《說文·心部》:"惛,不憭也。"《歹部》:"殙,瞀也。"在簡文中特指文王臨終前神志昏亂不清的狀態。清華簡《祭公之顧命》篇中,祭公在描述自己病重的情形時,說"朕身尚在兹,朕魂在朕辟昭王之所",其實也是講其神志已經昏亂,可與簡文此處類比理解。

［35］ 整理者："命,指文王之生命。或說命爲天命,指商朝的天命。《書·召誥》:'我不敢知曰:有殷受天命,惟有歷年;我不敢知曰:不其延,惟不敬厥德,乃早墜厥命。'次,段玉裁《說文解字注》'俗作涎',簡文中讀爲'延',《爾雅·釋詁》:'長也。'"白於藍（2012）將簡文斷讀爲"朕聞:'兹不久命,未有所誕'",認爲"'朕聞'後的句子當是文王所聽過的諺語或名言警句",將簡文理解爲"我聽說生命不再久長,不會誇誕欺詐。……其義蓋類似於後世俗語中的'人之將死,其言也善'"。按,簡文的"命",應從整理者理解爲"文王之生命"。清華簡《祭公之顧命》篇的結構與《保訓》篇非常類似,其結尾也是祭公强調説"余惟弗起朕疾"。簡文此處大意爲,（文王說）我（病得太厲害了）已經有些神志不清了,看來活不了太長時間了,我的生命（已到盡頭）不會再有所延長。

［36］ 整理者："祗服,敬慎。《書·康誥》:'子弗祗服厥父事,大傷厥考心。'"張世超（2012）指出整理者將簡文"祗備"等同於《康誥》之"祗服"的意見是不正確的,後者"服"當訓爲"治"。他同時引楊樹達的意見,謂"古文服字皆用爲職事之義",用爲動詞則爲"履行、從事"之

義。按，上述張世超先生的這些意見基本上是正確的，用爲動詞的"服"訓爲"治事"，似與其名詞義"職事"更爲匹配。但張先生同意整理者將"祇備"訓爲敬慎的意見，並認爲簡文"備"不應讀爲"服"，可據《説文》直接訓爲"慎也"，這些意見恐怕不可從。訓爲"慎"的"備"，在典籍中的用例非常少，而且有的用例也可以有另外的解釋（如《漢語大字典》"備"字條，在"慎"這一義項下，除了引《説文》之外，還引了《漢書·史丹傳》"貌若儻蕩不備，然心甚謹密"這一書證，其實這裏的"備"完全可以理解爲設防、防備）。簡文"備"讀爲"服"，訓爲職事，"祇備（服）不/毋懈"意爲敬其職事而不懈怠，文從字順。陳劍先生在討論金文中讀爲"惰"之字的文章中提到，毛公鼎"汝毋敢惰在乃服"、逨盤"不惰[厥]服"的意思都是對自己負責的政事不懈怠的意思（參看氏著《甲骨金文考釋論集》255頁），簡文的表述方式與上述金文非常相似。

[37] 整理者："迿，通'由'。《書·大誥》'爽邦由哲'，孔穎達疏：'由，用也。'不及爾身受大命：文王自知將死，故言不能見其子親受天命。"白於藍（2012）認爲整理者將"由"訓爲"用"不確，"'有所由'爲典籍習語，即來源有自，有根據之義。《大戴禮記·哀公問五義》：'所謂士者，雖不能盡道術，必有所由焉；雖不能盡善盡美，必有所處焉。'王聘珍《解詁》：'由，從也。'《大戴禮記·勸學》：'物類之從，必有所由。'王聘珍《解詁》：'由，自也。'均其例。"按，"由"應如何訓釋，當聯繫下一句簡文"不及爾身受大命"來理解。因文王病重，不能用"授之以誦"的方式傳"寶訓"於太子發，所以"不及爾身受大命"是説文王不能親自主持、參與太子發受大命的儀式，但簡文前面提到了解決方案，就是讓太子發用"以書受之"的方式來接受"寶訓"。整理者將"由"訓爲"用"是正確的，但整理者限於體例，未能將上下簡文加以疏解，故易滋疑惑。簡文大意是：（文王對太子發説，）我雖然不能親自（以"誦"的方式）參與你受大命的儀式，但你可以用其他方式和憑藉（即前文提到的"書"）受大命（寶訓）。

[38] 整理者："此句可對照《逸周書·大開》：'維宿不悉日不足。'《小開》：'宿不悉日不足。'以及清華簡《程寤》：'愛日不足。'丁宗洛

《逸周書管箋》據《禮記·祭統》鄭玄注云：'宿讀爲肅，戒也。 宿不悉，言戒之不盡也。'簡文'宿不羕'，'羕'讀爲'詳'，《孟子·離婁下》注：'詳，悉也。''詳'與'悉'同訓爲'盡'。"按，"日不足"語，亦見於《銀雀山漢簡·六韜》"……曰：'吾聞宿善者不囗，且日不足……'"（739號簡）、"沈（允）才（哉），日不足"（744號簡）。 孟蓬生（2009B）指出，"古語'日不足'都是指因時間來不及而急於做某事或抓緊時間做某事之意。 ……（惟宿不羕）'宿'可以理解爲'經宿'、'隔夜'，引申爲'稽延'、'拖延'之義，'羕'當從趙平安先生讀爲'祥'，義爲'吉'。 ……意思是説，來日無多，拖延則不吉（關於'宿'的含義，孟蓬生先生在文章後面的討論區中又有詳細闡發，宜參看）。"

周武王有疾周公所自以代王之志（金縢）

周武王有疾周公所
自以代王之志（金縢）[1]

　　武王既克殷（殷）三年[2]，王不豫（紓）又（有）叵（遲）[3]。 二公告周公曰："我亓（其）爲王穆卜。"[4]周公曰："未可以【1】憖（戚-慼）虐（吾）先王。"[5]周公乃爲三坦（壇）同壇（墠）[6]，爲一坦（壇）於南方。▄周公立女（焉），秉璧𢼛（戴）珪[7]。 史乃冊【2】祝[8]，告先王曰："尔元孫癹（發）也[9]，▄敳（殼-遘）遦（害）瘧（虐）疾[10]，尔母（毋）乃又（有）備子之責才（在）上[11]？▄隹（唯）尔元孫癹（發）也，▄【3】不若但（旦）也，▄是（寔）年（佞）若丂（巧），能多㤅（才）▄多執（藝）[12]，▄能事禔（鬼）神。 命于帝䢉（廷），尃（敷）又（有）四方，以奠尔子【4】孫于下墬（地）[13]。▄尔之諲（許）我＝（我，我）則𣌭（瘞）璧與珪[14]；尔不我諲（許），我乃以璧與珪遻（歸）。"[15]▄周公乃内（納）亓（其）【5】所爲玎（貢）[16]自以弋（代）王之敓（説）▄于金㱃（縢）之匱[17]。▄乃命執事人曰："勿敢言！"[18]臺（就）逡（後）武王力（陟）[19]，▄成王由（猶）【6】學（幼）[20]，才（在）立（位）[21]。 官（管）弔（叔）及（及）亓（其）羣䏍（兄）俤（弟）乃流言于邦[22]，曰："公牁（將）不利於需（孺）子。"[23]▄周公乃告二公曰："我之【7】……亡（無）以遆（復）見於先

152　清華簡《尚書》類文獻箋釋

王。"[24] 周公石（踖）東[25]。三年，褶（禍）人乃斯旻（得）[26]。於逡（後），▃周公乃遺王志【8】曰《周（鴟）鴞》[27]，王亦未逆公[28]。是散（歲）也，▃萩（秋）大管（熟）。▃未裂（刈）[29]，天疾風以靁（雷）[30]，禾斯旻（偃），大木斯臧（拔）[31]。邦人【9】〖皆恐，王□〗弁，夫=（大夫）繛（端）[32]，▃以改（啓）金絉（縢）之匱。▃王旻（得）周公之所自以爲礼（貢）以弋（代）武王之敓（說）。▃王睧（問）執【10】事人，曰："信。殹（抑）公命我勿敢言。"[33]▃王捕（撫）箸（書）以溼（泣）[34]，曰："昔公堇（勤）裚（勞）王豪（家），▃隹（唯）余湞（沈-沖）人，亦弗及【11】智（知）[35]。▃今皇天達（動）鬼[36]（畏-威），以章公悳（德）。▃隹（唯）余湞（沈-沖）人，兀（其）覡（親）逆公，我邦豪（家）豊（禮）亦宜之。"[37]▃王乃出逆公【12】至鄏（郊）[38]。是夕，天反風，禾斯記（起），▃凡大木斋=（之所）臧（拔），二公命邦人掔（盡）返（復）笙（築）之。▃散（歲）大有年，萩（秋）【13】則大裂（刈）。乚【14】

周武王又（有）疾周公所自以弋（代）王之志【14背】

【箋釋】

[1]　整理者："本篇竹簡計十四支，三道編，完簡長四十五釐米。其中第八支與第十支簡的上端均有部分缺失，各約損失三至四字。簡背有次序編號，書於竹節處。第十四支簡背下端有篇題'周武王有疾周公所自以代王之志'。全篇簡文與《尚書》的《金縢》大致相合，當係《金縢》篇的戰國寫本。簡文不用'金縢'作爲篇題，疑抄寫者没有見過《書序》。《金縢》篇見於西漢初年伏生所傳的今文《尚書》，但自西漢以來，學者對

其理解頗多歧異。 本篇簡文的内容與傳世今本《金縢》篇有一些重要的不同，如記載周武王係在'既克殷三年'後生病，與今本作'二年'不同；簡文中没有今本《金縢》篇中涉及占卜的文句；周公居東爲三年而非今本中的二年，等等。"

[2] 整理者："既克殷三年，今本作'既克商二年'，《史記·魯世家》亦云'克殷二年'。"按，過去研究周初歷史的學者，多根據今本及《史記·魯世家》記載，認爲武王克商以後，只在位二年便死去了。 如王國維《周開國年表》："案《史記》所記武王伐紂及崩年根據最古。《金縢》於武王之疾書年，於其喪也不書年，明武王之崩即在是年。"簡本作"武王既克殷三年"，則武王在位二年説恐不足據。 對此，李學勤（2011）有討論，可参看。

[3] 整理者："不瘳，亦見於清華簡《保訓》。 瘳，今本作'豫'，字或作'忬'（《釋文》引或本）、'念'（《説文》），或云'不懌'（《書·顧命》）。 懌，孔傳釋爲悦懌。 𠲳，《説文》'遲'字或體'𨗇'所從，《廣韻》：'久也。'"今按，簡文"不瘳"疑當讀爲"不紓"，參看《保訓》篇注[3]。 今本無"有遲"二字。 上博簡《民之父母》8、11號簡"威儀𠲳𠲳"，《禮記·孔子閒居》"𠲳𠲳"作"遲遲"。 整理者訓"遲"爲"久"，陳劍（2015）認爲"'有遲'之'遲'應理解爲'停留、留止'義，係由動詞而轉爲名詞，作'有'的賓語"，可從。 按照我們的理解，"有遲"的主語是"王不瘳（紓）"，"王不瘳（紓）有遲"大致可翻譯爲王病重未能脱離生命危險的狀態留止不去，持續了一段時間。

[4] 整理者："二公，《魯世家》以爲太公、召公。"按，"穆卜"當如何理解，歷來衆説紛紜。 偽孔傳訓"穆"爲"敬"，後世注家多從此説。 按訓"穆"爲"敬"，詞義略顯泛而不切（蔡沈在《書集傳》中曾提到："先儒專以'穆'爲'敬'，而於所謂'其勿穆卜'，則義不通矣。"但簡本後文並没有"其勿穆卜"四字，反倒並不存在這一矛盾）。 蔡沈《書集傳》"穆者，敬而有和意，穆卜猶言共卜也"，在訓詁學上没有依據，不可信。 王鳴盛《尚書後案》："鄭以'穆卜'爲'就文王廟卜者'，僖二十四年《傳》富辰言管蔡等國爲文之昭，邘晉等國爲武之穆。 ……是文子爲

昭，武子爲穆。故鄭以穆卜爲於文王廟卜也。《逸周書・卷一・文酌解》云：'三穆：一絶靈破城，二筮奇昌爲，三龜從兆凶。'似'穆卜'爲古人問卜之名。"（王鳴盛：《尚書後案》，北京大學出版社，2012年）是鄭玄以"穆卜"爲就文王廟卜，而王鳴盛則理解爲古人占卜術語。按，王說所據《文酌解》之"三穆"文義不明，難以詳考。俞樾《茶香室經說》："二公欲爲王穆卜者，蓋以武王疾已不可爲，諱欲卜立後也。"此說爲唐蘭（1962）所闡發，謂"過去都不懂得'穆卜'是什麼意思，其實就是說要卜武王的'穆'。二公認爲武王的病已經好不了了，所以要卜下一代。周公阻止了他們，自己來告太王、王季、文王，請求替武王的死，所以說'其勿穆卜'。因爲武王的次序是'昭'，那末，卜他的下一代，就應該是'穆'了"。朱鳳瀚（2011）、馮時（2012）均同意唐蘭的說法，朱鳳瀚並認爲"爲王穆卜"可以讀作"爲'王穆'卜，'王穆'即是'王之穆'"。今按，此說最大的障礙在於，如果二公認爲武王已不可救療，要占卜繼位者，那麼周公對他們說的"未可以戚我先王"之"戚"只能按照鄭玄的說法訓爲"憂"，即周公認爲武王尚不至於不起，貿然卜後，會使先王憂懼。但後文周公冊祝過程中，對武王病因的猜測是"爾毋乃有備子之責在上"，問先王是不是想責求更爲齊備的子孫在上天？可見在周公的心目中，武王病重，正是由於先王作祟的緣故（這種觀念在殷墟卜辭中亦常見），所以根本不會認爲武王之死會使先王憂懼。故從本篇內在的行文邏輯來看，將"穆卜"理解爲"卜穆"的說法亦不可信。陳偉（2012）根據"穆卜"之"穆"，《史記・魯世家》作"繆"，認爲"繆卜"可讀爲"瘳卜"，即"卜瘳"，卜問武王病愈之事。按，"卜瘳"不可倒過來說"瘳卜"（前面討論的"卜穆"說亦存在此問題），此說亦不通。雖然目前還不能對"穆卜"的含義做出準確的解釋，但"穆卜"應該是與後文周公所舉行的"冊祝"相對而言的。在冊祝過程中，周公不僅自己扮作犧牲，而且承諾如果先王答應請求，則貢獻圭璧。與之相對的，"穆卜"可能是一種比較單純的占卜活動，沒有獻祭等環節，故周公說這種方式不足以打動先王。

　　[5] 整理者："戚，《說文》作'慼'，'憂也'。今本作'戚'，《史記

集解》引孔安國云'近也，未可以死近先王也'；鄭玄訓爲'憂'，云:'未可憂怖我先王也。'鄭說較長。"按，"未可以感吾先王"的主語有兩種可能：一種可能爲"穆卜"，還有一種可能爲"二公"。清人戴鈞衡《書傳補商》:"竊謂此言僅卜未足以動我先王也。'戚'讀若《孟子》'於我心有戚戚焉'之'戚'，趙岐注:'戚戚然心有動也。'僅卜未可以感動先王，故下文特爲壇墠，先册告而後用卜耳。"（轉引自顧頡剛、劉起釪《尚書校釋譯論》第三册 1225 頁，中華書局，2005 年）取前說。王鳴盛《尚書後案》:"止二公卜而自以爲功者，公親，二公疏也。"曾運乾《尚書正讀》:"戚，近也。讀如《禮·喪服大傳》'戚君位'之'戚'，言親附也。"（華東師大出版社，2011 年）則取後說，意謂太公、召公與周之先王關係疏遠，不能親附於先王，故其卜未必奏效。今按，簡本與今本有一重要歧異，即"我其爲王穆卜"之前今本爲"二公曰"，簡本則作"二公告周公曰"。黃懷信（2011E）、程元敏（2012）都認爲簡本多出來的"告周公"三字爲後人誤增，無據。本來"我其爲王穆卜"之"我"就是"我們"的意思（至少包括太公、召公二人），據簡本，二公談話的對象就是周公，則"我（我們）"指稱的範圍還應該包括周公在内。而且"我其爲王穆卜"之"其"是表示祈使語氣的副詞，可翻譯爲"我們應該爲王穆卜"，"我們"無疑應包含周公在内。從這個角度看，"未可以感吾先王"的主語不可能是二公，"感/戚"也不可能是親近、親附的意思。裘錫圭（1988）針對今本《金縢》相關記載，認爲:"周公正是由於不同意爲武王之疾進行占卜，而采用'册祝'的方式向先王提出讓武王病愈的要求的。册祝和占卜是兩回事。册祝後所以還要占卜，'即命於元龜'，是爲了判斷先王是否答應周公的要求。這正好說明占卜僅僅是决疑的手段。"裘先生此說也認爲周公與二公的分歧在於是占卜還是册祝，在裘錫圭（1989）文中再次强調:"從中國上古文獻來看，謀求鬼神祐助一般用祭祀、祝告等方法，占卜則是人們瞭解鬼神意志的一種手段。"簡本與今本相對比，没有記載"册祝"之後的占卜程序（即今本中"乃卜三龜，一習吉"云云）。但裘錫圭（1989）指出，今本"《金縢》所記的册祝之辭在最後提到，將要進行占卜來判斷先王是否答應周公的要求，以决定是否把圭璧獻給他們"，這樣的理解，同樣適用於本篇簡文。因爲簡文雖然沒有提到占卜過程，但如果不進行占卜，則無法確定先王對祝告的態度（"爾之許我"、"爾不我許"），並采取相應行動（是否獻圭璧）。綜合各種因素考慮，我們贊同"未可以感吾先王"的主語當爲"穆卜"的意見，"戚"應理解爲觸動、打動。

　　[6]　整理者："築土爲壇，除地爲墠，孔傳、《說文》、《禮記·祭法》注並同。"按，"壇"字之釋，參看劉雲（2011B）。《說文·示部》"禪"字段玉裁注："凡封土爲壇，除地爲墠。古封禪字蓋祇作墠。項威曰：除地爲墠，後改墠曰禪，神之矣。"由於"墠"爲整治地面使之平坦，故舊注又曰"墠，猶坦也"（參看《故訓匯纂》445頁）。《說文·土部》"壇"字條，朱駿聲《說文通訓定聲》曰："壇無不墠，而墠有不壇。"將"壇"與"墠"的關係講得很清楚。簡文以"壇"爲{墠}的用字習慣，在典籍中也有例證，如《詩·鄭風·東門之墠》"東門之墠"，孔穎達疏："遍檢諸本，字皆作'壇'。《左傳》亦作'壇'。蓋古字得通用也。"《左傳》宣公十八年："子家還，及笙，壇帷，復命於介。"杜注："除地爲壇而張帷。"引文中的"壇"，《公羊傳》作"墠"。從簡文來看，讀爲"壇"和讀爲"墠"之字，均從"旦"聲（"亶"亦從"旦"聲），讀音應該非常相近。但從"旦"聲之字，上古音均在舌頭音端系，如旦、鴠、妲、怛等屬端紐，但、觛、袒、組等屬定紐，坦屬透紐。"亶"亦從"旦"聲（《說文·㐭部》："亶，多穀也。从㐭旦聲。"），但從"亶"聲之字除了分佈在端系之外，還有不少歸入章系，如氈、顫、饘、旜等屬章紐，擅、嬗、墠、澶等屬禪紐，羶屬書紐。而"墠"屬禪紐，與從"亶"得聲之字讀音更爲接近。故簡文及個別典籍以"壇"爲{墠}，在讀音上更爲密合。郭店簡《成之聞之》簡28有"墠"字作▨，在簡文中的用法有爭議（參看陳偉2009A，210頁注釋66引各家說），暫不討論。

　　[7]　整理者："秉璧植珪，今本作'植璧秉珪'，故孔傳、鄭注皆訓植爲置。《魯世家》'植'作'戴'，段玉裁云《魯世家》、《王莽傳》、《太玄》作'戴'，《易林》作'載'，戴、載通用，陳喬樅釋載璧爲加玉璧於幣上。按珪形窄長，故可云植，簡本璧云秉，珪云植，不一定轉訓爲'置'。"

按，簡文"𦥑"，復旦讀書會（2011D）已經指出當讀爲"戴"，陳劍（2011B）認爲周公將圭璧等玉器頂戴在頭上，是模擬犧牲之象，同時也是一種轉移巫術，即周公把自己作爲犧牲貢獻給先王，同時把武王的病轉移到自己身上。我們認爲陳劍先生的說法是正確的。

[8] "册祝"，《史記·魯世家》作"策祝"。《集解》："鄭玄曰：'策，周公所作，謂簡書也。祝者，讀此簡書以告三王。'"僞孔《傳》："史爲册書，祝辭也。"孔疏："史乃爲策書，執以祝之。"孫星衍《尚書今古文注疏》："册，《說文》有'𠕋'字，云'告也'。疑孔壁古文'册'作'𠕋'，與下'納册'之'册'異。祝者，《說文》云：'祭主贊詞者。'"甲骨文有'𠕋'字，不少學者認爲即《說文》之"𠕋"。"𠕋"爲祭名，具體含義有爭議（參看于省吾主編：《甲骨文字詁林》2964—2968頁，中華書局，1996年）。但從"𠕋千牛千人"（《甲骨文合集》1627正）的記載來看，有學者認爲"𠕋"是只把犧牲的數量登記在簡册上用以祭祀的觀點可能是正確的。總之，"册祝"應該是一種把祭禱內容書寫在册書上，並進行祝告的行爲。

[9] 整理者："元孫發，今本作'元孫某'，孔傳以爲臣諱君，鄭注以爲成王啓匱讀之，因諱父名。《魯世家》作'元孫王發'。"據本篇簡文，今本"發"作"某"當係後人臆改，孔、鄭據今本立說，自然更不可信。

[10] 整理者："勩，殷聲，在溪母屋部，讀爲見母侯部之'遘'，《說文》：'遇也。'遺，從萬即辇（辖）聲，讀爲'害'，《淮南子·修務》注：'患也。'虘，從虍，《說文》'虘'爲'虐'之古文。今本作'遘厲虐疾'，孔傳：'厲，危。虐，暴。'厲亦月部字。《魯世家》作'勤勞阻疾'，集解引徐廣云'阻一作淹'。淹多與蓋通用，蓋亦月部字。謂武王勤勞而有此淹久之疾，與'有遲'義合。"宋華強（2011C）提到，新蔡簡甲三64"小臣成逢害虘"，"逢害虘"即"遘厲虘"、"遘害虐"。屈萬里《尚書集釋》（中西書局，2014年）將今本"厲虐疾"解釋爲"危惡之疾"，是將"厲虐"看作"疾"的修飾語；廖名春（2011C）亦將簡本"害虘"看作"疾"的修飾語。今按，"害"固然可以用作形容詞來修飾名詞，如"害政"、"害氣"等，但"害疾"則甚不辭。因爲並没有好的疾病，也

就無所謂"害疾"。 故認爲"害虐"爲"疾"的修飾語的觀點,難以信從。 整理者將簡文"害"訓爲"患",可從。 但所引書證並不恰當。《淮南子·脩務》"時多疾病毒傷之害",高誘注:"害,患也。"這裏的"害"用爲名詞,與簡文用法不合。 簡文"害"用爲動詞,《經義述聞·大戴禮記》"躬行忠信"條:"成十五年《左傳》:'晉三郤害伯宗,譖而殺之。'又襄三十一年《傳》:'齊子尾害閭丘嬰,欲殺之。'昭十五年《傳》:'楚費無極害朝吳之在蔡也,欲去之。'《楚策》:'秦之所害,於天下莫如楚。 楚強則秦弱,楚弱則秦強。'皆古人謂患爲害之證也,今人猶謂患病爲害病。"王引之所列舉書證中的"害",均可理解爲"以……爲患"。 簡文"害"用法略有不同,當理解爲"爲……所患","遘害虐疾"即遭遇到虐疾並被虐疾所患害。 這種用法的"害",非常接近於王引之提到的"今人猶謂患病爲害病"。"害"有患病義,在晚期文獻中可見其例。 如《朱子語類》卷一三八:"叔祖奉使在北方十五年已上,生冷無所不食,全不害。 歸來纔半年,一切發來遂死。"

　　[11] 整理者:"毋乃,反詰辭,《禮記·檀弓》:'毋乃不可乎。'有備子之責在上,備,今本作'丕',《魯世家》作'負'。 孔傳、馬融訓丕爲大,謂天命爾三王有大子愛爾子孫之責。 鄭玄讀爲'不',謂若武王死,則爾三王有不子愛之責在上。《史記》、《白虎通》、《後漢書·隗囂傳》作'負子',負訓背,謂背棄子民。《公羊》桓公十六年注云'天子有疾稱不豫,諸侯稱負茲',徐疏謂負茲謂負事繁多。 曾運乾《尚書正讀》讀如《周本紀》'衛康叔封布茲'之'布茲','爲弟子助祭以事鬼神者之一役'(中華書局,一九六四年,第一四一頁)。"廖名春(2010)謂:"竹書本'丕'字作'備',也可作'服'。《文選·屈原〈離騷〉》:'謇吾法夫前修兮,非世俗之所服。'呂向注:'服,用也。'《荀子·賦》:'忠臣危殆,讒人服矣。'楊倞注:'服,用也。'可見'服子'即'用子'。 而'責'可訓爲求、要求。'服子之責'即'用子之求'。 周公是説,如果你們三王在天上有使用兒子的要求,就用我這個兒子去代替姬發之身。 周公和武王都是文王的兒子,比較起來,武王更重要一些,如果文王在天上要用兒子服侍的話,周公説自己願意去代替。"關於今本"丕子之責"以及簡本"備子之

責",還有不少異説,這裏不能一一列舉,可參看陳劍(2012)文對舊説所作評議。 陳劍先生同意"責"訓爲"責求"的意見,但認爲簡文"備"當讀如本字,大意是説:"現在武王病重,周公認爲其原因在於先王還要責取子孫,使在其側的子孫更多、更齊備,此即'爾有備子之責在上'。 直譯可作'你們有要使子孫齊備的責求在上面'。"我們認爲陳劍先生的説法是正確的,今本作"丕"者,乃是後人誤讀。

[12] 整理者:"是年若丂能,今本作'予仁若考能'。 年讀爲同泥母真部之'佞',佞從仁聲,訓爲高才。 若,王引之《經傳釋詞》附録一:'而也。'江聲、曾運乾並云巧之古文作'丂',能字應上屬。 此周公稱已有高才而巧能。 一説能字應連下讀。"宋華强(2011C)引王引之《經傳釋詞》云:"'是'猶'寔'也。《詩·閟宫》曰:'是生後稷。'言姜嫄實生後稷也。""寔"通"實",確實、的確義。《詩·召南·小星》:"肅肅宵征,夙夜在公,寔命不同。""年",整理者讀爲"佞",當是。 今本作"仁",俞樾亦謂當讀爲"佞"(參看楊筠如《尚書覈詁》238頁,山西人民出版社,2005年)。《左傳》成公十六年:"君幼,諸臣不佞,何以及此? 君其戒之!"杜預注:"佞,才也。""能"應屬下讀,"能多才多藝"、"能事鬼神"結構相近,"能"都是能夠的意思。 舊説將"能多才多藝"之"能"或讀爲"而",或訓爲"且"(參看《尚書校釋譯論》第三册1229頁),實不必。

[13] 整理者:"此句前今本有'乃元孫不若旦多材多藝,不能事鬼神'一句。 溥有四方,今本作'敷佑四方'。 溥有猶廣有,溥有四方即《詩·皇矣》之'奄有四方',大盂鼎(《殷周金文集成》二八三七)作'匍有四方'。"

[14] 整理者:"卸字從御聲,讀爲'許'。 䳜,从石,䞞聲,讀爲'晉'或'進'。'䞞'爲'舂'之《説文》籀文:'䞞即奇字䞞(晉)。'"按,復旦讀書會(2011D)已經指出,"䞞"字見於新蔡簡,徐在國先生讀爲"厭"。 李家浩(2008):"新蔡楚簡有人名'王孫厴'(乙三24)和'王孫厭'(乙三42),整理者認爲是同一個人,是十分正確的。'厴'字見於金文,其所從'䞞'也見於金文,即《説文》籀文'舂'。 根據漢字結構的

一般規律,'厭'當從'昏(香)'聲。'香'有魚紀切和羊入切兩讀,後一讀音屬緝部,'厭'屬談部。 上海博物館藏戰國竹書《競公瘧》10 號簡'翏(聊)、昏(香)以東'之'香',《左傳》昭公二十年作'攝'。'攝'屬葉部。 葉部是談部入聲。"此説詳細闡述了"厭"與"香"相通在音韻學上的證據。 在此基礎上,陳劍(2011B)認爲"香"當讀爲"瘞",指瘞埋圭璧,可信。

[15] 整理者:"以上祝辭。 此下今本有'乃卜三龜,一習吉。 啓籥見書,乃並是吉。 公曰:"體,王其罔害。 予小子新命于三王,惟永終是圖。 兹攸俟,能念予一人"'數語,《魯世家》略同。"今按,以上兩句簡文,今本作"爾之許我,我其以璧與珪歸,俟爾命;爾不許我,我乃屏璧與珪"。 對於今本與簡本文句差異現象及其産生原因,陳劍(2011B)"看校補記"引述了裘錫圭先生的意見,謂:"包山簡中的'戻'('厭'之簡體)那類寫法,正好與'屏'形體較爲接近,今本的'屏'字有可能就是由'戻'類寫法之誤而來的;……按'我其以璧與圭,歸俟爾命'的讀法,'以'訓爲'用';或按'我其以璧與圭歸,俟爾命'的讀法,'歸'講爲'送'、'獻上'一類義,都並非絶對不可;……以上兩點結合起來考慮,似可推測,今本面貌的形成,蓋因'戻/厭(瘞)'字誤爲'屏'、致使原文不可通,有人遂將'屏璧與圭'句改爲接在'爾不我許'之下,使之看起來更合於情理;'以璧與圭歸'句相應地改爲接在'爾許我'之下後,改寫者又按如上引諸家説那樣覺得可通之理解,作出添加文字等改動。"(參看陳劍:《戰國竹書論集》432 — 433 頁,上海古籍出版社,2013 年)

[16] 整理者:"釭,今本作'功',《魯世家》易爲'質',江聲讀如'周鄭交質'之質,謂以己身爲質。 或解功爲《周禮・大祝》'以辭責之'之攻,殆非。"按,整理者謂簡文"釭",今本作"功",並不十分嚴謹。 因爲今本與簡文"公乃納其所爲釭以代王之説於金縢之匱"相對應的內容爲"乃納册於金縢之匱中",整理者所説的與"釭"相對應的"功",指今本"爲三壇同墠"句之上的"公乃自以爲功"。 可見二者並非嚴格意義上的異文。 楊筠如在《尚書覈詁》中已正確指出,今本"功"當讀爲

"貢"。簡本之"江",米雁(2011)、陳偉武(2012)均讀爲"貢",指周公將自己當作犧牲貢獻給先王。這種説法可信。

[17] 整理者:"㱃,欠聲,在幫母蒸部,讀爲定母蒸部之'縢'。"蘇建洲(2011A)將此字釋爲"綾",讀爲"縢"。孟蓬生先生在該文下評論説:"'㱃'字從字形分析,既可以是縢字,也可以是綾字,這個只能看當時人的約定。"《尚書·金縢序》:"武王有疾,周公作《金縢》。"僞孔傳:"爲請命之書,藏之於匱,緘之以金,不欲人開之。"

[18] 整理者:"此句今本及《魯世家》並無,今本有'王翼日乃瘳',《魯世家》略同。"

[19] 整理者:"臺,讀爲'就',《爾雅·釋詁》:'終也。'力,來母職部,讀爲端母職部之'陟'。《康王之誥》稱成王'新陟王'。《韓昌黎集·黃陵廟碑》:'《竹書紀年》帝王之没皆曰陟。'"李學勤(2011):"'就後'即是終後,意味時間較長。這雖然没有標明其間距離,總不會是同年緊接的時候。"今按,整理者的意見顯然脱胎於上引李學勤先生文,這種説法未能得到學界認同。如宋華强(2011C)認爲,簡文"就"是"至"的意思,"就後"義即"其後",相當於現代漢語中的"到後來"。沈培(2013)同意上引宋華强先生的説法,同時還提到上博簡《邦人不稱》篇中的"就"字與本篇簡文"就"字用法相同。他認爲:"這種'就'的用法,古書少見。而古書中與之用法相當的詞應該是'及',……我們認爲這種'就'的用法可能是楚方言的特有用法。大概由於它是方言,又因爲其用法跟通語的'及'相同,因此後來就被'及'吞併而消失了。"簡文"力",整理者讀爲"陟",可信。"力"讀爲"陟"是較爲特殊的用字習慣,本篇之"武王力",清華簡《繫年》13號簡作"武王陟"。清華簡《説命上》2號簡記載傅説築城的情狀爲"縢(騰)降踊力",張富海(2013)將"力"讀爲"陟",也很通順。

[20] "成王猶幼在位"不見於今本,《史記·魯世家》則作"成王少,在强葆之中"。梁玉繩《史記志疑》指出:"《金縢》曰周公以詩貽王,而'王亦未敢誚公',則成王非不識不知之孩稚矣;曰'王與大夫盡弁',則成王已冠矣。……先儒説成王即位之年雖異詞,而其非居强葆明

矣。"李學勤（2011）徵引了上述梁玉繩的説法，並進一步補充説："古人所説的'幼'，其年齡概念與今天有很大不同。《禮記·曲禮上》：'人生十年曰幼，學；二十曰弱，冠。'是説十歲到滿二十行冠禮之前稱爲'幼'，……可知簡文講成王'猶幼'，年齡不一定太小。……清華簡《金縢》在傳世本'王與大夫盡弁'句處剛好缺損，不過'弁'字仍能保存。其下云'大夫綵'，所以'弁'一定是指成王而言。這同傳世本一樣，證明當時成王已冠，前引梁玉繩的論證是成立的，成王繼位時絶非在繦褓之中。"關於成王繼位時已非童稚，崔述《豐鎬考信録》"辨周公攝政之説"條（《崔東壁遺書》200—201頁，上海古籍出版社，2013年）以及彭裕商（1998）均有討論，宜參看。

[21] 簡文明確説成王"在位"，而非由周公攝政，可以廓清傳統上有關周公攝政説的一些誤解。限於篇幅，這裏不能詳細討論，可參看上引崔述以及彭裕商等人的相關論著。

[22] 整理者："羣兄弟，今本作'羣弟'。《史記·管蔡世家》云：'武王同母兄弟十人……其長子曰伯邑考，次曰武王發，次曰管叔鮮，次曰周公旦，次曰蔡叔度……'流字又見郭店簡《緇衣》、《成之聞之》及上博簡《容成氏》等。"

[23] 整理者："需讀爲'孺'，《書·立政》：'嗚呼！孺子王矣。'"

[24] 整理者："第八簡上缺四字，今本則作'弗辟我'三字。孔傳、許慎皆訓辟爲法，謂我不以法治管叔，則我無以復見我先王，故解居東爲東征。馬融、鄭玄讀辟爲避，謂避居東都。《魯世家》云'我之所以弗辟而攝行政'，是亦讀'避'，又增'而攝行政'一句。孔、許説較長。"按，歷來解經者，對於今本"辟"的讀法，以及"周公居東"的解釋，有很大分歧。劉國忠（2010）對舊説有較好梳理，歸納起來，主要有周公東征説、周公待罪於東説，以及周公奔楚説。"奔楚"説明顯與史實不符，可不論。"東征"説對於"辟"的解釋，又有幾種意見。僞孔傳將"辟"訓爲"法"，《説文·辟部》："䛏，法也。《周書》曰：我之不䛏。"《史記·魯周公世家》則將"辟"讀爲"避"，謂"我之所以弗辟而攝行政者，恐天下畔周，無以告我先王太王、王季、文王"。表明周公不避嫌

疑、當仁不讓的態度。曾運乾在《尚書正讀》中將"辟"訓爲"君",謂"周公言我不攝政,將無以告我先王也"。而持"周公待罪於東說"諸家,均將"辟"讀爲"避"(理解爲避居或避位,無實質不同),但"東"指何地,則有不同意見。馬融、鄭玄將"東"理解爲"東都",蔡沈《書集傳》則理解爲"東國"(即國都之東)。《墨子·耕柱》:"昔者周公旦非關叔,辭三公,東處於商蓋。"則認爲"東"是指商蓋(即商奄),同意此說的有俞樾、夏含夷等。整理者從僞孔傳及許慎說,將今本"辟"讀爲"法",將下簡文"石東"之"石"讀爲"宅",理解爲東征,均非是。戰國竹簡文字中多見表示"適、往"義的"迈"字,學術界公認應讀爲"適"(參看張富海2016B相關討論)。簡文不從"辵"而直接寫作"石",從用字習慣來看,無疑亦應讀爲"適",訓爲"適"。我們認爲上引蔡沈從馬、鄭說讀"辟"爲"避",解"居東"爲"居國之東"的說法平實可信。楊筠如《尚書覈詁》云:"竊疑馬、鄭讀'辟'爲'避'是矣,而解罪人爲周公屬黨,則非也。據《豳風》之次,《鴟鴞》在前,《東山》次之,而《破斧》最後。《鴟鴞》即下文公所貽王之詩。《東山》云'我徂東山',又云'我來自東',又曰'自我不見,于今三年',是明爲居東二年後歸周時作,而次之《破斧》之前。《破斧》云'周公東征,四國是皇',則《破斧》作於東征之時,而居《東山》之後。其徂東之與東征,蓋不可混爲一事,而東征應在東山既歸之後也。又《鴟鴞》一詩,作於居東之時。玩其辭意,亦並非在既誅三叔之後。觀其'鴟鴞鴟鴞,既取我子,無毀我室,恩斯勤斯,鬻子之閔斯'。數語,蓋以鴟鴞喻祿父,以'我子'喻管、蔡。'無毀我室',明言欲保安周室之意。鬻子,則謂成王。其尚在未誅管、蔡之先甚明。則鄭氏出處東國之說,必非誣矣。'我之弗避',謂我若弗避也。史公訓爲所以不避,義稍疏矣。"按,楊筠如據《詩·豳風》篇目次序,論"辟"當讀爲"避",其說大體可信。簡文"石(適)東三年",正與《東山》之"自我不見,于今三年"合,今本作"二年",非是。特別是楊氏強調"徂東"(即簡文之"適東")與東征並非一事,此最爲關鍵。如確是"東征",今本及簡本皆不明言"東征",而云"居東"、"適東",爲此模糊之辭,實無必要。從傳世典籍及周初金文來看,主持"東征"

者，正是成王本人，周公只是居於輔相的地位。 這方面的例證，彭裕商（2012）文有詳細引述，崔述亦明確指出："周公東征乃奉成王之命，《尚書》、《春秋傳》之文甚明，不得以其事專屬之周公也。"（《崔東壁遺書·豐鎬考信録》"誅管、蔡係奉王命"條），可參看。 正因爲東征是包括成王、周公等在内的周王朝的共同軍事行動，如果將《金縢》之"居東"或"蹠東"理解爲東征，就變成了周公的個人行爲，明顯與史實不符。 另外如果周公未經成王同意，就興兵東征，説明周公可以不考慮成王的意願，殺伐決斷。 爲何東征勝利歸來，反倒不敢回到王都，而是要先貽詩成王，委婉表達自己的想法呢？ 這顯然是不符合常理的。

[25] 整理者："周公石東三年，今本作'居東二年'。 石，禪母鐸部，讀爲定母鐸部之'宅'，《爾雅·釋言》：'居也。'《魯世家》、孔傳、王肅皆解居東爲東征。《尚書大傳》：'一年救亂，二年克殷，三年踐奄。'《詩·東山》：'于今三年。'"上注既已辨明"居東"、"蹠東"非東征，則需要考慮所居、所蹠之"東"具體指何地。 周公所居之"東"，既非東都，亦非商奄。 毛奇齡《尚書廣聽録》卷三曾指出："以爲東都，則是時殷頑未遷，洛邑尚未成也；以爲東魯，則魯公未之國，周公則留國於周，終身未嘗一至魯也。"考慮到後文成王由於天現異象，並因此有機會了解到周公欲代武王死的經過後，到郊外親自迎接周公，而且當天晚上（"是夕"）就挽回了災害損失。 説明成王從了解情況到迎接並見到周公，是發生在同一天的事，這也説明了周公離國都並不遠，應該就在國都的東郊。 崔述《豐鎬考信録》引吕游《己酉記疑》："周公居東，去京師必不甚遠，周公此時亦無大責任，故感風雷之變，啓金縢之書，執書以泣，隨即出郊迎公，天乃雨，反風也。 若以居東即爲東征，則武庚所都去國千餘里，豈有不下班師之詔又不待風止，即出郊迎公之理。"崔述云："此説深中事理。 蓋武庚未平，周公必不能中道班師；武庚既平，周公又不可擁兵居外。 其爲無事顯然，不得謂之爲東征也。"（並見《崔東壁遺書·豐鎬考信録》"引吕游語辨'居東'非東征"條）故上注提到的蔡沈"居國之東"的意見是可信的。 這裏的"東"並非是一個具體的地點，只是表明方位而已。 周公"居東（蹠東）"只是表明其爲避嫌而"下野"的姿態，並不是

要逃跑，所以沒有必要跑到很遠的地方，應該就是《詩·東山》之"東山"，即國都郊外的東山。

[26] 簡文"禍人乃斯得"，今本作"則罪人斯得"。《釋文》引馬、鄭之說謂"罪人斯得"爲成王盡得周公之屬黨，尤爲荒謬不經。蔡沈謂："方流言之起，成王未知罪人爲誰，二年之後，王始知流言之爲管、蔡。"歷代解經者，多同意"罪人"指管、蔡，這一點應該是沒有問題的。今本"周公居東二年"與"罪人斯得"之間，用一"則"字，似表明這兩件事具有因果關係。如果周公不是去東征，管、蔡是怎麼"得"的呢？如上引蔡沈説，"居東"爲"居國之東"，即使將"罪人斯得"解釋爲成王知曉罪人爲誰，二者之間也缺乏因果關係。這也是不少學者同意"居東"爲東征說的一個重要原因。簡文作"禍人乃斯得"，沒有今本的"則"字，表明簡本"禍人乃斯得"與"周公躐東"之間，至少在文本層面看不出有明顯因果關係。我們認爲在這一點上，簡本明顯優於今本，今本的"則"係後人誤增。另外今本"罪人"，簡本作"禍人"，這也是一處重要異文。力主東征說的學者毛奇齡認爲："且夫'罪人'亦難稱矣，亦惟與禄父偕叛，始名'罪人'，故《正義》云管叔疑公有異志，由不識大聖耳。但啓商共叛，其罪爲重。今乃但知流言爲管、蔡，而遽曰'罪人斯得'，則所云罪者誰罪之？所云得者誰得之？"上述毛奇齡的意見很有道理，如果管、蔡没有與參與武庚叛亂，而僅僅是散佈流言，確實不宜稱爲"罪人"。簡文作"禍人"（即散佈流言、禍亂周邦的人）而非"罪人"，這對於我們所支持的"居東待罪"說是有利的。如果管、蔡沒有參與武庚叛亂，而只是散佈流言，那麼簡文"禍人乃斯得"按照蔡沈的說法理解爲"王始知流言之爲管、蔡"是較爲合理的。但猶有可說者，《鴟鴞》"既取我子，毋毀我室"，毛奇齡認爲："《詩》之'既取我子'，即《書》之'罪人斯得'。……而如曰《鴟鴞》爲東征以前之詩，則'既取我子，毋毀我室'何解？"他的疑問是有道理的。但"既取我子"又不能理解爲成王了解管、蔡流言真相，所以這也是"待罪說"需要加以解釋的。廓清這一謎團的關鍵證據，出現在《繫年》篇中。《繫年》第三章有這樣一段簡文"武王陟，商邑興反，殺三監而立彔子耿"，明確記載"三監"被以"彔子耿"

（即大保簋之"彔子𦉥"，也即紂王之子武庚禄父）爲首的殷人所殺。這樣一來，《鴟鴞》中費解之處均可得到合理解釋。詩中提到的"既取我子"，與"禍人乃斯得"所指相同，均應理解爲武庚已經俘獲並殺了周人之子（即管、蔡等三監）；"毋毁我室"則指殷人起兵叛亂，欲取我周室；"予室翹翹，風雨所漂搖"，應理解爲以武庚爲首的殷遺叛亂，導致周王室阢陧不安。綜合相關記載可知，周初的政治局勢非常複雜。周武王去世不久，成王還很年輕，周王室的統治尚未穩固，殷人的勢力也尚未完全竭除。此時管、蔡等貴冑欲與周公争權，故散佈周公欲不利於成王的流言。周公爲了避免激化與成王之間的矛盾，主動下野，避居東郊。周初動蕩不安的政局，爲武庚等叛亂提供了可乘之機（《尚書大傳》："奄君蒲姑謂禄父曰：'武王既死矣，今王尚幼矣，周公見疑矣，此百世之時也，請舉事！'"）。故武庚鳩集殷遺民殺掉"三監"，起兵反叛。在此危難之際，周公貽詩成王，希望能回朝輔佐成王平叛。詳細討論，請參看馮勝君（2017）文。本篇簡文"斯"字四見，除了此處"禍人乃斯得"之外，尚有9號簡"禾斯偃，大木斯拔"、13號簡"禾斯起"。其中，"禾斯偃"、"禾斯起"之"斯"，今本作"盡"。"禍人乃斯得"，今本作"則罪人斯得"，僞孔傳訓"斯"爲"此"，孔疏則訓爲"盡"（《漢語大詞典》"斯"字的"皆；盡"義項，亦以此爲書證）。"大木斯拔"之"斯"，《史記·魯世家》、《越絶書·吴内傳》引亦作"盡"。可見，簡文的四處"斯"字，或異文作"盡"，或訓爲"盡"。本篇簡文公布後，何家興在復旦讀書會（2011D）跟帖中提到，今本作"盡"的兩處簡文"斯"，當讀爲"漸"。引《説文》"漸，水索也"、《説文繫傳》"索，盡也"以及《方言》"漸，盡也"等爲證。蔡偉在隨後的跟帖中指出，王念孫在《廣雅疏證》中已有此説（檢王氏原文只提到今本"大木斯拔"，《史記》作"盡"）。今按，將"斯"訓爲"盡"，這種説法實不可信。簡文有兩處"斯"，今本作"盡"，應該是後人根據自己的理解對古書進行的改讀，並不説明"斯"與"盡"之間存在意義上的關聯。"斯"訓"盡"，典籍中並無例證（《漢語大詞典》在"斯"字的"皆；盡"義項下，還引了這樣一條書證，《吕氏春秋·報更》："宣孟曰：'斯食之，吾更與女。'乃復賜之脯二束與錢百。"

高誘注：" 斯猶盡也。" 梁玉繩則將 " 斯 " 訓爲離析。 范耕研曰：" ' 盡食 ' 語固贅，' 使人離析而食之 ' 語亦可笑。 此不必深求，蓋語助無義者也。 猶言食之，吾更與汝耳。《論語・鄉黨》' 杖者出，斯出矣 '，又 ' 色斯舉，翔而後集 ' 皆其例也。" 參看陳奇猷《吕氏春秋新校釋》906 頁，上海古籍出版社，2002 年）。 訓爲 " 盡 " 的 " 澌 "，義爲水索，指水乾涸，這裏的 " 盡 " 是竭盡、空無的意思，並不是將 " 斯 " 訓爲 " 盡 " 的學者所理解的皆、都的意思。 蔡沈《書集傳》謂 " ' 斯得 ' 者，遲之之詞也 "，亦不將 " 斯 " 訓爲 " 盡 "。 按，簡文四處 " 斯 " 均當理解爲 " 語助無義者 "，學者或稱之爲 " 詞頭 "。 類似用法除了上引范耕研引《論語》例之外，還可舉出《詩・豳風・七月》：" 朋酒斯饗，曰殺羔羊。"《詩・大雅・公劉》：" 篤公劉，于豳斯館。" 相關討論，可參看張輝、江荻（2016）。

　　[27]　整理者："《周鴞》，今本作《鴟鴞》，見《詩・豳風》。 疑 ' 周 ' 當讀 ' 雕 '。" 復旦讀書會（2011D）指出簡文 " 周鴞 " 就應該讀爲 " 鴟鴞 "，甚是。《鴟鴞》篇之 " 鴟鴞 "，《藝文類聚》卷九十二引《詩義疏》云：" 鴟鴞，似黃雀而小，喙刺如錐，取茅爲窠，以麻紩之，懸著樹枝。 幽州謂之鸋鴂，或曰巧婦，或曰女匠；關西謂之篾雀。《詩》曰 ' 肇允彼桃蟲 '，今鷦鷯是也。"《荀子・勸學》：" 南方有鳥焉，名曰蒙鳩。" 楊倞注：" 蒙鳩，鷦鷯也。"（參看王先謙：《詩三家義集疏》527 — 528 頁）這種意見認爲 " 鴟鴞 " 即鷦鷯，又名 " 蒙鳩 "、" 鸋鴂 "、" 桃蟲 " 等，是一種體形較小的鳥。《莊子・逍遙游》：" 鷦鷯巢於深林，不過一枝。" 我們同意蔡沈訓 " 鴟鴞 " 爲惡鳥，喻指 " 武庚 " 的意見。 但如果 " 鴟鴞 " 即鷦鷯，則是一種體長不過三寸的小鳥，恐不足以蒙 " 惡鳥 " 之名。 整理者將 " 周 " 讀爲 " 雕 "，將 " 雕 " 和 " 鴞 " 都理解成猛禽，係將成詞分開解釋，恐亦不確。 黃冠雲（2013）指出，這裏的 " 鴟鴞 "，當聯繫如下文獻來理解：《詩・大雅・瞻卬》：" 懿厥哲婦，爲梟爲鴟。"《荀子・賦》：" 螭龍爲蝘蜓，鴟梟爲鳳皇。" 賈誼《弔屈原文》：" 鸞鳳伏竄兮，鴟梟翺翔 "。 上引文獻中的 " 鴟 "、" 梟 " 既可分稱，亦可連言爲 " 鴟梟/鴞 "（上引《弔屈原文》" 鴟梟 "，《漢書・賈誼傳》作 " 鴟鴞 "）。 而 " 鴟 " 和 " 鴞/梟 " 分開來講，都是指貓頭鷹。 在上引文獻中，" 鴟梟/鴞 " 往往與 " 鳳皇（鸞

鳳）"爲對文，正可當蔡沈所説的"惡鳥"。

　　［28］　整理者："王亦未逆公，今本作'王亦未敢誚公'，《魯世家》'誚'作'訓'。"陳劍在復旦讀書會（2011D）跟帖中認爲："古'逆'、'迎'、'御'三字音義皆近，本有同源關係，且多見異文互作者。 此'逆'字或有作'御'之本，而'御'又寫作🔲（訝）形。'訝'在本篇簡5即兩見，皆用爲'許'，字應即'許'字異體。 但其聲符部分實爲'御'字簡體，且《皇門》（按，應爲《祭公》）簡16'🔲'字應即'許'之繁構而用爲'嬖御'之'御'，可見當時'許'、'御'多通，'御'字曾在有的本子中寫作'🔲（訝）'完全可能。 🔲形即與'誚'形極近而易致誤。"按，二體石經殘石用爲"逆"之字寫作"遡"，字作🔲形（參看施謝捷《魏石經古文彙編》卷十一），聲旁"朔"作上下結構，與"肖"字形近。 故今本"誚"字也有可能是類似寫法"遡（逆）"字的誤讀。

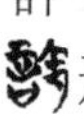

　　［29］　整理者："㱿字不識，今本作'穫'。 㱿左半又見上博簡《采風曲目》'🔲也遺夬'，又《鮑叔牙與隰朋之諫》'🔲民獵樂'。 疑'㱿'即'叡'字，叡，曉母鐸部，讀爲匣母鐸部之'穫'。"今按，整理者提到的《采風曲目》字形，鄔可晶（2013A）指出下部從人不從刀，與簡文左旁可能沒有關係。 他在文章中同意整理者的意見，並對相關字形有詳細討論。 他認爲本篇簡文"用爲'穫'之字當分析爲从'奴'从'刀'"，而"奴"既有"濬"、"睿"一類讀音，又有"叡/壑"音。 簡文取"壑"音，故可讀爲"穫"。 另外，蘇建洲（2006）引陳劍先生説，將整理者提到的《鮑叔牙與隰朋之諫》簡文"🔲"釋爲"列"，宋華强（2011D）據此認爲整理者讀爲"穫"之字當從"列"得聲而讀爲"穫"，並對二者的音韻關係作了論證。 張崇禮（2013）有進一步申説，認爲"刈"、"穫"同源，所以"�"所代表的詞既有可能是"刈"，也有可能是"穫"，故今本作"穫"。 徐在國（2017）："《詩·周南·葛覃》'是刈是濩'之'刈'，安徽大學藏戰國楚簡《詩經·葛覃》從'禾'，從'🔲'，應該就是刈禾之'刈'的異體。"應該説，安大簡材料是釋讀🔲字的重要定點。 安大簡讀爲"刈"之字的聲符，與🔲字左旁同形，最直接的讀法自然是將其讀爲"刈"。 值得注意的是，宋華强（2011D）將《鮑叔牙與隰朋之諫》簡文"🔲民"讀爲

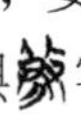

"刈民"，引《左傳》昭公二十年："斬刈民力，輸略其聚，以成其違。"《大戴禮記·用兵》："及後世貪者之用兵也，以刈百姓，危國家也。"我們認爲這一説法是比較可信的。這樣看來，過去將󰀀類字形釋爲"列"，將簡文󰀀看作從"列"得聲的意見，值得重視。學術界一般認爲"列"從"歺"聲[或認爲不從"歺"聲，參看何景成（2008）文相關討論]，《説文》謂"歺"讀若"櫱"。"櫱"、"刈"均疑紐月部字，讀音相近。所以我們暫時將簡文󰀀隸定作"𠛱"。上引宋華强、張崇禮等先生已經注意到"𠛱"與"刈"讀音相近，但仍將其讀爲魚部字的"穫"，應是考慮到後文"秋則大𠛱"之"𠛱"讀爲"刈"可能不如讀爲"穫"通順，其實這種顧慮是不必要的。《玉篇·刀部》："刈，穫也。"《楚辭·離騷》"願竢時乎吾將刈"，王逸注："刈，穫也。草曰刈，穀曰穫。"甲骨文以"󰀀"表示刈草，以"󰀀"表示刈禾，這兩種形體都可以看作是"刈"的異體（參看裘錫圭：《甲骨文考釋八篇·釋"󰀀""󰀀"》），可見"刈"既可表刈草，也可表刈禾，王逸"草曰刈，穀曰穫"的説法是不可信的。甲骨文有如下辭例："盂田禾稷（󰀀），其禦，吉稃。〇弜（勿）禦，吉稃"（合集28203），"丁亥卜貞：今秋受年，吉稃。〇不吉稃。〇貞：今秋受年。〇不吉稃"（屯南620＋2991＋2291）。其中"今秋受年，吉稃"與簡文"歲大有年，秋則大𠛱"辭例幾乎完全相同，卜辭"吉稃"就相當於簡文"大𠛱"，可見"𠛱"確實應該讀爲"刈"，訓爲刈穫。簡文大意説年成很好，莊稼大豐收（"秋大熟"），但還未來得及收割（"未刈"），就發生了災害，"天疾風以雷"導致莊稼倒伏。成王迎接周公回朝後，"天反風"，倒伏的莊稼都立起來了（"禾斯起"），所以這個秋天就大大地刈穫了。

［30］ 整理者："天疾風以雷，今本作'天大雷電以風'。《魯世家》作'暴風雷雨'，與其下'天乃雨'之文不合。"

［31］ 整理者："禾斯偃的斯字，今本作'盡'。臧，疑從𦣞（詩）聲而有訛變，𦣞，並母物部。今本作'拔'，從犮得聲字多爲唇音月部。月、物兩部音多相近。"今按，"臧"字原篆作󰀀，整理者認爲字從"𦣞（詩）"聲而有所訛變，非常正確。蘇建洲在復旦讀書會（2011D）跟帖中指出，此字中間所從與《性情論》19號簡󰀀同形。侯馬盟書"臂"字作

形，所從"甈"旁作一正一倒二戈形，簡文及《性情論》字形中並列的二戈形，即"甈"字的訛變。

［32］ 整理者："第十簡上缺四字，據今本可補爲'大恐，王口'。弁，當從鄭注釋'爵弁'。 孔傳以爲皮弁，按皮弁爲每日視朝常服。《魯世家》云'朝服'，義與之同。《左傳》成公五年云國有災異，'君爲之不舉，降服，乘縵，徹樂，出次，祝幣，史辭以禮焉'。 降服則當以爵弁爲宜，鄭說較長。 大夫練疑即《左傳》之'乘縵'，杜注：'車無文。'"按，整理者所釋"練"字，復旦讀書會（2011D）隸定爲從示從綴，陳劍先生在文後跟帖中同意讀書會的意見，認爲"字當讀爲'端冕'、'玄端'、'端委'、'端章甫'等之'端'，正與'弁'皆爲'朝服'。'綴'與'端'聲母相近、韻部月元對轉，兩字相通，猶'瑞'之从'耑'聲也。"

［33］ 整理者："殹，影母脂部字，但由之得聲的醫在之部，《周禮》注引鄭衆以《内則》之'醷'當《天官·酒正》之'醫'。 今本作'噫'，影母職部，陰入對轉，孔傳：'恨辭。'"廖名春（2011C）謂"殹"當讀爲"抑"，表示轉折語氣，相當於"而"、"然"、"但"。

［34］ 整理者："捕，讀爲'布'，《小爾雅·廣言》：'展也。'箸，讀爲'書'，書從者聲。 溼，亟聲，在溪母緝部，今本作'泣'，溪母輯部，可通。"復旦讀書會（2011D）："今本《尚書·金縢》對應的語句作'王執書以泣'，'捕'讀爲'搏'或'把'，'捕'與'搏'、'把'古音極近，故可以假借。'搏'、'把'都有'執取'的義思。"宋華強在上引文跟帖中提到："從古書用字習慣來看，把'捕'讀爲'撫'似乎更好，'捕'、'撫'都是唇音魚部字，音近可通。"宋說似可信。《國語·晉語》："叔向見司馬侯之子，撫而泣之。"亦是以"撫"與"泣"搭配。 又，簡文讀爲"泣"之字寫作溼，從亟聲。 古文字中表示{泣}這個詞，上博簡《柬大王泊旱》14號簡就寫作"泣"，郭店簡《五行》17號簡寫作"深"。"泣"爲溪母緝部字，"罙"爲羣母物部字，"亟"爲見母職部字。 梁月娥在復旦讀書會（2011D）文下跟帖中提到："緝部的'泣'是可以以職部的'亟'爲聲符的，可證甲骨文'翌'（職部）字所從的'立'（緝部）的確是'翌'的聲符。"（但梁月娥引劉建民說，將上博簡《景公瘧》2號簡"徠"字讀爲

"泣"，恐不確。 從上下文義看，此字應讀爲"挹"。）

[35] 整理者："酒，沈聲，在定母侵部，讀爲定母冬部之'沖'，侵、冬旁轉。"今按，讀爲"沖子"之"沖"的字，原篆作▨形。 整理者在正文部分隸定爲"酒"，但在《字形表》（232 頁 729 號字頭）部分則隸定爲"涾"。 類似形體又見於清華簡《周公之琴舞》、《芮良夫毖》等篇，如▨（《周公之琴舞》9 號簡）、▨（《芮良夫毖》24 號簡）。 此字又作▨（郭店《窮達以時》9 號簡）、▨（上博簡《鬼神之明 融師有成氏》7 號簡）、▨（清華簡《皇門》1 號簡）等形。 此字右旁作爲構字部件較爲活躍，如或從"酉"作▨（《莊王既成》4 號簡）、▨（包山 165 號簡）；或從"邑"作▨（包山 186 號簡）；或從"木"作▨（信陽 2-23 號簡）。 這樣看來，本篇簡文讀爲"沖"之字，整理者的兩種隸定方式中，當以隸作"涾"更爲合理，即應把所謂"酓"旁看作是一個獨立的偏旁。 上引《莊王既成》形體把"酉"旁寫在左上，使全字變成上下結構，應看作是特例。 最近，李家浩（2016）對上舉字形及相關用法做了全面總結。 簡單說來，對於"酓"旁的理解大致分爲兩個階段，最初包山簡、郭店簡的整理者以及多數研究者，均將上述包山簡和郭店簡形體"酓"旁釋爲"㽙"；黃德寬、徐在國（1998）據李家浩（1996）文將上引信陽簡形體釋爲"枕"的意見，將上引郭店簡形體釋改爲"沈"，將上引包山簡形體分別改釋爲"酖"、"郴"。 在趙平安（2002A）、（2002B）兩篇文章中，提出了與上引黃、徐文相似的觀點。 特別是在趙平安（2002A）文中，提到了金文中▨（王人甗，集成 941）這一形體，嗣後李家浩（2016）補充了曾子伯䯽盤（集成 10156）中寫作▨形的"酓"字。 此字前人已正確釋爲"酓"，趙平安認爲金文中的"酓"即上引戰國簡文字形體所從之"酓"旁。 但是趙平安先生不同意黃、徐二位先生將相關字直接釋爲"沈"、"酖"、"枕"的意見，他認爲既然金文中已有"酓"字，則上述戰國簡文字當分別隸定爲"涾"、"酳"、"㮤"。 又由於"酳"用爲職官，字形又與"䤈"相近，二者很可能是異體的關係。 李家浩（2016）同意黃、徐二位先生的意見，認爲"酓"就是"冘"的異體，在用作偏旁時可直接釋爲"冘"。 他列舉了戰國文字中不少從"臼"之字，認爲這些字從"臼"與不從"臼"無別，

可以與戰國文字中某些從"口"與不從"口"之字不別的現象類比。 他在文章中還構擬了戰國竹簡文字中,"臽"旁所從之"尤"如下的形體演變關係:

宀 ⟶ 冃 ⟶ 争

這一說法的優點在於,將從"臽"旁之字分別釋爲"沈"、"枕"、"酖",不僅都是常見字,而且在相關辭例中的用法或破讀都很直接。 如戰國簡中以"沈子"爲"冲子"的用字習慣,可以上溯到西周金文中的沈子它簋(集成 4330,參看董珊 2011,蔣玉斌、周忠兵 2011 文),可謂淵源有自;"枕"讀爲角枕之"枕"則不需破讀;"酖尹"讀爲"沈尹",所從聲符相同,通假關係非常直接。 另外,在信陽簡中有字作 ▨(信陽 2-27)形,商承祚釋爲"銘"(參看田河 2007: 257 相關討論),此字左旁有殘損,但右旁似確爲"臽"。 其形體與信陽簡中讀爲"枕"之字作 ▨ 形者所從有別,這對於釋"臽"説也是有利證據。 但將"臽"看作是"尤"之異體,實亦有不可解之處。 如"臽"字作爲獨體字出現在西周中期及春秋早期金文中,就當時的文字系統而言,其所從之"臼"旁不可能是可有可無的羨符,這就需要對其構形做出解釋。 一種可能是"臽"係在"尤"字上加注"臼"聲而成的後起形聲字,"臼"爲羣紐幽部字,與喻紐四等侵部的"尤"讀音相近(聲紐稍有距離,韻部則爲幽、侵對轉的關係)。 或者按照"臼"、"凵(坎)"爲一字分化觀點,將"臼"讀爲"凵(坎)"聲,則爲溪紐談部字,與"尤"聲亦相近。 或將"臼"旁視爲意符,如黃德寬主編的《古文字譜系疏證》謂:"臽,從臼尤聲,疑沈之或體。《小爾雅·廣詁》'沈,没也。'臼象凹陷之形。"(《古文字譜系疏證》第四册 3925 頁,商務印書館,2007 年)但以上二説實亦難愜人意,如將"臽"看作是在表意初文上累加聲符而成的後起形聲字,則此種造字方式一般出現在時代相對較早的殷墟甲骨文中,西周金文似不多見,而且"臼"多用爲義符,少用爲聲符;如依後説將"臼"看作義符,"臽"看作"沈"之或體,但"沈"指沉没於水中,而非陷於坎臼之中,故此説亦不合理。 我們頗疑"臽"最初是作爲"臽"字異體出現的,"臽"本象人陷落於坎臼之中,而

"㫃"則是將"人"旁改換爲"尢"旁，是一種變形音化的現象（參看謝明文 2015A）。"尢"爲荷擔之"儋/擔"的表意初文（參看季旭昇 2010：461—462 引楊樹達説），而從"詹"得聲與從"臽"得聲之字，往往讀音非常接近，如簽、閻均爲喻紐談部字，萏、澹均爲定紐談部字等。以"尢"爲"臽"之聲符，是很合適的。金文"臽"字或作![]形（宗周鐘，集成 260），在字形上也有條件演變成![]這樣的形體。所以![]形很可能是"臽"與"㫃"互相影響、共同作用的結果。但從目前所見材料來看，在戰國竹簡文字中"臽"旁確實多可替換爲"尢"旁，故將其隸定爲"㫃"是合適的。

[36] 整理者隸定爲"畏"，周波、劉洪濤在復旦讀書會（2011D）跟帖中均謂當釋爲"鬼"。

[37] 整理者："親逆，今本作'新逆'，馬本作'親迎'。《詩·東山》序鄭箋'成王既得金縢之書，親迎周公'，是鄭本亦作'親'。"

[38] 整理者："郢，今本作'郊'。古文字'郊'字往往作'蒿'，皆高聲。"

皇門

皇　門[1]

隹（唯）正庚午[2]，公叚（格）才（在）耆（皇?）門[3]。公若曰："於虖（乎）！朕寡邑小邦[4]，穢（蔑）又（有）者耇虑（據）事、粵（屏）朕立（位）[5]。稀（肆）朕沖（沈-沖）人，非敢不用明刑[6]，隹（唯）莫覓（眄-開）【1】余嘉惪（德）之兌（說）[7]。

今我卑（譬）少（小）于大[8]：我酮（聞）昔才（在）二又（有）或（國）之折（哲）王，則不共（邛）于卹[9]。廼隹（唯）大門宗子、埶（邇）臣[10]，茅（懋）昜（揚）嘉惪（德）[11]，气（汔/迄）又（有）窑（孚）[12]，以【2】蘬（助）氒（厥）辟[13]，堇（勤）卹王邦王豪（家）[14]。廼方（旁）救（求）異（選）睪（擇）元武聖夫[15]，臘（羞）于王所[16]；自釐（臺）臣至于又（有）貧（分）厶（私）子[17]，句（苟）克又（有）欪（就/諒-諒）[18]，亡（罔）不醫〈𦣞-遂〉達[19]，獻言【3】才（在）王所。是人斯蘬（助）王共明祀、敷明刑[20]，王用又（有）監多憲，正（政）命用克和又（有）成[21]，王用能承天之魯命[22]，百眚（姓）萬民用【4】亡（無）不眖（擾）比才（在）王廷[23]。先王用又（有）勸（勸）[24]，以頻（賓）右于上[25]。是人斯既蘬（助）氒（厥）辟，堇（勤）裦（勞）王邦王豪（家）[26]，先〘=〙（先人）、神示（祇）遝（報）式（式）用休[27]，卑（俾）備（服）【5】才（在）厥豪（家）[28]，王邦用盗（諡），少（小）民用叚（各）能豪（稼）嗇[29]，𢼮（咸）祀天神[30]。 戎兵以能興[31]，軍用多實[32]，王用能盍（奄）又（有）四殹（鄰）遠土[33]，不（丕）承孫＝（子孫）[34]，用【6】穤（蔑）被先王之耿光[35]。

至于乓（厥）逡（後）嗣〖立王〗[36]，迺弗肎（肯）用先王之明刑[37]，乃隹（維）誤＝（汲汲）疋（胥）區（驅/趨）疋（胥）斅（學/效）于非彝[38]，以豪（家）相乓（厥）室[39]，弗【7】卹王邦王豪（家）。 隹（維）俞（婾/偷）悳（德）用[40]，以餌（昏）求〖于王〗臣[41]，弗畏不善（祥）[42]，不肎（肯）惠聖（聽）亡（無）辠（罪）之詢（詞/詒-辭）[43]，乃隹（唯）不訓（順）是絇（紃/紿-治）[44]。

〖我〗王訪良言於是【8】人[45]，斯乃非休悳（德）以䧹（應）[46]，乃隹（維）乍（作）區（詎?）以含（答）[47]，卑（俾）王之亡（無）依亡（無）䕎（助）。 卑（譬）女（如）戎（農）夫，喬用從斧（禽）[48]，亓（其）由（猶）克又（有）隻（獲/穫）[49]？ 是人斯迺詢（讒）惻（賊）【9】□□[50]，以不利乓（厥）辟乓（厥）邦[51]。 卑（譬）女（如）鞎（靷/梏-覺）夫之又（有）忞（媢）妻[52]，曰'余蜀（獨）備（服）才（在）寢'[53]，以自零（露）乓（厥）豪（家）[54]。 忞（媢）夫又（有）埶（邇）亡（無）遠[55]，乃穿（弇-掩）盍（蓋）善＝【10】夫＝（善夫，善夫）莫達才（在）王所。 乃隹（維）又奉俟（癡）夫[57]，是楊（揚）是繩（繩）[58]，是以爲上，是受（授）

皇　門　179

司事币（師）長[59]。 正（政）用迷乿（亂），獄用亡（無）成[60]。 少（小）民用冔（禱）亡（無）用祀[61]，【11】天用弗竂（保），忢（媢）夫先受吝（殄）罰[62]，邦亦不宻（寧）。

　　於虗（乎）！ 敬（敬）才（哉），監于兹。 朕遺父兄，眔朕伒（儘-盡）臣[63]，夫明尔惪（德）[64]，以蘁（助）余一人惥（憂）[65]，母（毋）【12】隹（惟）尔身之𦣞〈𦣞-遂〉[66]，皆卹尔邦，叚（假）余憲[67]。 既告女（汝）兂（元）惪（德）之行[68]，卑（譬）女（如）舼舟[69]，輔余于險[70]，𦣞〈𦣞-遂〉余于淒（濟）[71]，母（毋）复（作）岨（祖）考䏦（羞）才（哉）!"【13】

【箋釋】

　　[1] 整理者："本篇竹簡凡十三支，簡長四十四·四釐米左右，三道編。 滿簡三十九至四十二字不等。 原無篇題，由於内容與今本《逸周書·皇門》大體相符，故定名《皇門》。 簡背有次序編號。 字迹清晰，書寫工整，僅第十簡上端缺二字。 簡本《皇門》'公若曰'之'公'，今本作'周公'，據内容判斷，簡本所指亦爲周公。 簡文記載周公訓誠群臣望族要以史爲鑒，獻言薦賢，助王治國，同時抨擊了某些人陽奉陰違、背公向私的行爲，是不可多得的周初政治文獻。 簡本爲戰國寫本，但所用語詞多與《尚書》中的《周書》諸篇及周初金文相似，如謙稱周爲'小邦'（今本避漢高祖諱作'小國'）等皆爲周初慣用語，知其所本當爲西周文獻。 簡本《皇門》與今本相比有許多歧異，尤爲明顯者如集會所在地之'者（庫）門'，今本作'左閔門'。 周制天子五門，庫門外皋門内爲外朝所在，周公組織之集會在此進行甚合理。 今本《皇門》訛誤衍脱現象多見，文義晦澀難解；簡本相對而言文通字順，顯然優於今本，可用以澄清今本的許多錯誤。"

[2] 整理者:"此句今本作'維正月庚午',簡文'正'字下脱'月'字。"

[3] 整理者:"公,今本作'周公'。 格,訓至。 耂字從老,古聲,見母魚部,讀爲溪母魚部之'庫'。'耂門'即'庫門'。 周制天子五門,自南數爲皋、庫、雉、應、路門。 庫門爲第二門,庫門外皋門内爲天子外朝。 此句今本作'周公格左閔門會群門'。 孔晁注:'路寢左門曰皇門。閔,音皇。'""客,今本作"格"。 字又見於上博簡《周易》42號簡、清華簡《厚父》2號簡等,亦讀爲"格"。 此字原篆作[字],當與西周金文不㝬簋(集成4329)銘文中讀爲地名"洛"的[字]爲同一個字。 此字從"各"聲,自無疑問。 簡文所從之"吅"旁,即金文[字](可隸定作"哭")旁之省亦可斷言。"哭"字甲骨文作[字](合集30173),金文或從"口"作[字](董蓮池《新金文編》上册136頁,作家出版社,2011年)。 以"哭"爲偏旁之字,金文尚見[字]、[字]、[字]諸形(《新金文編·附錄二》0054－0056號)。 有關此字釋讀的討論,可參看陳秉新(2004)文。"才(在)耂門",今本作"左閔門"。 在復旦讀書會(2011E)文後跟帖中,施謝捷先生認爲今本"左"或許是"在"的訛誤,"耂"或許是"胡壽"之專字,在齊系文字中或用爲複姓"胡毋"之"胡"。 依習慣將"耂門"釋讀爲"胡門"(胡,大也)與"閔門"正相對應(閔,亦大也)。 李天虹(2014)認爲"耂門"或可與上博簡《姑成家父》篇中的"强門"聯繫起來考慮,王志平則認爲今本《逸周書》"閔門"之"閔"的陽部字異讀可信(即孔晁注"閔音皇"),簡文"耂"與"閔"爲音近通假的關係,"耂門"不應讀爲"庫門",而應讀爲"路門"(王志平、孟蓬生、張潔;《出土文獻與先前兩漢方言地理》160－173頁,中國社會科學出版社,2014年)。 關於天子門朝制度,另可參看馬楠(2010)文。

[4] 整理者:"寡邑小邦,周之謙稱,相對於'大邦殷'(《書·召誥》)而言,參看《書·大誥》'興我小邦周',《多士》'非我小國敢弋殷命'。 此句今本作'下邑小國',莊述祖《尚書記》:'下邑小國,謂周。'"

[5] 整理者:"穣,讀爲'蔑',訓無,見《詩·板》毛傳。 虞,讀

爲'慮',《說文》:'謀思也。'啎,讀爲'屛',屛藩。"施謝捷先生在復旦讀書會(2011E)文後跟帖中認爲:"(虞)其實應該是'虞'字的異構,字形演變的理據可參看'樂'字字形的相關變化。《說文》:'樂,五聲八音總名。象鼓鞞。木,虞也。'(唐寫本木部殘卷作:'象鼓鞞之形。木,其虞也。')《逸周書》本作'據',說明當時還是識得此字的。"今按,簡本"虞"當從今本讀爲"據"。今本"據屛位",朱右曾:"據,依據。"典籍中"據"的常見用法即依靠、憑據義(參看《故訓匯纂》939頁),簡文"據事",即據以治事的簡省說法,意思是憑藉、依靠"耆耇"治理政事。

[6] 整理者:"䑌,讀爲'肆',《說文》:'䑌,希屬,從二希,䍆,古文䑌。《虞書》曰:䑌類于上帝。'段玉裁注:'《堯典》文。許所據蓋壁中古文也,伏生《尚書》即孔安國以今文讀定之。古文《尚書》皆作肆,太史公《史記》作遂。然則漢人釋肆爲遂,即《爾雅》之"肆,故也"。壁中文作䑌,乃肆之假借字也。'簡文'䑌'爲句首語助詞,無實義,此用法屢見《尚書》諸篇。沖,據清華簡《金滕》讀爲'沖'。明刑,指顯明的刑罰,即所謂祥刑。《詩·抑》:'罔敷求先王,克共明刑。'《書·呂刑》'故乃明于刑之中',又'監于兹祥刑'。此句今本作'建沈人,非不用明刑'。"按簡本"滔人",即今本"沈人"。詳細討論,參看《金滕》篇注35。明刑,整理者理解爲"顯明的刑罰",雖有典籍例證,然按之文義,實不可信。季旭昇認爲當訓釋爲"光明的典範",與下文"嘉德之説"相呼應,可從(參看季旭昇2013:193)。本篇簡文"明刑"一詞三見,另外兩處分別爲"敷明刑"(4號簡)、"乃弗肯用先王之明刑"(7號簡),均應理解爲"光明的典範"。

[7] 整理者:"莫,爲無人之義,見《詞詮》(第一八~一九頁)。《論語·憲問》:'子曰:"莫我知也夫。"'覔與開皆從开,傳本作'開'。開,訓通。《逸周書·程典》'慎德德開',孔晁注:'開,通。言德合也。'陳逢衡《逸周書補注》:'德開者,大啟之義。'此句今本作'維其開告于予嘉德之説',陳逢衡注:'開告,啟迪也。嘉德,美善之德。説,謂言説。'"宋華强(2011B)謂:"'覔'似是一個表示'給與'、'賜予'

之類意義的詞,從字音考慮,'覍'讀爲'錫'、'遺'、'賫'都有可能,待考。"陳劍(2015B)認爲"開"從开聲,引清華簡《繫年》簡120"齊與戉(越)成,以建易(陽)、郱陵之田,且男女服",整理者注釋:"建易,即開陽。'开'、'建'並爲見母元部字。《水經·穀水注》:'穀水又東,經開陽門南。《晉宫閣》名曰故建陽門。'《皇門》'維其開告于予嘉德之説','開'字清華簡本作'覍',從开聲。 清華簡《子儀》'開'字從户,开聲。小徐本《説文》;'開,張也。 从門,开聲。'"並提到方勇曾指出銀雀山漢簡《五令》1908號簡"開詞",即張家山漢簡《奏讞書》210、226號等的"訮(研)詞"。 凡此均證明"開"本從"开"聲,"開"字"苦哀切"的讀音,係同義换讀爲"闓"的結果。 這一點前人早已指出,如段注"開"字謂:"玉裁謂此篆开聲,古音當在十二部,讀如攘帷之攘。 由後人讀同闓,而定爲苦哀切。"簡文"開"即開導義,《禮記·學記》:"故君子之教喻也,道而弗牽,强而弗抑,開而弗達。""開余嘉德之説",義即以嘉德之説開導我。

[8] 整理者:"卑,讀爲'譬',譬喻。 此句今本作'命我辟王小至于大'。"黄懷信(2011D):"疑今本'命'爲'今'誤,'王'字、'至'字爲後人因誤而增。 譬小于大,即後文'譬如戎夫,驕用從禽,其猶克有獲'、'譬如梏夫之有媢妻,曰余獨服在寢,以自落厥家'等事。"

[9] 整理者:"二有國,指夏、商二朝。 哲王,聰慧賢能的君王。《書·康誥》:'往敷求于殷先哲王,用保乂民。'《逸周書·商誓》:'在商先誓(哲)王明祀上帝。'不共于卹,共讀爲'恐',卹通'恤',《爾雅·釋詁》:'憂也。'此句今本作'我聞在昔有國誓王之不綏于卹',陳逢衡注:'在昔有國誓王,古我夏先后與殷先哲王也。'""二有國",又稱"二國",《書·召誥》:"我亦惟兹二國命。"孫飛燕(2011)認爲:"'不'當讀爲'丕',語助詞。 這一用法古書習見,如《書·多方》'爾尚不忌于凶德',《詩·大雅·思齊》'肆戎疾不殄,烈假不瑕','不'均應讀爲'丕'。'不共于卹'即'丕恭于卹',是恭敬于憂國的意思。"朱鳳瀚(2012)亦將"共"讀爲"恭",謂"恭有恭勤之意",將"不恭于卹"理解爲"不會爲那些憂患之事過分操勞"。 同時還指出:"簡文下邊即是做解

釋,夏商先哲王所以可以不爲憂患之事操勞,是因爲'廼佳(唯)大門宗子、執臣,茅(懋)易(揚)嘉惠(德),气(迄)又(有)㻌(寶),以嚳(助)氒(厥)辟,堇(勤)卹王邦王豪(家)'。"我們認爲朱鳳瀚先生對文義的理解是正確的,順着這一思路,我們認爲"共"當讀爲"邛"。《詩·小雅·巧言》:"匪其止共,維王之邛。"郭店簡《緇衣》7-8號簡引作"非丌(其)止(止)之共,唯王惹(邛)。"張富海(2003)謂:"簡文'之'字誤在'止'下(上海博物館藏《緇衣》不誤),當移正。共,通作'恭',《毛詩》《釋文》:'共音恭,本又作恭。'鄭注:'邛,勞也。言臣下不止於恭敬其職,惟使君之勞。此臣使君勞之詩也。''邛'訓勞,見《爾雅·釋詁》。郝懿行《爾雅義疏》指出'邛'與'劧'爲一聲之轉,甚是。'邛'與'劧'聲母、聲調、等呼皆同,韻母的關係屬東、侯對轉,其爲同源詞的關係甚明。'邛'之本義爲地名,古書中假借用來表示一個與'劧'同源的詞;簡文作'惹',也表示同一個詞。上海博物館藏《緇衣》此字作上从力、下从工之形,似爲本字。"今按,古書中"邛"或訓爲"病",《詩·小雅·小旻》:"我視謀猶,亦孔之邛。"毛傳:"邛,病也。""劧勞"與"憂病"義本相應,勞極則病,所謂"憂勞成疾"也。正如《詩·小雅·北山》:"或燕燕居息,或盡瘁事國。""瘁"爲勞累義;《詩·大雅·瞻卬》:"人之云亡,邦國殄瘁。""瘁"爲病困義。"病"本身亦有疲勞義,如《孟子·公孫丑上》:"今日病矣,予助苗長矣。"趙岐注:"病,罷也。"《詩》"匪其止共,維王之邛",可與簡文此處文義對照理解。《詩》義爲臣下不恭敬於職守,則使王憂勞;簡文此處則是説王不必勞病於憂卹,正是因爲"大門宗子、邇臣"等忠於職守而"勤卹王邦王家"。"邛"郭店簡寫作"惹",從"共"、"工"雙聲,故簡文"共"可讀爲"邛"。魏宜輝(2016)將簡文"共"讀爲"劧勞"之"劧",對簡文文義的理解與我們相近,然從用字習慣及讀音方面考慮,似仍以讀爲"邛"更爲直接。王引之將今本文義理解爲"始於憂勤者,終於佚樂。哲王之憂,乃其所以得安也"(王念孫:《讀書雜志》,35—36頁,上海古籍出版社2014年),雖優於按今本本字求解,但仍嫌未達一間。我們認爲今本"亡(罔)不綏于卹",可直接理解爲安於憂卹,與簡文不勞病於憂卹,文義相近。

　　[10]　整理者："門，門户。　大門，指貴族。　大門宗子，即門子。《周禮·小宗伯》：'其正室皆謂之門子，掌其政令。'鄭注：'正室，適子也，將代父當門者也。'孫詒讓《正義》：'云"將代父當門者也"者，明以父老則適子代當門户，故尊之曰門子……蓋詳言之曰大門宗子，省文則曰門子，其實一也。'埶，讀爲'邇'。　邇臣，親近的大臣。　此句今本作'乃維其有大門宗子埶臣'，孔晁注：'大門宗子，適長。'"宋華強（2011）謂："疑'埶'當讀爲'孽'，二者都屬疑母月部。今本作'勢'，亦當讀爲'孽'。《説文》：'孽，庶子也。''宗子'是嫡子，故下言庶子。'孽臣'可能當連言，庶子對家族長而言就是臣，故稱'孽臣'。古書有'臣孽'，《詩·小雅·白華序》'以孽代宗'，毛傳：'孽，支庶也。　宗，適（嫡）子也。'孔疏：'《玉藻》云："公子曰臣孽。"……"宗，適子"者，以適子當爲庶子之所宗，故稱宗也。'簡本'孽臣'蓋即'臣孽'。"今按，宋説將"埶"讀爲"孽"，理解爲庶孽，不可信。簡文以"私子"表庶孽（陳逢衡説，"私"有"小"義，《方言》："私，小也。　自關而西，秦晉之郊，梁益之間，凡物小者謂之私。"嫡子又稱"冢子"、"宗子"，"冢"、"宗"均有"大"義，《逸周書·商誓》："爾冢邦君，無敢其有不告，見于我有周其比。"朱右曾校釋："冢，大也。"宗，崇也。　崇即高大義。　凡此均表明"私子"可與"宗子"、"冢子"構成對文，表示與"嫡子"相對的"庶子"義），這裏的"埶臣"當從整理者讀爲"邇臣"，理解爲近臣。

　　[11]　整理者："懋，《説文》：'勉也。'揚，發揚。　此句今本作'内不茂揚肅德'。"

　　[12]　整理者："气，讀'迄'，至於、達到。　寶，讀爲'孚'，訓爲信。　此句今本作'訖亦有孚'。"黄懷信（2011D）："气有缶，當讀如今本'訖有孚'。　訖，盡。　孚，信也。"今按，整理者讀"气"爲"迄"，訓爲至於、到達的意見恐不可信。　這種用法的"迄"多指時間或空間上的及至（參看《故訓匯纂》2276頁），與簡文"气"的用法不合。　這裏的"气"當讀爲"汔"或"迄"，訓爲庶幾。《詩·大雅·民勞》"汔可小康"，鄭箋："汔，幾也。"王先謙《詩三家義集疏》："魯汔作迄。"

[13] 整理者："藇字今本皆作'助'。 李學勤云：'金文☒字均爲協助之義，見何尊、禹鼎等器。'（《試論董家村青銅器群》，《新出青銅器研究》，文物出版社，一九九〇年，第九十八～一〇五頁）黃天樹則將☒字釋作'叀'，訓爲助（《禹鼎銘文補釋》，見張光裕、黃德寬主編《古文字學論稿》，安徽大學出版社，二〇〇八）。 藇字所從此字相類。 辟，《爾雅·釋詁》：'君也。'"今按，"藇"字原篆作☒形，整理者注釋中的意見並不明確，但在字表的音序檢索部分列在 zhu 條，顯然將其讀爲"助"。 楊安（2011A、B）力主此字當釋爲"助"，劉雲在復旦讀書會（2011E）文後跟帖中亦主張此字是"助"字異體；陳劍、董珊、劉洪濤等學者在楊安（2011A）跟帖中都主張此字應釋爲"叀"。 此字又見於清華簡《厚父》5號簡，寫作☒形，《孟子》引此句相應之字亦作"助"。 本篇簡文"惠"字作☒形，與"藇"形體顯然有別，這對於釋"惠"說也是不利的。《爾雅·釋詁》："詔、相、導、左、右、助，勴也。"訓爲"助"的"勴"字，在字書中頗多異體。 如《説文·力部》："勴，助也。 从力、从非，慮聲。"《集韻·去聲·御韻》以"勴"、"勴"爲"勴"字異體。《龍龕手鑒·力部·去聲》以"勴"、"勴"等字爲"勴"之異體。《玉篇·力部》："勴，同勴。"上述形體中，"勴"、"勴"爲形聲字，"勴"、"勴"偏旁部件完全相同，只是位置關係有異。 後二字字形奇詭，難以從文字學的角度加以分析。 見於《説文》的"勴"字，或許是"勴"與"勴"雜糅而成的形體。 "勴"、"勴"這類形體，即所謂的"隸定古文"，往往是對偏旁難以隸定的早期古文字勉強楷化的結果。《集篆古文韻海·去聲·御韻》收錄了一個寫作☒形的"勴"字，其形體無疑與前面提到的"勴"字相對應。 但這類古文形體並不見得來源於先秦古文字，很可能是後人根據"勴"字的楷書字形反推構擬的古文字形。 結合"勴"字字形及詞義，我們認爲"勴"或即清華簡《厚父》篇中寫作☒（5號簡）形的"勴"字。 如果勉強進行字形分析，"勴"字所從菲形，或係"勴"字所從類似"卉"旁的訛變，左下所從"旦"形或由"叀"形下部變來。 但由於字形時代懸隔，難以對二者之間演變關係作出很精確的描述。 陳劍（2017）曾提到《汗簡·秝部》"曆"字引《義雲章》有這樣兩個字形：☒ ☒，二字形上部的形體變化，

也反映了類似"卉"形的筆畫與類似"非"形的筆畫，在字形演變過程中存在某種糾葛。 如果字書中的"勴"字即相當於《厚父》篇之"勴（助）"字，那麼與"勴"爲異體關係的"勵"也應直接釋爲"助"。"勵"與"助"在形體上有十分密切的關係。"勵"字所從的"虍"旁與"虘"旁在戰國文字中常常混用不別（參看裘錫圭：《糾正我在郭店〈老子〉簡釋讀中的一個錯誤——關於"絕僞棄詐"》，載氏著《裘錫圭學術文集》第二卷，326—333頁，復旦大學出版社出版，2012年）。"助"從"且"聲，而典籍中的"且"或從"且"之字，在古文字中往往寫作"虘"或從"虘"聲之字。 如上博簡《緇衣》14號簡"吾大夫恭且儉"，"且"作"虘"；《曹沫之陳》45號簡"其賞淺且不中"，"且"作"虘"；新蔡簡甲三227號簡"盟詛"之"詛"寫作"袓"。 例至多，不備舉。《集篆古文韻海·去聲·御韻》"助"字下收錄一例形體作，正從"虘"聲。《六書通·去聲·御韻》"勴"字下收錄了一個古文形體，寫作，與上引寫作"勴"的"助"字完全同形。 所以"勵（勴）"、"助（勴）"在形體上完全有條件構成異體關係。 又《説文·齒部》："齟，齟齬。 齒不相值也。"段注："《廣韻》曰：'齟齬，不相當也。 或作鉏鋙。'《長阿含經》卷十九"有群豺狼競來齟掣"，玄應《一切經音義》引"齟掣"作"攄掣"。 鄧福禄、韓小荆《字典考正》以"齬"爲"齟"之異體。 可見"齟"、"齬"、"齬"是一組異體字，這與"助"、"勴"、"勵/勴"互爲異體，恰可平行互證。 再加上"勵"只有"助"這一個義項，讀音又與"助"相近（上古音均爲魚部字，聲紐亦相近）。 綜合以上因素，我們認爲"勵"就應該直接釋爲"助"。 這樣看來，"勵"在字書中的異體"勴"應看作是"助"字早期形體的訛變，可直接釋爲"助"。"勴"應是在"勴"形基礎上的進一步訛變。 也就是説典籍和字書中所謂"勵"字及其各種異體，都應該釋爲"助"。 上博簡《容成氏》篇有"敷"字（《容成氏》簡50、53，兩處字形右旁所從均模糊不清，所謂"攴"旁實不排除是"力"旁的可能），辭例爲："受爲無道，……吾敷天畏（威）之。"（50號簡）整理者已經指出，"敷"即"勵"字（馬承源主編：《上海博物館藏戰國楚竹書（二）》290頁，上海古籍出版社，2002年）。《國語·越語》："今夫差衣水犀之甲者億有三千，不患其志行之少恥也，而患其衆之不足也。 今寡人將助天威之。"類似記載亦見於《吳越春秋・勾踐伐吳外傳》（這兩條對比材料爲陳劍先生較早指出，參看陳劍：《上博楚簡〈容成氏〉與古史傳説》，"中國南方文明研討會會議論文"，臺北，2003 年 12 月；又復旦網，2008 年 7 月 31 日）。 簡文"吾敿（勴）天畏（威）之"辭例與《國語》"寡人將助天威之"完全相同，"敿/勴"與"助"爲異文，這對於將"勴"釋爲"助"也是積極的證據。我們認爲"勤/藣"與"敿/勴"兩組字，雖然形體不同（"勤/藣"的構形不明，"敿/勴"爲形聲字），但都應釋爲"助"。 從戰國簡的用例來看，前者均出現在文本生成時代較早的《尚書》類文獻中，其字形當係通過文本系統傳承下來的"助"字的早期形體。 後者則出現在戰國時期文獻《容成氏》中，字形的時代較晚。 這應該反映了在表示{助}這個詞的時候，時代不同所使用的字形有異的情況。

　　[14] 整理者："此句今本作'勤王國王家'。"

　　[15] 整理者："方，讀爲'旁'，《説文》：'溥也。'《廣雅・釋詁二》：'廣也。'《國語・楚語上》'如是而又使以夢象旁求四方之賢'，又'使以象旁求聖人'。 選，擇也。'選擇'連用見《孟子・滕文公上》：'選擇而使子，子必勉之。'此句今本作'乃方求論擇元聖武夫'，莊述祖注：'元，善；聖，通也。 元聖可以爲公卿，武夫可以爲將帥者。'陳逢衡注：'方求，徧求也。 論擇，慎選也。《詩》曰："糾糾武夫。"元聖可以資論道，武夫以備腹心。'簡文所謂'元武聖夫'即指'元聖武夫'。'元武'一語亦見曾伯霥簠（《殷周金文集成》四六三一～四六三二）：'元武孔㷊。'"今按，簡本"選擇"今本作"論擇"，陳逢衡訓"論擇"爲"慎選"，復旦讀書會（2011E）從之。 將"論"訓爲"慎"，應是按本字求解。 白軍鵬（2013）指出今本"論"應訓爲"擇"，《墨子・所染》："故善爲君者，勞於論人，而佚於治官。"孫詒讓引高誘注《吕氏春秋・所染》："論，猶擇也。"這種用法的"論"，古書中或寫作"掄"，《國語・晉語八》："君掄賢人之後，有常位於國者而立之。"韋昭注："掄，擇也。""論（掄）擇"與簡本"選擇"均爲同義複合詞。 上博八《志書乃言》4 號簡"蟲材以爲獻"，"蟲"可看作"蚰（昆）"之異體，陳劍（2011C）讀爲

"掄",可信。 又,整理者認爲簡本"元武聖夫"即指今本之"元聖武夫",似未達一間。"元武聖夫"與"元聖武夫"構詞方式不同,簡本"元武聖夫"從結構上分析,"元武"是修飾"聖夫"的。"元武"一詞,整理者已引西周金文曾伯霥簠的辭例,另外還可舉山周工孫季怡戈:"周王孫季怡,孔臧元武,元用戈。"(集成11309)聖夫,與"聖人"義近。《詩·大雅·生民》:"履帝武敏歆,攸介攸止。 載震載夙,載生載育。 時維后稷。"孔疏:"帝嚳聖夫,姜嫄正妃,配合生子,人之常道。"今本之"元聖武夫",據整理者引舊注,都是把"元聖"和"武夫"看作並列結構。"武夫"一詞固然見於《詩·周南·兔罝》,但"元聖"的典籍用例卻有點可疑。 舊注多引《墨子·尚賢中》:"《湯誓》曰:'聿求元聖,與之勠力同心,以治天下。'"(僞古文《尚書·湯誥》:"聿求元聖,與之戮力,以與爾有衆請命。")但《墨子》引《湯誓》文不見於今本《湯誓》,故有學者質疑其可靠性。 如王鳴盛曰:"今《湯誓》一百四十四字,首尾完好,文義連屬,絕無訛闕,安得有'予小子履'一段,及'聿求元聖'等語爲其所遺落乎?"(《尚書後案》上册236頁,北京大學出版社,2012年)故今本"元聖武夫",當是簡本"元武聖夫"之訛。

[16] 整理者:"羞,《爾雅·釋詁》:'進也。'此句與今本同,陳逢衡注:'羞于王所,貢士之典也。'"今按,"王所",這裏指朝廷,義略近於"王庭"(《易·夬》:"揚于王庭。"孔穎達疏:"王庭是百官所在之處。")。 類似用法的"王所",屢見於出土文獻。 如子犯編鐘"諸楚荆不聽命于王所"(《金文通鑒》15200號),郳公鈹父鎛"以共朝于王所"(《金文通鑒》15815號)等。 簡文"膡"字原篆作⿰月⿱𠂉兂形,蘇建洲在復旦讀書會(2011E)文後跟帖中據此認爲,下列字形⿰⿱𠂉兂月(《性情論》33號簡)、⿰月⿱𠂉兂(璽彙1020)、⿰月⿱𠂉兂(陶彙3.1317)都應該釋爲"膡"。 從字形的角度來看,蘇建洲先生的說法是可信的。《性情論》因爲辭例明確,且有《性自命出》作爲對比,可以確定"膡"爲"敬"之訛字(即"敬"字左下所從人形及"口"旁,訛作形體相近的"肉"旁);上述璽印、陶文形體,應從徐在國(1998)文釋爲"膡"。

[17] 整理者:"乿,《書·堯典》傳:'治也。'乿臣,治國大臣。 此

句今本作'其善臣以至于有分私子',陳逢衡注:'善臣,猶盡臣也。 分,分土也。 有分私子,謂有采邑之庶孽。'"今按,體會簡文文義,夏商兩朝的"大門宗子、邇臣"匡助厥辟的主要方式是選賢進能。 而簡文中提到的"賢能"包括兩類人: 一類是"元武聖夫",另一類是"自釐臣至于又貧厶子"。 前一類主要是指沈伏在民間的賢人,所以要通過訪求的方式將其從普通百姓中選擇出來並進獻於王所;後一類則是因爲身份的原因,没有資格獻言於王所。 只有具備特别的品德或才能("苟克有諒"),他們的諫言才能上達天聽。 後一類人的身份也有高有低,也就是簡文所說的"自釐臣至于又貧厶子"。 從這個角度來看,整理者將"釐臣"訓爲治國大臣,一來泛而不切,二來既然是治國大臣,自然"有諒",且本應隨時"獻言在王所",似不必如此辭費。 我們認爲"釐臣"當讀爲"臺臣",是一種地位非常低下的臣僕。《左傳》昭公七年:"天有十日,人有十等。 下所以事上,上所以共神也。 故王臣公,公臣大夫,大夫臣士,士臣皂,皂臣輿,輿臣隸,隸臣僚,僚臣僕,僕臣臺。"簡文"又貧厶子",當從今本讀爲"有分私子",陳逢衡理解爲"有采邑之庶孽",朱右曾謂:"分,職也。"(參看《逸周書彙校集注(修訂本)》,上海古籍出版社,2007年。 以下引前人對今本《皇門》篇的校讀意見,如無特别註明,均引自此書。)《禮記·禮運》:"男有分,女有歸。"鄭注:"分,猶職也。"則"有分私子"可理解爲有職分的庶孽。"私子"對應於前文的"大門宗子",後者是在王身邊負有輔佐之責的權臣,而"私子"即使有職分,其身份也決定了他們只有通過"大門宗子"的舉薦才能"獻言在王所"。 這樣一來,"釐(臺)臣"與"有分私子"正好居於身份相對卑賤者的兩端,可以涵蓋這一類特定身份的人。

[18] 整理者:"欯,即'㫺'字,讀爲'諒',皆從京得聲,《說文》:'諒,信也。'此句今本作'苟克有常'。"簡文"欯",整理者指出即"㫺"字,甚是。《說文·旡部》:"㫺,事有不善言㫺也。《爾雅》: 㫺,薄也。 从旡、京聲。"段注:"《桑柔》毛傳、杜注《左傳》、《小爾雅》皆云:'涼,薄也。'涼即㫺字。"字或作"就"。

[19] 整理者:"䢦,讀爲'懍',皆從靣得聲,《廣雅·釋詁一》:'敬

也。'此句今本作'罔不允通，咸獻言在于王所'。"關於簡文"霜"字，參看下文注[71]。

[20] 整理者："敷，讀爲'布'。"

[21] 整理者："憲，效法，《詩·崧高》：'文武是憲。'正，讀爲'政'。政命，猶後世言政令。此句今本作'明憲朕命'。克，能。和，和合、和諧。《書·君奭》：'維文王尚克修和我有夏。'成，事成，禹鼎（《集成》二八三三）：'肆禹又（有）成。'《逸周書·度邑》：'天自幽不享於殷，乃今有成。'朱右曾注：'冥冥中已不享殷，至今乃有成命也。'此句與今本同，唐大沛注：'謂能和衷以相與有成也。'"今按，簡文"王用"至"有成"一段，學術界斷句有分歧。整理者斷讀爲"王用又（有）監，多憲正（政）命，用克和又（有）成"，復旦讀書會（2011E）斷讀爲"王用又（有）監，多憲正（政），命用克和又（有）成"，趙雅思、陳家寧（2011）斷讀爲"王用又（有）監，多憲正（政）命用克和又（有）成"，陳劍先生在蕭旭（2011B）文後跟帖中則斷讀爲"王用又（有）監多憲，正（政）命用克和又（有）成"，並進一步解釋道："'王……多憲'之'憲'即後文簡13'皆卹爾邦、假余憲'之'憲'，'有監'與'多憲'二者間可以理解爲略有因果關係；'政命……有成'可對比後文簡11'政（今本作"命"）用迷亂、獄用亡成'。如此斷句理解，'王用……政命用……王用能……百姓萬民用……先王用'句式整齊，文意層次清楚。'人惠王共明祀，敷明刑'是'王有監多憲'的原因，'王有監多憲'是'政命克和有成'的原因，'王有監多憲，政命克和有成'是'王能承天之魯命、百姓萬民罔不擾比在王廷'的原因，'王能承天之魯命，百姓萬民罔不擾比在王廷'又是'先王有勸，以賓佑于上'的原因。"季旭昇（2013）從之。我們認爲陳劍先生的意見是正確的，"王用有監多憲，政命用克和有成"，意思是君王因此多所借鑒取法，政令也因此和諧有成。

[22] 整理者："魯，訓嘉，《史記·周本紀》'魯天子之命'，《魯世家》作'嘉天子命'。此句今本作'用能承天嘏命'。"

[23] 整理者："胹，讀爲'擾'，《書·皋陶謨》傳：'順也。'比，《爾雅·釋詁》：'俌（輔）也。'《詩·皇矣》：'克順克比。'此句今本作

'百姓兆民，用罔不茂在王庭'。"網友"海天遊蹤"在簡帛網論壇"清華簡三《芮良夫毖》初讀"帖子的第 30 樓提到，清華簡《芮良夫毖》20 號簡"五相柔訨（比）"之"柔"當訓爲和柔、和順，"比"爲親附義。 本篇簡文之"脜比"亦當讀爲"柔比"，清華簡《程寤》8 號簡有"思（使）卑脜（柔）和川（順）"語，亦可證。 今按，"擾"、"柔"音義俱近，"擾"亦常訓爲"柔"（參看《故訓匯纂》945 頁）。《尚書·皋陶謨》"柔而立，……擾而毅"，鄭玄注："柔，謂性行和柔。 擾，謂事理擾順。"段玉裁《古文尚書撰異》："《五經文字》上曰：'擾，《説文》也；擾，經典相承隸省也。'玉裁按，此非隸省，乃隸變也。 夒聲、憂聲古音同在第三尤幽部，是以'夒'之俗亦作'獶'。《史記集解》：'徐廣曰： 擾一作柔。'玉裁按，'擾'古音讀如'柔'，是以《韓非·説難》：'龍之爲鱗，可柔狎而騎。'《史記》'柔'作'擾'。《管子》書'擾桑'即《毛詩》之'柔桑'也。 但此經'擾'與上文之'柔'義別，若作'柔'，則複上矣。《玉篇·牛部》：'㹛，……牛柔謹也。 從也，安也，又馴也。《尚書》'㹛而毅'字如此。'"（《清經解》卷 569，第四册 28 頁，上海書店，1988 年）于省吾《尚書新證》："九德以'柔而立'、'擾而毅'並列，則柔、擾應有别。《大宰》注：'擾猶馴也。'《論語》'是不可不弘毅'，包注：'毅，强而能決斷也。'蓋柔和者易於因循而無所樹立，馴擾者易於猶豫而無所決斷，故曰'柔而立'、'擾而毅'也。"今按，雖然《皋陶謨》"柔"、"擾"含義應有所區别，但上引舊注對此亦難以强分。 簡文"脜"讀爲"柔"或"擾"實難判定（上引"海天遊蹤"認爲《芮良夫毖》"柔訨"即本文之"脜比"，亦無確證）。 從用字習慣來看，在戰國竹簡中，"脜"或用爲"擾"，如九店簡 39 下—40 下，有"六牲脜"、"六脜"；清華簡《管仲》13 號簡"是古（故）六脜不脒（瘠）"等，"脜/脜"無疑當讀爲"擾"。《逸周書·職方》："其畜宜六擾。"孔晁注："家所畜曰擾。"《周禮·夏官·職方氏》"河南曰豫州，……其畜宜六擾"，鄭注："六擾： 馬、牛、羊、豕、犬、雞。"九店簡之"脜"即"脜"之異體，《説文·百部》："脜，面和也。 从百、从肉。 讀若柔。"上博簡《季庚子問於孔子》23 號簡"然則邦平而民脜矣"，從古書用例來看，"脜"亦應讀爲"擾"（《周禮·天官·大宰》

"以擾萬民"，鄭玄注："擾，猶馴也。"）。"腬"或讀爲"羞"，如本篇 13 號簡"毋作祖考腬哉"，《季庚子問於孔子》1 號簡"肥從又（有）司之後，一不知民務之焉在，唯子之貽腬"（類似辭例如上博簡《仲弓》26 號簡"恐貽吾子羞"、《周易》28 號簡"或承其羞"，"羞"字原作從心腬聲之字），"腬"均應讀爲"羞"。《用曰》17 號簡"腬聞惡謀"，清華簡《芮良夫毖》3 號簡"母（毋）腬睧（問）繇（謠）"，"腬"似亦應讀爲"羞"。 戰國竹簡文字在表示{柔}這個詞的時候，絕大多數情況用"柔"字（例至多，不備舉），唯清華簡《說命下》2-3 號簡"余腬遠能逐（邇）"，"腬"確應讀爲"柔"。 袁瑩（2011B）將"腬"與商周文字中的"夒"聯繫起來，認爲"腬"所從之"肉"旁爲▨（毛公鼎，集成 2841）字手形的訛變。 袁說缺乏堅實的字形演變方面的證據，特別是她從舊說將▨（伯頵觶，集成 6175）釋爲"夒"（參看《古文字譜系疏證》537 頁），並將其作爲字形演變重要的中間環節，很不可信。"夒"字商周金文形體作如下諸形：▨（亞夒鼎，集成 1415）、▨（亞伯禾鼎，集成 2034）、▨（亞夅夒鼎，集成 1742）、▨（夒爵，集成 7344）、▨（祖辛觶，集成 6481）、▨（無夒卣，集成 5309）、▨（毛公鼎，集成 2841）。 上述形體象猴猱的手形部分從未與身體分離，所以將▨形釋爲"夒"是缺乏字形依據的。 郭店簡《六德》篇有▨（31 號簡）、▨（32 號簡）字，郭店殘簡的 5 號簡有▨字，上述諸字從文義看均應讀爲"柔"。 陳劍先生在《郭店簡〈六德〉用爲"柔"之字考釋》一文補記中提到，這幾個字或許與"夒"有關（參看氏著《戰國竹書論集》104 頁，上海古籍出版社，2013 年）。 我們認爲陳劍先生的這一看法非常正確。 ▨形左下所從，無疑是"夒"字所從止形和手形的訛變，▨形雖保留了止形，但省去了手形。 雖然目前來看將"腬"釋爲"夒"證據仍嫌薄弱，但在用字習慣上看，"腬"與"夒"確實有比較密切的關係。如前文我們列舉了"腬"可讀爲"擾"、"羞"、"柔"的例子，在金文中"夒"亦有相同的用法。 如金文中不少從"夒"之字可讀爲"擾"，儠匜"自今余敢▨（擾）乃小大史（事）"（集成 10285），大盂鼎"有柴烝祀無敢▨（擾）"（集成 2837），啓卣"堇（謹）不▨（擾）"（集成 5410）；"夒"亦可讀爲"羞"，袁瑩（2011B）已經提到王國維早期將毛公鼎▨字讀爲"羞",這一意見是正確的(最初王國維認爲此字向人以手遮面,表羞恥義,故讀爲"羞"。後來王氏將此字改釋爲"夒",讀爲"憂"。現在看來,字形當以後説釋"夒"爲是,釋義則當從前説讀爲"羞"。毛公鼎"俗(裕)我弗作先王夒(羞)",辭例與本篇簡文"毋作祖考脜(羞)哉"幾乎全同,可資參照)。"夒"又可讀爲"柔",秦子簋蓋"又(有)夒(柔)孔嘉"(《金文通鑒》05172號),"夒"字寫作⿱形,與《説文》小篆幾乎全同。可見,戰國竹簡文字中的"脜"與西周金文中的"夒"或從"夒"之字,在用法上高度重合,二字之間或許確實存在某種繼承關係。猶有可説者,上引金文中讀爲"擾"的諸形體,過去學術界一般認爲即從"夒"聲。其形體或作⿱(俞尊,集成5990)、⿱(中鼎,集成2751),與典型的"夒"字作⿱形者,區別十分明顯("夒"字的主要特徵如手形上揚遮面,後面保留猿猴的尾巴形,都是⿱類形體所不具備的)。二者之間的關係,還有待進一步研究。包括金文中"柔遠能邇"之"柔"作⿱形(番生簋,集成4326),是否從"夒"聲,也有疑問。回到簡文"脜"的用法,前文已經提到古書中有"以擾萬民",且"擾"的含義更傾向於強調統治者政教的重要性,即百姓萬民經由統治者馴教而順從、服從(將馬、牛、羊等六種經過馴化的家畜稱爲"六擾",亦可體會"擾"的核心詞義)。所以我們主張簡文"脜"讀爲"擾","脜(擾)比",馴服親密的樣子。關於"夒"及相關諸字,鄔可晶(2019B)有較爲全面的研究,宜參看。

  [24] 整理者:"勸,努力,《小爾雅·廣詁》:'勸,力也。'"

  [25] 整理者:"瀕,讀爲'賓',《書·堯典》傳:'導。'此句今本作'先用有勸,永有□于上下',孔晁注:'上謂天,下謂地。'陳逢衡注:'上謂天,下謂民。'"今按,簡文"賓"當爲贈予、賜予義。《國語·楚語下》"公貨足以賓獻",韋昭注:"賓,饗贈也。"上博簡《孔子詩論》27號簡"送其所愛,必曰:吾奚舍之?賓贈是已","賓贈"同義連言,"賓"亦贈也。公貿鼎"叔氏使貿安異伯,賓貿馬辔乘"(集成2719);亢鼎"亞賓亢駢金二鈞"(新收1439),上述銘文中的"賓"均爲贈予、賜予之義,類似的用法在金文中還有不少,這裏就不一一列舉了。張世超等撰《金文

形義通解》引孫詒讓説,謂上述用法的"賓"即禮經之"儐"(參看《金文形義通解》1568頁,中文出版社,1996年)。 此亦證明"賓"本有贈賜義,"儐"係後起分化字。

[26] 整理者:"辟,君也。 此句今本作'人斯既助厥勤勞王家',唐大沛注:'厥下疑脱辟字,上云"助厥辟勤王國王家",此宜當然。'説與簡文合。"

[27] 整理者:"復,報答,《左傳》定公四年注:'報也。'式,語助,《詩·式微》'式微式微,胡不歸',鄭玄箋:'式,發聲也。'《逸周書·祭公》'康受乂之,式用休',潘振《周書解義》:'式,語詞……文王安受方國而治之,移風移俗,治用休美。'參看《書·多方》:'天惟式教我用休。'"上博簡《仲弓》22號簡"上下相復以忠,則民歡承教","復"亦讀爲"報"。

[28] 整理者:"服,《説文》:'用也。'《廣雅·釋詁二》:'任也。'此句今本作'俾嗣在厥家',陳逢衡注:'嗣在厥家,子孫繩繩萬年靡不承也。'"今按,"服"非簡單的任用義,而是指有職事。《詩·大雅·蕩》"曾是在服",毛傳:"服,服政事也。"《國語·周語上》"邦内甸服",韋昭注:"服,服其職業也。"簡文大意是説,"大門宗子、邇臣"因"勤勞王邦王家"有功,故"先人、神祇"賜給他們福佑,使他們在私家采邑或宗族内部有所職掌。

[29] 整理者:"叚,讀爲'假',《爾雅·釋詁》:'大也。'今本作'格'。 稼穡,耕種與收穫,指農業生産。《書·無逸》:'厥父母勤勞稼穡,厥子乃不知稼穡之艱難。'此句今本作'小人用格,□能稼穡'。"復旦讀書會(2011E)認爲"叚"當據今本讀爲"格",訓爲至。 今按,簡文"叚能稼穡"與"咸祀天神"爲對文,故讀書會將"叚"讀爲"格",並在其後讀斷,非是。 我們認爲"叚"或當讀爲"各",各自的意思,與下文"咸祀天神"之"咸"訓爲"皆"相對。"能"的名詞義爲才能、能力,這裏用爲動詞。"小民用叚(各)能稼穡,咸祀天神"意即小民因此各自長於稼穡之事,又皆能祭祀天神。

[30] 整理者:"戕,讀爲'并',一説釋'戕'。 此句今本作'咸祀

天神'。"復旦讀書會（2011E）同意釋"戕"説，謂："《説文·戈部》：'戕，絶也。 一曰：田器。 从从、持戈。 古文讀若咸。'則'戕'字正可讀爲'咸'，與今本一致。《清華壹·楚居》簡3的'巫戕'即古書中的'巫咸'，亦可證。"

[31] 整理者："興，《説文》：'起也。'此指興兵。 此句今本作'戎兵克慎'。"

[32] 整理者："實，《小爾雅·廣詁》：'滿也。'此句今本作'軍用克多'，潘振注：'軍用，楨榦刡茭之類。'實，軍實，《左傳》隱公五年注云即'車徒、器械及所獲也'。"今按，簡文"實"，整理者提出兩種不同意見。 一爲形容詞，訓滿；一爲名詞，即軍實。 從文義來看，當以後説爲是。"軍用多實"，即部隊有充足的軍實（車徒、器械等）。

[33] 整理者在"四受"之後讀斷，謂："盍即'蓋'，古與'奄'字通用，《左傳》昭公九年'商奄'，《墨子·耕柱》、《韓非子·説林上》等作'商蓋'。 奄，擁有。《詩·執競》：'奄有四方。'"復旦讀書會（2011E）所作釋文將"遠土"屬上讀，可從。 簡文是説王所撫有的疆土既包括近處的四鄰，也包括"遠土"，隱含有包舉宇内之意。 下注整理者引陳逢衡説，謂"奄有四鄰遠土，謂有天下"，正將"遠土"屬上讀。

[34] 整理者："承，順承。《詩·抑》：'萬民靡不承。'此句今本作'王用奄有四鄰，遠土丕承'，陳逢衡注：'奄有四鄰遠土，謂有天下。'"今按，整理者訓"承"爲"順承"，此爲下奉上之義（所引書證即爲顯例），非是。 今本"承"，朱右曾訓爲"繼也"，可信。《詩·秦風·權輿》"不承權輿"，毛傳："承，繼也。"訓爲"繼"的承，與"繩"音義皆近。《詩·大雅·下武》："昭兹來許，繩其祖武。"朱熹集傳："繩，繼。"馬瑞辰《傳箋通釋》："繩之言承也。 繩、承音近，古通用。"簡文"丕承子孫"，義爲烝烝然繁盛的繼嗣子孫。

[35] 整理者："稯，讀爲'末'，訓'終'。《書·立政》：'我則末惟成德之彦，以乂我受民。'孔穎達疏：'末，訓爲終。'耿，《説文》引杜林云'光也'。'耿光'一詞又見於禹鼎（《集成》二八三三）、毛公鼎（《集成》二八四一）。 此句今本作'萬子孫用末被先王之靈光'，陳逢衡注：

'用末被先王之靈光，謂終受其福也。'"今按，簡文"穢"，今本作"末"，復旦讀書會（2011E）括注爲"蔑"。《逸周書・祭公》"文武之蔑"，朱右曾："蔑，末也。"王念孫《讀書雜誌・逸周書四》："予謂蔑與末同。穆王在武王後四世，故曰追學於文武之末。《小爾雅》曰：'蔑，末也。'"陳劍（2017）謂"穢（蔑）被"義近連用，"蔑"亦披覆、施加義。簡文"耿光"，整理者已指出見於西周金文。是否應從今本讀爲"靈光"，或按《說文》訓"耿"爲"光也"，均無確證，待考。

[36] 整理者："立王，見《詩・桑柔》。此句今本作'至于厥後嗣'，無'立王'二字。"季旭昇（2013）謂："簡本'後嗣'後'立王'爲傳本所删脱，'立王'更有强調'立爲國君'之意。"按截至目前，似尚未有學者提出簡本"立王"爲衍文的意見，《讀本》的看法代表了學術界主流觀點。但如果按照簡本，將"厥後嗣立王"理解爲夏商兩朝之"哲王"的後嗣，則與後文"以家相厥室，弗卹王邦王家"無法接榫，季旭昇（2013）將這兩句話翻譯爲"後世立王只顧治理家事，不去擔憂國家的事務（把天下當自己家來治理——只圖私利享受，不擔心王邦王家）"（216、188頁），實際上是不合適的。君王撫有四海，以天下爲家，可以說其"家事"就是"天下事"。這兩句話是典型的針對臣下而言的，正如簡文講"二有國之哲王"時期，"大門宗子邇臣……以助厥辟，勤卹王邦王家"，"弗卹王邦王家"與"勤卹王邦王家"顯然是對文，不可能前面用來講臣下，後面就變成針對君主。同樣，今本接下來講到"維[偷]德是用，以昏求臣"，同樣是在講臣下的行爲，復旦讀書會（2011E）指出，"在《皇門》篇中，周公先追述'大門宗子勢臣'勤勉王事、選賢與能的業績，然後對'厥後嗣''弗卹王國王家，惟[偷]德是用'的現狀提出批評和告誡；前文記周公追述業績時有'乃方求論擇元聖武夫'之語，跟這裏的'以昏求臣'應該是相對的。'方求論擇元聖武夫'意思是廣泛而謹慎地選擇通人武夫，這是'大門宗子勢臣'選賢與能、勤勉王事的表現；'厥後嗣'不勤王事，在選拔王臣的問題上就表現得昏聵迷亂"，對文義的理解非常準確。簡本將今本"以昏求臣"改爲"以昏求于王臣"，把針對臣下的話，變成了針對君主的話，無疑是爲與前文"至於厥後嗣立王"相接榫而對文

本做了改動，所以"以昏求于王臣"當從今本校改爲"以昏求臣"。 總之，簡文"至于厥後嗣立王"之"立王"顯然是衍文，"厥後嗣"是指"二有國之哲王"時期"大門宗子、邇臣"的後嗣。

[37] 簡文"廼弗肎（肯）用先王之明刑"，今本作"弗見先王之明刑"。"明刑"仍當理解爲光輝的典範，"先王之明刑"，即"二有國之哲王"時期的"大門宗子、邇臣"。

[38] 整理者："訳，讀爲'急'。 疋，讀爲'胥'，《爾雅·釋詁》：'相也。'驅，驅使。 教，教唆。 非彞，非法。 此句今本作'維時及胥學于非夷'，莊述祖注：'夷，常。 夷、彞通。'孫詒讓注：'莊説是也。《酒誥》云："誕惟厥縱淫佚于非彞。"《召誥》云："其惟王，勿以小民淫用非彞。"《洛誥》云："女于棐民彞。"棐、非、夷、彞字通。 非彞，猶言非法也。'"復旦讀書會（2011E）："古書中'急急'一詞出現較晚，早期慣用'汲汲'，此處似以括注'汲汲'爲長。"今按，整理者訓"胥"爲"相"，不確。 季旭昇（2013）理解爲皆、都，可從。 整理者對於"驅"和"教"的理解亦均非是。"驅"，當理解爲追隨、追逐。《文選·嵇康〈琴賦〉》："雙美並進，駢馳翼驅。"李善注："《蒼頡篇》曰： 隨後曰驅。""教"，季旭昇（2013）讀爲"效"，理解爲模仿、學習，可從。"教"、"學"古文字中常可通用（金文中常見"教"讀爲"學"之例），簡文"教"亦可讀爲"學"，亦效仿義。 如《墨子·貴義》："貧家而學富家之衣食多用，則速亡必矣。"

[39] 整理者："此句與今本同，孔晁注：'言勢人以大夫私家不憂王家之用德。'又參見清華簡《祭公》'汝毋各家相而室'。"今本此句，朱右曾解釋爲"言惟顧其家室"，可信。"家相厥室"之"室"，指卿大夫的私產、家資。《國語·楚語上》："使師崇、子孔帥師以伐舒，燮及儀父施二帥而分其室。"韋昭注："室，家資也。"《國語·晉語六》"納其室以分婦人"，韋昭注："室，妻妾財貨。"這裏指卿大夫的私人產業與事物。 相，治理。《左傳》昭公二十五年："公鳥死，季公亥與公思展與公鳥之臣申夜姑相其室。"杜預注："相，治也。"《荀子·成相》："凡成相，辨法方，至治之極復後王。"王先謙《集解》引王念孫曰："相者，治也；成相者，成

此治也。"特別是《左傳》的那條記載，"相其室"即相當於簡文之"相厥室"。 家，本爲名詞，這裏用作動詞"相"的狀語，即所謂意動用法。 在簡文中當理解爲與"公"相對之"私"。《左傳》文公十年"盡其家，貸於公"，家，指私家；公，指公室。"家相厥室"，意即私治其家室（而不顧公室）。《尚書·呂刑》："民之亂，罔不中聽獄之兩辭；無或私家于獄之兩辭。"其中"家"亦當理解爲"私"，"私家"同義連言。

　　〔40〕整理者："俞，讀爲'婾'，《說文》：'巧黠也。'《左傳》襄公三十年注：'薄也。'此句今本作'維德是用'，于鬯注以爲'不美之義'，由簡文可知乃脫字而致誤。"復旦讀書會（2010）："簡文'俞德'表示的意思當是'惡德'一類，疑'俞'字可讀爲从俞聲的'偷'，《上海博物館藏戰國楚竹書（六）·景公瘧》'塼（敷）情而不愈（偷）'、'盍（蓋）必（比？）死，愈（偷）爲樂乎'兩處皆用从俞聲的'愈'字爲'偷'，亦可爲旁證。 偷是'苟且、怠惰'的意思。"

　　〔41〕整理者："此句今本作'以昏求臣'。"王念孫將"求"字移至下文"王阜"之下，謂："'昏'、'臣'二字連讀，下文'譬若匹夫之有昏妻'，注曰'喻昏臣也'，是其證。"（王念孫：《讀書雜志》37—38頁，上海古籍出版社，2014年）從簡文來看，王氏校改不可信。 蘇建洲（2010A）讀爲"慇"，謂簡文"'以慇求于王臣'，是説以哀慇之心來請求聽獄之臣秉中執法，或説請求聽獄的執法大臣有哀慇之心，'惠聽無皋之辭'"。 復旦讀書會（2010）認爲"酳"當讀爲"昏"，具體論證參注36。我們認爲讀書會的看法是正確的。

　　〔42〕整理者："不祥，不善。 此句今本作'作威不祥'，孔晁注：'祥，善也。'"復旦讀書會（2010）認爲"今傳本'作'可能是一個誤字（非一作？ 亡一作？）"。 小疋、紫竹道人在其後跟帖中都贊成今傳本原當作"非威（畏）不祥"，"非"因形近訛爲"作"，並舉裘錫圭《〈墨經〉"佴""䛊""廉""令"四條校釋》（《國學研究》第三卷，北京大學出版社，1995年）、陳劍《楚辭〈惜誦〉解題》（《中文自學指導》2008年第5期）二文相關討論爲證。

　　〔43〕整理者："惠，《禮記·表記》注：'善也。'此句今本作'不屑

皇門 199

惠聽，無辜之亂辭是羞于王'，盧文弨校：'"不屑"，疑"不肯"之訛。'簡文證其說是。"

［44］ 整理者："訓，讀爲'順'。"復旦讀書會（2010）認爲"綺"當讀爲"治"，"爲、作"的意思，"'惟不順是治'句式與'惟偷德［是］用'相同，意思是做不合理的事情"。

［45］ 整理者："訪，諮詢。《書·洪範》：'王訪于箕子。'今本作'王皐良'，句不通。"黃懷信（2011D）："'我'字衍，不當有。既如上所言'以問（昏）求臣，弗畏不祥，不肯惠聽亡辜之辭，乃維不順之言是治（主）'則不可能又訪良言，疑當如今本作'王皐良'，皐，借爲'不'。'言'字衍，疑本在前'不訓（順）'下。王不良，故'於是人斯乃非休德以應'。"復旦讀書會（2010）、蘇建洲（2010A）均疑今本"皐"爲"訪"的音近假借字。按，黃懷信謂"我王"之"我"爲衍文，可信。此段簡文亦講夏商兩朝君臣關係，與周王無涉，不應稱"我王"。整理者將"訪"訓爲"諮詢"，亦不準確。表示"諮詢"義的"訪"，後面一般接被訪的人，如"王訪于箕子"（《書·洪範》）、"穆公訪諸蹇叔"（《左傳》僖公三十二年）等，而且動賓之間往往有介詞"于"、"諸"等。簡文"訪良言"之"訪"，應理解爲尋求、探求，《晉書·儒林傳序》"於是傍求蠹簡，博訪遺書"，"求"、"訪"互文，"訪"亦爲搜求義。將今本"王皐良"之"皐"讀爲"不"或訪"，均不可信。王念孫謂"良"上當有"求"字，當是。今本"良"下亦當有"言"字，誤脫漏。

［46］ 整理者："休德，美德。《管子·小匡》：'休德維順，端愨以待時使。'此句今本作'人斯乃非維直以應'。"

［47］ 整理者："區，讀爲'詎'，《廣韻·侯韻》訓爲'巧言'。詐詎，指欺詐。此句今本作'維作詎以對'。"按，"乍"從用字習慣來看，似應從今本讀爲"作"。

［48］ 整理者："禽，即'擒'。此句今本作'譬如畋，犬驕用逐禽'。'犬'字與'夫'形近致誤。"復旦讀書會（2011E）認爲"戎夫"當讀爲"農夫"，"驕"理解爲放縱、縱恣，"從禽"爲古人習語，謂畋獵。黃人二、趙思木（2011）認爲簡文"喬"當即《詩經·秦風·駟驖》'載獫

歇驕'之'驕',毛傳謂'歇驕'爲'田犬'。此字《説文》作'獢',彼從《爾雅·釋獸》,訓猲獢爲短喙犬。"朱鳳瀚（2012）謂"喬"當讀爲"矯",《大戴禮記·曾子立事》："非其事而居之,矯也。"意思是不務正業。按,復旦讀書會讀"戎夫"爲"農夫"的意見可信,其舉上博簡《容成氏》"神農氏"之"農"寫作"戎";郭店簡《成之聞之》"農夫"即寫作"戎夫",均可見"戎"讀爲"農"是當時常見的用字習慣。

　　[49]　整理者："此句今本作'其猶不克有獲'。"

　　[50]　整理者："竹簡上端缺二字,今本作'媢嫉'。"簡文"訡惻",整理者釋文從今本括注爲"讒賊",可信。上博簡《孔子詩論》8號簡以"譣"表{讒},與本篇簡文用字不同。

　　[51]　整理者："此句今本作'以不利于厥家國'。"

　　[52]　整理者："䚩,讀爲'梏'。梏,《爾雅·釋詁》：'直也。'郭璞注：'正直也。''梏夫'猶今言堂堂正正大丈夫。忢,讀爲'媢',皆明母侯部字,妒忌。《禮記·大學》：'人之有技,媢嫉以惡之。'媢妻,愛妒忌的妻子。此句今本作'譬若匹夫之有婚妻','媢'與'婚'形近致誤。"復旦讀書會（2011E）認爲,"'䚩'從古靮聲,疑可讀爲'覺'。《説文·見部》：'覺,悟也。'有'明白、醒悟之意','覺'亦可用爲賢智者之稱,如《尚書大傳·湯誓》：'覺兮,較兮,吾大命戈兮,去不善而就善,何不樂兮。'鄭玄注：'覺兮,謂先知者。'……今本'匹夫'或係後人不明文義而改。"孟蓬生在文後跟帖中認爲,"'䚩'字所從之'古'當爲聲符,……'䚩'字可讀爲'妒（妬）'。'譬如妒夫之有媢妻'是一個很有意思的比方,由此可見古人行文之活潑。"劉雲（2011B）認爲,"䚩"可直接釋爲"靮",讀爲"鞠",訓爲窮困。今按,上引諸説中,孟説顯然非是。簡文是以"䚩夫"與"媢妻"來比喻夏商時期君王與臣下之間的關係。從簡文來看,作者對夏商時期的君王持肯定態度（或稱"哲王",或謂"訪良言",自然都不是昏君）,只是大臣有好有壞。"䚩夫"喻指君王,"媢妻"喻指妒賢嫉能的臣下。如果遇到"媢妻"一樣的臣下,則君王也會"無依無助"。所以"䚩夫"不可能是一個貶義詞。復旦讀書會將"䚩"讀爲"覺",理解爲明白、醒悟,此説亦未達一間。所引《尚書大傳》的例

子,"覺"、"較"連稱,其實這裏的"覺"義同整理者所讀之"梏",都應該訓爲"正直也"。《左傳》襄公二十一年:"叔向曰:'樂王鮒,從君者也,何能行? 祁大夫外舉不棄讎,内舉不失親,其獨遺我乎?《詩》曰:'有覺德行,四國順之。'夫子覺者也。"杜預注:"較然正直。"杜注以"較然"訓"覺",而引《詩》"有覺德行",《禮記·緇衣》引作"有梏德行",鄭注:"梏,直也,大也。"細繹文意,仍以整理者的意見最爲可信。

[53] 整理者:"此句今本作'曰予獨服在寢',丁宗洛《逸周書管箋》:'獨服在寢,言專妬也。'"服,用也。《荀子·賦》:"忠臣危殆,讒人服矣。"楊倞注:"服,用也。"

[54] 整理者:"零,讀爲'落',《莊子·天地》釋文:'猶廢也。'此句今本作'以自露厥家'。"王念孫訓今本"露"爲敗(《方言》:"露,敗也。"),"言讒賊媢嫉之人專權以敗國,亦若昏妻之專寵以敗家也。"(王念孫:《讀書雜志》38頁,上海古籍出版社,2014年)復旦讀書會(2011E)認爲簡文"零"實即"露"之異體,亦當據今本讀爲"露",從王念孫説訓爲"敗"。 孟蓬生在文後跟帖中認爲,訓爲"敗"的"露",當是"殩"的假借字。《説文·歺部》:"殩,敗也。"各聲與睪聲音近,可以相通。

[55] 整理者:"媢夫,易妒忌的小人,與前文'梏夫'對應。 此句今本作'媢夫有邇無遠'。《讀書雜志》卷一:'媢當爲娼字之誤也。 下"媢夫"同。《顔氏家訓·書證篇》曰:"太史公論英布曰: 禍之興自愛姬,生於妒媢,以至滅國。"又《漢書·外戚傳》亦云:"成結寵妾妒媢之誅。"此二媢並當作娼,娼亦妒也,義見《禮記》、《三蒼》。 且《五宗世家》亦云:'常山憲王后妒娼。'王充《論衡》云:"妒夫,娼婦。"益知娼是妒之别名⋯⋯鄭注《大學》曰:"媢,妒也。"此媢夫二字正承上文"讒賊媢嫉"言之,非謂其佞媚也,不當作媢明矣。'"

[56] 整理者:"弇,讀爲'掩',掩蓋、阻攔。 此句今本作'乃食蓋善夫'。《讀書雜志》卷一云:'"食蓋"二字義不相屬,食當爲"弇"。《爾雅》:"弇,蓋也。"《字通》作"掩",孔注云"掩蓋善夫",是其明證矣。"弇蓋善夫俾莫通在于王所",亦承上文"媢嫉"言之。《大學》引《泰誓》

曰"媢疾以惡之",又曰"而違之俾不通",正此謂也。 弇和食字相似,故弇誤爲食。'今簡本得以證之。"

[57] 整理者:"疑,疑嫉。"今按,整理者的意見恐不確。 典籍中"疑"確有疑忌、猜忌之義,但均用爲動詞。 如《公羊傳》僖公二十八年:"文公逐衛侯而立叔武,使人兄弟相疑。"《楚辭·九章·懷沙》:"非俊疑傑兮,固庸態也。"而"俟夫"之"俟"顯然用作形容詞,與"疑"的用法不合。 另外簡文以"媢夫"專指善妒之人,如將"俟夫"亦理解爲疑嫉之人,在文義上與"媢夫"重複,顯然不合理。 復旦讀書會(2011E)認爲"疑"當讀爲"癡","癡夫"今本作"狂夫",而"狂"正有"癡呆"義,《廣雅·釋詁三》:"狂,癡也。""癡狂"亦常連言,如《淮南子·俶真》:"或不免於癡狂者何也?"讀書會將"俟"讀爲"癡",可信。《說文·疒部》:"癡,不慧也。"故"癡夫"意指愚鈍之人。 簡文"奉"當訓爲"助",扶助之義。《逸周書·太子晉》:"舜居其所,以利天下,奉翼遠人。"簡文"乃維又奉癡夫"與"乃掩蓋善夫"爲對文,主語都是"媢夫"。 這一段的大意是説,"媢夫"遮蔽掩蓋"善夫",使其不得供職於王所;相反却扶助"癡夫"這種愚鈍之人,對其極盡讚美、稱譽之辭,將其立爲師長。 這樣就導致了政事迷亂,上天也不再護佑。 不僅"媢夫"受到懲罰,國家也阢隉不安。 簡文通過描述"媢夫"對待"善夫"與"癡夫"兩種截然不同的態度,來説明"媢夫"對於國家的危害。

[58] 整理者:"揚,顯揚,《禮記·中庸》:'隱惡而揚善。'纎,從興得聲,曉母蒸部,讀爲船母蒸部之'繩'字。《詩·青蠅》,上博簡《孔子詩論》作'青齟'。 此句今本作'乃維有奉狂夫是陽是繩',陳逢衡注:'狂夫與媢夫相類。 陽通揚。 繩,譽也。'"纎"從糸興聲,當即"繩"之異體。 清華簡《芮良夫毖》19、20 號簡亦以"纎"爲"繩",上博簡《天子建州》乙本 6 號簡"興"讀爲"繩"。

[59] 整理者:"師長,指官職。 此句今本作'是授司事于正長'。"與簡本對照,今本"是授司事于正長"之"于"爲衍文,"司事"、"正長"(簡文作"師長")爲並列結構。 以上一段論述,可參看《尚書·牧誓》:"乃惟四方之多罪逋逃是崇是長,是信是使,是以爲大夫卿士。"

［60］　整理者："迷亂，無序，《書·無逸》：'無若殷王受之迷亂，酗于酒德哉！'以上二句今本作'命用迷亂，獄用無成'，陳逢衡注：'政出多門故迷亂，獄以賄行故無成。'"今按，"成"爲法律用語，意思是和解、息訟。《詩·大雅·緜》："虞芮質厥成，文王蹶厥生。"毛傳："成，平也。"孔疏："言由諧文王而得成其和平也。""獄用無成"的意思是争訟之事不得平息、和解。

　　［61］　整理者："禱，《説文》：'告事求福也。'祀，祭祀，《左傳》文公二年曰：'祀，國之大事也。'則簡文所云'禱'與'祀'當有目的與程度之不同，前者側重於具體訴求，而後者重在敬祀先祖諸神，故謂國之大事。《逸周書·糴匡》'大荒，有禱無祭'，孫詒讓《周書斠補》：'《穀梁》襄二十四年傳文與此略同，祭當依范引作祀。　祀與祠通。《韓詩外傳》説大袷之禮，亦云"禱而不祠"，是其證。《周禮·小宗伯》鄭注云："求福曰禱，得求曰祠。"此云有禱無祀者，謂唯有禱求而無報塞之祠也。'此句今本作'小民率穡，保用無用。　壽亡以嗣'，多有訛誤。"

　　［62］　整理者："𠫑，來母文部，讀爲定母文部之'殄'。　此句今本正作'媚夫先受殄罰'。"

　　［63］　整理者："遺，《詩·鴟鴞》序疏：'流傳致達之稱。'罘，訓'及'。聿，讀爲'藎'。　藎臣，忠臣，《詩·文王》'王之藎臣'，朱熹《集傳》：'藎，進也，言其忠愛之篤，進進無已也。'此句今本作'朕維其及朕藎臣'。"

　　［64］　整理者："夫，語首助詞，《孝經》疏：'發言之端。'"

　　［65］　整理者："此句今本作'夫明爾德以助予一人憂'。"

　　［66］　整理者："罶，讀爲'懔'，敬也。……此句今本作'無維乃身之暴皆卹'，句不通，故唐大沛注：'此三句文義甚晦，或有訛脱。'"簡文"罶"之釋讀，參看注［71］。

　　［67］　整理者："假，《説文》：'至也。'憲，典範，《詩·六月》：'萬邦爲憲。'以上二句今本作'爾假予德憲'。"今按，整理者訓"假"爲"至"，不確。　訓"至"之"假"，其實就是"格"的假借字。　簡文"假"，當理解爲給予、授予，如《左傳》成公二年："惟器與名，不可以

假人，君之所司也。"《左傳》僖公二十八年："天假之年，而除其害。""假余憲"意思是給予我模範、法式（以供效仿）。

[68] 整理者："元，《左傳》文公十八年注：'善也。'元德，善德。此句今本作'資告予元'，係'既告汝元德之行'之訛脫。"

[69] 整理者："舺舟，掌船。 舺字從舟，或專指掌船。"沈培（2011）："如果注意到從'主'得聲的字有可能當讀爲東部字，我們就很容易想到簡文的'舺'應該讀爲'同舟相濟'的'同'。……這個讀爲'同'的字以'舟'爲形旁，很可能就是專門爲'同舟共濟'的'同'而造的。 再從文義上看，把簡文讀爲'同舟'也是非常好的。《鄧析子·無厚》：'同舟渡海，中流遇風，救患若一，所憂同也。'指的是大家處在同一困難條件下，因爲目標一致，只能互相幫助。《孔叢子·論勢》所說的情況與此相似：'吳越之人，同舟濟江。 中流遇風波，其相救如左右手者，所患同也。'吳越是一對仇敵，但是在'同舟'的時候，仍然會互相救助。這種情況常被古人稱作'同舟之譬'或'同舟之喻'。 由此可以推知，如果是君臣之間的關係，那自然更需要互相幫助了。 只不過我們現在看到的簡文的話出自君主之口，因爲是從君主的立場來敘述的，所以並非強調互相幫助，而是傾向於要求臣子要多多幫助君主。"

[70] 整理者："輔，《廣雅·釋詁二》：'助也。'此句今本作'譬若衆畋，常扶予險'。"

[71] 整理者："䁂，讀爲'臨'，《說文》：'監臨也。'淒，讀爲'濟'。 此句今本作'乃而予于濟'，盧文弨注：'濟，渡也。'"關於"䁂"字的釋讀，主要有三種意見，即分別認爲字從"向"聲、"貝"聲及"貝""爾"雙聲。 認爲字從"爾"聲者，一般也承認所從"爾"旁是"向"之訛混，故我們依整理者意見將此字隸定爲"䁂"。 此字在簡文中見於以下三句話：（1）苟克有諒，亡（罔）不䁂達，獻言才（在）王所。 （2）毋惟尔身之䁂，皆卹尔邦。（3）輔余于險，䁂余于淒（濟）。 整理者認爲"䁂"從"向"聲，在句（1）、（2）中當讀爲"懍"，據《廣雅·釋詁一》訓爲"敬也"；在句（3）中當讀爲"臨"，引《說文》："監臨也。"復旦讀書會（2011E）認爲字從"貝"聲，謂："（1）中的'䁂'疑讀爲

'榮'。'榮達'是富貴榮顯之意,'無不榮達'與今本'罔不允通'意近。(2)中'惟爾身之營'即'營爾身'之倒裝。'營'有衛護之義。古籍中常見'衛身'之語。又有'營衛其身',如《論衡·書解篇》:'材能以其文爲功于人,何嫌不能營衛其身。'(3)中的'嬰'疑讀爲'營',與'輔'對文,衛護之義。"沈培(2011)據此字從"賏"聲的意見,將"嬰"讀爲"儆"。謂句(1)之"嬰達"當讀爲"敬達",可理解爲"敬而達",意即"恭敬而通達";句(2)讀爲"毋惟爾身之儆",即"毋儆爾身,皆卹爾(邇)邦"。……本來"儆爾身"並非壞事,簡文中王對臣下説"毋惟爾身之儆",意乃不要只"儆爾身",而且要"卹爾邦",二者義正相承;句(3)"儆余于濟"意即在渡河時要儆戒我注意安全,其與"輔余于險"相連而言,一者謂處於危險之中臣下要輔助君王,一者謂在正常情况下也要提醒君王不要掉以輕心,正所謂"居安思危"。劉雲(2011A)亦謂"嬰"從"賏"聲,將三句中的"嬰"均讀爲"進"。宋華强(2011B)認爲字從"宀"聲,將第1句中的"嬰"讀爲"伻",謂:"'伻'與'俾'同義,字或作'拼',《爾雅·釋詁》:'俾、拼,使也。'"將第2、3句中的"嬰"讀爲"屛",表示扞蔽、輔助之義。陳劍(2011A)、劉洪濤(2011)等學者則認爲"宀"、"爾"形體容易訛混,"嬰"當釋爲"嚻",所從"賏"旁亦與"嬰"字所從無關,而是一個與"尔/爾"或"鋭"音近的字。陳劍(2011)將句(1)、(3)中的"嚻"讀爲"遂",句(2)中的"嚻"讀爲"衛"。謂句(1)中的"嚻(遂)達"見於《漢書·敘傳下》:"張湯遂達,用事任職。媚兹一人,日旰忘食。"另外古書中"遂"與"達"義近連言、對文和"遂"訓爲"達"之例也很多,如《詩經·商頌·長發》"苞有三櫱,莫遂莫達";《莊子·天運》"聖也者,達於情而遂於命也";《逸周書·官人》"事變而能治,效窮而能達,措身立方而能遂,曰有知者也"等等。句(3)"嚻(遂)余于濟"猶言"使余遂于濟",意即"使我最終達到、完成渡過河流"。句(2)"毋惟爾身之嚻(衛)"則贊同復旦讀書會(2011E)之説,並爲補充書證,如《大戴禮記·用兵》"蜂蠆挾螫而生,見害而校,以衛厥身者也";《論衡·累害篇》"古賢美極,無以衛身,故循性行以俟累害者,果賢潔之人也!極累害之謗,而賢潔之實見焉"等。

劉洪濤（2011）同意陳劍（2011）對句（2）、（3）的釋讀意見，但認爲句（1）"䌷達"當從今本讀爲"允達"，孟蓬生在陳劍（2011）跟帖中則認爲當讀爲"率達"。 按，上引諸説中，陳劍將將句（1）、（3）中的"䌷"讀爲"遂"，從文義上看是合適的。 句（2）"䌷"讀爲"衛"，雖然也很通順，但我們覺得此句中的"䌷"似亦可讀爲"遂"，"遂"、"達"義近，"毋惟爾身之遂"即不要只追求自身的遂達，按之文義，也很合適。

祭公之顧命(祭公)

祭公之顧命(祭公)[1]

王若曰:"且(祖)懿(祭)公[2]!袞(閔?)余少(小)子[3],乚抹亓(其)才(在)立(位)[4]。訧(旻)天疾畏(威)[5],乚余多寺(時)昕(假)虐(懲)[6]。乚我酮(聞)且(祖)不【1】余(紓)乚又(有)巳(遲)[7]。乚余隹(唯)寺(時)逑(來)𥃸(視)[8],不沛(淑)[9]!疾甚。乚余畏天之复(作)畏(威),乚公亓(其)告我懿(懿)悳(德)。"[10]乚懿(祭)公拜=(拜手)【2】頷=(稽首),曰:"天子!乚愳(謀)父朕(朕)疾隹(惟)不瘳,乚朕(朕)身尚才(在)𥪝(兹),乚朕(朕)賵(魂)才(在)朕(朕)辟邵(昭)王斎=(之所)[11],乚芒(亡)煮(圖),不智(知)命。"[12]【3】王曰:"於虖(虎-乎)!公。乚朕(朕)之皇且(祖)乚周文王,剌(烈)且(祖)武王,乚㞢(宅)下鄹(國)[13],乚复(作)敕(陳-甸)周邦[14]。乚隹(惟)寺(時)皇上帝【4】㞢(宅)亓(其)心,[15]乚卿(享)其明悳(德)[16],乚㝵(府-付)畀四方[17],甬(用)纏(膺)受天之命,乚尃(敷)酮(聞)才(在)下[18]。乚我亦隹(惟)又(有)若且(祖)【5】周公,乚樂(暨)且(祖)邵(召)公,乚𥪝(兹)由(迪)遝(襲)孯(學)乚于文武之曼悳(德)[19]。克夾邵(詔)城(成)、

210　清華簡《尚書》類文獻箋釋

康[20]，甬（用）臧（畢）【6】成大商[21]。 乚我亦隹（惟）又（有）若且（祖）櫅（祭）公，竪（修/調）和周邦[22]，乚保朗（乂）王豪（家）。"[23] 乚王曰："公禹（稱）不（丕）顯悳（德），乚【7】以余少（小）子，乚颺文武之剌（烈），乚颺城（成）、康、卲（昭）宔（主）之剌（烈）。"[24] 乚王曰："於虖（虎-乎）！ 公。 乚女（汝）念 （哉）[25]，瑟（遂）惜（素）乃心[26]，聿（盡）孚（府-付）畀余一人。"[27] 乚公懟（懋）拜=（拜手）頴=（稽首）[28]，曰："允 （哉）！"乚乃卲（詔）釋（繹-畢）馰、乚丼（井）利、毛班[29]，乚曰："三公[30]！ 慇（謀）父朕（朕）【9】疾乚隹（惟）不瘳。 敢睪（告）天子[31]，乚皇天改大邦壑（殷）之命，隹（惟）周文王受之，乚隹（惟）武王大敗之，乚【10】城（成）氒（厥）江（功）[32]。 隹（惟）天奠我乚文王之志[33]，董（董）之甬（用）畏（威）[34]，乚亦尚亘（宣）臧（臧）氒（厥）心[35]，乚康受亦弋（式）甬（用）休[36]，乚亦岂（美）【11】忞（懋）妥（綏）心[37]，乚敬龏（恭）之。 隹（惟）文武，乚中大命[38]，乚或（戡）氒（厥）敲（敵）。" 乚公曰："天子、乚三公！ 乚我亦走（上）下卑（辟）于文武之受【12】命[39]，乚窐（廣）寋（任？）方邦[40]，不（丕）隹（惟）周之旁（旁）[41]，乚不（丕）隹（惟）句（后）禝（稷）之受命是粦（永）旨（厚）[42]。 隹（惟）我逡（後）嗣，方建宗子[43]，乚不（丕）【13】隹（惟）周之旨（厚）幷（屏）[44]。 乚於虖（虎-乎）！ 天子。 藍（監）于夏商之既敗，乚不（丕）則亡（無）遺逡（後），乚至于萬意{=}年{=}（億年）[45]。 參舒（敘）之[46]。

祭公之顧命（祭公） 211

【14】既沁（咸）[47]，乚乃又（有）履宗[48]，不（丕）隹（惟）文武之由。"[49]乚公曰："於虖（乎）！ 天子。 不（丕）則鹽（寅）言粦（哉）[50]！ 乚女（汝）母（毋）以庆（瘝）粦（災）皋（罪）虺（蠱），乚【15】芒（亡）寺（時）寏（遠）大邦[51]。 乚女（汝）母（毋）以俾（嬖）諆（御）息尔臧（莊）句（后），乚女（汝）母（毋）以少（小）息（謀）敗大慮（圖），乚女（汝）母（毋）以俾（嬖）士息夫=（大夫）卿夌（事）[52]。 女（汝）【16】母（毋）各豪（家）相而（爾）室[53]，乚肰（然）莫血（恤）亓（其）外，亓（其）皆自寺（時）审（中）叉（乂）萬邦。"[54]公曰："於虖（乎）！ 天子、三公，女（汝）念粦（哉）！ 【17】女（汝）母（毋）▨努（賢）[55]，乚㦛=（蕩蕩）䨄（厚）庳（顏）忍恥[56]，寺（時）隹（惟）大不弔（淑）粦（哉）！"乚曰："三公！ 専（敷）求先王之共明惪（德）[57]，型四方，【18】克中尔罰。 乚昔才（在）先王，我亦不以我辟霥（陷）于䖒（難/艱）[58]，乚弗逘（失）于政，我亦隹（惟）以▨（泂？-没？）我殀（世）。"[59]乚公【19】曰："天子、參（三）公！ 乚余隹（惟）弗迟（起）紊（滕-朕）疾，乚女（汝）亓（其）敬粦=（哉，茲）皆缶（保）舍（余）一人[60]，康抒（慈）之[61]，乚孚怀（服）之[62]。 乚肰（然）母（毋）夕▨[63]，【20】維乚我周又（有）甞（常）型（刑）。"[64]乚王拜頴=（稽首），堲（舉）言，乃出[65]。 乚 攭（祭）公之賜（顧）命[66]【21】

【箋釋】

　［1］　整理者："《祭公》簡共二十一支，簡長四十四·四釐米，三道

編。每支簡文字約二十三至三十二字不等。無次序編號。原有篇題五字《𢼸（祭）公之𧶛（顧）命》，記於第二十一簡正面下端。除第二、三、四簡上下端稍有殘裂，第十九簡略呈模糊外，全篇保持良好，文字可辨。祭公謀父爲周公之後，《左傳》僖公二十四年云：'凡、蔣、邢、茅、胙、祭，周公之胤也。'封國在今河南鄭州東北。謀父作爲王朝老臣，曾多次對穆王進諫，如《國語·周語上》載其反對穆王征伐犬戎，《左傳》昭公十二年載其作《祈招》之詩，勸阻穆王遊行天下。本篇則記謀父患病不瘳，臨終前告誡前來探視的穆王，如何總結夏、商兩代敗亡的教訓和文王、武王成功的歷史經驗，保守周王朝基業。對於執政的三公，則力囑他們要更好地輔保穆王。本篇是今傳世《逸周書》所收《祭公》的祖本，以簡文與今文相互對照，今本的大量訛誤衍脱，都渙然冰釋。至於今本中將邦字除去，或改爲國字，顯然是漢人避高祖諱的結果。最重要的是在簡文中發現了當時三公畢𦤍、井利、毛班的名號，後兩人見於西周金文，這不僅澄清了今本的訛誤，對西周制度的研究也具有很重要的意義。本篇篇題，《禮記·緇衣》引作《葉公之顧命》，郭店簡、上博簡《緇衣》作《🈳（或🈳）公之𦤍命》，本簡則作《𢼸公之𧶛命》，首字如何隸定，學者間尚有不同見解。"

［2］整理者："𢼸，從丯聲，見母月部，與'祭'通假，字右上所從尚待研究。"讀爲"祭公"之"祭"字，原篆作🈳，整理者隸定作"𢼸"。復旦讀書會（2011F）認爲，"𢼸"應該是一個雙聲符字，右旁所從與金文🈳（憲鼎，集成2731）、🈳（呂行壺，集成9689）、🈳（庚壺，集成9733）、🈳（四十二年逑鼎，《文物》2003年第6期16～17頁圖二一）等形體有關。上引金文吳闓生、郭沫若等人據三體石經"捷"作🈳形而釋爲"捷"。"捷"、"祭"音近，故"祭"可從"捷"得聲。今按，上引説法可信。"𢼸"當是在"捷"字基礎上累加"丯"聲形成的雙聲符字（爲了使形體勻稱，又將"捷"字所從之"戈"旁加以簡省）。

［3］整理者："衺，即'哀'，《說文》：'閔也。'今《逸周書》本作'次'，劉師培《周書補正》引或説云：'次當作汶，汶、閔同。'《詩》有《閔予小子》，又《書·文侯之命》有'閔予小子嗣'。"按，整理者引劉

師培說提到《書·文侯之命》相關辭例及《詩·閔予小子》，證明先秦文獻"閔予"是相對固定的搭配，如《文侯之命》上下文爲"閔予小子嗣，造天丕愆"，《閔予小子》則爲"閔予小子，遭家不造"，均與簡文"衮余小子，……旻天疾威，余多時叚愲"辭例極爲相似。"衮"字原篆作⬚，在戰國文字中係"哀"字異體，例已多見（如上博簡《昔者君老》4號簡、《三德》20號簡、中山王兆域圖等）。"哀"字本來從口衣聲，由於悲哀是一種心理活動，故或累加意符加"心"，寫作⬚（語叢2-31）；這類形體或將表意功能不強的"口"旁省去，寫作⬚形（兆域圖，集成10478A）；再進一步將意符"心"寫在"衣"旁中間（古文字中從"衣"之字，多將另外的偏旁寫在"衣"旁中間，如"褎"、"袂"、"衽"、"表"、"裏"等），遂成"衮"這一形體。整理者據《說文》將"衮（哀）"訓爲"閔"，亦可與先秦文獻中的"閔予"相聯繫。故整理者的意見已爲學術界所普遍接受。但"哀余/予"的說法，不如"閔予"符合先秦文獻的表述習慣。我們在這裏提出一個大膽的假設，即這裏的"衮"字雖與從心衣聲的"哀"字異體同形，但實爲寫作從"心"的"文"字之訛。吴鎮烽《銘圖集成》2311號著録一件所謂的哀鼎，時代爲春秋早期。銘文中"衮"作⬚形，與時代相近的寫作⬚（曾伯文簠，集成4052）形的"文"字相對比，形體極爲接近。我們懷疑此字並非"哀"字異體，而很可能當釋爲從心之"文"。因爲目前所見寫作"衮"形的"哀"字時代没有早到春秋時期的例子。我們都知道《尚書》中部分"文王"、"前文人"之"文"或誤爲"寧"，如《尚書·君奭》"我迪惟寧王德延"，"寧〈文〉"字三體石經古文寫作⬚（參看孫海波《魏三體石經集録》，藝文印書館，1975年），正與"衮"字同形〔網友"海天"先生在復旦讀書會（2011F）一文跟帖中已經注意到傳抄古文"寧"與"衮"訛混，但他認爲"衮"所從"心"旁由"口"旁訛變而來，似無據〕。可見《尚書》類文獻在傳抄過程中，從"心"的"文"字是有可能訛爲"衮"形的。這種訛混可能早在兩周之際就已經發生，通過文本系統流傳到了戰國時期。如果簡文"衮"確係"文"字之訛，可以直接讀爲"閔"。

〔4〕整理者："𣎵，讀爲'昧'，《說文》：'闇也。'"按，此句今本作

"虔虔在位"，簡本與今本在文義上看不出明顯的對應關係。 張世超（2012B）認爲，"大盂鼎銘曰'汝妹辰又（有）大服'，與上述簡文語意相類，惟前者言君，後者言臣耳。 簡文'孙'字從'子'，與古文字'幼'字作'學'同意，其表示年幼蒙昧之意甚明顯。 故簡文後半句應讀爲'昧期在位'，'昧期'猶'妹（昧）辰'也。"按大盂鼎銘文中"妹辰"一詞的含義，學術界迄今未有定論。 郭沫若謂："妹與昧通，昧辰謂童蒙知識未開之時。 盂父殆早世，故盂幼年即承繼顯職，康王曾命其入貴胄小學，有所深造。"（郭沫若：《兩周金文辭大系圖録考釋（增訂本）》34 頁"大盂鼎"條眉批）郭説雖尚難稱定論，但其説解大盂鼎上下文義確實最爲通順。 簡文"孙"以"子"爲意符，如理解爲童子蒙昧的狀態，似較直接讀爲暗昧之"昧"更爲合適。 但簡文"孙其"之"其"似不必讀爲"期"，季旭昇（2013）將這裏的"其"理解爲"狀詞後附語"，並舉古書中類似用法如"伊其相謔"、"爛其盈門"等相對比，似更恰當。 如此則簡文"孙其在位"的意思是我幼年就繼承了王位。 此句或曲折表達了祭公輔佐穆王時間久、穆王對祭公倚重深的含義。

　　[5] 整理者："'旻天疾威'，見《詩・小旻》，又毛公鼎（《殷周金文集成》二八四一）作'敃（旻）天疾畏（威）'。"今按，"旻天疾威"除見於整理者所引文獻及金文，還見於如下文獻：《詩・小雅・雨無正》："浩浩昊天，不駿其德。 降喪饑饉，斬伐四國。 旻天疾威，弗慮弗圖？ 舍彼有罪，既伏其辜。 若此無罪，淪胥以鋪。"《釋文》："旻，密申反。 本或作'昊天'，非也。"孔疏："上有'昊天'，明此亦'昊天'，定本皆作'昊天'，俗本作'旻天'，誤也。"馬瑞辰《毛詩傳箋通釋》："至《小旻》首章'旻天疾威'，此《小旻》所由名篇，《韓詩外傳》、《列女傳》引作'昊天'，蓋誤。《説文》引《春秋傳》曰'昊天不憖'，今《左傳》亦作'旻天'，此二字形近易訛之證。"《大雅・召旻》："旻天疾威，天篤降喪。 瘨我饑饉，民卒流亡，我居圉卒荒！"《尚書・多士》："弗弔（淑）！ 旻天大降喪于殷。"孔疏："天有多名，獨言旻天者，旻，愍也。"《大雅・召旻》序："旻，閔也。 閔天下無如召公之臣也。"《爾雅・釋天》"秋爲旻天"，郭璞注："旻，猶愍也，愍萬物彫落。""旻天疾威"作爲固定搭配或

成詞，其早期形態爲班簋銘文中的"敃天威"（集成 4341）。 班簋爲西周中期器，年代早於毛公鼎。"敃天威"的結構，讓人很容易聯想到大盂鼎銘文中的"畏天畏（威）"（集成 2837）。 但是通過對比"敃天威"與"畏天威"的辭例，就很容易看出二者之間的區別。 大盂鼎銘文："敏朝夕入諫，享奔走，畏天畏（威）。 王曰：……""畏天威"與之前的幾句話在文義上是完全並列的關係，語法結構是非常典型的動賓結構，即敬畏天威。而班簋銘文"敃天畏（威），不畀純陟"中的"不畀純陟"則承前省略了主語，也就是說"不畀純陟"的主語與"敃天威"的主語是相同的。 而只有上天才具有"不畀純陟"的資格，所以"敃天威"也只能理解爲主謂結構，而非類似"畏天威"的動賓結構。"敃天威"即敃天降威（如《酒誥》有"天降威"語）或示威（示之以威而使之畏）。 另外師詢簋銘文有"今日天疾畏（威）、降喪"（集成 4342），楊樹達謂"日"爲"旻"之省（《積微居金文說》59 頁，中華書局，1997 年），近是。 然先秦古文字資料中未見"旻"字，師詢簋銘文中的"日"很可能是與"敃"相關的 形之殘（相關討論可參看陳劍《甲骨金文舊釋"尤"之字及相關諸字新釋》，載氏著《甲骨金文論集》59—80 頁，綫裝書局，2007 年）。 銘文中的"降喪"亦承前省略了主語"日〈敃（旻）〉天"，句式與前面討論的班簋銘文類似。 以"旻天"作爲"降喪"的主語，見於《尚書·多士》："弗弔（淑）！ **旻天大降喪**于殷。"類似的表述多見於《尚書》，如《君奭》："周公若曰： 君奭，弗弔（淑）！ **天降喪**于殷，殷既墜厥命。"《大誥》："弗弔（淑）！ 天降割于我家，不少延！"《酒誥》："故**天降喪**于殷，罔愛于殷，惟逸。"有的《尚書》注本把上引文中的"弗弔（淑）旻天"甚至"弗弔（淑）天"連讀（參看曾運乾《尚書正讀》226 頁，華東師大出版社，2011 年；顧頡剛、劉起釪：《尚書校釋譯論》第三册 1262—1263 頁。 顧書將上引《君奭》篇中"天"屬下讀，但却在《大誥》文中將"弗弔（淑）天"連讀，前後矛盾），非是。 金文卯簋蓋銘文有"不盄（淑）！ 乎（捋）我家窨，用喪"語（集成 4327），亦可證"不弔（淑）"爲成詞且當作一句讀。 今本《逸周書·祭公》："不弔天降疾病"，本篇簡文 2 號簡寫作"不沽（淑）！ 疾甚"，對照簡本，今本顯然應該在"不弔"後點斷，但目前所見注本却多將此句作一句讀，顯然非是。後世"旻天"一詞固定寫作"旻天"，與"昊天"字形相近，通過前面的引文可以看出，二者很容易發生訛混。今本《逸周書·祭公》與簡文"旻天"相對應者，亦誤爲"昊天"。但從文義來看，"旻天"與"昊天"之間的區别還是比較明顯的。典籍中"昊天"雖亦有負面含義，但多爲正面含義。如《詩·大雅·板》："昊天曰明，及爾出王。昊天曰旦，及爾遊衍。"《詩·大雅·蕩》："昊天孔昭，我生靡樂。……昊天不忒，回遹其德，俾民大棘。"《詩·大雅·雲漢》："昊天上帝。……瞻卬昊天。"《詩·周頌·昊天有成命》："昊天有成命，二后受之。"《詩·周頌·時邁》："時邁其邦，昊天其子之。"《左傳》成公十三年："昭告昊天上帝。"但"旻天"却均用爲負面含義，未見有用爲正面含義者（參看季旭昇 2013，248 頁）。"旻天"與"疾威"已成爲固定搭配，整理者注釋引《詩·小雅·雨無正》自當從《釋文》說作"旻天疾威"，孔疏堅持認爲應作"昊天疾威"，非是。

　　[6]　整理者："假，訓'大'。懲，《詩·小毖》箋'艾也'，意爲懲戒。'假'與今本'溥'義近，'懲'與今本'愆'形似。"今本"時"，唐大沛訓爲"是"，可信。簡文 ▆，整理者隸定爲"叚"，讀爲"假"。復旦讀書會（2011F）亦隸定爲"叚"，但在括號中加以問號，表示不確定。今按，此字從形體來看，當從石從日，可隸定爲"昹"，所從"石"旁或可理解爲"叚"省聲。戰國楚文字"叚"字寫作 ▆（上博《周易》54 號簡）、▆（清華簡《皇門》6 號簡），以又持刀就石會意。字或省"又"旁，寫作 ▆（清華簡《保訓》8 號簡）、▆（清華簡《周公之琴舞》4 號簡）等形。從"叚"的構形方式來看，當即"碬"之本字（參看季旭昇《説文新證》210—211 頁，福建人民出版社，2010 年）。《説文·石部》："碬，厲石也。""昹"或爲"暇"字異體，當從整理者讀爲"假"，訓爲"大"。

　　[7]　整理者："不豫，《書·金縢》：'王有疾，弗豫。'𨑒，讀爲'遲'，《説文》古文'遲'，《廣雅·釋詁三》：'久也。'此言不久於世。"李學勤（1989）認爲："《祭公》篇穆王稱祭公謀父爲祖，可知謀父和康王同輩，其父應即第一代祭公。"張世超（2012B）對此説有進一步申論。"不

余"，參看《保訓》篇注釋[3]。 復旦讀書會（2011F）："這裏的'有遲'是説祭公的病情持續，長期不見好轉。"陳劍（2015A）謂："'有遲'之'遲'應理解爲'停留、留止'義，係由動詞而轉爲名詞，作'有'的賓語。……即'（疾病）有停留、留止的情况'、'（疾病）留止不去'。"

[8] "視"，整理者原釋爲"見"，此從劉洪濤、黃傑等人改釋（參看復旦讀書會 2011F 文後跟帖）。

[9] 王國維《與友人論〈詩〉〈書〉中成語書》謂："'不淑'一語，其本義謂不善也。 不善，或以性行言，或以遭際言。 而'不淑'古多用爲遭際不善之專名。"（《觀堂集林》卷二，中華書局，1959 年）大致可翻譯爲"遭際不幸"或"遭此不幸"。

[10] 整理者："归，即'抑'字，與'懿'皆影母質部字。""懿德"一詞，除了多見於先秦傳世文獻，亦數見於西周金文，如師𩒨鼎（集成 2830）、𢆶公盨（新收 1607）、史墻盤（集成 10175）等。

[11] 簡文讀爲"魂"之字寫作"賰"，李家浩（2013）將其隸定爲"賨"，並認爲"'賰'字當與兩聲字'賑'同類，其所從'員'、'充'二旁皆聲"。 陳劍（2013B）則認爲："'賰（魂）'字右半的'蚰'當視爲'蚰（昆）'聲，'蚰（昆）'與'魂'、'員'讀音甚近。 楚文字獨立的'蟲'字和作偏旁的'蟲'都有'蚰（昆）'音（猶楚文字'艸/卉'之用爲'艸'），前人論之已詳。 如郭店簡《老子》甲本 21 之'蟲'，對應今本之'混'；《上博（五）·三德》簡 14 之'繡'，用爲'混'或'渾'。 我舊曾釋讀《上博（八）·志書乃言》簡 4 的'蟲材'爲'蚰（昆-掄）材'，亦'蟲'用爲'蚰'之例。 如此説來，'韕（融）'和'譴（讒）'中的'蚰'音'蟲'，而'賰（魂）'字中的'蚰'音'蚰（昆）'，即正與'蟲'亦有兩類讀音相平行。"今按，戰國簡中讀爲"讒"之字，既有作"譴"者，如《孔子詩論》："《小弁》、《考（巧）言》，則言譴（讒）人之害也。"（8 號簡）《繫年》第六章："乃譴（讒）大子龍（恭）君而殺之。"（31 號簡）亦有作"詵"者，如《繫年》："少帀（師）亡（無）期（忌）詵（讒）連尹䎽（奢）而殺之。"（81 號簡）張富海（2017）認爲讀爲"讒"的"詵"字當從"毓"省聲，可信。

[12] 整理者："芒，疑讀爲'亡'。煮，即'圖'字，《爾雅·釋詁》：'謀也。'"今本作"勖宅天命"。夏含夷（2012）謂："'喪圖'和'不知命'大意上是同意的，就是'我的魂喪失了思謀、不知道命運'。"據稱陳劍先生在復旦大學研究生課堂上曾提到，簡文"亡圖"，相當於典籍中的"失圖"。《左傳》昭公七年："唯襄公之辱臨我喪，孤與其二三臣，悼心**失圖**，社稷之不皇，況能懷思君德！"如是則"亡圖"、"失圖"意思是因失魂落魄而無法思謀、圖畫。"不知命"，意爲不知所命。從簡文可知，穆王由於擔心祭公一病不起，故請求祭公"告我懿德"。祭公可能因爲病勢過於沉重，起初沒有答應。穆王於是回顧文王、武王開創周的基業，也強調了周公、召公以及祭公對成王、康王以及穆王自己的夾輔之功，並再次要求祭公"遜素乃心，盡付畀余一人"。祭公這才勉力行禮，召三公而訓誡之。

[13] 整理者："庀，即'宅'字，柯尊（《集成》六〇一四）：'余其庀（宅）兹中或（國）。'今本作'度'，通假字。"

[14] 整理者："作，《詩·駉》傳：'始也。'戠，通'陳'字，《周禮·内宰》注：'猶處也。'"復旦讀書會（2011F）："'作'字似是造作之義，《詩·周頌·天作》'天作高山'，孔穎達疏：'作者，造立之言。''陳'字，解釋爲'處'恐不可通。此字傳統說法有讀爲'甸'者，'甸'可訓爲'治'，於簡文中更爲通順。《書·多士》'乃命爾先祖，成湯革夏俊民甸四方'，孔傳：'天命湯更代，夏用其賢人治四方。'《詩·小雅》'信彼南山，維禹甸之'，毛傳：'甸，治也。'"

[15] 整理者："宅心，語見《書·立政》，今本'宅'亦作'度'。"今按，整理者提到《書·立政》篇有"宅心"語，我們先把相關部分徵引如下，再作討論：

周公若曰："拜手稽首，告嗣天子王矣。"用咸戒于王，曰："王左右常伯、常任、準人、綴衣、虎賁。"周公曰："嗚呼！休茲，知恤鮮哉！古之人迪惟有夏，乃有室大競，籲俊尊上帝，迪知忱恂于九德之行。乃敢告教厥后曰：'拜手稽首后矣。'曰：'宅乃事，宅乃牧，宅乃準，兹惟后矣。謀面用丕訓德,則乃宅人,兹乃三宅無義民。'桀德惟乃弗作往任,是惟暴德、罔後。亦越成湯陟,丕釐上帝之耿命。乃用三有宅,克即宅;曰三有俊,克即俊。嚴惟丕式,克用三宅三俊。其在商邑,用協于厥邑;其在四方,用丕式見德。嗚呼!其在受德暋,惟羞刑暴德之人,同于厥邦;乃惟庶習逸德之人,同于厥政。帝欽罰之,乃伻我有夏,式商受命,奄甸萬姓。亦越文王、武王,**克知三有宅心**,灼見三有俊心;以敬事上帝,立民長伯。"

整理者提到的"宅心"見於上引文中"克知三有宅心",這句話中"宅"、"心"並不能連讀,"三有宅心"意爲"三有宅"之"心"。"三有宅"即"三宅"(正如"三有俊"即"三俊"),是指"宅乃事,宅乃牧,宅乃準"句中提到的"事"、"牧"、"準"諸官。可見整理者將簡文"宅其心"牽合《立政》篇所謂"宅心"是不正確的。

[16] "享其明德",意即上帝歆享文王、武王的明德。《左傳》僖公五年:"公曰:'吾享祀豐絜,神必據我。'對曰:'臣聞之,鬼神非人實親,惟德是依。故《周書》曰:"皇天無親,惟德是輔。"又曰:"黍稷非馨,明德惟馨。"又曰:"民不易物,惟德繄物。"如是,則非德,民不和,神不享矣。神所馮依,將在德矣。若晉取虞,而明德以薦馨香,神其吐之乎?'"

[17] 整理者:"'付畀四方',語見《書·康王之誥》。"

[18] 整理者:"'敷聞在下',語見《書·文侯之命》。"

[19] 整理者:"迪,《爾雅·釋詁》:'進也。'逫,讀爲'襲',晉侯對盨(《近出殷周金文集録二編》四五三)'遼迎'即'原隰'。《漢書·揚雄傳》注:'襲,繼也。'曼,《詩·閟宮》傳:'長也。'曼,明母元部字,今本作'蔑',明母月部,可通假。"今本作"兹申予小子追學於文武之蔑"。《尚書·君奭》有"兹迪彝教文王蔑德"句,陳劍(2013A)將之與簡文相對讀,認爲"彝"當是"逫"字之訛,亦應讀爲"襲"。另,整理者訓"迪"爲"進也",恐非是。陳劍(2013A)文已經指出,簡文"迪"應該看作是加強語氣的虛詞,詳細討論,可參看沈培(2004)文。

[20] 整理者:"夾卲,西周逨(或釋遹)盤(《近出殷周金文集録二編》九三九)作'夾䚈',義爲輔佐。 夾,《蒼頡篇》'輔也';卲,通'紹'。"按,典籍及出土文獻多以"紹"表"繼承"義,而或以"詔/卲"表佑助、夾輔義,如《周禮·天官·大宰》:"以八柄詔王,馭群臣。"鄭注:"詔,告也,助也。"毛公鼎銘文"用仰卲皇天",孫詒讓:"《爾雅·釋詁》云:'詔、相、助、勴也。'詔、卲聲類同,古通用。 謂仰助天布治,猶《書·大誥》云'紹天明',《孟子·梁惠王》篇引《書》云'惟曰其助上帝'矣。"(孫詒讓《籀庼述林》卷七《毛公鼎釋文》,中華書局,2010年)

[21] 整理者:"臧,清華簡《金縢》作'臧',用爲'拔'字,在此讀爲'畢'。 成,《儀禮·少牢饋食禮》注:'畢也。'大商,詞見《詩·大明》。"今本作"以將大命,用夷居之大商之衆"。 陳劍(2013):"疑'成'字就可直接解爲安定之'定','用定大商'與今本'用夷居之大商之衆'意近。'成'、'定'兩字音義皆近、常互訓,作異文者亦多見。'成'字除去舊注雖訓'定'但仍應係'完成、成就'一類常見義者外,確也有應理解爲'固定、安定'一類義的。 如《國語·晉語四》:'自子之行,晉無寧歲,民無成君。'韋昭注:'成,定也。'《書序》'康王命作册畢,分居里,成周郊,作《畢命》',僞孔傳釋爲'成定東周之郊境';《風俗通義·皇霸·五伯》謂齊桓公'率成王室',亦即'率定王室'義('定王室'之語《左傳》、《國語》數見;《管子·小匡》亦有'定周室'),與簡文此'成'字用法甚近。'畢定'的説法如《史記·周本紀》:'初,管、蔡畔周,周公討之,三年而畢定。'《魯世家》作'寧淮夷東土,二年而畢定'。"今按,清華簡《封許之命》有簡文作"攷敦殷受,咸成商邑"(3號簡),"咸成商邑"與"用畢成大商"文義全同,宜合觀。

[22] 整理者:"《書·君奭》作'修和',云:'惟文王尚克修和我有夏。'今本作'執和',即師詢簋(《集成》四三四二)'盭龢'、史牆盤(《集成》一〇一七五)'㪤穌'及逨(或釋遹)盤'盭穌'。"今按,李學勤先生很早就指出今本《祭公》篇之"執和"相當於金文中之"盭(㪤)穌"(李學勤《文物研究與歷史研究》,《中國文物報》1988年3月11日第

10期），非常正確。 金文"譈（敦）穌"一詞出現在如下辭例中："曰古文王，初敦（譈）穌于政"（牆盤，集成10175；癲鐘，集成251）；"雩朕皇高祖惠仲盠父，譈穌于政"（逑盤，新收757）；"奠大命，譈穌于政"（師詢簋，集成4342）；"譈穌胤士"（秦公鐘，集成262；秦公鎛，集成268）。 戰國文字未見"譈"字，但從後世用字情況來看，"譈"當即"庡"字異體。 戰國竹簡文字"庡"字數見，均用爲罪庡義。 如上博簡《内禮》"從人觀，然則免於庡"（10號簡）；《用曰》"遠君遠庡"（3號簡）等。 這應該反映了六國文字的用字習慣。 睡虎地秦簡《秦律十八種》126號簡"大車軸紁"，整理者將"紁"括注爲"譈"，訓爲"扭曲"（睡虎地秦墓竹簡整理小組編：《睡虎地秦墓竹簡》49頁，文物出版社，1990年）。 漢代文字材料中亦有"譈"字，當是承襲秦文字用字習慣。 如馬王堆帛書《五十二病方·牡痔》"把其本小者而譈絶之"（239行），"譈"原寫作"盨"（上引師詢簋"譈"字作 ，如非摹寫有誤，則"譈"之省體"盨"這一寫法可以上溯到西周時期。"譈絶"之"譈"當讀爲"庡（捩）"，"庡（捩）絶"是扭斷的意思（參看劉欣：《五十二病方集釋》87—88頁，復旦大學碩士學位論文，2010年；裘錫圭主編：《長沙馬王堆漢墓簡帛集成》第五册，260頁，中華書局，2014年）。 馬王堆一號墓遣策有"盨綺"一詞（265、268號簡），整理者謂："盨即譈字之省。 譈爲綟的通借字。《廣雅·釋器》：'緑綟、紫綟，……采也。'《説文·糸部》：'綟，帛莀草染色。' 又《艸部》：'莀，草也，可以染留黄。'此指綟色的綺。""盨綺"一詞在三號墓遣策中寫作"繺（譈）綺"（366號簡），可見"盨"確爲"譈"之省。 三號墓遣策尚有"繺（譈）縠"（400、407號簡，407簡實應爲牘，參看《長沙馬王堆漢墓簡帛集成》第六册，263頁），構詞方式與"盨綺"相同。 古文字材料及漢代金文中尚有"螯"字，或用爲地名，如"公在螯師"（旅鼎，集成2728）；"螯嗣（司）土幽作祖辛旅彝"（螯司徒幽尊，集成5971；螯司徒幽卣，集成5344）；"螯㞢"（螯㞢鼎，《漢代銅器銘文文字編》231頁，吉林大學出版社，2005年）、"螯㞢丞印"（施謝捷編：《新見古代玉印選續》221頁，303號，藝文書院，2017年）。 或用爲動詞，如"王在宗周，令史頌䌛（省）蘇澗（浒-津）友、里君、百生（姓），帥䮅敦

（蠶）于成周，休又（有）成事"（史頌鼎，集成 2787－2788；史頌簋，集成 4229－4236）；"肆余以餒士獻民，冓蠶先王宗室"（猷簋，集成 4317）；"□□蠶導"（石鼓・作原）。 有用爲憂愁之"愁"者，如"吾窮而無奈之何，永嘆憂蠶（愁）"（秦駰玉版，《故宫院刊》2000 年 2 期 43 頁圖 1）。另外尚有一例用法不明，"作公上父尊于朕考郭季易父敼宗"（師𩰬鼎，集成 2830）。"蠶"、"蠶"二字均見於《説文》。《説文・㚔部》："蠶，引擊也。 从㚔、攴，見血也。 扶風有蠶厔縣。"《弦部》："蠶，彌戾也。 从弦省、从蠶。 讀若戾。"據《説文》，"蠶"、"蠶"二字形音皆異，是完全不同的兩個字。 從上引金文等古文字材料來看，"敼"與"蠶"爲一字異體（史頌鼎"敼"字，史頌簋均作"蠶"）；"敼"與"蠶"爲一字異體（牆盤銘文"敼"，在辭例相同的癲鐘銘文中作"蠶"）。 在這兩組字中，"皿"旁均爲可以減省的非制約性符號。 根據後世字書，"蠶"爲幽部字，這一點在時代稍晚但辭例比較確定的出土文獻材料中也得到了證實。 如秦駰玉版"蠶"讀爲"憂"，漢代銅器銘文中地名"蠶厔"，與《説文》吻合〔施謝捷（1994）文將甲骨文中用爲動詞的"敼"讀爲《説文》訓"引擊也"的"蠶"，用爲地名的"敼"則同意唐蘭先生意見，認爲與"蠶厔"有關，在今陝西周至縣境。 以上用例，均有待進一步研究〕。"蠶"字的讀音《説文》謂"讀若戾"，故多數學者將西周金文中的"敼/蠶龢"讀爲"戾和"。"戾"古訓"定"（《詩・小雅・雨無正》"靡所止戾"，毛傳："戾，定也。"《國語・晉語四》"可以戾也"，韋昭注："戾，定也。"），故裘錫圭先生將"戾和"訓爲"安定和協"（裘錫圭：《史牆盤銘解釋》，載氏著《裘錫圭學術文集》第二卷，6—17 頁）；"戾"又訓爲"善"（《廣雅・釋詁一》："戾，善也。"），故李學勤先生將"戾和"訓爲"善和"（李學勤：《論史牆盤及其意義》，《考古學報》1978 年第 2 期，149—157 頁）；"戾"又訓爲"至"（《爾雅・釋詁》："戾，至也。"），故唐蘭先生認爲"戾和"即"致和"，認爲相當於《尚書・君奭》篇中的"修和"（唐蘭：《略論西周微史家族窖藏銅器群的重要意義——陝西扶風新出牆盤銘文解釋》，故宫博物院編《唐蘭先生金文論集》209—223 頁，紫禁城出版社，1995 年）。還有一些學者認爲"蠶"、"蠶"是一字異體，如徐中舒謂："敼、蠶並是蠶字的簡體。……'盩厔'漢縣名,今爲陝西周至縣,盩音周。 盩厔照紐雙聲,古複疊語。《元和郡縣志》'山曲曰盩,水曲曰厔',蓋其地在渭水南岸,以山環水復得名。 盩厔二字皆有曲義。 史頌簋'里君百姓帥䚵盩于成周',䚵爲東夷,《尚書·堯典》作堣,此言'里君百姓帥堣夷至于成周',則是讀盩爲厔爲戾,而不讀周。 盩厔爲古複疊語,音義相通,盩既可讀爲厔,則'讀若戾'之盩亦可讀爲周。 龢同和,'周和于政'言周之臣民普遍擁護文王之政。"(徐中舒:《西周牆盤銘文箋釋》,《考古學報》1979年第2期,139—148頁)上引施謝捷(1994)文讚同徐說,並認爲古文字中"羗"、"執"、"訊"等字或累加"幺(糸)"旁,可以證明"敎"、"盩"孳乳爲"敫"、"盩"。 他主張把"盩"、"盩"看作本來音義相同的字,只是後來各有專用才造成它們在音義上的區別。 他進一步推測"盩"、"盩"的徹底分化大概是在春秋以後完成的。 施先生在文章的注釋中提到,金文"盩龢"可能應讀爲"調和"。 這一意見也被後來的一些學者所接受[參看何琳儀:《逨盤古辭探微》,《安徽大學學報(哲學社會科學版)》2003年第4期,9—14頁;薛培武(2015)文等]。 王孫遺者鐘銘文中有"龢⿰"一詞,薛培武(2015)文認爲後一字當從廖明春先生說改釋爲"溺"(按,實當釋爲"弱")。"龢溺"讀爲"龢調",其辭例"龢調民人"與秦公鐘/鎛銘文"盩(調)龢胤士"類似,可信。"弱"可讀爲"調",正如"弔"可讀爲"叔"。 本篇簡文"攸(修)和"相當於金文之"盩(敎)龢","攸"爲幽部字,這對於"盩"由"盩"字孳乳而來且有幽部字讀音的觀點也相當有利。 種種迹象表明,很可能"敎"原本既有"盩(周/調)"的讀音,也有"盩(戾)"的讀音。 趩簋銘文"稱盩先王宗室",張政烺先生認爲"盩"應讀爲"調"。 但他同時指出,此辭例與井人鐘"䵼處宗室"相同(張政烺:《周厲王胡簋釋文》,《古文字研究》第三輯,中華書局,1980年)。 如"盩"與"䵼"確爲異文,"䵼"與"戾"古音相近[參看孟蓬生(2012)文],則"盩"也有可能應讀爲"戾"。 另外史頌鼎/簋銘文"帥䚵敎(盩)于成周",徐中舒讀"敎(盩)"爲"戾",訓爲"至"(參看《故訓匯纂》852頁),亦頗通順。 而且正如徐中舒所説"盩厔"爲複疊語["盩厔"即"盩盩","戾"、"至"古音相近,孟蓬生

（2012）文亦有集中舉證，可參看］，這種用一個字形來表示一個連綿詞的現象在上古時期並不罕見，例如大家所熟知的"鳳皇"、"範圍"等詞。從詞義的角度看，"盩"、"鏐"的關係亦很密切。《新書·道術》："合得密周謂之調，反調爲鏐。"可見，在漢人看來，"調（盩）"與"鏐"的含義是正好相反的。如據《元和郡縣志》"山曲曰盩，水曲曰厔"，則"盩"、"鏐"又均有"曲"義。《廣雅·釋詁》："鏐，曲也。"王念孫《疏證》："鏐者，《説文》：'戾，曲也。''鏐，弼戾也。……讀若戾。'《荀子·脩身篇》：'行而俯項，非擊戾也。'楊倞注云：'擊戾，謂項曲戾不能仰者也。'《吕氏春秋·遇合篇》云：'陳有惡人焉，曰敦洽讎糜，長肘而鏐。'鏐與戾通。""山曲曰盩"的説法，可能由於"盩鏐"本爲連綿詞，受"鏐"詞義的感染，"盩"也具有了部分"鏐"的詞義。也有可能"盩"讀爲"周"，"周"有"曲"義。《詩·唐風·有杕之杜》："有杕之杜，生於道周。"毛傳："周，曲也。""周"本來有周匝、環繞義，引申爲"曲"，亦頗自然。正如"戾"訓爲"曲"，亦訓爲周轉之"轉"（《文選·潘岳〈射雉賦〉》："戾翳旋把，縈隨所歷。"徐爰注："戾，轉也。"）。"敦"字在甲骨文中即已出現，"鏐"字則在西周中期以後的金文中才出現，其用法相當單純，都出現在"鏐（敦）齲"一詞中，沒有其他用法。這可能反映了當時固定用"鏐"這一字形與"齲"組成固定搭配，但其讀音仍當與"盩"相同，"鏐齲"讀爲"調和"。戰國六國文字以"戾"爲｛鏐｝，已經從用字上徹底與"盩"區别開來。到了秦漢時期，"鏐"承襲秦文字用字習慣（"戾"字仍然使用，但在用法上與"鏐"已經有所分化）。"鏐"或用爲"戾"，或用爲"縭"，均與《説文》"讀若戾"的讀音相符（這一時期的典籍中"鏐"亦多用爲"戾"，如《史記·司馬相如列傳》"鏐夫爲之垂涕"，司馬貞《索隱》引張輯曰："很戾之夫也。"《文選·司馬相如〈上林賦〉》："穹隆雲橈，宛潭膠鏐。"郭璞注："鏐，古戾字。"）。《説文》謂"鏐""讀若戾"反映的是秦漢時期的用字情況。

［23］整理者："肎，即《説文》'捐'字，與'乂'同爲疑母月部，下第十七簡作'貟'。"復旦讀書會（2011F）："從字形來看，此字並不從'手'，實際上是從二'月'相對。"今按，簡文"朋"的構形方式，與中

山王方壺"易"字寫作🀆相同（張守中：《中山王器文字編》36頁，中華書局，1981年）。"朗"或即"月"字異體，讀爲"乂"。 金文讀爲"乂"之字一般寫作"辥"，晉姜鼎累加"月"聲，寫作🀆（集成2826）。"臂"字也可理解爲由"辥"與"胅（薛）"二字糅合而成。

[24] 整理者："宔，即'主'，《爾雅·釋詁》：'君也。'"

[25] 此句今本作"公無困我哉"，夏含夷（2012）指出今本"無"原當作"毋"，而"毋"、"女"形近互作，"困"或是"念"的形近誤字。《尚書·洛誥》亦有"公無困哉"句，陳劍（2013A）謂當據簡文校改爲"公，女（汝）念哉"，可信。

[26] 整理者："遜，字見《說文》，即'遜'字。 惜，讀爲'措'，《說文》：'置也。'師訇鼎（《集成》二八三〇）：'遜純乃用心。'"今本作"俾百僚乃心"。 陳劍（2013A）："'遜惜'何以變爲'百僚'則頗難質言。 猜測'遜'或作'佺'，二者本係音近異文（如'荃'或作'蓀'之類）；戰國文字'百'或作與'佺'近同之形，故'佺'字誤爲'百'；'惜'、'僚'則係因'昔'與'尞'字形略近而來，同時又要照顧到文意可通，故兩字歧爲'百僚'成詞。……按，'惜'疑讀爲'素'。'昔'聲字與'素'相通之例如《周易·履》初九爻辭'素履'，馬王堆帛書本'素'作'錯'；又'素'、'索'本係一字分化，《周易·震》上六爻辭'震索索'，馬王堆帛書本'索索'作'昔昔'；《周易·繫辭上》'探賾索隱'，馬王堆帛書本'索'作'錯'，亦其證。'素'常訓爲'樸'或'質'，此作動詞則義爲'使（心）保持樸素、質樸'（《呂氏春秋·士容》有'心甚素朴'語），與師訇鼎之'純'甚近。"

[27] 整理者："聿，讀爲'盡'。"今本作"率輔弼予一人"。

[28] 整理者："懋，《說文》：'勉也。'"《慧琳一切經音義》卷八十四"懋績"，注引郭注《爾雅》："懋，自勉強也。"此訓與簡文文意最爲貼合，祭公病重，猶自勉強向穆王行禮。

[29] 整理者："井利、毛班，見《穆天子傳》。《穆傳》又有畢矩，不知是否與此畢䮻有關。 畢䮻，今本作'畢桓'，于鬯《香草校書》已指出爲'人氏名，疑畢公高之後'。"今本作"乃詔畢桓于黎民般"，簡文"畢

駆"即今本"畢桓";"于"爲"井"之訛,"利"、"黎"音近通假;"毛"、"民"形近致訛,"班"、"般"音近通假。

[30] 今本"三公"作"天子",簡本義長。

[31] 整理者:"羍,'梏'字初文,此讀爲'告'。"今本即作"告"。有關"羍"字的詳細討論,可參看趙平安(2002C)文。

[32] 今本作"咸茂厥功",蔡偉(2011)認爲"茂"爲"成"之訛字,並舉典籍中"茂"、"成"因形近而相混之例爲證,可信。在蔡偉(2011)跟帖中,蔡偉提到《書·君奭》"我咸成文王功于不怠"句中亦有"咸成"一詞。顔世鉉還指出《詩·魯頌·閟宮》"克咸厥功"之"咸",爲"成"字之誤(竹添光鴻《毛詩會箋》已經引或説提到此看法)。《尚書·康王之誥》:"太保暨芮伯咸進,相揖,皆再拜稽首曰:'敢敬告天子,皇天改大邦殷之命,惟周文武誕受羑〈厥〉若,克恤西土。'"部分語句與簡文幾乎全同。

[33] 整理者:"奠,讀爲'定',今本作'貞',通假字。"今按,典籍常訓"奠"爲"定",如《尚書·禹貢》"奠高山大川",僞孔傳:"奠,定也。"《周禮·天官·職幣》"皆辨其物而奠其録",鄭注:"奠,定也。"(參看《故訓匯纂》500頁)故簡文"奠"可讀如本字,訓爲"定"。

[34] 整理者:"《左傳》文公七年引《夏書》:'董之用威。'"今本作"維天貞文王之重用威"。《左傳》文公七年:"晉郤缺言於趙宣子曰:'日衛不睦,故取其地。今已睦矣,可以歸之。叛而不討,何以示威?服而不柔,何以示懷?非威非懷,何以示德?無德,何以主盟?子爲正卿,以主諸侯,而不務德,將若之何?《夏書》曰:"戒之用休,董之用威,勸之以《九歌》,勿使壞。"'"杜注:"董,督也。"《爾雅·釋詁下》:"董,正也。""董之用威"即用威嚴矯正他(的行爲),類似的表述方式如《左傳》昭公十三年"董之以武師"。有學者將簡文"董"讀爲"動",《尚書》中有"動威",如《金縢》"今天動威以彰周公之德";《多方》"天惟求爾多方,大動以威,開厥顧天"。"董之用威"與"大動以威"(或"動威")的語法結構是不同的,前者"威"是修飾"董"的副詞;後者"威"是"動"的賓語。簡文"惟天奠我文王之志,董之用威",是説上天既定

文王之志，又用威嚴來督正他。

　　［35］　整理者："昍，讀爲'宣'，《左傳》僖公二十七年注：'明也。'臧，即'臧'，《説文》：'善也。'"今本作"寬壯"。

　　［36］　整理者："弋，讀爲'式'，語助，《詩·式微》箋：'式，發聲也。'"

　　［37］　整理者："岂，讀爲'媺'（美），今本'先王'之'先'疑即'岂'字之訛。"《尚書·堯典》："惟時懋哉。"《釋文》引馬云："懋，美也。"簡文"美懋"同義連言。　綏，安也（《故訓匯纂》1744頁）。　簡文"綏心"，即安心。

　　［38］　整理者："中，《禮記·月令》注：'猶應也。'"今本作"申"。

　　［39］　整理者："卑，讀爲'譬'，韻部支、錫對轉。"今本作"辟"，孔晁注訓爲"法"，此當是效法義。

　　［40］　整理者："宔，讀爲'皇'，訓'大'。　寁，讀爲'欪'，《廣雅·釋訓》：'盛也。'方邦，即方國，《詩·大明》：'以受方國。'"今本作"大開封方"。

　　［41］　整理者："㫄，讀爲'旁'，《説文》'溥也'，《廣雅·釋詁一》：'大也。'"今本作"基"。　按，簡文"旁"當理解爲"輔佐"義。《廣雅·釋詁四》："榜，輔也。"王念孫《疏證》："《説文》：'榜，所以輔弓弩也。'《楚辭·九章》：'有志極而無旁。'王逸注云：'旁，輔也。'旁與榜通。　榜、輔一聲之轉，榜之轉爲輔，猶方之轉爲甫，旁之轉爲溥矣。"簡文意爲封建方國，以爲周之輔翼。　與下文"丕惟周之厚屏"義近。

　　［42］　整理者："旬，從句聲，即'厚'，《國語·魯語上》注：'大也。'"今本作"宅"。

　　［43］　整理者："方，《廣雅·釋詁》：'大也。'今本作'旁'，莊述祖《尚書記》校作'方'。"

　　［44］　整理者："荓，讀爲'屏'，《書·康王之誥》：'建侯樹屏。'""旬荓"今本作"始并"。

　　［45］　整理者："'億年'二字下原誤衍重文號。"

　　［46］　整理者："參，《荀子·解蔽》注：'驗也。'舒，讀爲'叙'，

《國語·晉語三》注：'述也。'意云夏商敗亡爲後世引爲教訓。"

　　［47］　整理者："沁，清母侵部，疑讀爲匣母侵部之'咸'，訓爲'終'。既沁，今本作'既畢'。"此句今本作"守序終之既畢"。

　　［48］　整理者："履，《爾雅·釋詁》：'福也。'有履宗，有福佑於宗室。""履"今本作"利"。

　　［49］　整理者："由，《荀子·哀公》注：'道也。'"

　　［50］　整理者："䗝，從寅聲，讀爲'寅'，《爾雅·釋詁》：'敬也。'"

　　［51］　整理者："戾，《爾雅·釋詁》：'辠也。'時，訓'是'。寎，讀爲'遠'，《說文》：'遼也。'"此句今本作"汝無以戾反罪疾喪時二王大功"。陳偉武（2012）讀"戾"爲"癘"，引《墨子·尚同中》"故當若天降寒熱不節，雪霜雨露不時，五穀不熟，六畜不遂，疾菑戾疫，飄風苦雨，荐臻而至者，此天之降罰也。"以爲書證。陳劍（2013B）有詳細論證，可參看。陳劍文還認爲，簡文"䖵"當分析爲從蚰（蟲）古聲，應該就是表意字"蠱/盅"的形聲結構的異體。放馬灘秦簡《日書》乙種"辠蠱"一詞兩見，可見"辠䖵（蠱）"自可連言。他還提到簡文中所記祭公之語，"所謂'戾災辠蠱'並非周王自己的不好的行爲，而應是指上天鬼神所降下者，也可說是因周王在人事方面種種不好的行爲（如下文所云寵幸嬖御等）而招致之'戾災辠蠱'。祭公所言，可以代表周人有所鑒於夏代與殷商之歷史教訓而產生的一般看法，謂不要同樣因天子行爲失當導致天降己喪而亡周，此即'汝毋以戾災辠蠱亡時遠大邦'之意。"按上述陳説可從。

　　［52］　整理者："李，即'李'字，來母之部，讀爲從母之部之'士'。以上數句，《禮記·緇衣》引作：'毋以小謀敗大作，毋以嬖御人疾莊后，毋以嬖御士疾莊士、大夫、卿士。'郭店簡《緇衣》引作：'毋以小謀敗大慮（圖），毋以卑（嬖）御息（塞）莊后，毋以卑（嬖）士息（塞）大夫、卿士。'上博簡略同。"整理者在釋文中將兩處"息"字，均括注爲"塞"，當係遵從郭店簡整理者的意見。簡文前一"息"字今本作"固"，後一"息"字今本作"疾"，"慮"今本作"作"。復旦讀書會

（2011F）："'息'當從今傳本《禮記·緇衣》所引讀爲'疾'。 郭店簡《語叢一》簡110'食與色與疾'的'疾'，當讀作'息'，與上海博物館藏戰國楚竹書（五）《鮑叔牙與隰朋之諫》簡5'公沽（胡）弗察人之生（性）三：食、色、息'恰好可以對應。 郭店簡《緇衣》相應之字作'𢼸（愳）'，上博簡作'𢼸（𢼸）'，學者多以爲二字從'㚔'得聲（很有可能是後人誤將'息'字認作從'自'得聲，從而使'息'字產生出近似'疾'的讀音），有可能'㚔'是從'自'分化出來，古音'自'、'疾'同爲從紐質部字，故可讀爲今本之'疾'字。"今本《逸周書·祭公》"汝無以嬖御固莊后"句，王念孫云："'固'讀爲'姻'，音護。《説文》：'姻，嫪也。'《廣雅》作'婍'，云：'嫉、嫪、婍、妒也。'是'姻'與'嫉'、'妒'同義。 言汝毋以寵妾嫉正后也。'姻'之通作'固'，猶'嫉'之通作'疾'。 下文曰'汝無以嬖御士疾莊士大夫卿士'，'疾'亦'固'也。《緇衣》引此作'毋以嬖御人疾莊后'，是其證。"（王念孫《讀書雜志·逸周書四》，68頁，上海古籍出版社，2014年）今按，復旦讀書會將"息"讀爲"疾"，王念孫將"疾"理解爲嫉妒之"嫉"，恐均不確。 孟蓬生（2002）曾指出，郭店簡整理者將"息"讀爲"塞"的意見是可信的，但不應訓爲"絕"。 傳世典籍"塞"或作"固"，即禁錮之錮。 孟先生的意見是可信的，今試爲申説如下。 這三句話中的"汝"無疑都是指"穆王"而言，去掉修飾成分，三句話的核心意思是"汝毋息爾莊后"、"汝毋敗大圖"、"汝毋息大夫卿事"，而"以嬖御"、"以小謀"、"以嬖士"都是用來修飾謂語動詞"息"或"敗"的狀語。 這樣一來文義就比較清晰了，從穆王的角度來看，他當然不會去嫉妒"莊后"、"大夫卿事"。 所以王念孫將今本"固"讀爲"姻"，"疾"讀爲"嫉"恐怕都是有問題的。 潘振云："固與錮通，以嬖寵之御妾禁錮正后。"莊述祖云："固，塞。"我們認爲潘、莊對於文義的理解是正確的。 整理者將簡本"息"讀爲"塞"，應該是出於對文義的同樣理解。"塞"爲阻遏、壅蔽義，《管子·法法》："賢人不至謂之蔽，**忠臣不用謂之塞。**"體會"以嬖御"、"以小謀"、"以嬖士"之"以"，當用爲引介目的的介詞，意思是爲了、爲着。《孟子·公孫丑下》"君子不以天下儉其親"（君子不會爲了天下而儉嗇其親），其句式與"汝毋以嬖御息尔莊后"等三句完全相同。 這三句話的意思是"你不要爲了嬖御、嬖士，而阻塞壅蔽莊后、卿事（而使他們不得進用），你不要爲了小謀而敗壞大圖"。 今本《緇衣》在這段引文前面的論述中有"遠臣不蔽"這樣的話，"蔽"即壅蔽、阻塞義，表達的意思與我們前面的意見相吻合。 簡文"息"爲止息而不進義，與"塞"音義俱近，故《釋名·釋言語》："息，塞也。"《呂氏春秋·審分》："凡人主必審分，然後治可以至，姦僞邪辟之塗可以息。""息"亦當訓爲"塞"。 從文義上看，"塞"強調的是動作和過程，而"息/固"強調的是目的和結果。 所以簡文"息"亦可直接讀如本字（今本"固"的含義亦與"息"更爲接近），不必破讀爲"塞"。 張富海（2016B）謂"李"當括注爲"事"，典籍中的"卿士"一詞，在西周金文中均作"卿事"，郭店簡《緇衣》引上述《祭公之顧命》亦作"卿事"。 又"卿事"一詞，亦見於清華簡《厚父》篇2號簡。 按，張富海先生説可信。

［53］ 整理者："相，《小爾雅·廣詁》：'治也。'《左傳》昭公二十五年：'季公亥與公思展與公鳥之臣申夜姑相其室'，注同。"

［54］ 整理者："《書·洛誥》：'其自時中乂，萬邦咸休。'"此前已有學者指出，據簡文，整理者引《洛誥》語當在"萬邦"後斷讀。

［55］ 整理者："毋字下一字左從糸。 叙，從臤聲，疑讀爲同在匣母真部之'眩'，《廣雅·釋言》：'惑也。'"李松儒在復旦讀書會（2011F）文後跟帖中認爲"毋"下之字應隸定爲"緫"，讀爲"怠"。"怠賢"，可以理解爲輕慢、怠慢賢人。

［56］ 整理者："悘，讀爲'唐'，《説文》：'大言也。'從庚聲字多有空虛之意。 厚顔，《詩·巧言》：'顔之厚矣。'"此句今本作"汝無泯泯芬芬厚顔忍醜"。 今按，疑"悘悘"應讀爲"蕩蕩"。《詩·大雅·蕩》："蕩蕩上帝，下民之辟。"《漢語大詞典》解"蕩蕩"爲"恣縱貌"，似合於簡文文意。

［57］ 簡文"專"，整理者原誤釋爲"事"，此從復旦讀書會（2011F）改釋。

［58］ 整理者："竅，讀爲'陷'。 師詢簋（《集成》四三四二）：'欲

汝弗以乃辟函（陷）于艱'，毛公鼎（《集成》二八四一）同。"今本作"險于難"。

　　[59]　整理者："𣨛，從大聲，在定母月部，讀爲書母月部之'世'，中山王方壺（《集成》九七三五）作'丗'。"此句今本作"我亦以免沒我世"。

　　[60]　整理者："舍，疑讀爲心母魚部之'胥'，《爾雅·釋詁》：'相也。'一人，指王。"

　　[61]　整理者："康，《爾雅·釋詁》：'安也。'今本孔晁注同。下一字右從子，左半所從不清。"周忠兵在復旦讀書會（2011F）文後跟帖中認爲"康"下之字應分析爲從才從子，是一個雙聲字，疑讀爲"慈"。

　　[62]　整理者："㜷，'孼'字之省，通作'𤻲'，《楚辭·天問》注：'憂也。'伓，即'倍'字，並母之部，讀爲並母職部之'服'，《爾雅·釋詁》：'事也。'"以上兩句今本作"康子之，攸保勖教誨之"。

　　[63]　整理者："夕，邪母鐸部字，疑讀爲喻母鐸部之'斁'，《説文》：'終也。''夕'下一字不清，疑'𢇍'，即'絕'字。句意即乃毋終絕。"今本作"世祀無絕"。

　　[64]　整理者："《書·費誓》：'汝則有常刑。'《周禮·小宰》：'國有常刑。'"

　　[65]　整理者："舉，《莊子·應帝王》成玄英疏：'顯也。'今本作'黨'，《廣雅·釋詁一》：'善也。'義近。《書·皋陶謨》'禹拜昌言'，《説文》'昌，美言也'，與此句例相似。"今本作"黨言"。

　　[66]　整理者："𧢼，從見，寡省聲，當爲'顧'之本字。'祭公之顧命'此五字爲篇題。"

傅說之命（說命上）

傅説之命（説命上）[1]

隹（惟）殹（殷）王賜敚于天[2]，甬（用）爲逘（失）审（中）史（使）人[3]。王命氒（厥）百攻（工）向（像），以貨旬（徇）求敚于邑人[4]。隹（惟）殹（發）人【1】旻（得）敚于専（傅）厰（巖）[5]，氒（厥）卑（畀）綳（掤/冰/箙）、弓紳（緊/縊）弹〈弦〉、辟（䩛/韜）矢[6]。■敚方竺（築）城[7]，滕（騰）隆（降）重踊力（陟）[8]。氒（厥）敚之胐（狀）[9]，鶻（鳶）【2】肩女（如）惟（椎）[10]。王廼餂（訊）敚曰[11]："帝殹（繄）尔以畀舍（余）[12]？殹（抑）非？"[13]■敚廼曰："隹（唯）[14]！帝以余畀尔＝（尔，尔）左執朕祑，尔右【3】頴＝（頴首）。"王曰："且（宣）肰（然）！"[15]■天廼命敚伐逘＝审＝（失中。失中）是生子，生二戊（牡）豕[16]。■逘（失）审（中）卜曰："我亓（其）殺之？■我亓（其）【4】已，勿＝殺＝（勿殺？）"[17]勿殺）是吉。逘（失）审（中）惶（違）卜[18]，乃殺一豕。■敚于羣伐逘（失）审（中）[19]，一豕乃睹（穿）保以遭（逝）[20]，■廼遝（遷）[21]。■邑【5】人皆從一豕[22]，塈（地）审（中）之自行[23]，是爲赤敚（胈）之戎[24]。隹（惟）敚邑在北晦（海）之州（洲），是隹（惟）員（圓）土[25]。敚【6】逨（來），自從事于殹（殷），王甬（用）命敚爲公[26]。乚【7】

尃（傅）敓（説）之命【7背】

【箋釋】

［1］ 整理者："《説命》簡長四十五釐米，共有三篇，由同一書手寫成。 每一篇最後一支簡簡背都有篇題《傅説之命》，現據内容次第分別題爲《説命上》、《説命中》和《説命下》。《説命上》有簡七支，《説命中》也是七支、《説命下》則有十支，但缺失了第一支簡，現僅存九支。《説命》是《尚書》的一部分。《書序》云：'高宗夢得説，使百工營求諸野，得諸傅巖，作《説命》三篇。'竹簡本《説命》正係三篇。《説命》不在漢初伏生所傳今文《尚書》之内，《尚書正義》所引鄭玄講的孔壁古文《尚書》多於伏生的十六種二十四篇，也没有《説命》。 東晉時梅賾所獻孔傳本《尚書》則有三篇《説命》，前人已考定爲僞書。 與清華簡《説命》對照，梅氏獻出的《説命》，除自先秦文獻中摘輯的文句外，全然不同。 先秦典籍曾多次引用《説命》，最重要的是《國語·楚語上》楚靈王時大夫白公子張所述，但未明説《説命》篇名。 不過其間有'若藥不瞑眩，厥疾不瘳'，《孟子·滕文公上》所引標出'《書》曰'，足以證明《楚語》此段的來源。 竹簡本正與《楚語》相當的語句，可相對勘。《禮記·緇衣》引《説命》'惟口起羞'云云，也見於《墨子·尚同中》所引，同樣可在竹簡本裏找到。 此外，《禮記·文王世子》、《學記》所引《説命》，以及《緇衣》另引的一條佚文，則不見於竹簡本，這應該是由於《説命》的傳本有異。"

［2］ 整理者："殷王，詞見《書·無逸》，在此指高宗武丁。 句云武丁受天之賜，與《書·禹貢》'禹錫玄圭'同例。"今按，整理者引《書·禹貢》"禹錫玄圭"，《史記》作"於是帝錫禹玄圭"。 于省吾《雙劍誃尚書新證》引西周金文臣卿鼎銘文"臣卿錫金"（集成2595）爲例，均可證明"錫"可表受賜。 簡文"惟殷王賜説于天，用爲失中使人"，是殷王武丁在夢中所得啓示，後文傅説云"惟帝以余畀尔，尔左執朕袂，尔右頷首"，所描述的正是武丁夢中在上帝面前（天庭）受賜的情景。 所以"惟殷王賜説于天"之"天"應理解爲天庭，"于"爲引進處所的介詞，意思是説殷王

在天庭被賜以傅説。

　　[3]　整理者:"甬,讀爲'傭',《荀子·解蔽》注:'役也。'此言傅説爲失仲傭役之人。"今按,簡文只是説傅説在傅巖築城,並没有説傅巖位於失中之地。所以整理者説"傅説爲失仲傭役之人",並無根據。簡文"甬爲失中使人"是武丁夢中在天庭所接受的上帝的指令,這一指令是針對傅説而言的,是上帝把傅説賜給武丁的目的。簡文後文説"天乃命説伐失中",不僅表明對傅説的任命是上天的旨意,而且傅説的任務就是討伐失中。可見"甬爲失中使人"應理解爲用傅説爲(討伐)失中的使人,這裏的"使人"就是執行某項任務的人。簡文"甬",已有不少學者指出應直接讀爲"用"。"失中",當爲古國名。甲骨文有字作 形(劉釗主編:《新甲骨文編(增訂本)》379頁,福建人民出版社,2014年),常用爲方國名或地名。過去有釋"先"、"敖"等意見,趙平安(2001)主張釋爲"失",認爲甲骨文中的"失侯"即見於《逸周書·世俘解》的"佚侯"。沈建華(2014)同意趙平安先生的釋讀意見,並進一步認爲本篇簡文"失中"即屬卜辭中所謂的佚族。但對於上引甲骨文的考釋,趙平安説並非定論。謝明文先生在其博士學位論文《商代金文的整理與研究》(復旦大學博士學位論文,指導教師:裘錫圭,2012年)中,對相關字形進行了仔細梳理和排比,認爲劉釗先生主張的"敖"字初文説是可信的。簡文"失中"是否與見於《逸周書》的"佚侯"有關,待考。

　　[4]　整理者:"向,原作'兮',楚文字習見,讀爲'像',指畫像。貨,《説文》:'財也。'《書序》:'高宗夢得説,使百工營求諸野。'《國語·楚語上》:'如是而又使以夢象旁求四方之賢。'與簡文有所異同。"張富海(2013)認爲,整理者將"向"讀爲"像"的意見在上古音方面頗有障礙(二者聲紐距離較遠)。他主張"向"當讀爲"競",是競相努力的意思。李春桃(2016)認爲"向"應該讀爲"卿"。王寧(2016)將"向"讀爲"餉",《玉篇》:"餉,饋也。"又《廣雅·釋詁三》:"餉、餽,遺也。"今按,我們認爲整理者將"向"讀爲"像",有傳世文獻爲依據,恐難輕易否定。張富海先生提出"向"、"像"聲紐有距離,但"餉"從"向"聲,其異體"饟"從"襄"聲。"襄"及從"襄"得聲之字,聲紐多

爲齒音心紐，而"像"的聲紐爲齒音邪紐，可見"向"、"像"的聲紐可以溝通，將"向"讀爲"像"應無問題。"百工"，泛指各種工匠，《墨子·節用中》："凡天下羣百工，輪車鞼匏，陶冶梓匠，使各從事其所能。"後文"敓人"亦爲百工之一種，所從事的職業與製造弓箭有關。"貨"既可指普通財物（如整理者引《説文》訓爲"財也"），也指貨物、商品。《易·繫辭下》："日中爲市，致天下之民，聚天下之貨。"先秦時期，"工商食官"，貨物、商品應多爲"百工"所產出。簡文"旬求"，《書序》作"營求"，《説文》"夐"字下引《商書》作"夐求"。整理者將"旬"括注爲"徇"，裘錫圭、陳劍（2016）對簡文"旬求"有詳細討論，認爲"旬（徇）求"和"夐（敻）求"意義相同，而"營求"則應看作是這兩個詞的借字或音近誤字。"'旬（徇）求'爲連動結構，當遍行宣示以求講。'以貨旬（徇）求敓（説）于邑人'，意思就是：帶着財貨在邑人中到處宣示懸賞尋求説這個人"。簡文所提到的"貨"當然就是百工所產出的物品，即百工各自以所產貨品來懸賞、購求"説"這個人，這樣理解才能與下文"敓人"交付給發現"説"的邑人以弓矢等物在文義上相接榫。

　　［5］整理者："上博簡《周易》咸卦有'脪'字，今本作'腓'，何琳儀等指出'敓'乃《説文》'彌'字古文'𢎨'的省簡，詳見丁四新《楚竹書與漢帛書〈周易〉校注》第八二頁（上海古籍出版社，二〇一一年）。《荀子·臣道》注：'彌，所以輔正弓弩者也。'唐蘭《弓形器（銅弓祕）用途考》云即《儀禮·既夕禮》之'祕'（《唐蘭先生金文論集》第四七一～四七二頁，紫禁城出版社，一九九五年）。彌人當爲與製弓有關的職官。傅巖，同《楚語上》等，《史記·殷本紀》作'傅險'。"簡文"敓"，整理者釋爲"彌"，白於藍、段凱（2015）指出《説命下》3號簡即有標準之"彌"字，寫作𢎨，而且古文字中"彌"字所從之"弜"沒有省爲"弓"者。不少學者指出"敓"當釋爲"發"，可信。"敓（發）人"，當是百工中專門從事弓箭製造者，或將之與見於《周禮》等書的"射人"相比附，恐不確。

　　［6］整理者："厥，義同於'其'，在此訓爲'將'，參看楊樹達《詞詮》第一六〇頁（中華書局，一九七八年）。 繃，《説文》'束也。'弳，讀

爲'關',楚文字'關'常作'閞',《左傳》昭公二十一年'豹則關矣',注:'關,引弓。''矢'字倒書,楚文字習見。 辟矢,疑即《周禮·司弓矢》'八矢'的'庳矢','辟'在錫部,'庳'在支部,對轉。"簡文"卑",高榮鴻(2015)讀爲"畀"。 簡文"繃",整理者訓爲"束",不確。 王寧(2013):"'繃'讀爲'弸',《説文》:'弓彊皃','弸弓'即强弓。"蚊首(網名)先生認爲,"'絰'也可能是一種與弓、矢並列之物,可讀爲'掤',見《詩·大叔於田》(《廣雅·釋器》'掤、医、黷敨,韇丸,矢藏也'),字又作'冰',見《左傳》,舊注'矢筒蓋',未確,當指矢籨。'掤'、'冰',蒸部,'備'、'籨',職部,韻對轉而語源同。"(《清華簡三〈説命〉初讀》59樓,簡帛網"簡帛論壇",2015年9月27日)我們認爲蚊首先生的意見可從。"紳"疑讀爲"緊",二字均爲真部字,疊韻。"紳"爲書紐,"緊"爲見紐。 書紐上古音屬端系,端系、見系常可通假。《玉篇·臤部》:"緊,又作紾。""紾"上古音亦屬端系。《説文·臤部》:"緊,纏絲急也。"《文選·傅毅〈舞賦〉》:"弛緊急之弦張。"簡文"弸",當爲"弦"字之誤。"弓紳(緊)弦",是指弓弦纏繞得很牢固、繃得很緊的弓,其文例與金文常見之"戈彤內"(內部帶有紋飾的戈)相同。"辟矢",整理者讀爲"庳矢",甚確。"庳矢"是一種箭頭比較扁平寬大的矢。《方言》卷九:"凡箭鏃……其廣長而薄鐮者,謂之錍。"(另可參看裘錫圭:《"畀"字補釋》,載氏著《裘錫圭學術論集》第一卷,27—35頁。)這一段簡文是説"弜(發)人"找到傅説之後,以其所生産之弓矢獎賞發現傅説的邑人(也有可能是用弓矢將傅説從傭役之中贖出)。

[7] 整理者:"《墨子·尚賢下》: 傅説'庸築于傅巖之城'。《孟子·告子下》:'傅説舉於版築之間。'"簡文{築}作"𡒜",從土竹聲,《金縢》13號簡同。 戰國文字{築}或作"築"(如子禾子釜,集成10374;睡虎地秦簡《封診式》97號簡),從木筑聲,據《説文》,"筑"亦從"竹"得聲;或作"籅"(子彈庫楚帛書);或作"簹"(上博簡《容成氏》38號簡)。 作"簹"者與《説文》古文同。 在睡虎地秦簡中又多寫作"筑"(如《日書》甲種142號簡簡背、《日書》乙種125號簡),關沮秦簡寫作"𥬰"(299號簡),則爲雙聲字,所從"龖(孰)"旁亦爲聲符。 據典籍

記載，表修築義的動詞"築"和"城"用法有別，《左傳》莊公二十八年："凡邑有宗廟先君之主曰都，無曰邑。邑曰築，都曰城。"

　　[8] 整理者："滕，《詩·魯頌·閟宮》傳：'繩也。'《廣雅·釋詁》：'索也。'隆，即'降'字，讀爲同屬見母冬部的'躬'，《說文》：'身也。'《墨子·尚賢下》傅説庸築，'衣褐帶索'。"簡文"滕降"，胡敕瑞（2013）讀爲"騰降"，即升降。"重力"，張富海（2013）讀爲"踴陞"，甚確。清華簡《金縢》6號簡"武王力"，"力"應讀爲"陞"；《周公之琴舞》2號簡"陞降"之"陞"作從石力聲，均可證"力"、"陞"相通。"簡文'騰降踴陞'，是説傅説築城時跳躍着下來，跳躍着上去，而不是一步一步走着上下，狀其辛勤勞苦，十分生動鮮明。'騰'與'踴'義相近，'降'與'陞'義相反，'踴陞'正與'騰降'相對爲文。"

　　[9] 整理者："'肻'爲'狀'字，見郭店簡《老子甲》，參看裘錫圭：《以郭店〈老子〉簡爲例談談古文字的考釋》（《中國哲學》第二十一輯）。"

　　[10] 整理者："'肩'字字形參見清華簡《周公之琴舞》第三簡。《荀子·非相》：'傅說之狀，身如植鰭。'可與此參看。"簡文"鶻"，整理者括注爲"腕"。胡敕瑞（2013）指出："'鶻'當讀如'鳶'。'鳶'古讀余紐元部，'鶻'古讀影紐元部，兩字皆爲喉音，又同屬元部，可以相通。'鶻肩'讀作'鳶肩'，古籍中用來描摹人的特異相貌，例如：《國語·晉語》：'叔魚生，其母視之，曰："是虎目而豕喙，鳶肩而牛腹，谿壑可盈，是不可饜也，必以賄死。"'韋昭注：'鳶肩，肩井斗出。'所謂'斗出'即像斗一樣陡出。古代陡峭之陡概作斗，段玉裁於《說文》'斗'字下注云'此篆叚借爲斗陗之斗，因斗形方直也。俗乃制陡字。'根據韋昭的注釋，可知'鳶肩'之狀就是雙肩陡立高聳的樣子。"虞萬里（2013）說同，謂"鳶肩如椎"，意思是説"傅說肩膀像鳶鳥棲息時上竦的雙翅一樣，形如倒植之椎體物。"整理者引《荀子·非相》謂傅說"身如植鰭"，魚鰭亦作上尖下寬之椎體形，與簡文"如椎"吻合。

　　[11] 整理者："'訊'字釋讀見郭永秉《釋上博楚簡〈平王問鄭壽〉的'訊'字》（《古文字研究》第二十七輯）。"

[12] 整理者：" 殹，影母脂部，讀爲影母質部的'抑'，對轉。抑，《國語·晉語九》注：'枉也。'《玉篇》：'冤也。'"今按，簡文第一處"殹"字，子居（2013）認爲當讀爲"繄"，可信。簡文當訓爲"惟"，《左傳》襄公十四年："王室之不壞，繄伯舅是賴。"

[13] 整理者："'抑'在此爲選擇連詞，參看楊樹達《詞詮》第三六八頁。"

[14] 子居（2013）："'惟帝以余畀尔'句應斷句爲：惟，帝以余畀尔。此處'惟'應爲應答詞'唯'，表'是的'。"

[15] 整理者："亶，《爾雅·釋詁》：'信也。'又：'誠也。'《小雅·常棣》：'亶其然乎。'"以上簡文記載武丁與傅說見面後，傅說描述了他和武丁在天庭受命並答拜的情形，與武丁所夢完全吻合，武丁於是確認了傅說就是在夢中受賜於天庭之人。這種情況，就是古人所謂的"夢協"，即不同的人做了相同的夢。類似記載如《左傳》昭公七年："衛襄公夫人姜氏無子，嬖人婤姶生孟縶。孔成子夢康叔謂己：'立元，余使羈之孫圉與史苟相之。'史朝亦夢康叔謂己：'余將命而子苟與孔烝鉏之曾孫圉相元。'史朝見成子，告之夢，夢協。"晉太康十年（289年）汲令盧無忌《齊太公呂望碑》徵引汲冢竹書所出《周志》部分內容："文王夢天帝，服玄禳，以立於令狐之津。帝曰：'昌，賜汝望！'文王再拜稽首，太公于後亦再拜稽首。文王夢之之夜，太公夢之亦然。其後文王見太公而訓之曰：'而名爲望乎？'答曰：'唯，名望。'文王曰：'吾如有所於見汝。'太公言其年月與其日，且盡道其言；'臣此以得見也。'文王曰：'有之有之。'遂與之歸，以爲卿士。"（參看王連龍：《談汲冢〈周書〉與〈逸周書〉——從出土文獻研究看古書形成和流傳問題》，復旦網，2014年10月25日）上述對文王與太公夢協、接頭的記載，與簡文非常相近。特別是太公回答"唯"，證明簡文"隹"確實當讀爲"唯"，表應答聲。

[16] 整理者："戊，讀爲'牡'，皆爲明母幽部。'牡豕'形容其子生性頑劣，可參看《左傳》昭公二十八年所載樂正后夔取有仍氏女，'生伯封，實有豕心，貪惏無饜，忿纇無期，謂之封豕'。"子居（2013）指出，簡文"牡豕"並非如整理者所說是形容失中之子生性頑劣之語，應直接理

解爲公豬。簡文所記爲妖祥之事，故失中卜是否殺之。還有學者提到典籍中有類似記載，如《山海經・大荒東經》："黄帝生苗龍，苗龍生融吾，融吾生弄明，弄明生白犬，白犬有牝牡，是爲犬戎。"（引文中的"牝牡"，《史記・匈奴列傳》司馬貞《索隱》引作"二牡"，與簡文尤近）王寧（2013）指出，"尤其是弄明所生二子，爲牝牡之白犬，其後爲犬戎，與《説命》佚仲二子爲牡豕，其中之一後爲'赤敦之戎'的情況實頗相類也"。羅琨（2014）則認爲："'生二牡豕'當指誕下一對雙胞胎男嬰。以雙胞胎爲不吉，甚至是妖異的民俗，在歷史上曾經存在過，所以會通過占卜決定他們的命運；豕多産，以雙胞胎異於常人，所以雖爲正常男嬰，却稱之爲'豕'，也見於古代民俗。"

[17] 整理者："'我其殺之'，'我其已，勿殺'，是相對立的卜辭。特別是'我其已'，與殷墟甲骨卜辭格式一致，參看李學勤《釋'改'》（《中國古代文明研究》第一六～二〇頁，華東師範大學出版社，二〇〇五年）。"羅琨（2014）："'殺之'、'勿殺'，猶如王親貞'余子'、'余弗其子'；'勿殺是吉'不是占辭，而是講述者對占辭的概括。"

[18] 整理者："'違卜'語見《書・盤庚》、《大誥》。"

[19] 整理者："于，《周南・桃夭》傳：'往也。'塱方鼎（《殷周金文集成》二七三九）：'周公于伐東夷豐伯薄姑。'"簡文"𡩋"，整理者括注爲"圍"。已有子居、張卉、王志平等多位學者指出"𡩋"當爲地名。張卉（2013）從用字習慣的角度考察，指出楚簡帛文字一般用"回"表示｛圍｝，亦符合事實。子居（2013）認爲"𡩋"即指"鄣"，"'説于鄣伐佚仲'即傅説自鄣地出發征伐佚仲"。張卉（2013）、王志平（2014）都認爲"𡩋"地所指爲豕韋之"韋"。《詩經・商頌・長發》"韋顧既伐"，鄭箋曰："韋，豕韋。"今按，從簡文來看，"𡩋"爲地名，似無問題。但其地爲"鄣"或"韋"，均無確證，待考。

[20] 整理者："瞏，讀爲'旋'，與'還'字通用。'遣'即'潛'，郭店簡《老子甲》用爲'逝'字，《廣雅・釋詁一》：'逝，行也。'此云失仲之子不戰而退守。"簡文"瞏"，侯乃峰（2013）讀爲"穿"，可信。"穿"爲挖掘、開鑿、隧穿義。《禮記・月令》："（仲秋之月）可以築城

郭，建都邑，穿竇窖，脩囷倉。"王念孫在《廣雅疏證》中列舉了不少與"穿"音義皆近的親屬詞，《廣雅·釋詁三》："鑿、喬、欪、掘、扣、斛、抉、挑、竂，穿也。"《疏證》："欪者，《玉篇》：'欪，掘也。'隱元年《左傳》：'闕地及泉。'《逸周書·周祝解》：'獻有蚤而不敢以撅。'字並與'欪'同。 扣者，《說文》：'搰，掘也。'《吳語》云：'狐埋之而狐搰之。'《列子·說符篇》云：'扣其谷而得其鈇。'扣與搰同。 欪、掘、扣聲並相近。 抉者，《說文》：'抉，挑也。'襄十七年《左傳》云：'以杙抉其傷而死。'《說文》：'突，穿也。''窭，深抉也。'義並與抉同。《衆經音義》卷二引《廣雅》作'決'，《周語》云：'決汨九川。'決亦抉也，汨亦扣也。 竂者，《說文》：'竂，穿地也。'《小爾雅》云：'壙謂之竂。'《周官·小宗伯》：'甫竂。'鄭注云：'鄭大夫讀竂爲穿，杜子春讀竂爲毳，皆謂葬穿壙也。 今南陽名穿地爲竂，聲如腐脃之脃。'"除以上王氏所列舉之外，尚有"浚/濬"，《春秋》莊公九年："冬浚洙。"杜注："浚，深之。"《書·益稷》："予決九川，距四海。 濬畎澮，距川。""隧"，《左傳》隱公元年："對曰：'君何患焉？ 若闕地及泉，隧而相見，其誰曰不然。'"以上諸字，其韻部多在物、月兩部，音義關係密切。 保，指小城。《左傳》成公十三年："伐我保城，殄滅我費滑。"這部分簡文是說在傅說伐失中的戰役中，"二牝豕"中幸存的那一個在郊保的地下挖掘通道，逃脫了傅說的包圍。《左傳》哀公元年記澆滅夏后相事，"后緡方娠，逃出自竇"。 裘錫圭（2012）認爲這裏的"竇"有可能就是指地道，所記情形與"一豕乃穿保以逯"十分類似。

[21] 整理者："逯，讀爲'踐'，與'翦'通，義爲伐滅。《尚書大傳》釋'踐奄'云：'踐之云者，謂殺其身，執其家，瀦其宮。'但從此處簡文看，並沒有這樣嚴重的意義。"簡文"逯"整理者讀爲"踐"，後來學者多從之。 今按，此説恐不確。"乃逯"的主語承上省（"乃"爲連詞，表承接），上一句簡文"一豕乃穿保以逯"的主語爲"一豕"，所以"乃逯"的主語應爲"一豕"。 我們認爲"逯"當讀爲"遷"。 上博簡《鮑叔牙與隰朋之諫》："公身爲無道，不逯（遷）於善天〈而〉說之，可乎哉？"（《競建内之》5－6號簡）正以"逯"表示遷徙之{遷}。 簡文是説"一

豕"從地道中逃脱之後，就遷離了窜地。這與後文"邑人皆從一豕，地中之自行"（邑人都跟着一豕從地道中離開）承接也得非常自然連貫。

　　［22］ 整理者："從，《左傳》襄公十年注：'猶服也。'""從"，即跟從、跟隨的意思。《説文·从部》："從，隨行也。"

　　［23］ 整理者："意云失仲逃走而其子隨之。"黄傑（2013B）："'垫'當讀爲'地'。'审'讀爲'中'。《説命中》簡6'垫'用作'地'，《説命下》簡6'审'用爲'中'。'邑人皆從一豕垫（地）审（中）之自行'疑讀爲一句，'地中之自行'是倒裝句，即'自地中行'。此句相當於'邑人皆從一豕自地中行'。'自地中行'看似怪異，但此處所述本來就涉及神異虛誕之事，而且'豕'有長嘴，可以穿地。"苦行僧（網名）則讀"自"爲足迹之"迹"，謂"'邑人皆從一豕地中之自（迹）行'的意思就是，邑人都隨着這隻豬穿堡時在地底下所留的足迹出奔"（《清華簡三〈説命〉初讀》34樓，簡帛網"簡帛論壇"，2013年1月17日）今按，黄傑説較爲平實，暫從之。

　　［24］ 整理者："戎，指兵事。"今按，學者多已指出，簡文"戎"即戎狄之"戎"，典籍中"某戎"之稱習見。聯繫到前文引《山海經》所載"弄明生白犬，白犬有牝牡，是爲犬戎"，"犬戎"之稱來源於弄明所生之白犬，則簡文"赤敄之戎"之"赤敄"亦當與"牡豕"有關。汗天山（網名）認爲："'赤敄之戎'，既然知道是戎族之名，則很可能應該讀爲'赤脬之戎'。脬，指'卵脬'。赤脬，即紅色的卵脬。其實説的還是那頭豬的事。'赤脬之戎'既爲'一豕'之後，豬有此顯著特徵，故其後代用'赤脬之戎'稱之。"（《清華簡三〈説命〉初讀》33樓，簡帛網"簡帛論壇"，2013年1月17日）我們認爲這種看法是很有道理的。《説文·肉部》："脬，膀光也。"《史記·扁鵲倉公列傳》："風瘴客脬，難於大小溲，溺赤。"張守節《正義》："脬，膀胱也。"簡文"敄（脬）"當指牡豕的外生殖器。古人認爲豬的繁殖能力特別强，"赤脬"當爲公豬發情時的顯著特徵。這也與失中之一牡豕繁衍爲"赤脬之戎"的情況相吻合。

　　［25］ 整理者："員，讀爲'圜'。圜土，《周禮·大司寇》注：'獄城也。'《墨子·尚賢下》：'昔者傅説居北海之洲，圜土之上。'孫詒讓《墨

子閒詁》引畢沅云：'洲當爲州。'《書·說命》孔穎達《正義》：'《尸子》云傅巖在北海之洲'，是《尸子》也有此説。《説命》孔傳則云：'傅氏之巖在虞、虢之界，通道所經，有澗水壞道，常使胥靡刑人築護此道。說賢而隱，代胥靡築之以供食。'《正義》祇説：'孔必有所案據而言之也。'"

　[26]　整理者："《楚語上》云：'（武丁）得傅説以來，升以爲公。'《尚賢中》也説：'武丁得之，舉以爲三公，與接天下之政，治天下之民。'"

傅說之命（說命中）

傅說之命（說命中）

　　敚遬（來）自尃（傅）厰（巖）[1]，才（在）𩫖（殷）。武丁朝于門，內（納）才（在）宗[2]。王訋（原）比𢼄（厥）夢[3]，曰："女（汝）遬（來）隹（惟）帝命？"[4] 敚【1】曰："身（允）若寺（時）。"[5] 武丁曰："𠷎（咨）！各（格）女（汝）敚（說）[6]。聖（聽）戒朕言[7]，繫（戾）之于乃心[8]。若金，甬（用）隹（惟）女（汝）复（作）礪（礪）[9]。故【2】我先王烕（滅）顓（夏），燮弜（強）[10]、𢦔（翦）𧌒（蠢）邦[11]，隹（惟）庶楅（相）之力堯（乘）[12]，甬（用）孚自𥺛（設）[13]。敬之𠳄（哉）！攺（啟）乃心，日沃【3】朕心[14]。若藥，女（如）不瞑（瞑）均（眩），郕（越）疾罔瘳[15]。朕畜女（汝）[16]，隹（惟）乃复（腹）[17]，非乃身。若天䨪（旱），女（汝）复（作）𢘓（霖）雨[18]。【4】若圖〈圓（荐／薦）〉水，女（汝）复（作）舟[19]。女（汝）隹（惟）𠳄（茲）敚（說）砥（底）之于乃心[20]。复（作）天出不䍃（祥）[21]，不䧢遠才（在）𢼄（厥）𦡊[22]。女（汝）克【5】睍（睍-環）貝（視）四方[23]，乃䘰（府一俯）貝（視）𡏛（地）[24]，心毀隹（惟）備[25]。敬之𠳄（哉）！甬（用）隹（惟）多𢛳（德）。复（作）隹（惟）口記（起）戎出好（羞）[26]，隹（惟）戉（干）戈【6】复（作）疾[27]，隹（惟）衺（哀）戴（載）㤅（病）[28]，隹（惟）戎（干）戈生（眚）氒（厥）身[29]。若詆（抵）不見（視），甬（用）剔（傷）[30]，吉不吉[31]。余告女（汝）若寺（時）[32]，▅辯（志）之于乃心。"[33]✓【7】専（傳）敚（説）之命【7背】

【箋釋】

　　[1]　本篇簡文的開頭，介紹了傅説的來歷。後文尚有武丁與傅説考校、對比各自所夢以確認是否"夢協"的内容。《説命上》篇亦有介紹武丁尋找和發現傅説，以及對二人"夢協"進行確認等方面的内容，只不過詳略不同。《説命》三篇在内容上相對獨立，反映了這三篇文獻産生的時代和地域等可能都有所不同，但因爲都是關於傅説的，所以被編在一起（古書流傳過程中，這種情況並不罕見）。《説命上》篇首尾完具，所記傅説伐失中的内容頗具神異色彩。而《説命中》與《説命下》兩篇所記述的主要是武丁對傅説的訓誡，在内容上看不出與上篇有什麽必然聯繫。可惜《説命下》篇開頭部分殘去，不知是否如上、中兩篇一樣，都有介紹傅説來歷的内容。

　　[2]　張崇禮（2014）："朝，使來朝見。内，讀爲'納'，引入，使進入。"今按，張説可信。武丁在"門"接見了傅説，並把他引入宗廟。這兩句簡文，表明武丁對於傅説的重視。

　　[3]　整理者："'䚻'字從'逫'省，讀爲'原'，《爾雅・釋言》：'再也。'或訓爲'察'，見《管子・戒》注。"今按，謝明文（2014）認爲簡文"䚻"所從"勻"旁爲加注聲符。整理者將"䚻"讀爲"原"，訓爲"再也"，顯然是把本篇與《説命上》篇看作是内容上連貫的兩篇，既然上篇已經有確認"夢協"的内容，那麼這裏只能理解爲再次確認。前注我們已經指出，這三篇簡文内容各自獨立，所以整理者的意見恐不可信。廖名春（2014）、張崇禮（2014）均指出，簡文"原"當訓爲推原、考究，可信。《荀子・儒效》："俄而原仁義，分是非，圖回天下於掌上而辨白黑，豈

不愚而知矣哉！"章詩同《荀子簡注》："原，推求其根本。"（上海人民出版社，1974年）《周禮·地官·土訓》"以辨地物而原其生"，孫詒讓《正義》："原，猶察度也。"王念孫《讀書雜志·漢書第八》"不可勝原"條："原者，量也，度也。"比，子居（2013）解釋爲比較、對照。《周禮·天官冢宰·宰夫》："凡禮事，贊小宰，比官府之具。"鄭玄注："比，校次之。"《周禮·春官宗伯·大胥》："比樂官，展樂器。"鄭玄注："比，猶校也。"簡文"原比"義近連用，均推究、考校之義。"王原比厥夢"是説武丁就其所夢與傅説所述進行對比、考校，以確認傅説就是在夢中上帝所賜予之人。

[4] 《説命上》篇記載上帝將傅説賜給武丁的直接目的，是"用爲失中使人"，即命傅説征伐失中。在本篇簡文中，武丁只是詢問傅説之來，是否爲上帝所命，並没有伐失中的内容。

[5] 整理者："若時，語見《書·皋陶謨》、《益稷》、《洛誥》、《無逸》，意爲如是，見屈萬里《尚書集釋》第四三頁（臺北聯經出版事業公司，一九八三年）。清華簡《尹至》也有此語。"

[6] 整理者："來格，'格'也訓'來'，見《爾雅·釋言》。'來格汝説'與《書·舜典》'格汝舜'例同。"今按，整理者釋爲"來"之字，原作 形。徐俊剛（2013）指出楚文字"來"多從"辵"或"止"，此字當釋爲"宋"，讀爲語氣詞"咨"，可信。上博簡《周易》7號簡"宋"字寫作 ，所從"宋"旁與簡文相同。

[7] 整理者："戒，《説文》：'警也。'"表戒備、警惕義的"戒"，典籍或作"誡"。《左傳》桓公十一年："鄖人軍其郊，必不誡。"

[8] 整理者："'漸'應即'漸'字，改從斤爲從刀。《書·禹貢》孔傳：'漸，入也。'參見李守奎《楚文字編》六三五頁（華東師範大學出版社，二〇〇三年）。"今按，整理者隸定爲"漸"之字，簡文原作 形，字亦見於《説命下》8號簡，作 形。黃杰（2013）、付强（2013）均認爲此字當分析爲從水軫聲，讀爲"慎"。我們認爲黃、付二先生對於字形分析可從，但將此字讀爲"慎"則不可信。類似辭例如本篇之"女佳（惟）絑（兹）敓（説）砥（底）之于乃心"（5號簡）、"余告女（汝）若寺

（時），瀞（志）之于乃心"（7號簡），簡文"縶"與"砥"、"瀞"處於完全相同的語法位置上，辭例又均爲"～之于乃心"，則這三個字應該詞性相同、含義相近。整理者將5號簡"砥"讀爲"厎"，訓爲止；7號簡"瀞"讀爲"志"，訓爲"識"。留止於心，即"識"（記住），可見"厎之于乃心"與"志之于乃心"句意相近。而"慎"多用爲形容詞或副詞，而且詞義與"厎"、"志"亦不協，故將"縶"讀爲"慎"恐不確。"縶"或即"紾"字異體，所從聲符繁化爲"軫"。孟蓬生（2012）曾集中舉例論證"古音戾聲與参聲相通"，其説如下：《説文‧水部》："渗，水不利也。从水，参聲。《五行傳》曰：若其渗作。"《尚書大傳》卷二："維金渗木。"鄭玄注："渗，殄也。"朱珔《説文假借義證》："渗，今音郎計切。《漢書‧五行志》注引如淳曰：渗音拂戾之戾。又《匡張孔馬傳》，《音義》引韋昭曰：渗謂皇極五行之氣相渗戾不和。是戾亦渗之假借。"《方言》卷三："軫，戾也。"《説文‧弦部》："盭，弼戾也。从弦省，从盩。讀若戾。"段注："此'乖戾'正字，今則'戾'行而'盭'廢矣。"《孟子‧告子下》："紾兄之臂，而奪之食。"趙岐注："紾，戾也。"楊伯峻注："即今扭轉之意。"《玉篇‧手部》："捵，拗捵。"《漢語大字典》："捵，扭轉。"然則戾之於紾，猶戾（盭）之于渗、戾（盭）之于軫、捵之于紾也。可見，簡文"縶"可讀爲"戾"。"戾"亦訓爲"止"、"定"，如《爾雅‧釋詁下》："戾，止也。"《廣雅‧釋詁四》："戾，定也。"可見簡文"縶（戾）"與"砥（厎）"義近。《國語‧晉語四》："今戾久矣，**戾久將厎**。厎著滯淫，誰能興之？盍速行乎！"韋昭注："戾，定也。厎，止也。"故簡文"戾/厎之于乃心"都是武丁告誡傅説，要把他説的話放在心上（即留止于心而不移易），不要當作耳旁風。

[9] 整理者："《楚語上》作'若金，用汝作礪'。"《書‧禹貢》"礪、砥、砮、丹"，僞孔傳："砥細於礪，皆磨石也。"蔡沈《集傳》："礪、砥皆磨石，礪以麤糲爲稱。"《荀子‧勸學》："故木受繩則直，金就礪則利。"

[10] 整理者："《詩‧大雅‧大明》'燮伐大商'，馬瑞辰《毛詩傳箋通釋》讀'燮'爲'襲'。"整理者將簡文"燮"讀爲"襲"，趙平安

（2013）説同。 按從用字習慣的角度考慮，目前古文字材料中，讀爲"襲"之字寫作"䚈"，如清華簡《繫年》46號簡以及93-94號簡等。 簡文"燮"應讀如本字，王寧（2013）、廖明春（2013）訓爲"和"，可信。簡文"䣛"，趙平安（2013B）認爲即見於甲骨文的用爲人名、地名、國族名的"䣛"。 王志平（2014）則認爲"䣛"當即"韋、顧既伐"之"顧"。今按，趙平安及王志平説均非是。 商湯滅夏過程中，所翦滅的國族當不在少數，所謂"韋、顧既伐，昆吾、夏桀"（《詩·商頌·長發》），亦不過舉其犖犖大者而已。 所以將簡文"䣛"指爲特定國族如"䣛"或"顧"，於文義均有所未安。 廖名春（2013）、王寧（2013）均將"䣛"理解爲複數，指衆多强國，"燮䣛"意爲協和、團結衆强國，於義較長。

[11] 整理者："'戠'字從戈，據三體石經《春秋》僖公三十二年'捷'字古文讀爲'捷'，見管燮初《説戠》（《中國語文》一九七八年第三期），在此爲戰勝之義。 蠢邦指不服統治的邦國，《小雅·采芑》'蠢爾蠻荆'，傳：'蠢，動也。'"今按，簡文"戠"當讀爲翦滅之"翦"，説詳陳劍《甲骨金文"戠"字補釋》一文（載氏著《甲骨金文考釋論集》，綫裝書局，2007年）。

[12] 整理者："相，《周禮·大僕》注：'左右。'庶相即左右衆臣。力，《國語·晉語二》注：'功也。'烝，讀爲'勝'，楚文字'勝'常作'烝'。"今按，"乘"本身即可訓爲"勝"，如《書·西伯戡黎序》："周人乘黎。"另外，"乘"也有可能應訓爲因也，用也（參看《故訓匯纂》41頁），即憑借、利用的意思。《左傳》文公十七年："秋，周甘歜敗戎于邥垂，乘其飲酒也。"簡文"惟庶相之力乘"可理解爲依靠、憑借庶相之力，此承上文"燮强翦蠢邦"而言。

[13] 整理者："'用'訓爲'以'，'孚'義爲'信'。 此云因信任近臣而得取勝。"紫竹道人（網名）："我認爲'用孚自邇'承'惟庶相之力勝'而言，'用'當'因而'、'於是'講，'孚'的意思當比'勝'更進一層。 郭永秉先生《清華簡〈耆夜〉詩試解二則》指出，楚帛書'思（使）敊奠四極'、《上博（七）·吳命》6號簡'寧心敊憂'以及《清華（壹）·耆夜》7號簡'我憂以𢕾'的'敊'、'𢕾'，有'安定'、'安寧'一類的意

思 (《楚簡楚文化與先秦歷史文化國際學術研討會論文集》, 2011 年 10 月)。'敦'、'厰' 均從 '孚' 聲, '用孚自邇' 的 '孚' 很可能跟它們表示的是同一個詞 (楚帛書 '使敦奠四極' 的 '敦' 的用法與《説命中》的 '孚' 尤爲相近)。 這兩句話的意思是説, 依靠庶相之力取得勝利, 因而自近及遠得以安定 (其意似與金文與古書習見的 '柔遠能邇' 有相類之處)。'孚' 有 '信' 義, 這在甲骨金文和古書中都已看到用例。 使天下安定、安寧, 則天下始能信服; 不知 '孚' 的 '信' 義有没有可能就是由其 '安定'、'安寧' 義引申而來的。" (復旦網論壇區學術討論版塊帖子《清華簡〈説命中〉"用孚自邇" 臆解》, 2013 年 5 月 17 日) 按, 簡文 "埶", 整理者及紫竹道人 (網名) 先生均讀爲 "邇"。 但《説命下》篇以 "逐" 字表示{邇} (3 號簡), 此雖不能構成 "埶" 讀爲 "邇" 的堅強反證, 但提示我們 "埶" 字亦可作别解。 我們認爲 "埶" 當讀爲 "設" (參看裘錫圭:《釋殷墟甲骨文裏的 "遠" "狄" (邇) 及有關諸字》、《古文獻中讀爲 "設" 的 "埶" 及其與 "執" 互訛之例》、《再談古文獻中以 "埶" 表 "設"》, 分别載氏著《裘錫圭學術文集》第一卷 167—176 頁; 第四卷 451—460 頁、484—495 頁), 指建立商邦而言。 建立國家用{設}, 如清華簡《厚父》篇 "古天降下民, 埶 (設) 萬邦" (4 號簡), {設} 亦寫作 "埶"。 上引紫竹道人 (網名) 文已提到, "孚" 有安定義, 簡文 "用孚自埶 (設)" 承上文 "滅夏, 燮强翦蠢邦" 云云, 意思是消滅了夏朝, 聯合諸强國翦滅不安分的方邦, 依仗庶相之力, 因此安定了天下並建立 (商朝)。

[14] 整理者: "《楚語上》作 '啓乃心, 沃朕心'。" 啓, 開導、啓發。 僞古文《尚書·説命上》: "啓乃心, 沃朕心。" 孔穎達疏: "當開汝心所有以灌沃我心。" 戎生編鐘: "啓厥明心。" (《金文通鑒》15242) 《左傳》襄公二十五年: "天誘其衷, 啓敝邑之心。" 杜注: "啓, 開也。 開道其心, 故得勝。"

[15] 整理者: "越, 句首助詞, 見《書·盤庚》、《高宗肜日》、《微子》、《大誥》、《召誥》等。《楚語上》作 '若藥不瞑眩, 厥疾不瘳'。" 今按, "瞑眩" 典籍或作 "眠眩", 如《方言》第十: "南楚飲毒藥懣, 謂之氏惆, 亦謂之頓愍, 猶中齊言眠眩也。" 《方言》第三 "凡飲藥傅藥而毒, 南

楚之外謂之瞷，北燕朝鮮之間謂之瞭，東齊海岱之間謂之眠，或謂之眩。"晋郭璞注："眠眩，亦今通語耳。"簡文"睍"從"民"聲，或即"眠眩"之"眠"的異體（"見"、"目"作爲意符可通用）。 亦作"眄眩"，江淹《横吹賦》："視眄眩而或近，聽嘹嘈而遠震。"

[16] 整理者："《書·盤庚中》'用奉畜汝衆'，'畜'字孔傳訓爲蓄養。"

[17] 整理者："腹，指腹心，《周南·兔罝》：'公侯腹心。'"

[18] 整理者："'㸒'字所從與'巠'形混，楚文字習見。《禮記·月令》'淫雨蚤降'，注：'淫，霖也。 雨三日以上爲霖。'《楚語上》作'若天旱，用汝作霖雨'。"今按，簡文"怪"，整理者括注爲"淫"。"淫雨"一詞數見於典籍，如《左傳》莊公十一年："秋，宋大水。 公使弔焉，曰：'天作淫雨，害於粢盛，若之何不弔？'"《管子·問》："器物不失其具，淫雨而各有處藏。"《史記·龜策列傳》："淫雨不霽，水不可治。"從典籍用例來看，"淫雨"均指持續不斷而且造成災害的雨，這也與"淫"的核心詞義——過度的、無節制的——相吻合，故所謂"淫雨"就是超過了正常限度的雨。 武丁對傅説以"淫雨"相期許，似與常理不合。《國語·楚語上》作"霖雨"，《説文·雨部》："霖，雨三日以往。"舊注多與《説文》的訓釋相同（參看《故訓匯纂》2459頁）。 故"霖雨"爲持續時間較長的雨，但其詞義本身並不像"淫雨"那樣包含有"過分的、超過限度的"含義。"霖雨"固然可以成災（典籍中亦不乏"霖雨"成災的例證），但對於久旱而言，持續多日的雨正可徹底解除災情（後世有"甘霖"一詞）。 故簡文"怪雨"似以讀爲"霖雨"於義較長。

[19] 整理者："'圜'與《汗簡》古文'滿'字相似，實爲'圓'字之訛。 上博簡《容成氏》'孟津'作'孟瀆'，西周史頌鼎、簋'津'作'瀆'。《楚語上》作'若津水，用汝作舟'。"今按，整理者所謂"圜"當隸定作"圜"（參看何景成：《史頌器銘"瀆蘇滿"新解》，《吉林大學古籍研究所建所三十周年紀念論文集》38—44頁，上海古籍出版社，2014年）。 簡文"圜"爲"圓"的形近誤字，當讀爲"荐/薦"。 簡文"若圜〈圓〉水"，《國語·楚語》作"若津水"，韋昭注："喻遭津水。"整理者釋

文亦將"圜"括注爲"津"。 僞古文《尚書·説命上》改"若津水"爲"若濟巨川",雖然詞義顯豁,但與《尚書》文本原意不合。 沈培先生指出,"至於《古文尚書·説命上》、《潛夫論·五德志》作'濟巨川',顯然有改動的痕迹。 作'濟巨川',已經不是自然災害,難以與'天旱'相提並論。 而且,君主渡河,臣子幫助,此本不需强調,也無法反映武丁對傅説期望之高"(參看氏著:《談談清華簡〈傅説之命〉和傳世文獻相互對照的幾個"若"字句》,《簡帛》第十輯,59 頁,上海古籍出版社,2015 年)。 上引韋昭注"遭津水",雖然"津水"仍顯不詞,但詞義當爲遭遇洪水、水災,則可斷言。"水"本身有水災的意思,如《左傳》襄公二十四年:"(襄公)會于夷儀,將以伐齊,水,不克。"簡文"圛〈圜(荐/薦)〉水"與"天旱"爲對文,而典籍中常見水、旱連言或對舉,如《墨子·七患》:"雖上世之聖主,豈能使五穀常收,而水旱不至哉?"《春秋繁露·暖燠孰多》:"禹水湯旱,非常經也。""圛〈圜(荐/薦)〉水"一詞,可與"荐饑"、"薦瘥"等詞相類比。《左傳》僖公十三年:"冬,晉荐饑,使乞糴于秦。"杜預注:"麥、禾皆不熟。"《釋文》:"荐,重也。"《國語·吳語》:"天奪吾食,都鄙荐饑。"韋昭注:"荐,重也。"《詩·小雅·節南山》:"天方薦瘥,喪亂弘多。"毛傳:"薦,重。""荐饑"、"薦瘥"爲持續不斷的饑荒、疫病,則"圛〈圜(荐/薦)〉水"當理解爲持續不斷的水災。《易·坎》:"習坎。 有孚維心。 亨。 行有尚。《象》曰:'水洊至,習坎。'""荐/薦水"之於"水洊至",猶"荐饑"之於"饑饉薦臻"(《詩·大雅·雲漢》)。 詳細討論,可參看馮勝君(2016)文。

　　[20] 整理者:"説,《周禮·考工記·鳧氏》注:'猶意也。'底,《爾雅·釋詁》:'止也。'"

　　[21] 整理者:"'夋'讀爲'且',訓'若',見裴學海《古書虚字集釋》第六六九~六七〇頁(中華書局,一九八〇年)。《書·君奭》:'其終出于不祥。'"

　　[22] 整理者:"'徂'訓'及',見《經傳釋詞》卷八。'落'訓'始',見《周頌·訪落》傳。"

　　[23] 整理者:"睍,讀爲'覝',《玉篇》:'見也。'包山簡有'睍'

字。"今按,整理者將"䙷"讀爲"覾",訓爲"見",義嫌泛而不切。 簡文"䙷視四方"與下文"俯視地"結構相同,"䙷"和"俯"都是"視"的狀語,表示看不同方位時的狀態和動作,故"䙷"無疑當讀爲"環"。"環"爲匣紐元部字,從"亘"得聲的"桓"、"洹"、"狟"、"萱"諸字亦均屬匣紐元部,典籍中從"亘"聲之字與從"袁"聲之字有相通例證(參看《古字通假會典》166頁),而"環"的聲符"睘"正從"袁"聲,故"䙷"可讀爲"環"。《史記·魏其武安列傳》:"不仰視天而俯畫地。"語義相近。

[24] 整理者:"'乃'訓'若',見《詞詮》第七一頁。 但文獻訓'若'多作'若或'解,此處訓'若'則意爲'如'。"

[25] 整理者:"毀,《説文》:'缺也。'備,《國語·周語下》注:'具也。'毀、備係對義詞。"子居(2013B):"'毀'當理解爲詆譭,'備'當理解爲防備、戒備。 該句是説要對心中詆譭的人有所防備。"可備一説。

[26] 整理者:"自此以下數句,《禮記·緇衣》引《説命》作:'惟口起羞,惟甲胄起兵,惟衣裳在笥,惟干戈省厥躬。'《墨子·尚同中》:'是以先王之書《術令》之道曰:"惟口出好興戎。"'孫詒讓《閒詁》已指出《術令》就是《説命》。 簡文此句與《墨子》所引更近。'好'應讀爲'羞',均爲幽部,聲母亦近,且'好'字古文可寫作'㚪',見《説文》段注,或寫作從丑的'䶑',見《古文四聲韻》,'羞'正從丑聲。《緇衣》鄭注:'羞,猶辱也。……惟口起辱,當慎言語也。'"今按,寫作"䶑"的"好"字,數見於上博簡《緇衣》篇,寫作 (簡1)、(簡6)形。

[27] 整理者:"此句'干戈'疑當爲'甲胄'。"

[28] 整理者:"載,《小爾雅·廣詁》:'成也。'《緇衣》所引'在笥'當爲'載病'的訛誤。"

[29] 整理者:"眚,《國語·楚語下》注:'猶災也。'"

[30] 整理者:"抵,《説文》:'擠也。'即以手推拒。 以上《楚語上》作'若跣不視地,厥足用傷'。"簡文"䟐"廖名春(2013)讀爲"趍",義爲快走;侯乃峰(2013)則讀爲"跊",訓爲"踢"、"踐履"。 沈培(2015)贊同整理者的説法,謂:"體會整理者的意思,大概是説對

'惟口起戎出羞，惟干戈作疾'等拒而不視，就會'傷'。這種理解應該是正確的。《呂氏春秋·順民》'不足以傷吳'，高誘注說是'敗'的意思，簡文的'傷'也可作此解。 整個'若'字句是說如果拒而不視'惟口起戎出羞，惟干戈作疾'等情況，就會引起自己傷敗。"

[31] 整理者："意謂吉事反成不吉。"沈培（2015）謂："'吉不吉'當與其後的句子連讀，讀作'吉不吉，余告汝若時，志之于乃心'。 意謂吉還是不吉，我已經告訴你是像這種情況的了，（你要）記在你心裏。 所謂'若時'指前面所說的那些情況，而前面所說的情況，即'惟口起戎出羞'之類的事情，這當然是不吉之事，與此相反的事情就是吉事。 可見'吉不吉，余告汝若時，志之于乃心'這幾句話正是對前面的總結，是這一篇最後的話，簡文在此句後面加了表示篇章結束的句讀符號，已經表明了此點。 由此也可知，簡文最後一個'若'字句後面本來也沒有'吉不吉'這個小句，跟傳世古書相應的'若'字句也沒有'吉不吉'這個小句是一樣的。"今按，從邏輯上講，簡文"余告汝若時"之"若時"顯然包含了這句簡文之前文義相對完整的一個單元（即沈培先生所說的"惟口起戎出羞"之類的事情）。 如果"吉不吉"屬下讀，則"若時"從語言形式上看，指的僅僅是"吉不吉"這三個字，這顯然是不合適的。 我們同意整理者的意見，認爲"吉不吉"當屬上讀。 前一個"吉"當用爲動詞，即所謂意動用法。"吉不吉"即以"不吉"爲"吉"也，所謂"不吉"顯然是簡文"作惟口起戎出好（羞）"等四句話所指之事，而前一個用爲動詞的"吉"略相當於簡文"抵不視"。 簡文可理解爲對於"不吉"之事采取了"抵不視"的態度，故而"用傷"，這都是忽視不吉之事所導致的結果啊（即以不吉之事爲吉，而沒有引起足夠重視）。 因此，以"吉不吉"作爲前面一段簡文的總結，從文義上看是非常順適的。

[32] 時，是也。《書·無逸》："自時厥後立王，生則逸。"

[33] 整理者："《國語·魯語下》注：'志，識也。'"

傅說之命（說命下）

傅説之命（説命下）

……【1】[1]員，經悳（德）配天[2]，余罔又（有）睪（斁）言[3]。少（小）臣罔貟（駿）才（在）朕備（服）[4]，余隹（惟）命女（汝）敚（説）韢（庸）朕命[5]。余朊（柔）遠【2】能逐（邇）[6]，以菾（嗌一益）貝（視）事[7]，弼羕（永）脡（延）[8]，▆复（作）余一人。"[9] 王曰："敚（説）！ 罙亦㫲（稽）乃備（服）[10]，勿易卑（俾）邶（越）[11]。女（如）飛鶴（雀）[12]，【3】罔鬼（畏）覿[13]，不隹（惟）鷹唯（隼）[14]。廼弗惧（虞）民，乎（厥）亓（其）怣（過）[15]，亦羅（罹）于罶（罿）罬（罬）。"[16] ▆王曰："敚！ 女（汝）母（毋）症（皇/暇）曰[17]：'余克畐【4】于朕辟'[18]，亓（其）又廼司四方民不克明[19]。 女（汝）隹（惟）又（有）萬壽，▆才（在）乃政[20]。 ▆女（汝）亦隹（惟）克㬎（顯）天[21]，逈（恫）罙（瘝）少（小）【5】民[22]，审（中）乃罰[23]。 女（汝）亦隹（惟）又（有）萬福，糱＝（業業）才（在）乃備（服）。"[24] 王曰："敚！ 晝女（汝）貝（視）日，夜女（汝）貝（視）晨（辰）[25]，寺（時）罔非乃【6】載[26]。 敬之𢦏（哉）！ 若賈，女（汝）母（毋）非貨女（如）戠（埴/埴）石。"[27] ▆王曰："敚！ 余既諆敀謐（慦）女（汝）[28]，思若玉冰，上下罔不我【7】義。"[29] ▆

王曰:"敚！▬昔才(在)大戊[30]，克蠚(庚)五祀[31]，天章之，甬(用)九惪(德)[32]，弗易百青(姓)[33]。▬隹(惟)寺(時)大戊，盍(謙)曰[34]:'余不克【8】辟萬民[35]，余罔紑(墜)天休[36]，弋(式)隹(惟)參(三)惪(德)賜我[37]，▬虐(吾)乃専(敷)之于百青(姓)[38]。▬余隹(惟)弗迲(雍)天之叚(嘏)命。'"[39]【9】王曰:"敚！ 母(毋)蜀(獨)乃心[40]，専(敷)之于朕政。▬褭(裕-欲)女(汝)亓(其)又(有)备(友)。 睿朕命㘱(哉)！"[41]し【10】専(傅)敚(説)之命【10背】

【箋釋】

〔1〕 整理者:"篇首一簡缺失。 從下文看，該簡可能記述武丁不言之事。《書·無逸》:'其在高宗，時舊勞于外，爰暨小人。 作其即位，乃或亮陰，三年不言。'"李學勤(2012):"《説命下》第一支簡缺失，該篇是否與《説命中》連接，不能完全判定，但看其内容包括武丁的言辭七段，每段都冠以'王曰'，這是《説命中》所没有的，還是應該認爲篇文自成起訖。"

〔2〕 整理者:"經德，見《書·酒誥》。 配天，見《書·多士》、《君奭》。"今按，西周時期再簋銘文有"朕文考其巠(經)遣姬、遣伯之德言"語，吴振武(2006B):"'巠'可讀作'經'，是'行'或'遵循'的意思。《詩·小雅·小旻》:'哀哉爲猶，匪先民是程，匪大猶是經。'馬瑞辰《毛詩傳箋通釋》謂:'經，朱彬謂當訓"行"是也。《孟子》"經德不回"趙注:"經，行也。""匪大猶是經"，猶云匪大道是遵循耳。 遵、循，皆行也。'馭簋'巠(經)擁先王'(《集成》8·4317)、晉姜鼎'巠(經)擁明德'(《集成》5·2826)、齊陳曼瑚'肇勤經德'(《集成》9·4596)、《尚書·酒誥》'經德秉哲'等'巠'或'經'字，用法並同。"

"經"典籍中訓常也、法也（參看《故訓匯纂》1741頁），用爲動詞有遵循法度、典範的意思，如"日月經天"是說日月按照常軌在天空經過。古人將這種用法的"經"訓爲"行"，詞義頗嫌泛而不切。吳振武師將動賓結構的"經德"之"經"理解爲遵循，無疑是正確的。本篇簡文"經德"之"經"，亦爲遵循義。遵循與效法義本相因，金文中有"帥型某德"的辭例，如番生簋蓋銘文："番生不敢弗帥型皇祖考丕杯元德"（集成4326），單伯鐘銘文"余小子肇帥型朕皇祖考懿德"（集成82），"帥型某德"與"經德"義近。陳曼瑚銘文"齊陳曼不敢逐康，肇勤經德"，吳振武師將銘文中的"經"亦訓爲遵循，似與副詞"勤"在文義上不諧。我們頗疑此處"經"爲經營、經紀義，或訓爲"治"（參看《故訓匯纂》1741頁），類似的用法如《左傳》哀公二年："二三子順天明，從君命，經德義，除詬恥，在此行也。"孔疏："此'經德義'與《傳》'經國家'、《詩·序》'經夫婦'皆意同也。'經'謂經紀營理之。不除君惡，則德義廢矣，宜經紀德義，使不壞也。""肇勤經德"可以理解爲勤勉地經紀德行，與前文"不敢逐康"文義相貫。金文中常見"秉德"的說法，如"秉明德"（梁其鐘，集成187）、"穆穆秉元明德"（虢叔旅鐘，集成239）、"穆穆帥秉明德"（秦公簋，集成4315）等，"虔秉不墜經德"辭例與之類似。這裏的"經德"當爲名詞性偏正詞組，"經"可訓爲"常"。"配天"，《書·多士》："殷王亦罔敢失帝，罔不配天其澤。"《書·君奭》："故殷禮陟配天，多歷年所。"秦景公石磬銘文："乍（作）疐配天。"（《金文通鑒》19783號）"配天"，即與天相配合，多指君王受天命。

[3] 整理者："《書·呂刑》'敬忌罔有擇言在身'，《經義述聞》云'擇'讀爲'斁'，訓'敗'。"簡文"睪言"，無疑就是整理者引《呂刑》篇的"擇言"，整理者據王引之說讀爲"斁"，訓爲"敗"，可從。訓爲"敗"的"斁"，或作"殬"。《詩·大雅·雲漢》："耗斁下土，寧丁我躬！"鄭箋："斁，敗也。"《釋文》："《說文》、《字林》皆作'殬'。"王引之《經義述聞》"擇言"條："擇，讀爲斁。《洪範》'彝倫攸斁'，鄭注訓'斁'爲'敗'（見《史記·宋微子世家》集解）。《說文》：'殬，敗也。'引《商書》曰'彝倫攸殬'。殬、斁、擇古音並同。'敬忌罔有擇言在

身'，言必敬必戒，罔或有敗言出乎身也。《表記》引作'敬忌而罔有擇言在躬'，'而'，女也。 言女罔或有敗言出乎身也。《孝經》：'口無擇言，身無擇行。'言口無敗言，身無敗行也。 說《尚書》、《禮記》、《孝經》者多以爲無可擇，殆以迂回失之。《太玄·玄祝》曰：'言正則無擇，行正則無爽，水順則無敗。 無敗故久也，無爽故可觀也，無擇故可聽也。《法言·吾子篇》：'君子言也無擇，聽也無淫。 擇則亂，淫則辟。 述正道而稍邪哆者有矣，未有述邪哆而稍正也。'然則邪哆之言謂之擇言。 故《孝經》曰：'非法不言，非道不行。 口無擇言，身無擇行也。'蔡邕《司空楊公碑》曰：'用罔有擇言失行在於其躬。''擇言'與'失行'並言，蓋訓'擇'爲'敗'也，此又一證矣。"

　　［4］ 整理者："'夋'從允聲，在此疑讀爲'俊'或'駿'，《爾雅·釋詁》：'駿，長也。'朕服，指王朝職事。《書·文侯之命》：'罔或耆壽俊在厥服。'"整理者引《文侯之命》"罔或耆壽俊在厥服"語，與簡文文例吻合，可以合觀。 孫詒讓《尚書駢枝》："此'俊'當讀爲'駿'，《爾雅·釋詁》云：'駿，長也。'言我御事無有耆壽能長在其位者也。"《詩·周頌·清廟》"駿奔走在廟"，毛傳："駿，長也。""駿奔走"亦長服職事之意，與"駿在服"義略同。

　　［5］ 整理者："融，《釋名》：'明也。'"黃傑（2013B）："'融'當讀爲'庸'，意爲用。《詩·小雅·節南山》：'昊天不傭。''傭'，《晉書·元帝紀》引作'融'。《國語·周語》：'服物昭庸。'王引之《經義述聞》：'庸與融通。''庸命'見《尚書·堯典》：'汝能庸命，巽朕位？'（《史記·五帝本紀》作'汝能庸命，踐朕位？'）戰國文獻作'用命'，見《管子》、《韓非子》等。"今按，黃傑將簡文"龘"讀爲"庸"，我們認爲是正確的。 但將其訓爲"用"，則不確。"庸"的義訓當聯繫金文中的 （毛公鼎，集成2481）字來理解。 裘錫圭先生曾指出，金文"爵"字是"訓'功'訓'勞'的'庸'的本字"（裘錫圭：《甲骨文中的幾種樂器名稱——釋"庸""豐""鞀"》，參看氏著《古文字論集》204頁注釋2，中華書局，1992年）。 張富海（2008）謂："爵字舊有'爵'、'恪'、'勞'、'勳'、'毖'等多種讀法，皆未能兼洽於形音義三方面。 陳劍先生疑讀爲'庸'，我認

爲是唯一正確的讀法。……鸋讀爲'庸'能完全讀通所有銘文。《爾雅·釋詁》：'庸，勞也。'《詩·王風·兔爰》：'我生之初尚無庸。'鄭箋：'庸，勞也。'所謂'勞'，既是勳勞之勞，又是勤勞之勞。上引出現鸋字的銘文，讀爲'有庸于周邦'、'有庸於我家'、'有庸於天'，'庸'理解爲'勞'皆文從字順。這也是前人（如郭沫若、唐蘭）讀此字爲'勞'的原因。西周金文中鸋字還有另外一種辭例，即見於《毛公鼎》、《四十二年逑鼎》、《四十三年逑鼎》等銘的'鸋勤大命'。'鸋勤大命'讀爲'庸勤大命'，意即勤勞於上天之命，同樣甚爲允洽。《尚書·堯典》：'汝能庸命。'一般把'庸'理解爲'用'，謂舜能奉行帝堯之命，似乎不如把'庸命'跟西周金文中的'庸勤大命'聯繫起來，理解爲舜能勤勞於帝堯之命。"簡文"余惟命汝說融（庸）朕命"，辭例與《堯典》"汝能庸命"相近，"庸"亦當從張富海說訓爲"勞"，意思是說"我命令你傅說要勤勞地（執行）我所命"。

　　[6]　整理者："'逐'在此從豕聲。'豕'古音書母脂部，可讀爲日母脂部的'邇'。柔遠能邇，語見《書·舜典》及大克鼎等西周金文。"關於古文字中以"逐"表示{邇}的問題，鄔可晶（2013B）有較爲詳細的討論，引證的材料亦非常全面，宜參看。在西周金文材料中，"逐"字數見（參看《金文編》103頁），但多數用爲人名，用法不詳。辭例較爲明確用"逐"表{逐}的，目前可見有兩件器。一爲塱盨銘文"卑（俾）復虐逐氒（厥）君、氒（厥）師"（集成4469），還有一件爲晉侯穌鐘銘文"遹逐之"（新收878）。戰國文字中，目前所能舉出較爲確定的以"逐"表{逐}的例子爲清華簡《繫年》93號簡："齊莊公光率師以逐欒盈。"戰國璽印文字中，也有幾例"逐"字（如《古璽彙編》0850號燕璽，《中國古印——程訓義古璽印集存》1-138號三晉璽），但因用法不明確，不知用爲何詞。除了個別用法有爭議的例子外，戰國文字往往用"逐"表示{邇}，如《容成氏》："夫是以逐（邇）者悅怡，而遠者自至。"（19號簡）《季庚子問於孔子》："毋欽遠，毋㦱逐（邇）。"（19號簡）本篇簡文"脜（柔）遠能逐（邇）"爲古成語，故整理者將"逐"讀爲"邇"無疑是正確的。關於"逐"爲何可以用爲{邇}，較爲直接的解釋是此"逐"字是爲{邇}新造的

形聲字，從"豕"得聲。 用爲{邇}的形聲字"逐"，與用爲{逐}的從止（辵）從豕的會意字只是同形的關係，並非一字。 另外郭永秉提到，西周金文中用爲{邇}的"犾"，所從"犬"旁有變作"豕"的例子（如大克鼎、番生簋蓋等，集成2836、4326），可能是變形音化的結果。 鄔可晶進一步推測說："楚文字'邇'或作'埶'增從'辵'旁之形（參看李守奎《楚文字編》104頁），本文所論用爲'邇'的'逐'，不知有沒有可能是由從'辵'從'豙'之形省變而成。"此說亦有成立的可能。

[7] 整理者："益，《戰國策·秦策二》注：'助也。'視事，治理政事，《左傳》襄公二十五年：'崔子稱疾，不視事。'"

[8] 整理者："弼，《說文》：'輔也。'永延，指王祚長久。"《書·召誥》："我不敢知曰，有夏服天命，惟有歷年。 我不敢知曰，不其延。 惟不敬厥德，乃早墜厥命。"曾運乾《尚書正讀》："不其延，言短祚也。"可與簡文對讀。

[9] 整理者："作，《說文》：'起也。'"簡文"乍"，黃傑（2013B）以及子居（2013C）均讀爲"助"。 鄔可晶（2014）則讀爲"胥"，後來此文收入氏著《戰國秦漢文字與文獻論稿》（上海古籍出版社，2020年）時所加"編按"放棄此說，認爲"作余一人"之"作"即《詩·大雅·棫樸》"遐不作人"之"作"。 我們認爲讀爲"作"的意見可從，《孟子·梁惠王下》："《書》曰：'天降下民，作之君，作之師，惟曰其助上帝寵之。'""作余一人"即"爲余一人"，成爲君上的意思。 鄔先生在上引"編按"中認爲簡文"脡"當屬下讀，讀爲語氣詞"誕"。 然簡文"脡"字下有句讀符號，雖然句讀符號時有誤加的現象，不能完全作爲斷句依據，但在理解文義沒有明顯優勢的情況下，我們暫依整理者的意見斷讀。

[10] 整理者："眔，在卜辭、金文中相當典籍之'暨'，在此讀爲'既'。 亦，句中助詞。 詣，《漢書·楊王孫傳》注：'至也。'"今按，"眔"整理者讀爲"既"，不合用字習慣，恐不可信。 黃傑（2013B）讀爲"懷"，訓爲來；白於藍、段凱（2015）亦讀爲"懷"，理解爲憂恤。 簡文"皆"，有網友讀爲"稽"；白於藍、段凱（2015）則讀爲"祇"，訓爲敬。

[11] 整理者："易，改變。 越，《書·盤庚》孔傳：'墜也。'意即失

墜。"簡文"易",黃傑(2013B)謂當爲輕慢義。《說文·人部》:"傷,輕也。"《廣雅·釋詁三》:"慢,傷也。"王念孫《疏證》:"傷,古通作易。"

[12] 今按,"鶴"字從鳥雀聲,當即鳥雀之"雀"的異體。《說文·隹部》:"雀,依人小鳥也。從小、隹。讀與爵同。"段注已指出"小亦聲也"。甲骨、金文中的"雀"字均用爲人名,戰國文字中,"雀"字似僅見於楚竹簡文字材料,因其讀音"與爵同",故均假借爲爵禄、爵位之{爵}(如包山簡202、204號簡,郭店《緇衣》28號簡,《魯穆公問子思》6號簡,《尊德義》2號簡等。上博簡《孔子詩論》20、27號簡辭殘,"雀"似亦用爲{爵})。"鶴"字或即因"雀"經常假借爲"爵",而爲鳥雀義新造的本字。正如"其"本爲簸箕之"箕"的本字,後因常假借爲虛詞"其",故又爲簸箕字新造了從竹的"箕"字。

[13] 整理者:"覼,疑讀爲'離',《詩·小雅·四月》傳:'憂也。'"《説文·見部》:"覼,求視也。"段注:"'視'字各本奪,今補。'求視'者,求索之視也。李善注《吳都賦》引《倉頡篇》曰:'覼,索視之皃也。'亦作'矖'。"鄔可晶(2016B):"所謂'求視',大概不會是隨便看看,應指有所求而探伺(覘)。《文選》卷五載左思《吳都賦》:'覼海陵之倉,則紅粟流衍。'這是説爲探尋是否有豐足的糧食而察看倉廪。《後漢書·馬融傳》'目矖鼎俎,耳聽康衢',李賢注:'矖,視也。……鼎俎謂伊尹負鼎以干湯也。《墨子》曰:"湯舉伊尹於庖廚之中。"康衢謂甯戚也。《説苑》曰:"甯戚飯牛於康衢,擊車輻而歌《碩鼠》。"'下文'求伊尹於庖廚'、'聽甯戚於大車'兩句,承'目矖鼎俎'、'耳聽康衢'而言。'矖'與'求'相應,可知就是'求視'的意思。這個'矖'字確如段注所説,乃'覼'之異體。"子居(2013C)將相關文意申講爲:"'罔畏覼'即指飛雀没能對被當作獵物窺伺的狀態有所畏懼,……把飛雀當獵物的不止有鷹,還有人,結果飛雀就因爲没能有所畏懼,撞到網裏了。"

[14] 整理者:"'唯'字與上'隹'字不同,讀爲'雖',《説文》或體作'隼'。或説'唯'仍如字連下讀,參看《書·立政》:'惟乃弗作往任。'"今按,《説文·鳥部》:"雖,祝鳩也。從鳥隹聲。隼,雖或從隹、

一。 一曰鶉字。"徐灝《説文解字注箋》:"雔爲祝鳩,職追切;隼爲鷙鳥,思允切。 二字音義懸絶。……今本《説文》以'隼'爲'雔'之或體,其誤顯然。 尋其條理,蓋《説文》本有'雟'篆,音'思允切',其古文作'隼'。 因'雔'與'雟'形極相似,傳寫去'雟'篆,遂誤合'雔'、'隼'爲一。 刪'職追切'之音,乃以'思允切'綴於'雔'下,致此乖戾。"前人亦多指出,《一切經音義》卷十五、《六書故》第十九引唐本、《玉篇》等字書,引"雔"均作"雟"(以上均參看《説文解字詁林》1595—1597頁)。 可見今本《説文》"隼"之或體"雔",當爲"雟"字之訛。

[15]　整理者:"虞民,意爲防人。"

[16]　整理者:"'亦'意爲'即',見裴學海《古書虛字集釋》第一七五頁。 罩罬,捕鳥的網。 上一字從辜聲,疑讀爲'罝',《王風·兔爰》:'雉離于罝。'或説'罬'讀爲'爾',句末助詞,如《周頌·噫嘻》'既昭假爾。'"今按,簡文"羅",整理者如字讀,黄傑(2013B)讀爲"罹",可信。 整理者釋爲"罩"之字,原篆作🦥,黄傑在上引文中改隸爲"罟",張富海(2013)讀爲"罨"(《龍龕手鑒·网部》以"罟"爲"罨"之異體)。《説文·网部》:"罨,罕也。"徐鍇《説文解字繫傳》:"網從上掩之也。"《廣韻·琰韻·奄小韻》:"罨,鳥網。"孟蓬生(2013)同意整理者將"罩"釋爲"罝"的意見,將簡文"罬"讀爲"罬",並認爲"罟/罨""與'罬'字音義相通,可以看作同源詞"。 張富海(2013)謂典籍中"没有'爾(尔)'聲字跟'叕'聲字直接相通的例子",故認爲孟説不可信。 他認爲"罬"當讀爲"羅",並謂"簡文之所以不寫成一般的'羅',大概是有意跟前面用作'離/罹'的'羅'相區別"。 此處暫從孟説。

[17]　陳劍(2013)認爲簡文"瘇"當讀爲"皇",爲虛詞。 他還聯繫沈培(2010B)一文的意見,認爲這種用法的"皇"與沈培所討論的表示可能性情態的助動詞"叚"有關。"無/毋皇"是對"'可能性'的表'禁止'的否定","無/毋皇曰"猶言"無得曰"、"不能説……"。

[18]　整理者:"盲,《説文》:'獻也。'周初克盉、克罍(《近出殷周

金文集録》942、987):'惟乃明乃心,亯于乃辟。'"

[19] 整理者:"'又廼'即'又乃',意同'又且',見《古書虛字集釋》第四八五頁。 不,讀爲'丕'。"今按,從上下文意來看,"不克明"之"不"當讀爲本字。"又乃"表示文意承前,且程度加深。 如《韓非子·六反》:"此非特無術也,又乃無行。"傳說把"余克亯于朕辟"掛在嘴邊的行爲是不對的(帶有恃寵而驕的意味),所以武丁告誡他"毋皇曰"(即"不要説"),以"又乃"承接的下一句"亓(其)又廼司四方民不克明"的意思一定是負面的,且程度較前有所加深。 因此簡文大意應該理解爲,武丁告誡傅説:"不要把'我可以享獻於我的君主'掛在嘴邊,而且又在治理四方民衆時不能夠公正明察。"

[20] 整理者:"在乃政,意同《書·多方》'在乃位'。"

[21] 整理者:"《書·康誥》:'矧曰其尚顯聞於天。'《多士》:'誕罔顯於天。'"

[22] 整理者:"《書·康誥》:'恫瘝乃身。'恫,《爾雅·釋言》:'痛也。''瘝'通'鰥',《爾雅·釋詁》:'病也。'"

[23] 整理者:"中,意爲公正。《書·立政》:'兹式有慎,以列用中罰。'西周牧簋(《集成》四三四三):'毋敢不明不中不刑。'"

[24] 整理者:"𤴂,秦公鎛、簋(《集成》二七〇、四三一五)作'鋈',學者讀爲'艾',《爾雅·釋詁》訓爲'長也'。 或説讀爲'藹',《説文》:'臣盡力之美……《詩》曰"藹藹王多吉士。"'參看王輝《秦銅器銘文編年集釋》第二二頁(三秦出版社,一九九〇年)。'𤴂𤴂'一詞亦見上博簡《恒先》。"

[25] 整理者:"清華簡《周公之琴舞》:'晝之在視日,夜之在視辰。'辰,星辰。 朱駿聲《説文通訓定聲》'辰'字條云:'辰者,二十八宿也。'"今按,《周公之琴舞》簡文"晝之在視日,夜之在視辰"的前兩句爲"逸其顯思,皇天之功",則"晝、夜"二句顯然是讚美上天功業之顯赫,如白天之見日,夜晚之見辰。 整理者認爲"辰"指"二十八宿",子居(2013C)認爲"辰"指北辰,《考工記·匠人》:"晝參諸日中之景,夜考之極星,以正朝夕。"《論語·爲政》:"爲政以德,譬如北辰,居其所而

衆星共之。"

[26] 整理者:"載,《書·舜典》孔傳:'事也。'句意是命傅說主管朝事。"子居(2013C):"這裏武丁是以日、辰自比,讓傅說唯以申明武丁之命爲事。"

[27] 整理者:"非,《禮記·禮運》注:'猶失也。'貨,《周禮·大宰》注:'金玉曰貨。''壋'字或作'埴',《淮南子·齊俗》注:'泥也。'句意是不要把寶貴的金玉誤認作泥土石塊。"《説文·土部》:"埴,黏土也。"段注:"《禹貢》'厥土赤埴墳',《周禮·草人》'埴壚',《考工記》'摶埴之工',孔傳、鄭注皆曰:'埴,黏土也。'《釋名》:'土黄而細密曰埴。埴,臘也,黏昵如脂之臘也。'按《禹貢》'埴'字,鄭本作'戠'而讀爲'熾'。 熾,赤皃也。 見《禹貢音義》及《蜀都賦》'丹沙赩熾'李注。 又《太平御覽》三十七引東晉會稽謝沈《古文尚書注》:'徐州土赤戠墳。'戠音志。 又《禹貢》正義曰:'戠、埴音義同。'埴爲黏土,故土黏曰戠。 蓋孔本本亦作'戠',惟孔釋'戠'爲黏土。 鄭易'戠'爲'熾',釋爲赤皃。 見經文'赤'、'戠'連讀爲異耳。 據《釋文》則韋昭所注《漢地理志》亦作'戠',而今《漢書》作'埴'。《晉書》成公綏《天地賦》云:'海岱赤壋,華梁青黎。'何超音義'壋,尺志反',此又'戠'之加土旁者也。 戠、壋、墊,皆'埴'之異字。"

[28] 整理者:"'訳'從只,章母支部字,讀爲禪母支部的'諟',《禮記·大學》注:'正也。''敌諟'即"劼毖",《書·酒誥》:'汝劼毖殷獻臣。'對比同篇'厥誥毖庶邦庶士',知爲誥戒之意。 王國維《觀堂集林·與友人論詩書中成語書二》以'劼'字爲'誥'字之訛,據簡文知其非是。"今按,關於此問題的討論,參看《攝命》篇注釋2。

[29] 整理者:"上下,《書·堯典》孔傳釋爲'天地'。 儀,《爾雅·釋詁》:'善也。'"

[30] 整理者:"'昔在大戊'與《無逸》:'昔在殷王中宗'、周初疒尊(《集成》六〇一四)'昔在爾考公氏'句例相同。"李學勤(2012):"按《史記·殷本紀》,商朝太甲之後,國勢漸衰,到太戊時復興,'諸侯歸之',簡文武丁的話可與之互相印證。"按,據《殷本紀》,太戊又稱"中

宗"（即整理者引《無逸》篇所稱之"殷王中宗"），爲太庚之子，雍己之弟，甲骨文材料亦證明此説可信。《書序》篇《釋文》引馬融説，謂太戊爲太甲之子，非是。《史記·殷本紀》："帝雍己崩，弟太戊立，是爲帝太戊。帝太戊立伊陟爲相。 亳有祥桑穀共生於朝，一暮大拱。 帝太戊懼，問伊陟。 伊陟曰：'臣聞妖不勝德，帝之政其有闕與？ 帝其修德。'太戊從之，而祥桑枯死而去。"《説苑·君道》："殷太戊時，有桑穀生於庭，昏而生，比旦而拱。 史請卜之湯廟，太戊從之。 卜者曰：'吾聞之：祥者，福之先者也，見祥而爲不善，則福不生；殃者，禍之先者也，見殃而能爲善，則禍不至。'於是乃早朝而晏退，問疾弔喪，三日而桑穀自亡。"據《殷本紀》，《尚書》有《太戊》篇，而今傳百篇《書序》無《太戊》而有《伊陟》，或以爲《太戊》即《伊陟》（參看王先謙《尚書孔傳參正》下册，1017—1018頁）。

[31] 整理者："《易·序卦》：'漸者，進也。'五祀，《國語·魯語上》：'凡禘、郊、祖、宗、報，此五者，國之典祀也。'《周禮·大宗伯》也有'五祀'，注家解釋彼此不同。"今按，"五祀"具體所指爲何，目前難以確定。"繫"亦見於《説命中》，在該篇簡文中，我們將其讀爲"戾"。本篇簡文"繫"似亦可讀爲"戾"，訓爲"定"。"克繫（戾）五祀"，即克定五祀。 或許有關"五祀"之典的規模、頻率、儀軌等事項，在太戊之前較爲混亂。 到了太戊時期，才進行了一番整頓工作，規範、確定了儀注，即簡文所謂"戾五祀"。

[32] 整理者："九德，見《書·皋陶謨》'亦行有九德'、'九德咸事'，即皋陶所云：'寬而栗，柔而立，愿而恭，亂而敬，擾而毅，直而温，簡而廉，剛而塞，彊而義，彰厥有常，吉哉。'《逸周書·常訓》、《文政》、《寶典》及《國語·周語下》都有'九德'。"

[33] 整理者："易，《左傳》襄公四年注：'猶輕也。'"

[34] 整理者："'盇'字在匣母葉部，讀爲溪母談部的'謙'，韻部對轉。"

[35] 整理者："'辟'訓爲'君'，句意爲不勝爲萬民之君。"

[36] 整理者："'絉'讀爲'墜'，訓爲'失'。"

［37］　整理者："'式'訓'乃',見《古書虛字集釋》第八〇〇頁。三德,見《書·皋陶謨》、《洪範》、《吕刑》。"

［38］　整理者："'敷',文獻或通作'布'。"

［39］　整理者："迸,讀爲'雍'。從共聲字多屬匣母東部,故與影母的'雍'通假,《逸周書·大戒》注:'言閉塞不行也。'叚,《爾雅·釋詁》:'大也。'"

［40］　整理者："獨,《莊子·人間世》注:'不與民同欲也。'"

［41］　整理者："以'欲汝'開首之句,如西周師詢簋(《集成》四三四二)、毛公鼎(《集成》二八四一):'欲汝弗以乃辟函(陷)于艱。'《説文》:'同志爲友。'《書·益稷》'勑天之命',孔傳訓'勑'爲'正',云:'奉正天命以臨民。'"

厚父

厚　父[1]

□□□王監劼練（績）[2]，䛐（問）前文人之觀（恭）明惪（德）[3]。王若曰："厚父！我䛐（聞）禹□□□□□□□□【1】川[4]，乃降之民[5]，建顕（夏）邦。啓隹（惟）后[6]，帝亦弗巩（𢀜-恐）啓之經惪（德）少[7]，令（命）咎䌛下，爲之卿事[8]。茲咸又（有）神[9]，能䈰（格）于上[10]。【2】智（知）天之鬼（畏-威），戈（䍤）䛐（聞）民之若否[11]，隹（惟）天乃永保顕（夏）邑。才（在）顕（夏）之折（哲）王[12]，廼嚴禋（寅）鬼（畏）皇天上帝之令（命）[13]，朝夕肂（肆）祀[14]，不【3】盤于庚（康）[15]，以庶民隹（惟）政之觀（恭）[16]，天則弗斁（斁）[17]，永保顕（夏）邦。其才（在）寺（時）後王之卿（享）國[18]，祙（肆）祀三后[19]，永敘才（在）服[20]，隹（惟）女（如）台（怠/怡—台）？"[21]厚【4】父拜手（拜手）頴=（稽首）曰："者（都）魯天子[22]，古天降下民，埶（設）萬邦，复（作）之君，复（作）之帀（師），隹（惟）曰其勘（助）上帝䛊（亂）下民之匿（慝）[23]。王廼渴（遏）【5】朕（佚）其令（命）[24]，弗甬（用）先折（哲）王孔甲之典刑[25]，真（顛）復（覆）氒（厥）惪（德），湳（淫）湎于非彝[26]。天廼弗若[27]，廼述（墜）氒（厥）令（命），亡氒（厥）邦。【6】隹（惟）寺（時）下民，堆帝之子[28]，咸天之臣。民廼弗怨

276　清華簡《尚書》類文獻箋釋

（慎）叚（厥）悳（德）[29]，甬（庸）敘才（在）服？"[30]王曰："欽之弋（哉）！厚父。隹（惟）寺（時）余經【7】念乃高且（祖），克宪（憲）皇天之政工（功）[31]，廼虔秉叚（厥）悳（德），俊（作）辟事三后[32]。肆（肆）女（汝）其若龜筮之言，亦勿可遳（遳-轉）改[33]。兹【8】少人之悳（德）隹（惟）女（如）忩（怠/怡一台）？"[34]厚父曰："於虎（乎）！天子。天令（命）不可漗（忱）[35]，斯民心難測。民弋（式）克共心苟（敬）愧（畏）[36]，鬼（畏）不羕（祥）[37]，㛷（保）教明悳（德）[38]，【9】怨（慎）祪（肆）祀，隹（惟）所役之司民啓之；民其亡（無）欶（諒）[39]，廼弗鬼（畏）不羕（祥），亡（無）㬎（顯）于民[40]，亦隹（惟）歃（既-禍）之卣（攸）及[41]，隹（惟）司民之所取[42]。今民【10】莫不曰余㛷（保）孚（教）明悳（德），亦鮮克以誨（悔）[43]。曰民心隹（惟）㭆（本），叚（厥）俊（作）隹（惟）枼（葉）[44]，引（矧）其能丁（貞？）良于吝（友）人[45]，廼洹（宣）弔（淑）叚（厥）心[46]。【11】若山叚（厥）高，若水叚（厥）肙（淵）[47]，女（如）玉之才（在）石，女（如）丹之才（在）桼[48]。廼是隹（惟）人曰天禽（蔭）司民叚（厥）迁（驚）[49]，女（如）厷（肱）之服于人[50]。民弋（式）克【12】苟（敬）悳（德），母（毋）湛于酉（酒）[51]。民曰隹（惟）酉（酒）甬（用）祪（肆）祀[52]，亦隹（惟）酉（酒）甬（用）庚（康）樂。曰酉（酒）非飤（食）[53]，隹（惟）神之卿（饗）[54]，民亦隹（惟）酉（酒）甬（用）敗鬼（威）義（儀）[55]，亦隹（惟）酉（酒）甬（用）恒痽

厚　父　277

（狂）。"[56]乚【13】

【箋釋】

　　[1]　整理者："《厚父》共十三支簡。簡長約四十四釐米，寬約〇·六釐米。第一支上下兩端殘缺，其他各支皆爲完簡。簡背標有序號，依次爲'一'至'十三'，今缺序號'一'。最後一支背面有'厚父'二字，係篇題。《厚父》通篇爲'王'和'厚父'的對話。'王'首先通過追溯夏代歷史，指出勤政、用人、敬畏天命、謹慎祭祀對於'永保夏邑（或邦）'的重要性，厚父則從反面闡明君弗用典刑、顛覆其德、沉湎於非彝，臣弗慎其德、不'用敘在服'的嚴重後果。接下來，'王'介紹了自己當下的作爲，厚父在回應中闡述了自己的認識和理念，重點是要畏天命、知民心、處理好司民和民的關係以及戒酒等。全文雖祇有短短數百字，但内容豐富，文辭典雅，富於哲理，有多方面的、重要的研究價值。篇中有一段文字與《孟子》所引《尚書》相似。《孟子·梁惠王下》：'《書》曰："天降下民，作之君，作之師，惟曰其助上帝寵之。四方有罪無罪惟我在，天下曷敢有越厥志？"一人衡行於天下，武王恥之。此武王之勇也。而武王亦一怒而安天下之民。今王亦一怒而安天下之民，民惟恐王之不好勇也。'趙岐注：'《書》，《尚書》逸篇也。'從引文結合本篇結構、文辭特點等綜合考慮，《厚父》應爲《尚書》逸篇。"

　　[2]　整理者："《書·太甲上》孔傳：'監，視也。'練，即'績'，《爾雅·釋詁》：'績，成也。'《廣韻·錫韻》：'績，功業也。''劼'爲'嘉'字省變（參看李學勤：《戎生編鐘論釋》，《文物》一九九九年第九期；馬楠：《〈尚書〉、金文互證三則》，《中國國家博物館館刊》二〇一四年第十一期）。《書·盤庚下》：'用降我凶德，嘉績于朕邦。'"今按，整理者將"監"依孔傳訓爲"視"，於義泛而不切。簡文"監"當理解爲借鑒、取法，這種用法的"監"典籍或寫作"鑒"。如《論語·八佾》："周監於二代，郁郁乎文哉！"《詩·大雅·蕩》："殷鑒不遠，在夏后之世。"《左傳》襄公四年："鑒于后羿，而用德度，遠至邇安，五也。"《左傳》僖公二年：

"虢公敗戎于桑田。晉卜偃曰：'虢必亡矣。亡下陽不懼，而又有功，是天奪之鑒，而益其疾也。必易晉而不撫其民矣。不可以五稔。'"《荀子·解蔽》："成湯監於夏桀，故主其心，而慎治之。"簡文"劼"，原作〔形〕形，應分析爲從力吉聲，實即"劼"字。整理者認爲"劼"爲"嘉"之誤，參考文獻中李學勤先生《戎生編鐘論釋》文認爲戎生編鐘中的"劼"字，據晉姜鼎銘文字形，當釋爲"嘉"。戎生編鐘銘文"劼遣鹵責（積）"之"劼"作〔形〕（《金文通鑒》15242）；晉姜鼎銘文"劼遣我，易（錫）鹵責（積）千兩（輛）"之"劼"作〔形〕（集成 2826）。裘錫圭先生指出，晉姜鼎銘文"劼"字過去誤釋爲"嘉"，當據戎生編鐘銘文糾正（參看裘錫圭《戎生編鐘銘文考釋》，載《裘錫圭學術文集·金文及其他古文字卷》113—114 頁）。我們認爲裘先生的意見是可信的。白於藍（2014）亦已指出，金文及戰國文字"嘉"字，與上引戎生編鐘、晉姜鼎銘文以及本篇簡文"劼"字形體有很大差異，將上述字形看作"嘉"之省變，缺乏依據。清華七《子產》篇"劼"字寫作〔形〕（7 號簡，整理者亦釋爲"嘉"），與晉姜鼎銘文"劼"字完全同形。其下一字寫作〔形〕形，整理者隸定作"栽"，謂疑爲"勢"字，並括注爲"理"（參看李學勤主編：《清華大學藏戰國竹簡（陸）》137 頁、140 頁注釋 24，中西書局，2016 年）。東周文字"嘉"字或作〔形〕（《耆夜》6 號簡）、〔形〕（王子申盞，集成 4643）、〔形〕（侯馬盟書 156：4）、〔形〕（侯馬盟書 200：29）等形，故上引〔形〕字很可能當釋爲"嘉"。這樣一來，〔形〕字就更不可能釋爲"嘉"。可惜《子產》篇相關文義不清，不能做進一步討論。清華簡《說命下》7 號簡有〔形〕字，文例爲"余既訳敔毖女"，整理者謂"敔毖"即《書·酒誥》"汝劼毖殷獻臣"句中的"劼毖"，故"敔"即"劼"之異體。《說文·力部》："劼，慎也。從力吉聲。《周書》曰：'汝劼毖殷獻臣。'"又《爾雅·釋詁下》："劼，固也。"《廣韻·黠韻·瓜小韻》："劼，用力。"《廣雅·釋詁四》："劼，勤也。"王念孫《疏證》："《玉篇》引《倉頡篇》云：'奊，仡仡也。'奊與劼聲近而義同。"《晏子春秋·內雜下六》："名山既多矣，松柏既茂矣，望之相相然，盡目力不知厭，而世有所美焉，因欲登彼相相之上，仡仡然不知厭。"吳則虞《集釋》引蘇輿云："'仡'與'劼'同義。'仡'、'劼'一聲之轉。"《莊子·天地》："（子貢）見一丈人，方將爲圃畦，鑿隧而入井，抱甕而出灌，搰搰然用力甚多而見功寡。"《釋文》："搰搰，用力貌。""搰搰"與"仡仡"音義並近。 簡文"王監劼績"，似可理解爲王借鑒、取法於先哲王勤勉勞苦之功績。

[3] 整理者："《正字通·耳部》：'聞，與問通。'前文人，前世有文德之人，西周金文和《尚書》多見。"趙平安（2015A）："《厚父》龏作 ▨（簡1，簡4近似）。 早期金文作 ▨（何尊），後加'兄'聲作 ▨（邿公華鐘）， ▨是在 ▨的寫法上省去雙手。 戰國文字中龏有時省去龍尾（如上博六《用曰》簡6），有時省去一只手（如上博一《緇衣》簡2），同時省去兩手的很少見。 上博六《用曰》簡7龏字省去龍尾，加'兄'聲加義符'口'，同篇簡16在此基礎上省去雙手，過去理解爲從口、龍聲，是錯誤的。 ▨之省略與此類相似，但時代更早。"今按，趙文認爲簡文"觀"爲"龏"之省，無據。"龏"本即從廾龍聲（見《說文·廾部》，實爲上古複輔音 gl 之反映，段注疑龏從廾聲，不確。 複輔音消失後，"龏"所從"龍"表音功能不顯，故將下所從之"廾"改造爲"共"以表音），"觀"讀爲"龏/恭"（段注謂"恭"、"龏"音義同）毫無問題，不必認爲是"龏"之省。

[4] 整理者："厚父，人名，從後文看，當爲夏之後裔。 威，從虫、戌聲，通'遹'。《詩·文王有聲》：'遹求厥寧，遹觀其成。'楊樹達《詞詮》：'遹，語首助詞。''禹'、'川'之間殘缺十字左右，內容應爲禹之事迹。'川'應即遂公盨（《新收殷周青銅器銘文暨器影彙編》一六〇七）'天命禹敷土，墮山，濬川'的'濬川'之類。""我"字原篆作 ▨，整理者隸定爲"威"，賈連翔（2016）釋爲"我"，並指出在《尚書》及西周金文中，"常常以'我聞'這樣的口吻引出所要講述的內容"，可信。

[5] 整理者："降之民，動詞的爲動用法。 之，指禹。 遂公盨：'天命禹敷土……降民監德。'此處'乃降之民'，主語也是天。"

[6] 整理者："《廣雅·釋詁四》：'惟，詞也。'《書·皋陶謨》：'百工惟時。'《爾雅·釋詁》：'后，君也。'此處名詞作謂語。"今按，戰國楚地古文字材料中，一般以"句"表君后之"后"，如王后小府鼎之"王句

(后)"（集成 2393）、大后廚官鼎之"大句（后）"（集成 2395），上博簡《孔子詩論》"昊天有成命，二句（后）受之"（6 號簡）、"句（后）稷之見貴也"（24 號簡）等，例至多。 本篇簡文君后字作"后"不作"句"，與楚文字用字習慣不合。 甲骨文與西周金文中，未見"后"字。 春秋時期吳王光鑑銘文"虔敬乃后"（集成 10298）之"后"，似爲目前所見時代較早的"后"字。 金文中"毓祖丁"（毓祖丁卣，集成 5396）、"毓文王、王姒"（班簋，集成 4341）等辭例中的"毓"，一般多讀爲君后之"后"，當可信。 楚人祖先"穴熊"，楚簡中或作"毓熊"。 據安大簡《楚史》，穴熊即季連，因其藏身於洞穴之中，故得名"穴熊"。 過去有學者認爲"穴"、"毓"音近相通，恐不可信。"毓熊"即"后熊"，"毓（后）"爲君后之義，其結構類似於"后稷"。 甲骨文"多毓"，當理解爲"多后（後）"，即衆多位次在後的君后。 楚人將老童、祝融、穴熊合稱爲"三楚先"，這裏的"先"即位次在最前面的三位先祖，正可與"多毓（后/後）"參照理解。 古文字中尚有"毓子"一詞（如呂仲僕尊、秦駰玉版），實即典籍中的"胄子"、"鸞子"，指君王或貴族的嫡長子。 從"毓"的字形來看，象婦女分娩之形，就其所分娩之子而言，即爲"毓/後"，也即"毓/胄子"；而"毓/胄子"之母，即爲王后之"毓（后）"。

[7] 整理者："叝，'鞏'之異體字。 毛公鼎（《殷周金文集成》二八四一）'不（丕）鞏先王配命'作'巩'，文獻一般作'鞏'。《詩·瞻卬》'無不克鞏'，毛傳：'鞏，固也。'馬瑞辰《傳箋通釋》：'鞏、固以雙聲爲義，古音轉，讀鞏爲固。'此處爲意動用法。 經德，常德。《孟子·盡心下》'經德不回'，朱熹集注：'經，常也。'少，不久。《孟子·萬章上》：'始舍之，圉圉焉，少則洋洋焉，攸然而逝。'"戰國楚簡文字"帝"字多作 ![] （耆夜 8 號簡）、![] （子羔 1 號簡）、![] （六德 38 號簡）等形，本篇簡文"帝"字寫作 ![] （2 號簡）、![] （5 號簡）形，與上引戰國文字"帝"字形體不類，而與西周金文中寫作 ![] 、![] （董蓮池：《新金文編》13 頁，作家出版社，2011 年）等形的"帝"字形體相近，於此亦可見《厚父》篇文本生成年代較早，從中還可以窺見一些早期寫本的痕跡。 簡文"叝"字原篆作 ![] 形，所從"丮"旁與 5 號簡 ![] （埶）字所從相同。"鞏"字在《說

文·廾部》中被看作是"巩"字異體,又在《手部》單獨收録。 馬楠(2015)認爲"𢩹/巩"當讀爲"邛"或"恐","少"字屬上讀。《詩·小旻》"我視謀猶,亦孔之邛",《巧言》"匪其止共,維王之邛",毛傳、鄭箋訓"邛"爲"病也"。 簡文意爲"帝亦不以啓德行不足爲病,命皋陶下爲之卿士"。

[8] 整理者:"咎繇,文獻作'咎繇'或'皋陶'(參梁玉繩《漢書人表考》)。 卿事,見於小子𫊟簋(《集成》三九○四)、番生簋(《集成》四三二六》等,爲官名。"人名"咎繇"或"皋陶",在上博簡《容成氏》中寫作"咎䍃(陶)"(29號簡)、"咎咎"、"咎秀"(34號簡);郭店簡《唐虞之道》則寫作"咎采"(12號簡),皆爲音近通假的關係。《説文·口部》:"咎,高气也。 從口九聲。 臨淮有咎猶縣。"地名"咎猶",或寫作"仇由"、"仇猶"、"厹繇"、"厹由"(所謂"厹"實與"咎"爲一字,《説文》誤分爲二,典籍亦相混),從讀音及用字來看,疑皆與人名"咎繇"或"皋陶"有關。

[9] 整理者:"《書·盤庚中》'予念我先神后之勞爾先',孔穎達疏:'神者,言其通聖。'《淮南子·兵略》:'知人所不知謂之神。'"

[10] 整理者:"䈞,金文多作'各',文獻多作'格'。 寧簋(《集成》四○二一~四○二二):'其用各百神。'《書·君奭》:'成湯既受命,時則有若伊尹,格于皇天。'"關於"䈞"字之釋,參看《皇門》篇注釋[3]。

[11] 整理者:"大盂鼎(《集成》二八三七):'畏天畏。'《詩·我將》:'畏天之威。'《書·皋陶謨》'天明畏',《經典釋文》:'馬本畏作威。''戈'字一説從下讀,可讀爲'在',訓察;也可讀爲'載',作助詞。'若否'爲典籍成語,清華簡《芮良夫毖》:'閒(間)鬲(隔)若(若)否。'《詩·烝民》'邦國若否,仲山甫明之',鄭玄箋:'"若否"猶"臧否",謂善惡也。'"網友"海天"指出此句與《芮良夫毖》3號簡之"靠(恭)天之畏(威),載聖(聽)民之繇"有關(王寧《清華簡〈厚父〉句詁》文後第四樓評論,復旦網,2015年1月28日)。 據《芮良夫毖》辭例,整理者提到的"戈"屬下讀,讀爲語氣助詞"載"的意見是可信的。

[12] 整理者："剞，'折'的異體字，形符斤、刀互換，此處讀爲'哲'。'哲王'見於《書·康誥》'往敷求于殷先哲王，用保乂民'、《酒誥》'在昔殷先哲王迪畏天'、《召誥》'茲殷多先哲王在天'等。《皋陶謨》：'知人則哲。''哲王'指賢明的君王。"按，《北京印學》第二輯（2010年9月）著錄一方三晉私璽，印文爲"史折"。其中"折"字寫作𣂪，與簡文結構相同（只有從"刀"與從"刃"之別）。

[13] 整理者："《書·無逸》：'嚴恭寅天命。'又見秦公簋（《集成》四三一五）。《玉篇·吅部》：'嚴，敬也。'陳逆簠（《集成》四〇九六：'余寅事齊侯。'《爾雅·釋詁》：'寅，敬也。''禋'乃'寅敬'之'寅'的增累字，與陳侯因資敦（《集成》四六四九）'𥂮'從皿相類。"

[14] 整理者："肆祀，本篇有幾種寫法：肄祀、肆祀、祂祀。關於字形解釋，可參看陳劍《甲骨金文舊釋"𣍘"之字及其相關諸字新釋》（《出土文獻與古文字研究》第二輯，復旦大學出版社，二〇〇八年）。《書·牧誓》：'今商王受惟婦言是用，昏棄厥肆祀弗答。'鄭玄注：'肆，祭名。'《周禮·典瑞》'以肆先王'，鄭玄注：'肆，解牲體以祭，因以爲名。'"

[15] 整理者："《書·無逸》：'文王不敢盤于遊田，以庶邦惟正之供。文王受命惟中身，厥享國五十年。'孔穎達疏引《爾雅·釋詁》云：'盤，樂也。'《詩·蟋蟀》：'無已大康，職思其居。'陳曼簠（《集成》四五九五～四五九六）：'齊陳曼不敢逸康。'康，安樂。"今按，整理者引陳曼簠銘文所謂"逸康"之"逸"，本作"达"，高田忠周釋爲"逐"，吳振武（1998）文續有闡發，已不斷爲新出材料所印證（如上博簡《競建内之》10號簡、《周易》43號簡以及清華簡《繫年》6號簡等），確不可易。

[16] 整理者："以庶民隹政之觀，即以庶民惟政之恭，句式和《書·無逸》'以庶邦惟正之供'相同。'以'表示'率領'，'政'是'恭'的賓語，通過'之'字前置。"

[17] 整理者："臭，通'斁'，'弗斁'相當於金文中的'亡臭'，文獻中的'無斁'、'無射'。毛公鼎：'肄皇天亡臭。'《詩·葛覃》'服之無斁'，毛傳：'斁，厭也。'《詩·車舝》'式燕且譽，好爾無射'，鄭玄箋：

'射，厭也。'"

[18] 整理者："寺，通'時'。《書·堯典》'黎民于變時雍'，孔傳：'時，是。'相當於近指代詞'此'、'這'。 或說'卿'字連下讀，'卿或'讀爲'享國'，猶云在位，詞見《書·無逸》。"馬楠（2015）據《尚書·周書》辭例，謂"殷之'先哲王'謂成湯至於帝乙，'後嗣王'指紂，爲《周書》通例；《厚父》言夏代事，'哲王'指禹、啓至於帝發，'後王'指桀"。 按，馬楠所舉《周書》辭例，語境與本篇不同，不宜簡單比附。 馬楠文章中所舉《周書》諸例，是周人回顧殷商史事，自然可以拿亡國之君即"後嗣王"和之前的"先哲王"對比。 而《厚父》篇是當時尚在位的夏王與厚父的對話實錄，該篇疑當如郭永秉（2015）所言，爲《夏書》之一篇。 故"時後王"即與厚父對話的夏王自稱，應該是夏朝的某一位王，但不一定是夏桀。 簡文"夏之哲王"也可能僅指"禹"、"啓"、"孔甲"等少數德行、功業較爲突出的夏王，不一定指"時王"之前所有的夏王。 馬楠還認爲簡文"肆祀三后、永敘在服"與前文"朝夕肆祀"、"永保夏邦"文義相反，表示負面含義，亦不可信。 簡文大意是說，我這個後王，想要"肆祀三后、永敘在服"，該怎麽辦呢？

[19] 整理者："文獻中'三后'含義非常豐富，或指禹、湯、文王，或指太王、王季、文王，或指禹、契、后稷，等等，因語境而異。 此處指夏代的三位賢君。"本篇簡文提到的三位夏后分別是禹、啓、太甲，則"三后"或許就是指上述三位夏后。

[20] 整理者："《周禮·小宰》'五曰以敘受其會'，孫詒讓《正義》引《說文》云：'敘，次第也。'《詩·蕩》：'文王曰咨，咨汝殷商。 曾是強御，曾是掊克，曾是在位，曾是在服。'班簋（《集成》四三四一）：'登于大服。'服，職事，職位。"清華簡《鄭文公問太伯·甲本》"伯父是（寔）被複（覆）不穀，以能與就宋（次）"（2號簡），與簡文"永敘才（在）服"可參照理解。 整理者引《說文》"敘，次第也"，可見"敘"、"次"義近。 簡文"敘"亦用爲動詞，也就是"就次"的意思。

[21] 整理者："女勾，即'如台'。 參《清華大學藏戰國竹簡（壹）·尹至》注〔一八〕。"今按，"如台"除了見於整理者提到的清華

簡《尹至》篇，還見於《尚書·商書》中的《湯誓》、《盤庚》、《高宗肜日》、《西伯戡黎》等篇，清華簡《周公之琴舞》亦有"良德其如台"語（14號簡）。

[22] 整理者："'拜'後有合文符號，此類合文符號的寫法後世常見。參見趙平安《再議書面語中的疊用符》（《河北大學學報》一九九五年第三期）。者魯，李學勤認爲相當於《尚書》中的嘆詞'都'。《書·皋陶謨》：'皋陶曰："都！在知人，在安民。"'宋陳亮《勉强行道大有功》：'堯、舜之"都"、"俞"，堯、舜之喜也，一喜而天下之賢智悉用也。"'有研究者認爲，"者（都）"作一句讀，"魯"連下讀，舉出"魯天子"見於《史記·周本紀》及榮簋（集成4241）等例，但"魯"字均用爲動詞，嘉美之義。網友"暮四郎"認爲簡文"魯天子"可與梁十九年亡智鼎"穆穆魯辟"之"魯辟"對讀。李學勤（2015）謂"（都魯）也見於清華簡尚待整理的另一篇，應即《尚書·堯典》等篇中的'都'"。在新近公布的清華簡《四告》篇中，"者魯"一詞多見，辭例分別爲"者魯天尹咎繇"（1號簡）、"者魯大神"（16-17、20號簡）、"者魯大宗"（47號簡），"者魯"後均接名詞性短語，從前後文句的語法結構來看，李學勤先生所説"者魯"相當於歎詞"都"的觀點，似亦不可信。我們認爲，從"者魯"出現的辭例來看，無疑應該是休美之義，如果"者魯"確實是"都"的緩讀，則當理解爲訓爲"美"的"都"（參看《故訓匯纂2329頁》）。

[23] 整理者："此段文字與《孟子》所引《尚書》相似。《孟子·梁惠王下》：'《書》曰："天降下民，作之君，作之師，惟曰其助上帝寵之。四方有罪無罪惟我在，天下曷敢有越厥志？"一人衡行於天下，武王恥之。此武王之勇也。'而武王亦一怒而安天下之民。今王亦一怒而安天下之民，民惟恐王之不好勇也。'趙岐注：'《書》，《尚書》逸篇也。'匧，通'慝'，邪惡。《三國志·魏志·武帝操傳》：'吏無苛政，民無懷慝。'"簡文"之匧"二字整理者屬下讀，清華讀書會（2015）引馬楠説，謂"此處疑當將'之慝'上屬爲句。'王廼'以下别爲一句。謂君王本當助上帝治下民之過惡，而王乃不如此"。趙平安（2015A）："《厚父》闢作 (簡5)，當'治'講。這種用法的闢見於《𤼈簋》'乃令闢三族'，寫作

戰國時期，與'治'相對的'亂'一般作󰀀，省作󰀁、󰀂，也有作󰀃（皇門11）、󰀄（繫年93）、󰀅（繫年100）者，但作󰀆者一般不表示'治'。表示'治'應是一種較早的形態。"簡文與整理者注釋提到的《孟子》引文相比，少了"四方有罪無罪惟我在，天下曷敢有越厥志"兩句話。網友"蚊首"認爲，《孟子》引文"有罪無罪惟我在"之"在"，當訓爲"察"，並引古書訓釋以及郭在貽相關研究以爲證，似可信。他還進一步認爲："'有罪無罪惟我在'或即簡文'亂下民之匿'（匿爲惡，罪、惡意近）流傳之變。"（"簡帛網"論壇《清華五〈封許之命〉初讀》第3樓，2015年4月10日。）有關"勩"字的詳細討論，參看《皇門》篇注[13]。

[24] 整理者："殞，失也，失其命指失去天命。《大學衍義補》：'君失其命則不足以繼天，而君非君也。'"郭永秉（2015）指出："王廼"云云之"王"即與厚父對話之夏王。他還認爲簡文"廼"爲假設連詞，"'王廼遏佚其命'以下，並非已然之事，而是一種警示之辭。……全句意思即王你如果斷絶天命，不用孔甲留下的常法，顛覆其德，淫湎於不合常規之法，那麼天就不會順着你，要讓你墜命亡國的；下民自然在職事中也不能慎德。"簡文"渴"，整理者括注爲"竭"，無説。王寧以及網友"海天遊蹤"都認爲"渴殞"當讀爲"遏佚"，《書·君奭》："惟人在我後嗣子孫，大弗克恭上下，遏佚前人光，在家不知，天命不易。"（王寧《清華簡〈厚父〉句詁》文後第6樓評論，復旦網，2015年1月28日；"簡帛網"論壇《清華五〈厚父〉初讀》第55樓，2015年4月24日）可信。

[25] 整理者："《左傳》昭公二十九年孔穎達疏引《帝王世紀》云：'少康子帝杼，杼子帝芬，芬子帝芒，芒子帝世，世子帝不降，不降弟帝喬，喬子帝廑也。至帝孔甲，孔甲，不降子。'杜預注：'孔甲，少康之後九世君也。其德能順於天。''典刑'見於《書·舜典》'象以典刑'。《詩·蕩》'雖無老成人，尚有典刑'，鄭玄箋：'猶有常事故法可案用也。'"

[26] 整理者："《詩·抑》：'顛覆厥德。'湎，通'沉'。湎，泥母侵部；沉，定母侵部。湎、沉古音很近。《書·召誥》：'其惟王毋以小民淫用非彝。'《酒誥》：'誕惟厥縱淫泆于非彝，用燕喪威儀，民罔不盡傷

心。'非彝指非常、非法。 參《清華大學藏戰國竹簡（壹）·皇門》注〔三九〕。"簡文"湳"，曹方向（2015）認爲當讀爲"淫"，謂"簡文'湳'字以'南'爲音符，南、淫兩字同屬侵部。 南字屬舌頭音泥母。'淫'字聲母是喻母四等，上古也讀舌頭音，和'南'字聲、韵並近。 文獻中五等爵位公侯伯子男的'男'，又作'南'，甲骨文作'任'。'任'和'淫'的基本聲符都是'壬'。 古書'淫湎'一詞也十分常見，表示沉迷于酒色，又作'湎淫'。……《酒誥》的'淫泆'、《召誥》的'淫'以及其他古籍的'淫湎'和'彝'（非彝）搭配，關鍵詞是'淫'而不是'湎'或'沉湎'。 簡文'湳湎'和'非彝'搭配，和'湳'相當的關鍵詞是'淫'，'湳湎'可直接讀爲'淫湎'"。 曹説頗有理致，可從。

[27] 整理者："《史記·田儋列傳》'螫'，《漢書·田儋傳》作'蠚'。 中山王鼎'若'通'赦'。 若、赦音近，此處可讀爲'赦'。 一説讀如字，訓爲順。"

[28] 整理者："《説文·隹部》：'唯，鳥肥大唯唯也。 鴻，唯或从鳥。'《玉篇·隹部》：'唯，庸也。''唯'即'鴻'之異體，朱駿聲《説文通訓定聲》：'鴻，假借又爲傭。'此處'唯'疑借爲'庸'，《書·益稷》：'帝庸作歌。'庸，乃也。 一説'唯'讀爲"共"，《禮記·内則》注'猶皆也'，與下'咸'字同義。 下民共帝之子，參《高宗肜日》'王司敬民，罔非天胤'。"

[29] 整理者："'愻氒悳'即'慎厥德'，金文、文獻常見，可參陳劍《説慎》（《簡帛研究二○○一》上册，廣西師範大學出版社，二○○一年）。"趙平安（2015A）："《厚父》慎作▨（簡7，簡10近似）。 戰國時期慎字有四種寫法： 第一種從心真聲，作▨，見於秦文字；第二種從火日聲，作▨，見於齊文字；第三種作▨、▨等形，見於晉系文字；第四種結構最爲複雜，作▨、▨、▨、▨等形，見於楚文字。《厚父》慎字與晉系文字相類，來源於西周金文▨、▨。 字的上部爲'楙楢'之'楢'的初文，從斤（錛）從象形楢，訛變爲所，後來成爲質的聲符字。《厚父》慎字上部所從，與金文▨近似，其左邊是把裂變的'楢'疊置在一起。"

[30] 簡文"甬敘在服"之"甬"，從郭永秉（2015）説讀爲"庸"，

訓爲何。 子居（2015A）指出，"庸敘在服"係呼應前文夏王問厚父"永敘在服，惟如台"。"民廼弗愼厥德"之"廼"，亦表假設。 這段簡文大意是説，"下民"爲"帝之子"、"天之臣"，下民如果不愼其德，君王如何能夠保持其職事（意指在位）？

[31] 整理者："《書·酒誥》'經德秉哲'，劉逢禄《今古文尚書集解》：'經，常也。'《孟子·盡心下》'經德不回'，朱熹集注：'經，常也。''經念'猶大克鼎（《集成》二八三六）'永念于厥孫辟天子'之'永念'。'害'通'憲'，效法，見《詩·崧高》毛傳。"趙平安（2015A）："《厚父》憲作 （簡8），和西周金文結構相同，不從'心'，到春秋時期才出現了從心的寫法。 皇作 （簡8），與楚文字不類，見於晉系文字（如侯馬盟書318）和齊系文字（如陳肪簋）。《厚父》簡8'皇天之政工'，借'工'爲'功'，也僅見於晉系文字。"按，趙説謂借"工"爲"功"僅見於晉系文字，恐不確。 清華簡《繫年》117號簡"楚師無工"，"工"亦讀作"功"。

[32] 整理者："作，訓則，《書·酒誥》：'作稽中德。'參屈萬里《尚書集釋》（中西書局，二〇一四年，第一六四頁）。'辟事'見於彧鼎（《集成》二八二四）'唯厥使乃子彧萬年辟事天子'，是侍奉的意思。"今按，如依整理者説，則簡文"辟事"連言，"辟"爲名詞性狀語，修飾動詞"事"。 另外還有一種可能是，簡文"作"即用爲動詞，爲也。"辟"指等級較高的貴族，如《芮良夫毖》"厥辟、御事，各營其身"（1號簡），鄔可晶（2014）引陳劍説謂"厥辟"指"御事"之上的貴族主，而非周厲王。 類似用法如驫羌鐘銘文"厥辟韓宗獻"（集成157），"辟"指韓景子，是時其尚未封侯，只是等級較高的貴族而已。 簡文是説厚父的高祖，因爲能夠"憲皇天之政功"、"虔秉厥德"，所以成爲能夠臣事"三后"的貴族主。

[33] 整理者："肆，句首助詞。《禮記·表記》：'子言之：昔三代明王，皆事天地之神明，無非卜筮之用，不敢以其私褻事上帝。 是故不犯日月，不違卜筮。'遄，即'遄'字，《龍龕手鑒·辵部》：'遄，俗；遄，今。 速也，疾也。'從簡文看，'遄'字出現應很早，未必是俗字。 遄，讀爲'專'，《廣雅·釋言》：'專，擅也。'"今按，簡文"遄"或可讀爲

"轉"，改變、變易。《韓非子・心度》："法與時轉則治，治與世宜則有功。"《莊子・田子方》"千轉萬變而不窮"，則以"轉"、"變"互文見義。"轉改"同義連言，即變改。

［34］整理者："小人，謙稱。《左傳》隱公元年：'小人有母，皆嘗小人之食矣，未嘗君之羹。'"

［35］整理者："此字右邊形體近'恖'，可隸作'㥁'，讀爲'撞'，指衝撞。也可能是'法'的訛字，'法'常讀爲'廢'。《書・大誥》'予惟小子不敢替上帝命'，孔傳：'不敢廢天命。'一説下句'斯'字從上讀，爲句末語氣詞。"網友"蚊首"讀爲"總"，意爲秉持、控繫（"簡帛網"論壇《清華五〈厚父〉初讀》第 10 樓）。馬楠讀爲"聰"，訓爲聞也、察也，簡文此句謂"天命不可知曉察覺"。網友"苦行僧"認爲"㥁"可能就是"酖"的異體，"天命不可酖（沉迷）"與《詩經・大雅・大明》"天難忱斯"、《詩經・大雅・蕩》"天生烝民，其命匪諶"、《尚書・大誥》"天棐忱辭"等可合觀。黄國輝認爲"㥁"可讀爲"從"。程浩認爲字當釋爲"沁"，理解爲"終結"、"廢止"。網友"奈我何"在程説的基礎上提出"沁"當讀爲"忱"，亦引《詩經・大雅・大明》"天難忱斯"爲書證。今按，上引幾位學者指出簡文與典籍"天難忱斯"、"天棐忱辭"、"天難諶"等説法應該聯繫起來考慮的意見，無疑是正確的。從字形來看，讀爲"忱"之字右旁所從作■形，在"心"形之上有明顯的類似"十"字形的筆畫，形體更接近"恖"字，故整理者將其釋爲"㥁"是有充分字形依據的。"恖"爲清紐東部字，"忱"爲禪紐侵部字，二字聲韻俱近，具有通假的條件。清華九《廼命二》9 號簡"天命非忱"之"忱"寫作■形，中間所從"心"旁上部亦有明顯的"十"字形筆畫，無疑是本篇簡文寫作■形的"㥁"字繁體。《封許之命》4 號簡有"畎（畏）天之非忱"語，讀爲"忱"之字寫作■，賈連翔（2020B）認爲中間從"心"，可信。"㥁"既有可能是寫作■形的"㥁"字訛文，也有可能是"沁"字的繁體。《詩》、《書》中的"忱/諶"，《説文》訓爲"誠"，《毛傳》訓爲"信"。

［36］整理者："弋，通'式'，用在動詞前，表示希冀、盼望的語氣。"趙平安（2015A）："《厚父》敬作■（簡 9，簡 13 近似）。戰國時

厚　父　289

期敬一般作󰀀、󰀁、󰀂，變體作󰀃，省體作󰀄。 省體僅見於晉系文字。"

[37]　整理者："畏不羕（祥），見於清華簡《皇門》。 祥，善也。"

[38]　整理者："媬，'保'之異體，保衛、保護之意。 教，《釋名》：'效也。'明德，完美的德行。"

[39]　整理者："司民，見《酒誥》，孔傳云：'主民之吏。'一説本句當於'啓之'斷讀。 欯，即'𣤶'，《説文·旡部》：'𣤶，事有不善，言𣤶也。'《廣韻·漾韻》或作'䜋'。 此處讀爲'諒'，《詩·柏舟》'母也天只，不諒人只'，毛傳：'諒，信也。'"今按，整理者原在"啓之"前讀斷，非是。 當從或説在"啓之"後斷讀，"民是克共心敬畏，……惟所役之司民啓之"與"民其無諒，……惟司民之所取"是完全對應的兩段話，是從正反兩個方面强調"司民"的重要性。

[40]　整理者："《書·康誥》：'威威，顯民。'周秉鈞《尚書易解》：'顯民，光顯其民，謂尊寵之也。'（嶽麓書社，一九八四年，第一六八頁）"簡文"無顯于民"即"民無顯"，義爲民無光顯之德。

[41]　整理者："歁，通'禍'。 戰國簡帛中從骨聲字與從咼聲字可以通用。 卣，通'攸'。"今按，甲骨文有󰀅字（合集18015），《甲骨文字詁林》隸定作"歁"，"按語"謂："字當釋'𩲢'，《説文》：'𩲢，屰惡驚詞也。'段玉裁注云：'遇惡驚駭之詈曰𩲢，猶見鬼驚駭之詈曰魖也。'卜辭所僅見，爲地名。"（于省吾主編《甲骨文字詁林》442—443頁，中華書局，1996年）段注中還有這樣一句話："《史記》、《漢書》多假旣爲禍，旣即𩲢也"。 簡文"歁"字亦用爲"禍"，或即"旣/𩲢"之異體。

[42]　簡文"取"，義同"自取其辱"之"取"，招致也。

[43]　整理者："誨，通'謀'。"按，"誨"當讀爲"悔"，義爲悔吝。《易·蠱》："幹父之蠱，小有悔，無大咎。"《公羊傳》襄公二十九年："飲食必祝，曰：'天苟有吴國，尚速有悔於予身。'"何休注："悔，咎。"簡文是説民如能保教明德，則鮮少悔吝之事。

[44]　整理者："這兩句以樹爲喻，大意是説人心像樹根，人的所作所爲像枝葉。"

[45]　整理者："引，通'矧'，《書·康誥》：'矧惟不孝不友。'丁，

《說文·丁部》：'夏時萬物皆丁實。'丁良，約相當於良實。 諸葛亮《出師表》：'侍中侍郎郭攸之、費禕、董允等，此皆良實。'簡文中為形容詞使動用法。 友人，朋友。《逸周書·酆保》：'見親所親，勿與深謀，命友人疑。'"趙平安（2015A）："《厚父》友作𢆶（簡11），與晉系文字（如侯馬盟書300）相同，而與齊、楚文字稍異。"簡文"丁良"，鵬宇（2015）讀爲"貞良"，並引如下文獻爲證：《墨子·明鬼下》："必擇國之父兄慈孝貞良者，以爲祝宗。"《史記·秦始皇本紀》："尊卑貴賤，不踰次行；奸邪不容，皆務貞良。"北大秦簡《善女子之方》："莫（暮）臥蚤（早）起，人婦恒常，絜（潔）身正行，屯（純）貞以（與）良。"

［46］ 整理者："洹，通'宣'，《左傳》襄公二十九年：'用而不匱，廣而不宣。'王引之《經義述聞·毛傳中》：'宣與廣義相因。'也可讀爲'桓'，《詩·長發》'玄王桓撥，受小國是達，受大國是達'，毛傳：'桓，大。' 弔，通'淑'，《爾雅·釋詁》：'淑，善也。'"

［47］ 整理者："氒，即'厥'，相當於句中助詞'之'，與《書·無逸》'自時厥後，立王生則逸'之'厥'用法相同。 冃，用爲'突'，後世寫作'深'。"今按，"冃"即"淵"字初文，"淵"有"深"義，如《書·大誥》："已，予惟小子，若涉淵水。""淵水"即深水。《莊子·田子方》："其神經乎大山而無介，入乎淵泉而不濡。""淵泉"即深泉。

［48］ 網友"明珍"認爲"玉"爲"石之美"，故玉在石中最爲出眾；"丹"爲"石之精"，故丹在朱（硃）中最爲精良。 將這一段簡文理解爲："人心是'本'，其作爲是'葉'。 若其尚爲幼小之'苗'時便能貞良（據王逸清、劉力耘、鵬宇通讀），則此人便可宣/桓淑其心，進而能夠成爲'高山'、'深水'，成爲如石中之玉、朱中之丹的人。 即鶴立雞群、傑出的佼佼者。"（"簡帛網"論壇《清華五〈厚父〉初讀》第26樓）今按，整理者釋爲"朱"之字，原作𣏁。 戰國竹簡文字"朱"字作𣏁（清華簡《封許之命》6號簡），"木"形中間爲兩橫畫。 本篇簡文𣏁形中間所從爲自右上向左下的兩撇，字當從網友"ee"釋爲"桼"（"簡帛網"論壇《清華五〈厚父〉初讀》第33樓）。 清華簡"桼"或作𣏁（《子產》6號簡），𣏁（《越公其事》6號簡"刼"所從）形，𣏁即是將𣏁形中間分寫的

筆畫連寫而成。 戰國文字"卻"或作▆（信陽2－2）、▆（上博簡《鮑叔牙與隰朋之諫》8號簡）等形，"㐬"旁中間所從均爲自右上而左下的撇形筆畫。 睡虎地秦簡"㐬"字作▆（睡虎地秦簡《日書》甲種68號簡），亦與簡文"㐬"字形近。《廣雅·釋器》："丹，赤也。"赤色的漆，也可以稱爲"丹"，如《穀梁傳》莊公二十三年："秋，丹桓宫楹。 禮，天子諸侯黝堊，大夫倉，士黈。 丹楹，非禮也。"《抱朴子·嘉遁》："茅茨艷於丹楹，采椽珍於刻桷。""丹楹"，即用赤色的漆粉刷之楹。 漢代銅器銘文中又有"丹中"、"泊工"、"髹泊"等詞，"丹/泊"亦爲丹漆之義（參看任攀2015）。 睡虎地秦簡《秦律十八種·工律》："公甲兵各以其官名刻久之，其不可刻久者，以丹若髹書之。""丹"與"髹"，分別指丹漆與黑漆。 朱德熙、裘錫圭先生指出，"漢以後人喜歡以'漆'代'㐬'，這跟秦漢人以'泊'指稱丹漆，可能出於同樣的心理"（參看朱德熙、裘錫圭1980）。"丹"爲漆中顏色鮮艷者，正如玉石爲石之美者。 一般將"若山厥高"以下四句話，理解爲形容民之"丁良"者。 我們認爲這四句話形容"司民"的，所以下文説"廼是惟人曰天蔭司民厥騭"。 簡文大意是説"司民"之於普通百姓，就像那山中的高山，像那水中的深淵，像那石中的美玉，像那㐬中的朱丹。 簡文對仗工整，都是强調某一類事物（山、水、石、㐬等集合名詞）中的傑出、特異者（高山、深淵、美玉、朱丹）。 所以上天蔭庇司民，並將其擢升，以爲民之股肱。

［49］ 整理者："是，當'寔'講。'惟人'與《詩·雝》'宣哲維人'用法相當。 貪，從今聲。 文獻中'監'與'銜'可以通用，'銜'從金聲，'金'從今聲，'今'與'監'音近，'貪'可讀爲'監'。《書·高宗肜日》：'惟天監下民。'一説'貪'讀爲'陰'，《詩·桑柔》'既之陰女'，《經典釋文》：'謂覆陰也。'《洪範》'惟天陰騭下民'，馬注云：'陰，覆也。'𠂇，讀爲'徵'。《荀子·樂論》：'亂世之徵：其服組，其容婦，其俗淫。'《史記·項羽本紀》：'兵未戰而先見敗徵。'徵，迹象。 有，疑'左'之異體，特指左手。《詩·君子陽陽》：'君子陽陽，左執簧，右招我由房。'鄭玄箋：'君子禄仕在樂官，左手執笙，右手招我。'"今按，簡文"𠂇"，疑當讀爲"騭"。《爾雅·釋詁下》："騭，陞也。"《玉篇·馬部》：

"鷖，升也。"簡文"天蔭司民厥鷖"，疑應理解爲天蔭庇司民，且擢拔之。"司民"既是"蔭"的賓語，又是"鷖"的主語。

［50］ 簡文"厷"，原篆作☰，在簡文中讀爲"肱"（參看網友 ee"簡帛網"論壇《清華五〈厚父〉初讀》第 0 樓，2015 年 4 月 9 日）。

［51］ 整理者："《書·酒誥》：'罔敢湎于酒'，'勿辯乃司民湎于酒'。"

［52］ 整理者："《書·酒誥》：'朝夕曰："祀茲酒。"'孔傳：'惟祭祀而用此酒，不常飲。'"

［53］ 整理者："飤，讀爲'食'，這裏用法爲使動。"

［54］ 整理者："此處用'之'將賓語'神'提前。"

［55］ 整理者："威儀，詞見《書·顧命》。"

［56］ 整理者："《書·多方》：'惟聖罔念作狂，惟狂克念作聖。'"

封許之命

封 許 之 命[1]

　　……[2]雩（越）才（在）天下[3]，古（故）天蘁（勸）之乍〈亡-無〉臭（斁）[4]，向（競）脣（純）丕（厥）惪（德）[5]，雁（膺）受大命[6]，晃（畯）尹三（四）方[7]。則隹（惟）女（汝）吕丁[8]，庫（肇）䇂（規？）玟（文王）[9]，諡光丕（厥）剌（烈）[10]。【2】珷（武王）司（嗣）明型[11]，奎（鼇）丕（厥）猷，甹（祇）事帝=（上帝）[12]，趉=（桓桓）不夛（豫？）[13]，嚴膻（將）天命[14]。亦隹（惟）女（汝）吕丁，旆（捍）楠（輔）珷（武王）[15]，玫敦殷受[16]，咸成商邑[17]。【3】□□舍（余）㝅=（小子），舍（余）隹（惟）繦〈繡-申〉玟=（文王）明型，非敢㠯（蕩？）㣇（怠）[18]。戡（畏）天之非欻（忱），册（責？）羞折（哲）人[19]，甚（審）民之若不（否）。今朕永念乃悳（勛）[20]，【4】命女（汝）侯于鄦（許）[21]。女（汝）隹（惟）壯（壯）耆尔（爾）猷[22]，虔（虔）血（卹）王豙（家）[23]，柬（簡）脖（乂）三（四）方不赾[24]，以堇（勤）余一（一人）[25]。易（錫）女（汝）寒（祼）珪，巨（秬）㠯一卣[26]。敀（路）【5】車[27]：璁玒（衡）玉甂（軛）[28]、縊（鑾/鸞）鈴（鈴）[29]、索（素）旂朱竿（竿）[30]，元馬三（四）匹[31]，攸（鞗）豙（革/勒）[32]、䎽（鞁？）

296　清華簡《尚書》類文獻箋釋

毘[33]、羅纓[34]、鈎雁（膺）[35]、篡（鑣）、絣（緐）[36]、匿（柅）[37]。贈尔薦（薦）彝[38]：▦【6】囗、脵觚[39]、龍罋（甖）[40]、繼（璉）[41]、蓳（罐）[42]、鉦[43]、齐（齍）、弓（勺）[44]、盤、監（鑑）[45]、鏒（鑋）[46]、罟（鏗）[47]、周、匸（臣）[48]、鼎（鼎）、盤（簋）、釛（觥）[49]、鎕（卣）[50]、愘（格?）[51]。王曰："於虐（乎）！丁，戒才（哉）[52]！余既監于殷【7】之不若[53]，囩（溺）童（湛）才（在）惥（憂）[54]，林（靡）念非尚（常）[55]。女（汝）亦隹（惟）臺章尔（爾）速[56]，䍐（祇）敬尔猷，以永厚周邦[57]。勿瀗（廢）朕命[58]，經嗣【8】葉（世）亯（享）。"[59]▁【9】諅（封）鄦（許）之命【9背】

【箋釋】

　　[1]　整理者："《封許之命》原由九支簡構成，簡長約四十四釐米，寬約〇·六五釐米，簡背有簡序編號。現第一、四兩簡缺失，第三、七、八、九四簡上端也有不同程度殘損。在第九簡背面下部寫有篇題'封許之命'。'命'本係《書》的一體，在傳世《書序》中有《肆命》、《原命》、《說命》、《旅巢命》、《微子之命》、《賄肅慎之命》、《畢命》、《冏命》、《蔡仲之命》、《文侯之命》等，今傳世《尚書》中衹有《文侯之命》一篇。清華簡中已發表的《說命》三篇，以及這一篇《封許之命》，使我們得以更多瞭解'命'的性質和面貌。《封許之命》是周初封建許國的文件。許國之封，過去學者以爲在周武王時，但看簡文，對於始封之君呂丁曾輔佐的文王、武王，都用其謚號，證明分封是在成王之世，更可能是在成王親政後不久的時候，否則呂丁的年紀就會太大了。呂丁爲姜姓的呂氏，《說文·敘》稱他爲呂叔，與封齊的太公望呂尚（清華簡《耆夜》作'呂上父'）當有一定關係。簡文詳記封許時的賞賜，圭、鬯、路車等，可與有關典籍及

封許之命　297

青銅器銘文對照。此外，簡文還詳記送吕丁就國的禮贈'薦彝'，即成組的祭器。許多器物名稱很難釋定，有待與考古發掘所見當時遺存對照，作進一步研究。"

　　[2]　整理者："第一簡缺失。"

　　[3]　整理者："《書·酒誥》有'越在外服'、'越在内服'，均以'越在'起句。"中山王𰯼鼎銘文："昔者吴人併雩（越），雩（越）人修教備信，五年覆吴。"（集成2840），"雩"亦讀爲"越"。

　　[4]　整理者："菫，讀爲'勸'，《説文》：'勉也'，《廣雅·釋詁二》：'助也。''乍'字爲'亡'字之誤，'亡臭'見西周師訇簋（《集成》四三四二）'肆皇帝亡臭'，毛公鼎（《集成》二八四一）'肆皇天亡臭'。'亡臭'即'無斁'，《詩·葛覃》'服之無斁'，與簡文句式一致。"

　　[5]　整理者："唇，即'晨'字，與'純'同爲禪母文部，此指文王之德。《詩·維天之命》：'於乎不顯，文王之德之純。'"張富海（2016A）："向唇氒悳，整理者讀爲'尚純厥德'。唇，馬楠疑讀爲'祗'。按，'純厥德、祗厥德'意皆通，'純'或'祗'都是使動用法，言文王使其德純粹或敬慎。從馬楠所舉通用例來看，讀爲'祗'的可能性更大。整理者讀'向'爲'尚'則完全不可信。此'尚'是副詞，相當於庶幾，有祈使義，放在簡文中並不合適。何況'向'與'尚'讀音不相近，亦無由通假。我曾把清華簡《説命上》和上博簡《彭祖》中的'向'讀爲音近之'競'，疑此"向"字亦可讀爲'競'。'競'與'純'（或'祗'）並列，跟上下文'膺受'和'畯尹'在結構上是一致的。《爾雅·釋言》：'競，強也。'《詩·大雅·桑柔》'秉心無競'，毛傳：'競，強也。'《左傳·成公九年》：'德則不競，尋盟何爲？'杜預注：'競，強也。'是'競'有強義，且德可言競。先秦古書中有'剛德'之説，如《逸周書·謚法》：'剛德克就曰肅。'《左傳·文公五年》：'天爲剛德，猶不干時，況在人乎？'競厥德，就是使其德剛強的意思。'競純厥德'或'競祗厥德'就是使其德剛強而純粹或剛強而謹慎。《詩·魯頌·泮宫》'敬明其德'，大克鼎銘文之"盄（淑）悊（慎）氒（厥）德"，句式與簡文相同。"今按，簡文下文言"𦣞事上帝"，"𦣞"讀爲"祗"。故從用字習慣來看，馬楠將"唇"讀爲祗敬

之"衹",恐不可信。 暫從整理者意見,讀爲"純"。

[6] 整理者:"'膺受大命',語見西周乖伯鼎(《集成》四三三一)、五祀猷鐘(《集成》三五八)、師克盨(《集成》四四六七~四四六八)、毛公鼎等。 大盂鼎(《集成》二八三七)'丕顯文王受天有大命',亦云文王受大命。"

[7] 整理者:"'駿尹四方',即大克鼎(《集成》二八三六)'眈(駿)尹四方'。"網友"暮四郎"認爲簡文"晃""當讀爲'畯',與'尹'義近連用,二字在此處均爲名詞活用爲動詞,意爲作……之官長"("簡帛網"論壇《清華五〈封許之命〉初讀》第16樓,2015年4月10日)。 張富海(2016A):"整理者指出'畯尹四方'見於西周大克鼎(《集成》2836),讀'晃'爲'駿',蓋理解爲'長',修飾動詞'尹'。按,五祀猷鐘(《集成》358)'猷其萬年,永眈(畯)尹四方','永'已是長義,'畯'就不可能還是長義。 大克鼎銘云:'天子其萬年無彊(疆),保辥(乂)周邦,眈(畯)尹三(四)方。''畯尹'和'保乂'對舉,簡文中'畯尹'和'膺受'亦對舉,'保乂'和'膺受'都是並列結構,'畯尹'也應該是並列結構,則'畯'跟'尹'義近,當可訓爲'正',統治、治理之義。《詩經》中稱田官爲田畯,田畯即田正,亦可證'畯'本有正義。 王引之《經義述聞》卷二十七'畯農夫也'條:'畯,長也。 田畯,農之長。'其所謂'長'即正義。 裘錫圭指出,史墻盤之'眈(畯)民'即大盂鼎之'眈(畯)正氒(厥)民',益可證'畯'確實有動詞義。"

[8] 整理者:"呂丁,呂氏,名丁,據簡文爲許國始封之君。 許慎《說文·敘》:'呂叔作藩,俾侯于許。'同書'鄦(許)'字下云:'炎帝太嶽之胤,甫侯所封,在潁川。'甫即呂國。《左傳》隱公十一年《正義》引杜預云:'許,姜姓,與齊同祖,堯四嶽伯夷之後也。 周武王封其苗裔文叔于許。'文叔,《漢書·地理志》潁川郡許縣本注作'大叔',簡文'呂丁'當即其人,但據簡文其受封實晚於武王時。"

[9] 整理者:"'彙'字疑從又聲,讀爲'右',《左傳》襄公十年杜注:'助也。'"網友"月下聽泉"在蘇建洲(2015)文後評論説,"簡2從'彙'初文之字,内部實從'敂'之初文得聲,上部丁形的墨塊十分清

楚，原釋從'又'非是，這句話怎麽讀當待考（我疑或可讀'肇賢文王'，即進獻賢人於文王，此肇字非用一般虛詞義，可參看方稚松先生釋甲骨金文肇字之文）"。賈連翔（2020A）則認爲此字從"規"之初文"又"，讀爲規勸之"規"。

[10] 整理者："諲，讀爲'慗'，《説文》：'慎也。'光，《詩・韓奕》鄭箋：'榮也。'"

[11] 整理者："明刑，詞見《詩・抑》。呂氏與刑法有關，參看《書・呂刑》。《書・康誥》'乃其速由文王作罰，刑茲無赦'，是文王時作有刑典。《左傳》昭公七年引'周文王之法曰："有亡荒閲。"'"今按，簡2第一字整理者未釋，以闕文處理。李松儒（2016）釋爲"斌"，認爲即"武王"合文，可信。駱珍伊（2015）："我認爲'司'應該讀爲'嗣'，'司'上古音屬心紐之部、'嗣'屬邪紐之部，兩者聲近韻同可通。《説文》'嗣'從'司'聲；《尚書・高宗肜日》'王司敬民'，《史記・殷本紀》作'王嗣敬民'，都是很明確的例證。嗣，義爲繼承，《尚書・舜典》：'舜讓於德，弗嗣。'《詩・大雅・思齊》：'太姒嗣徽音，則百斯男。''刑'，義爲典範，'明型'則應釋爲'光明的典範'。陳逢衡注《皇門》曰：'罔不用明刑，刑，典型也。'《清華壹・皇門》簡1'肆朕沖人非敢不用明刑'、簡4'恭明祀，敷明刑'、簡7'迺弗肯用先王之明刑'，以上'明刑'，季旭昇師於《清華壹讀本》都解釋爲'光明的典範'。《詩・大雅・抑》：'罔敷求先王，克共明刑。'毛傳：'刑，法也。'法，即法度，看鄭箋的解釋就明白了，也應該理解爲'典範'。原考釋説'明刑，詞見《詩・抑》'，應該是誤解了毛傳的意思。簡文謂'武王嗣明型'，語譯即'武王繼承（文王）光明的典型'。"

[12] 整理者："釐，《書・堯典》孔傳：'治也。'猷，《爾雅・釋詁》：'謀也。'《釋言》：'圖也。'句意是説吕丁司理刑法，作其策劃。'上帝'二字合文，無合文符號。"

[13] 整理者："桓桓，《書・牧誓》孔傳：'武貌。'苟，讀爲'敬'。大保簋（《集成》四一四〇）'王降征命于大保，大保克芍（苟），亡譴'，'苟'字亦讀爲'敬'。"今按，整理者釋爲"苟"之字，原篆作🗚。孟蓬

生釋爲"彖"，讀爲"弛（伿）"，並認爲："'彖'總是跟支錫部字發生關係，其上古音亦應在支部。 在'懈怠'、'懶惰'的意義上，彖、易（惕惕）和虒都是假借字，我在十八年前發表的《釋'彖'》一文中認爲其後出本字爲'弛'或'伿'(《説文・人部》：'伿，惰（惰）也。 从言，只聲。'以豉切），現在看來，應該距事實不遠。 需要指出的是，有資格充當其後出本字還不限於'弛'或'伿'兩字。《説文・卧部》：'臤，楚謂小兒懶臤。 从卧食。'尼戹切。 又《女部》：'嬾，懈也，怠也。 一曰臥也。'《言部》：'䚻，待也。 从言，伿聲。 讀若臤。'胡禮切。 䚻从伿聲而讀若臤，説明在'懈怠'、'懶惰'的意義上，伿、臤所記録的也應是同一個詞。"他還引《逸周書・諡法》"克敬勤民曰桓"，認爲簡文"桓桓"爲勤勉義。

[14] 整理者："嚴，《禮記・學記》鄭注：'尊敬也。'將，《詩・我將》鄭箋：'猶奉也。'"

[15] 整理者："'武王'二字合文，仍無合文符號，同於西周利簋(《集成》四一三一)、大盂鼎。"簡文"㪒"，整理者括注爲"扞"。 張富海（2017）："扞（通作'捍'），猶言'扞禦'（禦，本讀上聲，《説文》作'敔'），義爲保衛、守護，又爲抵抗，此處用前義。 毛公鼎銘云：'㠯（以）乃族干（扞）吾（敔-禦）王身'(《殷周金文集成》2841)，《尚書・文侯之命》云'汝多修，扞我于艱'，均與簡文之扞武王文例相同。 大鼎銘文'㠯（以）乇（厥）友入玫（扞）'(《殷周金文集成》2807、2808)，上博簡《曹沫之陣》簡 15 - 16 '亓（其）城固足㠯（以）玫（扞）之'，清華簡《越公其事》簡 20 - 21 '敦（敦）齊兵刃㠯（以）玫（扞）御（禦）寡（寡）人'（此'扞禦'爲抵抗義），都用'玫'字，是本字。 此處簡文用假借字'㪒'而不用本字'玫'，或許是爲了避免和下文的'玫'重複。"

[16] 整理者："干，《説文》：'犯也。'敦，殷墟卜辭作'敦'，有攻伐之義，參看趙誠《甲骨文簡明詞典》（中華書局，一九八八年，第三二九頁）。 殷受，《書・無逸》作'殷王受'，即紂。"單育辰（2015）："'玫'整理者讀爲'干'，認爲是'犯'的意思。 按，此字又出現於上博簡《吳命》簡 5b '余必玫亡爾社稷'，復旦讀書會已指出此句可與《國語・越語

上》'吾將殘汝社稷，滅汝宗廟'句對讀，並認爲'攼芒'與'殘亡'同義。蘇建洲先生對'攼'與'翦'、'踐'、'殘'相通有過詳細論證。依據以上論斷，《封許之命》的'攼敦殷受'即應讀爲'翦（或踐等）敦殷受'。"張富海（2017）認爲"攼"與"殘"的聲母差別太大，故《吳命》篇"攼亡"讀爲"殘亡"的意見不可信。他同意蘇建洲提出的"攼"可讀爲"虔"的或説，認爲本篇簡文"攼"亦應讀爲"虔"，訓爲殺。《左傳》成公十三年"虔劉我邊陲"，杜預注："虔、劉皆殺也。"

[17] 整理者："咸，《説文》：'悉也。''成'字從丁聲，《國語·楚語上》韋注：'猶定也。'商邑，見《書·牧誓》、《酒誥》及沬司徒疑簋（《集成》四〇五九）。"整理者訓"成"爲"定"，蘇建洲（2015）引陳劍説加以補充論證，陳説轉引如下："今疑'成'字就可直接解爲安定之'定'，'用定大商'與今本'用夷居之大商之衆'意近。'成'、'定'兩字音義皆近、常互訓，作異文者亦多見。'成'字除去舊注雖訓'定'但仍應係'完成、成就'一類常見義者外，確也有應理解爲'固定、安定'一類義的。如《國語·晉語四》：'自子之行，晉無寧歲，民無成君。'韋昭注：'成，定也。'《書序》'康王命作册畢，分居里，成周郊，作《畢命》'，僞孔傳釋爲'成定東周之郊境'；《風俗通義·皇霸·五伯》謂齊桓公'率成王室'，亦即'率定王室'義（'定王室'之語《左傳》、《國語》數見；《管子·小匡》亦有'定周室'），與簡文此'成'字用法甚近。'畢定'的説法如《史記·周本紀》：'初，管、蔡畔周，周公討之，三年而畢定。'《魯世家》作'寧淮夷東土，二年而畢定'。"

[18] 簡文"鬯"，賈連翔（2020B）讀爲"荒"，然二字聲母不近，恐難通假。頗疑"鬯"或可讀爲"蕩"，馬王堆帛書《周易·震卦》"辰（震）敬（驚）百里，不亡釷（匕）觴"，"觴"今本作"鬯"，可證"鬯"聲與"昜"聲可通假。簡文"蕩"當理解爲放蕩義，《論語·陽貨》："古之狂也肆，今之狂也蕩。"

[19] 簡文"册"，賈連翔（2020B）讀爲本字，認爲"'册'即指'簡册'，這可進一步印證在周王實行分封的程式中，一定會有一份册命文獻存在"，並認爲"哲人"即指吕丁而言。我們認爲"册羞折（哲）

人，甚（審）民之若不（否）"都是成王泛言自己應具有的德行，並非特指册命吕丁這件事。頗疑簡文"册"當讀爲"責"，清華簡《耆夜》篇之"作策"即"作册"，而"策"、"責"均從"朿"聲。簡文"册（責）"，當訓爲責求，與清華簡《金縢》篇"備子之責"之"責"同義。"册（責）羞哲人"，就是尋求（或責成臣下尋求）並進用賢哲之人。

[20] 整理者："第四簡缺失。"賈連翔（2020B）公布了新發現的本篇四號簡，彌補了文義方面的缺失。

[21] 整理者："西周麥方尊（《集成》六〇一五）'王命辟井（邢）侯出秎，侯于井（邢）'，與此句例相似。"

[22] 整理者："臧，《說文》：'善也。'者，《左傳》宣公十二年杜注：'致也。'"網友 ee 認爲："'臧者爾猷'應讀爲'壯者爾猷'，壯、者都是強的意思。"網友"蚊首"同意此説，並舉書證《詩·小雅·采芑》："方叔元老，克壯其猶。"《詩集傳》："言方叔雖老，而謀則壯也。"（"簡帛網"論壇《清華五〈封許之命〉初讀》第 0 樓、2 樓，2015 年 4 月 9、10 日）

[23] 整理者："恤，《說文》：'憂也。''虔恤'詞見春秋金文叔尸鐘、鎛（《集成》二七二～二八五）。西周追簋（《集成》四二一九～四二二四）'追虔夙夕恤厥死事'，癲鐘（《集成》二五一～二五六）'今癲夙夕虔敬恤厥死事'，詞意亦同。"

[24] 整理者："簡，《爾雅·釋詁》：'大也。'肵（或作'朔'），金文多用爲'薛'，而以'肵'、'辥'讀爲'乂'，此處'肵'即讀爲'乂'，《爾雅·釋詁》：'治也。'䢵，《說文》讀若'踝'，此處讀爲'果'，《孟子·盡心下》趙注：'侍也。'史墻盤（《集成》一〇一七五）：'方蠻無不䢵見。'侍見有朝見之意。"簡文"朿"，整理者讀爲"簡"，訓爲"大"，黃傑在文後評論中指出，"'朿（簡）'意爲理，與'乂'義近連用"，可信。"不䢵"之"䢵"，徐中舒認爲，"甲骨文、金文皆作跽而兩手舉戈上獻之形，當爲獻之本字……獻之本義爲降，引申之則爲一切獻納之稱"（徐中舒：《西周墻盤銘文考釋》，《考古學報》1978 年第 2 期；後收入《徐中舒歷史論文選輯》，中華書局，1998 年，第 1302 頁）。廣瀬薫雄（2015）對

此説有進一步申論，可參看。 在他文章的"補論"部分，還提到了沈培、陳劍、郭永秉等人的意見，也值得注意。 郭永秉先生認爲，"坁"作 ▣（合集 20070）形，"活脱脱是降臣繳械的狀貌"；沈培先生懷疑 ▣ 和 ▣（合集 20558）就是投降之"降"的表意字；陳劍先生則認爲，"如果'坁'是'降'的表意字，表獻納意的那些'坁'或許可以讀爲'贛（貢）'"。

[25] 整理者："勤，《國語·晉語》韋注：'助我也。''一人'，合文。"

[26] 整理者："《詩·江漢》'釐爾圭瓚，秬鬯一卣'，毛公鼎'錫汝秬鬯一卣，祼圭瓚寳'，都與此相似。《詩·崧高》封申，也是'賜爾介圭，以作爾寳'。" 今按，簡文"珪"前之字原作 ▣ 形，整理者釋爲"倉"，讀爲"蒼"，學界未見異詞。 戰國文字"倉"字寫作 ▣（《容成氏》1 號簡）、▣（《尹至》2 號簡）、▣（《三壽》20 號簡）等形；兩橫畫或作"口"形，如 ▣（《珍秦齋藏印·戰國篇》222 號）；或將兩橫畫省掉，寫作 ▣（宜陽右倉簠，集成 3398）、▣（黝鐘，《淅川下寺春秋楚墓》261 頁）。 上述"倉"字所從"巨"旁從未有簡省的例子，故將簡文 ▣ 釋爲"倉"可疑。 此字當釋爲"寒"，上博簡"寒"字寫作 ▣（《昭王毀室·昭王與龔之脾》8 號簡）、▣（《周易》45 號簡），均與簡文極爲相近。 "寒"字左右均從兩橫畫，可依據這一特徵與"倉"字相區别。 簡文"寒珪"，頗疑應讀爲"祼圭"。 寒、祼均爲元部字，寒屬匣紐，祼屬見紐。 從"寒"聲（或省聲）的"蹇"、"騫"、"攑（搴）"、"寋"等字，均屬見系。 故寒、祼古音相近，有通假的條件。"祼圭"一詞，除見於整理者所引金文材料，亦見於典籍。 如《周禮·考工記·玉人》："祼圭尺有二寸，有瓚，以祀廟。"鄭注："祼之言灌也，或作淉，或作果。 祼謂始獻酌奠也。 瓚如盤，其柄用圭，有流前注。"簡文"鬯"字原作 ▣ 形。 上博簡《融師有成氏》6 號簡有字作 ▣ 形，裘錫圭（2008）認爲這種字形當釋爲"恖"，下部從"兇"聲。 與此有關的字形尚有 ▣（《孔子詩論》簡 11）、▣（《孔子詩論》簡 27），裘先生認爲均當分析爲從辵從恖（"恖"旁可看作是"恖"字加注"凶"聲而成的繁體），在簡文中讀爲"送"。 程

燕（2015）據本篇簡文"㻌"字的形體，將上述裘錫圭先生所釋"恩"及從"恩"之字，改釋爲"㻌"或從"㻌"之字，按之文義，均不如裘説妥帖，茲不從。簡文"㻌"字寫作類似"恩"形，單育辰（2015）認爲是通假關係，恐亦不可信。當從蘇建洲（2016）看作是書手誤寫。

[27] 整理者："《詩·崧高》：'王遣申伯，路車乘馬。'《公羊傳》僖公二十五年何注：'天子大路，諸侯路車。'《藝文類聚》舟車部引《白虎通義》説同。"

[28] 整理者："蔥衡，巿上玉飾，見《禮記·玉藻》。'玉'下一字疑係'瞏（環）'字之訛。毛公鼎、番生簋（《集成》四三二六）均有'蔥黄（衡）'和'玉環'。"子居（2015B）指出，"自'路車'以下至'馬四匹'之前所列舉的諸物當皆爲車具，因此筆者以爲，清華簡《封許之命》的'璁衡'似並非是對應於《采芑》的'蔥珩'，而是與西周金文中的'造衡'及先秦傳世文獻中的'錯衡'爲同類物品，《莊子·馬蹄》：'加之以衡扼。'釋文：'衡，轅前横木縛軛者也。''璁衡'當是指玉飾的車轅前横木。"網友"蚊首"認爲簡文 㺨 所從，與璽印文字 㺩（《古璽彙編》5357）所從之"爾"有關（"簡帛網"論壇《清華五〈封許之命〉初讀》第37樓，2015年4月15日），可信。如此則簡文可隸定作"䙽"，"䙽"作爲偏旁，在金文中多見，如"嬭"往往寫作"嬺"（參看董蓮池《新金文編》1677頁，作家出版社，2011年）。"蚊首"將其讀爲"璗"，指一種佩玉，恐不可信。典籍"衡扼/軛"往往連稱，除上引子居文提到的《莊子·馬蹄》篇外，又如《淮南子·修務訓》："夫馬之爲草駒之時，跳躍揚蹄，翹尾而走，人不能制……及至圉人擾之，良御教之，掩以**衡扼**，連以轡銜，雖歷險超塹弗敢辭。"《文選·曹冏〈六代論〉》："使夫廉高之士，畢志於**衡軛**之内。"我們懷疑"䙽"可以讀爲"扼/軛"。"䙽"從"爾"聲，"爾"的基本聲符"尒"爲日紐支部字（"爾"聲之"禰"亦爲支部字）；厄爲影紐錫部字。支部與錫部爲陰入對轉的關係，日紐與喉牙音關係密切，如"兒"爲日紐，從"兒"聲之霓、倪、郳等字均屬疑紐；鬩則屬曉紐。故"䙽"讀爲"扼/軛"在音韻學上是可以成立的。"玉䙽（扼/軛）"即有玉裝飾的車軛。在車馬器中，衡、軛、鑾鈴是位置和功用都密

切相關的一組器物（如下圖所示），故簡文連稱。

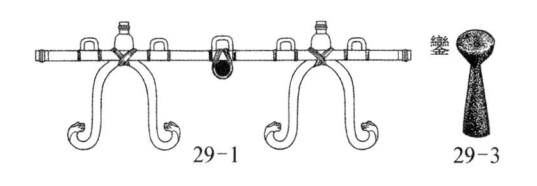

孫機《漢代物質文化資料圖說》圖版 29

[29] 《説文·金部》："鑾，人君乘車，四馬鑣，八鑾鈴，象鸞鳥聲，和則敬也。"《左傳》桓公二年："錫、鸞、和、鈴，昭其聲也。"杜預注："錫在馬額，鸞在鑣，和在衡，鈴在旂，動皆有鳴聲。"

[30] 整理者："《周禮·司常》：'諸侯建旂。'斿，《釋名》：'係也。'朱斿當爲軝部所繫紅色裝飾。"羅小華（2016）："此處的'斿'作'𥫣'，可分析爲從'竹'、'开'聲，讀爲'竿'。'朱竿'，應該就是'素旂'的紅色旗杆。《文選·揚子雲〈羽獵賦〉》：'靡日月之朱竿，曳彗星之飛旗。'李善注：'朱竿，太常之竿也。《周禮》： 日月爲太常，王建太常。'"

[31] 整理者："元，試讀爲'軏'，《説文》：'車轅耑持衡者，从車，元聲。'《論語·爲政》'大車無輗，小車無軏'，字作'軏'，從'兀'，與'元'字對轉。'馬四匹'即《崧高》'乘馬'。"網友"暮四郎"認爲"元"當屬下讀，"朱斿"爲"素旂"的一部分，説皆可從（"簡帛網"論壇《清華五〈封許之命〉初讀》第 16 樓，2015 年 4 月 10 日）。

[32] 整理者："《詩·蓼蕭》有'鞗革'，毛傳云：'鞗，轡也；革，轡首也。'西周金文多作'攸勒'等，詳見王念孫《廣雅疏證》卷七下。此處'攸象'的'象'難與'勒'通，試讀爲'脅'。《廣雅·釋器》：'馬鞅謂之脅。'鞅，據《説文》爲馬的'頸靼'。"吳振武（2015）："整理者講賞賜品'攸象'，提到在《詩經》和金文中常見'鞗革'和'攸勒'，但認爲此處的'象'字難與'勒'通，因此試讀爲'脅'，並引《廣雅·釋器》'馬鞅謂之脅'爲説。我認爲假如從'同義換讀'的角度去考慮，'象'跟'勒'是可以通的。'象'字從'豕'，本當是指'豕脅'，也就是

爲'豖脅'而造的字。胸脅的'脅'跟肋骨的'肋',無論在胸脅義上,還是在肋骨義上,都是可以互指的。'脅'本是指胸的兩側,但也可以指肋骨,如《左傳·僖公二十三年》中的'駢脅',是指肋骨長在一起;《史記·范雎蔡澤列傳》中的'折脅',就是肋骨被打折的意思。而肋骨的'肋',也可以指胸脅,我們常聽見的'爲朋友兩肋插刀',便是其例。肋骨的'肋'跟'勒'不但同音,還構成聲訓關係。《釋名·釋形體》:'肋,勒也,檢勒五臟也。'所以,'攸勒'雖然寫成'攸豢',還是可以讀成'攸勒',其過程就是拿因同義而換讀成'肋'的'(脅)豢'來記録攸勒之'勒'。'同義換讀'這一現象,從古到今都是存在的,學者曾舉出過傳抄古文裏的若干例子,即使在楚簡裏,也能看到。今天在上海馬路上立著'瑞金二路'、'石門二路'的牌子,但在上海人的嘴裏,却永遠是讀作'瑞金兩路'、'石門兩路'的,這是最容易理解的例子。"

[33] 整理者:"二字從毛,當係毛織品名。"

[34] 整理者:"羅,即縠,見《淮南子·齊俗》高注。羅纓,應即樊纓。"

[35] 整理者:"鉤膺,見《詩·崧高》,毛傳云:'鉤膺,樊纓也。'由簡文看恐實係兩物。"吳振武(2015):"整理者講賞賜品'鉤膺',在引了《詩·崧高》,毛傳'鉤膺,樊纓也'後,加了句'由簡文看恐實係兩物'。其實從原簡的上下文看,還真看不出'鉤膺'是一物還是兩物。本篇的注釋體例是,凡見於金文的語詞、名物等,都盡量提及,以求互相印證。然而,這裏却未提及'鉤膺'已三次見於金文,只不過'鉤'字的寫法跟簡文不同。18年前我在《焂戒鼎補釋》(《史學集刊》1988年第1期)一文中考釋金文中的'鉤膺'時,還只有焂戒鼎和毛公鼎兩器上有,後來朱鳳瀚先生又發表了七年師兌簋蓋,那上面也有'鉤膺',也同樣是賞賜品,而且是單獨專門賞賜。從毛公鼎稱'金鉤金膺'、師𩛥鼎稱'大師金膺'來看,'鉤'和'膺'確係兩物。'鉤'指'婁頷之鉤',有學者指出就是出土車馬器繫在馬鼻嘴上的兩件一長一短的鉤狀銅片條(也只有一件的)。'膺'則指樊纓,即馬胸前的纓狀飾物。這些東西都是身份高貴的象徵,屬非常之賜。《左傳·成公二年》曾記因衛侯允許新築大夫仲叔于奚

用'曲縣、樊纓以朝',引出孔子'惟器與名不可以假人'的感歎。 分封許國時,賞賜品中同樣出現'鉤膺',也可以證明這一點。"

[36] 整理者:"纂,《説文》:'似組而赤。'弁,《文選·張衡〈西京賦〉》薛注:'馬冠也。'"今按,整理者釋爲"纂"之字,原作䉵形,陳劍(2015C)認爲當分析爲從竹暴聲,讀爲"鑣",十分正確。 他還指出簡文"絣"即《説文·系部》"繇"字或體,訓爲"馬髦飾",不必另作別解。

[37] 整理者:"《説文》'曬'字或作'昵',此處'匿'疑讀爲'柅'。《易·姤卦》'繫于金柅',《正義》:'馬云: 柅者,在車之下,所以止輪令不動者也。'柅附屬於車馬,故簡文列於車馬之下。"網友"奈我何"認爲:"所謂的'金柅',即考古發現的'弓形器'(參林澐、孫機等先生之文論述),而非馬融所謂的'止輪令不動'的東西。 —— 因爻辭謂'繫于金柅','止輪令不動'者絕非可繫之物,而'柅(弭)'作爲'可以解轡紛'的車馬器,其作用正是用來繫掛繮繩。"("簡帛網"論壇《清華五〈封許之命〉初讀》第42樓,2015年4月21日。)

[38] 整理者:"贈,《左傳》僖公二十三年杜注:'送也。'指送行的禮贈。'鷹'字形與楚器昭王之諻簋(《集成》三六三四~三六三五)'盧(薦)'字所從相似,在此亦讀爲'薦'。《爾雅·釋詁》'薦,進也',又'陳也'。 薦彝即祭祀獻神的禮器。"

[39] 整理者:"'斨'字所從即兮甲盤(《集成》一〇一七四)'斨'字,於盤銘讀爲'翦'或'踐'(劉釗《古文字考釋叢稿》,嶽麓書社,二〇〇五年,第一四三~一四五頁),在此試讀爲'戩',《詩·天保》毛傳:'戩,福。'下一字殘損,似從艸從右,或疑從君。 其下'脁觙'試讀爲'遂兆',《國語·晉語三》韋注:'兆,見也。'"今按,簡文"脁觙"當爲器物名,殆無疑問。 然係一器或二器,難以詳考。 王寧(2015)提到"脁觙"或許可以讀爲"鋭銚",《方言》五:"盂,宋、楚、魏之間或謂之盌,盌謂之盂,或謂之銚鋭。"《廣雅·釋器》:"銚鋭,盂也。"王先生認爲"鋭銚"即"銚鋭"的倒文,是指"盂"這一種器物。"銚鋭"爲雙聲詞,黄侃先生曰"雙聲疊韻連語,倒言與正言同",此亦是也。

[40] 整理者:"'鼜'字從圭聲,讀爲同屬見母支部的'罄',《説

文》：'三足釜也。'龍鬵可能是指器上有龍形紋飾。 或説字即'鬲'，參見郭永秉《釋三晉銘刻'鬲'字異體》(《簡帛》第六輯，上海古籍出版社，二〇一一年)。"

［41］ 整理者："'䜌'字在清華簡《楚居》讀爲'季連'之'連'，在此讀爲'璉'。《論語·公冶長》有'瑚璉'，《集解》引包咸曰：'瑚璉，黍稷之器。 夏曰瑚，殷曰璉'，即簠。 二〇一三年陝西寶雞石鼓山四號墓出土有周初的青銅簠，見《中國文物報》二〇一四年一月三日陝西石鼓山考古隊報道《我國商周考古的又一重大發現》。"

［42］ 整理者："《商周青銅器銘文暨圖像集成》(上海古籍出版社，二〇一二年) 一〇八五五有觶，自名爲'飲鑵'。"今按，整理者提到過去定名爲觶的器物，有自名爲"鑵"的例子。 謝明文(2014B)對於觶類器自名爲"鑵"的現象做了較爲全面的梳理，認爲"宋人所謂觶這類青銅器在西周當時應該是稱作'鑵'，在東周時候的徐國則稱之爲'鍴'"。

［43］ 整理者："鉦，據上下文恐不應爲軍用樂器，疑讀爲同屬耕部的'盄'。 青銅器自名爲'盄'的有春秋時的晉公盄(《集成》一〇三四二)，係一種盆形容器。"謝明文(2015B)："周成王賞賜呂丁的這一組薦彝，其内部排列大體依類相從。 如'甗(甗)'、'䜌(璉)'皆是食器。 '盤'、'監(鑒)'、'鎣(鋚)'皆是水器，盉是壺屬，壺既可以作爲酒器，但也可以作爲水器，故盉次於'盤'、'監(鑒)'、'鎣(鋚)'之後。 '匜(簠)'、'鼎(鼎)'、'盤(簋)'皆是食器，'釸(觥)'、'鎯(卣)'皆是酒器。'蘆(鑵)'是宋人所謂觶這一類酒器，'鉦'排列於其後，再結合它是'薦彝'之屬來看，簡文'鉦'應當是酒器之屬而非樂器'鉦'。 '鉦'從'正'聲，'盄'亦從'正'聲，又它們皆爲酒器之屬，因此我們認爲簡文的'鉦'即金文中的'盄'。 青銅器器名用字常可以'金'旁作義符，如'鐘'、'鎛'、'鐸'、'鑵'、'鉈'、'鈛'、'鋚'、'鑑'、'鍴'、'鑪'、'鎬'、'鎣'、'鈚'、'錢'、'鏃'等，簡文的'鉦'很可能就是'盄'字異體，如是，則它與樂器之'鉦'只是同形字關係。 退一步講，即便簡文的'鉦'與金文的'盄'不是異體關係，但根據它們的用法以及同從'正'聲來看，説它們表示的是同一個詞應該沒有問題，周成王賞賜

呂丁的'鉦'實指酒器爵。……《封許之命》所記是西周早期之事，按我們的理解，'瘖（鑵）'實指宋人所謂觶這一類青銅酒器，而'鉦（壁）'是'爵'的別稱，故它實指青銅爵這一類酒器。因此'瘖（鑵）'、'鉦（壁）'相配，其實就是'觶'、'爵'相配，這與考古發現所揭示出的西周早期的用器制度是比較吻合的，這也有助於説明我們關於簡文'鉦'的意見應可信，而這亦可反證《封許之命》應有較早的來源。"

[44] 整理者："'耂'字上部與常見'老'旁有些不同，疑此字係'旅'字誤寫。'丂'即'勺'字，與楚文字'冢'作'豪'、'卒'作'枠'同例。《說文》：'勺，枓也，所以挹取也。'或説'勺'音襌母藥部，在此讀爲精母藥部的'爵'。西周晚期伯公父勺（《集成》九九三五~九九三六）即以'爵'字假爲'勺'。"今按，整理者認爲"丂"即"勺"的意見可信，但認爲"耂"爲"旅"之訛則非是。網友"秉太一者"認爲，簡文"耂丂""當可聯繫包山簡266'二勺（枓）、二祈'來進行解讀。'二祈'之'祈'，李家浩先生曾讀作'斚'，可從。清華簡'耂'字，從形體上分析，當從'斤'得聲，亦可讀作'斚'"（謝明文2015B文下評論，2015年4月2日）。

[45] 整理者："此處盤、鑑皆爲水器，與《左傳》莊公二十一年的'鏧鑑'無關。參看楊伯峻《春秋左傳注》（中華書局，一九九〇年，第二一八頁）。"

[46] 整理者："《說文》：'鎣，器也。'現見西周青銅器自名爲'鎣'者是一種盉。參看馬承源主編《中國青銅器》（修訂本，上海古籍出版社，二〇〇三年）第二四四頁。"陳劍認爲，"自名爲'熒'或'鎣'的銅器，有的似盉而僅三足作短而粗的錐形，如《伯百父鎣》（《考古學報》1962年第1期，圖版一六）。也有的作三柱足，與通常所説的盉形制無異，如師輔鎣（《集成》9401），圖像見《中國青銅器》，254頁盉18）。可見鎣只是盉的別名或方言的不同"（陳劍：《青銅器自名代稱、連稱研究》，《中國文字研究》第一輯，廣西教育出版社，1999年）。

[47] 整理者："罌，《說文》'鎧'字或體：'酒器也。'"李家浩（2002）對"罌/鎧"類器有專門研究，認爲"《說文》所説的酒器鎧，是

一種無蓋壺，'盉'像圓壺器身、頸部有雙耳之形，'鎣'是後起的加旁字"。 綜合各位學者的研究，金文中"盉"字尚有如下例子：▨（華母壺，集成9638）、▨（可壺，金文通鑒12123）、▨（疽多壺，隨州文峰塔墓地）、▨（雅子壺，集成9558）。

[48] 整理者："'匫'字從匚，《説文》：'受物之器，讀若方。'雕匚應指器上有雕鏤紋飾。"今按，整理者將簡文"周"讀爲"雕"，可疑。從簡文前後記載的器物來看，幾乎沒有在器物名前面加修飾語的例子（簡文"龍鬻"之"龍"是否爲修飾語，亦難以確定），此處亦不應例外。 鵬宇（2015）認爲簡文"周"可讀爲"舟"，謂"舟與周上古音皆在章鈕幽部，聲韻皆同，文獻中通用之例極多。 舟是古代祭祀中常用之器。《周禮·鬱人》：'鬱人掌裸器。 凡祭祀、賓客之裸事，和鬱鬯，以實彝而陳之。'鄭玄注：'裸器，謂彝及舟與瓚。'《周禮·司尊彝》：'春祠夏禴，裸用雞彝、鳥彝，皆有舟，……秋嘗冬烝，裸用斝彝、黃彝，皆有舟，……凡四時之間祀，追享朝享裸用虎彝、蜼彝，皆有舟。'鄭玄注引鄭司農曰：'舟，尊下臺，若今時承槃。'考古實物中常有尊盤同出的現象，李學勤師曾有討論，並指出湖北隨縣曾侯乙墓中出土的尊盤及安徽壽縣蔡侯墓出土的尊盤，相當於《周禮》所載用作裸器的彝和舟，所謂舟乃是盛放尊的一種盤形器。 從簡文所記薦彝組合來看，將'周'讀爲'舟'也是很合適的"。但西周時期，未見用以承尊之盤形器，與《封許之命》時代不合，恐不可信。 簡文"周"的用法待考。 謝明文（2015B）："'匫'，整理者括注爲'匚'。 我們認爲它應讀爲'匡'或'㔶（簠）'（'㔶'、'匡'音義皆近）。《説文》：'匚，受物之器。 象形。 凡匚之屬皆从匚。 讀若方。 ▨，籀文匚。'甲骨、金文中的'▨'，主要有兩種用法，一種用法是用作'報'，一種用法是用作器名'匡'或'㔶（簠）'。 這兩種用法的'▨'最初可能就是共用一形，也可能彼此來源不同，後來才混同爲一，我們傾向後者。 西周早期的狂爵（《集成》09058）有人名或族名用字作'▨'，研究者或釋作'狂'。 如果此説可信，再結合金文中多見的'遅'字來看，我們認爲後者所從的'▨'實即前者所從'▨'之省。 而'▨'正是簠類器的象形，它即簠類器正視與側視之結合。 仲妃衛簠

（《近出》525，《新收》400，《銘圖》05927）自名作'㔣'，我們認爲它應是比較原始的'㔣'類形省略右邊一豎演變而來，銘文中用的正是其本義。 從上古漢語看，不少唇音字與牙音字關係密切。 因此我們認爲《説文》㔣讀若方，該音應該就是源於用作'匡'的'㔣'。 讀若方的'㔣'最初應該就是表示簠類器自名的'匡'的初文'㔣'類形之省，'匡'則是在'㔣'上加注'生'聲而產生的形聲字。'匡'應分析爲從金、㔣（匚）聲，金文中作爲器物自名見於京叔姬簠（《集成》04504）、仲其父簠（《集成》04482）、仲其父簠（《集成》04483），它指的就是青銅器中習見的那類作長方形、斗狀、器蓋同形的簠類器。 匡、簠因爲皆可作爲盛黍稷的器皿，功能有相近之處，故金文中兩者可以器名連稱，如宰獸簠（《新收》663、《銘圖》05377）、宰獸簠（《新收》664、《銘圖》05376）'用作朕烈祖幽仲益姜寶匡簠'之'匡簠'即其例。 簡文匡與鼎、簠並列，它顯然與金文中的匡用法相同，指的亦應是青銅器中習見的簠類器。"

[49] 整理者："'釾'字所從之'卄'爲《説文》'磺'字古文，'觥'字《説文》正體作'觵'，都是見母陽部字。"

[50] 整理者："'鎦'字從舀聲，與'卣'同屬喻母幽部。"

[51] 整理者："'忥'，即恪字，疑讀爲格，指置放器物的皮架，故列於諸器之下。"

[52] 整理者："戒，《説文》：'警也。'"

[53] 整理者："《書·高宗肜日》'民有不若德'，屈萬里《尚書集釋》云：'若，順也。 若德，謂順從美德行事。'（第一〇〇頁）《左傳》昭公二十六年'王昏不若'，義同。"

[54] 整理者："囦，字内似從帀，即'師'，爲心母脂部字，疑讀爲'私'。'私'字或從扅，也在心母脂部。'私童'爲謙辭，《書·顧命》成王自稱'在後之侗'，孔傳以'侗'爲'侗（僮）稚'。 才，讀爲'兹'，'兹憂'即'憂兹'倒文。"今按，整理者隸定爲"囦"之字，原篆作形。 抱小（2018）根據《攝命》篇"咸（湛）圂才（在）慐（憂）"語，認爲本篇之""亦當釋爲"圂"，"童"當讀爲"湛"，"圂童（湛）"即"咸（湛）圂"之倒語，是同一個語詞的不同書寫形式。

[55] 整理者："靡，《爾雅·釋言》：'無也。''非常'即《書·吕刑》'明明棐常'之'棐常'，《墨子·尚賢中》引'棐'作'不'，與孔傳等釋'棐'爲'輔'不同。孫詒讓《墨子閒詁》已指出'棐'即'非'，由簡文知其説甚確。"

[56] 整理者："毫，三體石經'戚'字古文作'𢕋'，在此讀爲'淑'，《爾雅·釋詁》：'善也。'章，訓明，今作'彰'。'遽'字所從之'虡'，見《古璽彙編》三一五九三晉璽，其'虡丘'應讀作'閭丘'，齊陶文作'𨵿丘'（王恩田《陶文字典》，齊魯書社，二〇〇七年，第三〇五頁），故此處'虡'當讀爲'慮'，《説文》：'謀思也。'"整理者隸定爲"遽"之字，原作形。此字亦見於《皇門》篇，寫作（1號簡）。網友"暮四郎"認爲字當分析爲從虎（略有訛變）從木，隸定爲"虑"。袁金平先生認爲此字與如下字形有關：、（花東3、300），（上博簡《三德》13號簡）。姚萱、張新俊等學者將其釋爲衡虞之"虞"（"簡帛網"論壇《清華五〈封許之命〉初讀》第30、34樓，2015年4月14日）。蘇建洲（2015）補充了上博簡《用曰》14號簡"虡"字寫作形的例子，亦有學者將其讀爲"慮"。

[57] 整理者："清華簡《繫年》第四章述周初分封事云：'旁設出宗子，以作周厚屏。''厚'似有藩蔽之意。"

[58] 整理者："'勿'字下一字應即'灋（法）'字，右側因受當時'𣉻（智）'字寫法影響而誤寫，在此讀爲'廢'。'勿廢朕命'，語見大盂鼎。"

[59] 整理者："經，《爾雅·釋詁》：'繼也。'《書·康誥》末云：'乃以殷民世享。'屈萬里《尚書集釋》：'世享，世世祭享，意謂永保其國也。'（第一五九頁）"

命

訓

命　　訓[1]

　　〖天〗生民而成大命=（命[2]，命）司慝（德）正以禬（禍）福[3]，立明王以愻（訓）之[4]，曰：大命又（有）崇（常）[5]，少命日=成=（日成。日成）則敬，又（有）尚（常）則宔=（廣[6]。廣）以敬命，則氏（度）【1】〖至于〗亟（極）[7]。夫司慝（德）司義，而易（賜）之福=（福[8]，福）录（禄）才（在）人=（人，人）能〖母（毋）〗居〖虖（乎）〗？女（如）不居而圣（守）義，則氏（度）至于亟（極）[9]。或司不義而隆（降）之禬=（禍，禍）怣（過）才（在）人=（人，人）【2】〖能〗母（毋）謹（懲）虖（乎）？女（如）謹（懲）而愳（悔）怣（過），則氏（度）至于亟（極）[10]。㇄夫民生而伹（恥）不明，辵（上）以明之[11]，能亡（無）伹（恥）虖（乎）？女（如）又（有）伹（恥）而亘（竞）行，則氏（度）至于【3】亟（極）[12]。㇄夫民生而樂生穀（穀），上以穀（穀）之，能母（毋）懽（勸）虖（乎）？女（如）懽（勸）以忠信，則氏（度）至于亟（極）[13]。㇄夫民生而痌（痛）死喪，上以䰟（畏）之，能母（毋）忎（恐）【4】虖（乎）？女（如）忎（恐）而承孝（教），則氏（度）至于亟（極）[14]。六亟（極）既達，九迂（姦/奸）具寒（塞）[15]。達道=（道道）天以正=人=（正人，正人）莫女（如）又（有）亟（極），道天莫女（如）亡（無）亟（極）[16]。 道天又（有）亟（極）則不=視=（不畏，不畏）【5】則不卲（昭）。 正人亡（無）亟（極）則不=㫊=（不信，不信）則不行[17]。 夫明王卲（昭）天信人以厇（度）攻=（功，功）埊（地）以利之，事（使）身=（信人）視（畏）天，則厇（度）至于亟（極）[18]。 夫天𠄌道三【6】，人道三。 天又（有）命又（有）福又（有）𥝥（禍）；=人又（有）㑥（恥）又（有）市（韍）冒（冕）又（有）釸（斧）戉（鉞）[19]。 以人之㑥（恥）尚（當）天之命[20]，𠄌以亓（其）市（韍）冒（冕）尚（當）天之福，𠄌以其斧戉（鉞）尚（當）天之𥝥（禍）[21]。 𠄌〚六〛【7】方三述，亓（其）亟（極）鼠一（一），𠄌弗智（知）則不行[22]。 亟（極）命則民陵（惰）乏，乃宐（曠）命以弋（試）亓（其）上，𢚓（怠/怡-殆）於亂矣[23]。 亟（極）福則民=录=（民禄，民禄）迁=善=（干/奸善，干/奸善）{韋}則不行[24]；亟（極）𥝥（禍）【8】則民=視=（民畏，民畏）則㴲=祭=（淫祭，淫祭）皮（破）豪（家）[25]；𠄌亟（極）㑥（恥）則民=只=（民忮，民忮）則瘍=人=（傷人，傷人）則不𥷚（義）[26]。 亟（極）賞則民賈=亓=上=（賈其上，賈其上）則亡=襄=（無讓，無讓）則不川（順）[27]。 亟（極）罰則民多=虘=（多詐，多詐）則【9】不=忠=（不忠，不忠）則亡（無）𠬝（報）[28]。 𠄌凡氐（是）六者，正之所㫃（殆）[29]。 𠄌天古（故）卲（昭）命以命，力（飭）曰：“大命殜（世）罰，小命=（命命）身[30]。 福莫大於行，▄𥝥（禍）莫大於㴲（淫）祭。 𠄌㑥（恥）莫大於

命　訓　317

【10】瘍（傷）人，┛賞莫大於襄（讓），┛罰莫大於多廙（詐）。"[31]■是古（故）明王奉此六者以牧萬民＝（民，民）甬（用）不逄（失）[32]。 秜（撫）之以季（惠），和之以均，斡（斂）之以哀，吳（娛）之以樂，【11】侯（訓）之以豊（禮），■教之以致（藝），■正之以政，■童（動）之以事，■懽（勸）之以賞，■覞（畏）之以罰，■霝（臨）之以中，行之以耑＝（權）[33]。權）不鑪（濫），中不忠，罰〖不備（服）〗，〖賞〗【12】不從裘（勞）。■事不耕（震?），正（政）不成[34]。致（藝）不遙（淫），■豊（禮）又（有）岢（時），樂不繡（伸），哀不至，均不鼠（一），季（惠）必仞＝（忍人）[35]。凡此勿（物），氐（是）耑（權）之欘（屬）也[36]。季（惠）而不仞＝（忍人），人不堯（勝）【13】〖害＝（害，害）〗不智（知）死[37]。均一不和，哀至則貴（匱），樂繡（伸）則亡（荒），豊（禮）〖無時〗則不貴，致（藝）遙（淫）則割（害）於材，正（政）成則不長，事耕（震?）則不攻（功）[38]。以賞從裘＝（勞，勞）而不至；以【14】〖罰□〗備＝（服，服）而不釱（戴）；以中從忠則尚＝（尚，尚）不北（必）中；以耑（權）從鑪（濫）則不行＝（行，行）不必鑪＝（濫。濫）以智（知）耑（權）[39]，權）以智（知）散＝（微，微）以智（知）旨＝（始，始）以智（知）終[40]。┛【15】

【箋釋】

　[1]　整理者："《命訓》共有十五支簡，三道編，全篇各簡均有不同程度的殘損，其中第一、二、三、七、九、十二、十四、十五諸簡的文字也

有一些損毀。估計完簡的長度約爲四十九釐米。除最後一支簡外，每支簡的簡背均有次序編號，書於竹節處，今缺序號'四'，序號'十四'殘。全篇原無篇題，因其內容與《逸周書》的《命訓》篇大致相合，當係《命訓》篇的戰國寫本，今逕以'命訓'命名本篇。《逸周書》在歷史上曾長期湮沒不彰，久無善本，故文字的訛脫現象十分嚴重。已公布的清華簡《皇門》、《祭公》諸篇，已經對有關各篇的文本校勘發揮了重要的作用。《命訓》篇的情況同樣如此，對照簡文，可知傳世的文本存在諸多文字錯訛之處。因此，本篇簡文可在很大程度上幫助我們復原《命訓》篇的原貌。清華簡《命訓》的發現，對於《逸周書》中多篇文獻的時代判定也有重要的意義。《命訓》係《逸周書》的第二篇，其《序》云：'殷人作教，民不知極，將明道極以移其俗，作《命訓》。'認爲係周文王所作。不過學者們多認爲本篇的寫作時代很晚，甚至認爲遲至漢代才出現。近年來這種情況有所改變。已有學者指出，《命訓》與《度訓》、《常訓》三篇均以'訓'爲篇名，同講爲政牧民之道，性質相同，內容相貫，文氣相類，關係十分密切，應是同一時期的作品。此外《武稱》、《大匡》、《程典》、《小開》等多篇也屬同一組文獻，其文例特點是常用數字排比，時代也應相近。由於《左傳》、《戰國策》中，有多處引用這一組文獻，故有學者主張它們在春秋時期已經寫成。因此，清華簡《命訓》的面世，也將有助於對這些文獻的深入研究。"

　　[2]　整理者："簡本首字殘缺，據今本補'天'。《左傳》成公十三年：'民受天地之中以生，所謂命也。'郭店簡《性自命出》云：'性自命出，命自天降。'"典籍中"大命"一詞含義複雜，需要根據上下文義做出不同的理解和闡釋。如《韓非子·揚權》："天有大命，人有大命。"這裏的"命"就大致相當於道、規律。簡文"大命"是與後文"小命"相對的概念，則是指人的身份、地位、壽夭等命數，係由上天注定，不可移易。

　　[3]　整理者："今本作'正之以禍福'，比簡本多'之'字。孔晁云：'司，主也。以德爲主，有德正以福，無德正以禍。'"潘振云："德，兼凶德吉德。司，主也。主之者，鬼神也。"陳逢衡："司德，天神，如司命、司中之類。"孫詒讓："《楚辭·九歌》有大司命、小司命，即司大

命、司小命之神。"

　　[4] 整理者："愻,讀作'訓',今本作'順'。'愻'字從心俙聲,《説文》云俙'古文以爲"訓"字'。 劉師培云:'順、訓古通,順當讀訓,猶言立明王以教誠之也。"曰"下蓋皆訓詞。 下節"昭命以命之"與此語例符,命猶訓也。'從簡文看,下文讀爲"順"之字寫作"川",故從用字習慣上看,此處亦不當讀爲"順",且文義以讀"訓"爲長。

　　[5] 整理者："潘振云:'命,王命。 有常,始終如一也。 日成,日有成就也。'孫詒讓云:'日成,謂日計其善惡而降之禍福也。 與大命有常、終身不易異也。'"陳逢衡云:"大命有常,作君作師由天付也。 小命日成,積德累功當自致也。"

　　[6] 整理者："簡本'日'、'成'下各有重文符號,連下讀作'日成則敬',今本作'成則敬',丁宗洛本已補'日'字,與簡本同。 窒,坙聲,宜從今本,讀如'廣'。 郭店簡《老子乙》——有'坙(廣)德女(如)不足',其中'坙'字在今本和馬王堆帛書乙本中皆作'廣'。 又見上博簡《孔子詩論》:'《灘(漢)坙(廣)》之智,則智(知)不可得也。'《逸周書·度訓》:'天生民而制其度,度小大以正,權輕重以極,明本末以立中。'簡本第二支簡首殘缺兩字,當依今本補作'至于'。"

　　[7] 唐大沛:"禍與福相倚,惟人自召,敢不敬乎? 自古迄今,命有常道,何其廣遠乎! 王者知天命之廣,曰明曰旦,日監在兹,小心昭事,無時不敬。"朱右曾:"知其有常,故不敢以小善責報於天;知其日成,故不敢懈其修省。""至於極",潘振理解爲"命民之法度至於至善",朱右曾理解爲"法度至於中正"。

　　[8] 整理者："今本作'夫司德司義,而賜之福禄',與簡文相比,多一'禄'字。 對比後文的'夫或司不義,而降之禍'句,可知今本此處的'禄'字確爲衍文。 潘振云:'此司德指人君。'"整理者引潘振説將"司德"理解爲"人君",非是。 上注提到,前人多已指出"司德"爲神名。

　　[9] 整理者："今本作'福禄在人,能無懲乎? 若懲而悔過,則度至于極',與簡文不同。 唐大沛疑'懲而悔過'一句係涉下文而誤,與簡文對照,其説可信。 居,《莊子·齊物論》成玄英疏:'安處也。'圣,從

又，主聲，屬章母侯部字，可讀爲定母東部之'重'字。 重義，詞例見郭店簡《尊德義》三九：'童（重）義蕈（集）鳌，言此章也。'"今按，今本頗有錯訛脱漏之處。 孔晁注："懲，正也。 以德居身，深術息其義。"則孔晁所據之本，似尚有"居"、"義"等文。 據下文"人〖能〗毋懲乎"、"能無恥乎"、"能毋勸乎"、"能毋恐乎"諸句，頗疑簡文此處亦有脱漏，當作"人能〖毋〗居〖乎〗"。 簡文"居"，整理者引舊注訓爲"安處"，近是。 "懲"爲鑒戒、懼惕義，《詩·周頌·小毖》："予其懲而毖後患。"鄭箋："懲，艾也。"《韓非子·難二》："不誅過，則民不懲而易爲非，此亂之本也。""居"與"懲"爲對文，則當理解爲輕慢義，這種用法的"居"典籍多作"倨"。 如《大戴禮記·保傳》"獨處而不倨"，王聘珍："倨，慢也。"《禮記·曲禮上》"遊毋倨"，孔穎達疏："倨，慢也。"《漢書·酷吏傳·郅都》："都遷爲中尉，丞相條候至貴居也，而都揖丞相。"顏師古注："居，怠傲，讀與倨同。"簡文意思是説人有福祿，怎能不倨傲慢易？簡文"圣"字原作 形，當從"主"聲。 其字又爲"守"之聲符，如侯馬盟書"守"字或作 （侯馬156：11），所從與簡文相同，則簡文"圣"有可能應從網友"紫竹道人"説讀爲"守"（"簡帛網"論壇《清華五〈命訓〉初讀》第13樓，2015年4月13日）。 意思是説如不慢易而慎守於"義"，則可"度至於極"。

[10] 整理者："今本作'夫或司不義，而降之禍；在人，能無懲乎？若懲而悔過，則度至于極'。 與簡文相比，今本衍一'夫'字，'在人'之前脱'禍過'二字，'人'下又脱一重文符號。 第三支簡首殘缺一字，則可據今本補爲'能'字。 譿，讀爲'懲'，《詩·小毖》集傳：'有所傷而知戒也。'陳逢衡云：'言人有悖逆之事，則災及其身，是以君子恐懼，修省無已時也。'"孫詒讓："以上文校之，此當作'司不德不義'，'在'上亦當有'禍'字。"今按，孫校謂"在"上當有"禍"字，與簡本接近。 今本"禍"、"人"下原當有重文符號，在傳抄過程中脱去。 但孫詒讓認爲今本"夫或司不義"當作"司不德不義"，則是將神名"司德"誤解爲普通的動賓詞組，非是。

[11] 《逸周書·度訓》："乏困無醜，教乃不至。 是以民主明醜以長

子孫。"其中"民主"一詞，趙曦明等認爲是"明王"之訛，丁宗洛認爲是"明主"之訛，劉師培則認爲"民主"一詞見於《尚書·多方》，不應改。今按，"民主明醜〈恥〉"當與簡文"夫民生而恥不明"文義相反，故《度訓》篇之"民主"當即"民生"之訛，"民主〈生〉明醜〈恥〉以長子孫"，意即民生而能明恥，則可長子孫。

　　[12]　整理者："今本作'夫民生而醜不明；無以明之，能無醜乎？若有醜而競行不醜，則度至于極'。與簡文相比，簡文之'佴'字，今本作'醜'；簡文之'上'字，今本作'無'；簡文之'亡'字，今本作'無'；簡文之'如'字，今本作'若'；簡文之'恆行'，今本作'競行不醜'。'佴'即'恥'字，與'醜'字義通。《逸周書·常訓》：'明王自血氣耳目之習以明之醜，醜明乃樂義，樂義乃至上，上賢而不窮。'《程典》：'無醜，輕其行。'《文政》還載有'九醜'：'思勇醜忘，思意醜變，思治醜亂，思固醜轉，思信醜姦，思讓醜殘，思行醜頑，思仁醜豐。'今本之'無'字係'上'字之誤，指前文所說的'明王'。恒，《論語·子路》集注：'常久也。'"陳逢衡："醜，恥也。言民生而爲氣所拘、物欲所蔽，舉凡可恥之事無以滌其舊染而明之，則必自陷於罪矣，在上者能無激發其恥乎？"上引陳說訓"醜"爲"恥"，將"無以明之"理解爲"在上者能無激發其恥乎"（簡文作"上以明之"）均與簡文暗合，實具卓識。陳劍（2015D）列舉典籍中恥、聭、醜等字往往互爲異文，今本《逸周書》的底本中"醜"字可能原作"聭"（陳劍先生指出是"恥"之本字），與清華簡本用字不同，傳抄過程中誤爲形義皆近的"醜"字。簡文"亙"，整理者讀爲"恒"，訓爲"常久"。白於藍先生認爲"亙"當讀爲"兢"，今本"競"係"兢"之訛文（《簡帛古書通假字大系》949頁）。《說文》："兢，競也。"則今本之"競"，或係"兢"的同義換讀。《詩·周頌·執競》："執競武王，無競維烈。"朱熹《詩集傳》："競，強也。""如有恥而兢行"，意爲知恥而後者強其行，則庶幾可免於戾。

　　[13]　整理者："今本作'夫民生而樂生，無以穀之，能無勸乎？若勸之以忠，則度至于極'。與簡文相比，今本在'樂生'二字之後脫一'穀'字。'無以穀之'之'無'字，劉師培已疑爲誤字：'本文"無"字與

下弗屬，疑係字誤。上下節兩"無"字亦然。'對照簡文，可知此三個'無'字實爲'上'字之誤。簡文'勸以忠信'，今本作'勸之以忠'，當以簡文爲是。 穀，《詩·天保》毛傳：'禄也。'《逸周書·度訓》：'凡民生而有好有惡。小得其所好則喜，大得其所好則樂；小遭其所惡則憂，大遭其所惡則哀。凡民之所好惡，生物是好，死物是惡。'"穀，整理者訓爲"禄"，非是。"穀"有生養、養育義。《廣雅·釋詁一》："穀，養也。"《詩·小雅·小弁》："民莫不穀，我獨與罹。"鄭箋："天下之人無不父子相養者，我太子獨不然，曰以憂也。"《戰國策·齊策六》："乃布令求百姓之饑寒者收穀之。"由"生養"義稍加引申則爲生存、活着，表示一種狀態，與"死喪"相對。《爾雅·釋言》："穀，生也。"《詩·王風·大車》："穀則異室，死則同穴。"孔穎達疏："生則異室而居，死則同穴而葬。"故簡文"生穀"爲同義連言，與"死喪"爲對文。

[14] 整理者："今本作'夫民生而惡死，無以畏之，能無恐乎？若恐而承教，則度至于極'。 痏，讀爲'痛'，《方言》卷十三郭璞注：'怨痛也。'孔晁云：'以死亡恐民，使奉上易教也。'"痛，痛恨。《左傳》昭公二十年："神怒民痛，無悛於心。"

[15] 整理者："今本作'六極既通，六間具塞'。六極，即上文所説六種'度至于極'的情形。簡文'達'字，今本作'通'，'達'、'通'可互訓。 簡文'九迁'，今本作'六間'。簡文'九迁'之義不詳，疑當從今本作'六間'。 塞，《説文》：'隔也。'孔晁云：'六中之道通，則六間塞矣。'唐大沛云：'此總上文，言六極之道既貫通而無不至，則六者之間隙無不塞矣。'"今按，簡本"迁"，許可先生讀爲"奸"，可信（參看清華大學出土文獻讀書會：《清華簡第五册整理報告補正》，清華網，2015年4月8日）。今試爲補充論證如下，簡本"迁"及今本"間"，均當讀爲"姦/奸"。《説文》："迁，進也。"《楚辭·離騷》："既干進而務入兮。"《正字通》引"干"作"迁"。王逸注："干，求。"干求字，典籍多作"奸"，如《莊子·天運》："丘治《詩》、《書》、《禮》、《樂》、《易》、《春秋》六經，自以爲久矣，孰知其故矣；以奸者七十二君，論先王之道而明周召之迹，一君無所鈎用。"可見"迁"、"奸"在干求義上爲異體關係。"奸"、"姦"

在表姦邪義時，亦爲異體關係，常可互作。如《管子·重令》："奸邪得行，毋能上通。"同書《形勢解》："故姦邪日多，而人主愈蔽。"《尚書大傳》卷二"寇賊奸宄"，《書·堯典》作"姦宄"。故"迁"可讀爲"姦"。今本"間"亦可讀爲"姦"，《戰國縱橫家書·李園謂辛梧章》："燕使蔡鳥股符肱璧，姦（間）趙入秦。"（參看裘錫圭主編：《長沙馬王堆漢墓簡帛集成（叁）》，259頁，中華書局，2014年）"姦"讀爲"間"。"姦/奸"表姦邪、虛偽等負面含義。《書·堯典》："克諧以孝，烝烝乂，不格姦。"《左傳》僖公二十四年："棄德崇姦，禍之大者也。"《逸周書·常訓》："九奸不遷，萬物不至。……遂偽曰姦。"《逸周書》的前三篇即《度訓》、《命訓》、《常訓》，內容密切相關，《常訓》篇明確提到"九奸"這一概念，並對"奸"的内涵做了界定，反過來也證明本篇簡文"九迁"讀爲"九奸"當無疑問。古書中常見"姦"與"塞"搭配，表示杜絕姦邪、姦宄義。如《韓非子·八經》："外不藉，内不因，**則姦宄塞矣**。"同書《心度》："故王道在所開，在所塞。**塞其姦者必王**。"《吕氏春秋·先己》："順性則聰明壽長，平靜則業進樂鄉，督聽則**姦塞**不皇。"《淮南子·原道訓》："夫釋大道而任小數，無以異於使蟹捕鼠，蟾蠩捕蚤，不足以**禁姦塞邪**，亂乃逾滋。"《史記·日者列傳》："盗賊發不能禁，夷貊不服不能攝，**姦邪起不能塞**，官耗亂不能治，四時不和不能調，歲穀不孰不能適。"

[16] 整理者："今本作'通道通天以正人，正人莫如有極，道天莫如無極'。學者們已多懷疑其中有誤，如丁宗洛認爲：'二"通"字，據下"莫如無極"句，皆衍。'對照簡文，可知該句實爲'達道道天以正人'。達道，見於《中庸》：'和也者，天下之達道也。'第二個'道'字爲動詞。"

[17] 整理者："簡文與今本同。潘振云：'威、畏通。言天有極，人得而測之，故不畏而道不明；正人無極，人得而畔之，故不信而度不行。'"

[18] 整理者："同簡文相比，今本開頭漏一'夫'字；今本之'功'字，簡本作'攻'，且爲重文。簡文'攻'字當讀爲'功'，度功，見《左傳》文公十八年'德以處事，事以度功，功以食民'，杜注：'度，量也。'

潘振云：'昭，明也。 度，所以立極者。 功地，致功於地。 授田里、教樹畜，度之一大端耳。 於以利之，所以使人信者也。'"丁宗洛："上六言'度至於極'，經已以'六極既通'總束之矣，此又言'度至於極'，何也？ 蓋上就天生民及民初生説，道理本來如此也；此就王者設教説，使人如此也，此層即包在上六層内。"今本"功"字下脱漏重文符號，致使文義不明。 多數學者將今本"功"屬下讀，唐大沛則屬上讀，均未達一間。

[19] 整理者："今本作'夫天道三，人道三。 天有命，有禍，有福。 人有醜，有紼絻，有斧鉞'。'市冒'即今本的'紼絻'。 簡文'有福'與'有禍'分别對應的是'有市冒'和'有斧鉞'，故今本的'有禍'和'有福'應當對調。"簡文"市冒"，今本作"紼絻"。 朱右曾："（'紼'）字本作'市'，又作'韍'，通作'黻'、'芾'。'絻'者，'冕'之或體。"盧文弨："紼絻，與黻冕同。"簡文"冒"，整理者括注爲"冕"，可信。 "冒"、"冕"音義皆近。 冒，蒙也，覆也（《故訓匯纂》202頁）。 蒙覆在頭上的用作名詞的"冒"（"帽"）先秦文獻未見，故簡文"冒"當據今本讀爲"冕"。 冒、冕均明紐字，雙聲；冒爲幽部字，冕爲文部字（也有古音學家將"免"聲系歸入元部）。 幽部、文部關係密切，常可相通（參看李家浩：《楚簡所記楚人祖先'㐭（鬻）熊'與'穴熊'爲一人説》，《文史》2010年第3期）。 故冒、冕音近，可以相通。

[20] 《逸周書·常訓》："好惡生變，變習生常。 常則生醜，醜命生德。"陳逢衡："好惡生變則民俗移，變習生常則人道立，常則生醜則善惡分。 醜命者，天有命人有醜也。"本篇簡文"以人之恥當天之命"，正相當於陳逢衡所説"天有命人有醜"，宜參照理解。

[21] 整理者："今本作'以人之醜當天之命，以紼絻當天之福，以斧鉞當天之禍'。 簡文在'市冕'與'斧鉞'之前各多一'其'字，指向性更爲明確，句子更爲流暢。"

[22] 整理者："今本作'六方三述，其極一也，不知則不存'。 簡文所缺之首字，可據以補爲'六'字。 孔晁注云：'一者，善之謂也。 不行善，不知故也。'丁宗洛、朱右曾已據孔注改'存'爲'行'，核之簡文，甚確。 鼠一，讀爲'一'，《詩·都人士序》孔疏：'齊一之義。'潘振云：

'方，比也。 述，稱也。 合而比之則六，別而稱之則三。 天有極，人無極，道皆至善，故曰其極一也。'唐大沛：'曰命、曰禍、曰福、曰醜、曰紼絻、曰斧鉞，有此六方，方即道也。 術者，道之用也。 天人相合，則道之用惟三述耳。 論其極，三術實皆一理耳。'"

[23] 整理者："今本作'極命則民墮，民墮則曠命；曠命以誠其上，則殆於亂'。 與簡文相較，今本在首句'墮'字後漏一'乏'字；簡文'乃窐（曠）命'，今本作'民墮則曠命'。 乏，《莊子·天地》《經典釋文》：'廢也。'簡文之'弋'，今本作'誠'，簡本爲優。 弋，讀爲'代'，《左傳》昭公十二年杜注：'更也。'孔晁注云：'此下六極謂行之極，其道殆近。'唐大沛云：'此"極"字與上文"極"字不同，竟也，窮也。 ……此下數節皆言過中之害。'"今按，整理者將簡文"弋"讀爲"代"，恐不可信。 如果是民代君，則是大逆不道之事，不可能僅僅稱之爲"殆於亂"。 網友"奈我何"認爲簡文"弋"當讀爲"試"，今本"誠"爲"試"的形近訛字，可信（"簡帛網"論壇《清華五〈命訓〉初讀》第30、31樓，2015年4月21日）。 但他同意或説將"試"理解爲自擅、專擅，則非是。"試上"意即臣民懷挾僞詐以試探、蒙蔽君主。《韓非子·楊權》："下匿其私，用試其上。"簡文大意是説上命甚急則民疲敝不堪，不得不鋌而走險，廢命以試探君主，以求僥倖——這樣就接近於叛上作亂。 今本作"誠"，當即"試"字之誤。 典籍中"誠"、"試"二字形近易訛，如《文子·精誠》："養民以公，威厲不誠，法省不煩，教化如神。"《説苑·奉使》："楚王大怒曰：'今蔡無人乎？ 國可伐也；有人不遣乎？ 國可伐也；端以此人誠寡人乎？ 國可伐也。'"上引文獻中的"誠"均爲"試"字之誤。《古列女傳·節義傳·楚成鄭瞀》："君子曰： 非至仁。 孰能以身試？《詩》曰：'舍命不渝。'此之謂也。"文中"試"爲"誠"字之誤。 這也從側面證明將簡文"弋"讀爲"試"，應該是正確的。

[24] 整理者："簡文'迂善韋則不行'一句，今本漏一'韋'字。 韋，《説文》：'相背也。'即後來通用的'違'字。 唐大沛云：'極福則民惟知有祿，將懷竊祿之心。 干，求也。 民既心繫於祿，必將違道以干譽，是干善也。 干善者飾其善，非真能行善也。'"潘振："世祿之家鮮克

有禮，犯善而不行。"于鬯："干，本訓犯。 干善，犯善也。 蓋民禄則驕奢淫佚無不可爲，皆干善之事也。 ……《武順篇》云：'危言不干德曰正。'干善猶干德也。 彼孔解正云：'不干，謂不犯也。'不干德爲正，則干善爲邪矣，故下文云：'干善則不行。'"潘、于均將今本"干"訓爲犯，這種用法的"干"或寫作"奸"，與上文"九迁"讀爲"九奸"用字習慣統一，可以信從。 簡文"迁善韋則不行"，今本無"韋"字。 據文義及簡文句式，簡本"韋"當係衍文。

［25］整理者："今本作'極禍則民鬼，民鬼則淫祭，淫祭則罷家'。今本'淫祭則罷家'句，簡文漏一'則'字。 唐大沛云：'禍以懲惡，若降禍過多，則民思免禍，求媚於鬼神。 巫祝祈禱之事盛行曰淫祭。 弊其財以冀無禍，其家必至罷憊。'簡文"皮家"，整理者從今本讀作"罷家"。按"皮"可讀爲"破"，破家，即耗盡家財。《韓非子·顯學》："儒者破家而葬，服喪三年，大毀扶杖，世主以爲孝而禮之。"上引文獻謂厚葬則耗盡家財，與簡文"淫祭破家"語境亦相近。

［26］整理者："今本作'極醜則民叛，民叛則傷人，傷人則不義'。 ㄓ，疑爲'只'字，讀爲'枳'，《小爾雅·廣言》：'害也。''罰'字從网，刈聲，爲疑母月部字，與今本之'義'字爲雙聲對轉。"今按，簡文"只"當讀爲"忮"。 只、支音極近，戰國文字"枳"常用爲樹枝之"枝"，當即"枝"之異體。 簡文"忮"，應理解爲違逆。《莊子·天下》："不苟於人，不忮於衆。"郭象注："忮，逆也。"《尹文子·大道上》："苟違于人，俗所不與；苟忮于衆，俗所共去。"則以"忮"、"違"互文見義。今本作"叛"，與"忮"義近。 或爲後人爲使文義顯豁而將"忮"改爲"叛"。 簡文𦉢，整理者隸定爲"罸"，讀爲"義"。 本篇簡文"義"字多見，從用字習慣上來看，以"罸"爲"義"頗不自然。 𦉢字字形與"義"字略近，網友"暮四郎"認爲此字或即"義"字誤摹（"簡帛網"論壇《清華五〈命訓〉初讀》第18樓，2015年4月14日）。 朱右曾："揚清激濁，固君子之事，然絶之已甚，必將激而爲非，以中傷善類。"

［27］整理者："今本作'極賞則民賈其上，賈其上則民無讓，無讓則不順'。 同今本相比，簡本作'賈其上則亡讓'，少一'民'字，當以簡本

爲是。川，讀爲'順'。"陳逢衡："若賞不以道，是爲極賞，則民必多方悦君，而以市心交於上矣，故曰賈其上。無讓則争，焉能循分而順乎？"朱右曾："賈上，謂如賈者之居奇貨，挾功邀賞，無遜讓之心。"

[28] 整理者："今本作'極罰則民多詐，多詐則不忠，不忠則無報'。虘，讀爲'詐'，《說文》：'欺也。'復，《左傳》昭公六年杜注：'報也。'"朱右曾："忠，實也。詭以僥免而無恥，是上以誠求，下以僞應，而無報也。"

[29] 整理者："今本作'凡此六者，政之始也'。盧文弨改'始'爲'殆'，各家從之。核以簡本，盧改爲是，簡文'台'字亦當讀爲'殆'。"唐大沛："六者皆過乎中道，故其害如此。以此爲政，危殆之道也。結上文。"

[30] 整理者："簡文'天'字，今本作'明王'，當以簡本爲是。簡文'力'字，疑爲'之'字之誤。簡文'小命命身'，今本作'小命罰身'，疑當以今本爲是。孔晁云：'遺（據盧校，當爲"違"字）大命則世受罰，犯小命則罰身。'"今按，網友"明珍"將簡文"力"讀爲"敕/飭"，似可信（"簡帛網"論壇《清華五〈命訓〉初讀》第25樓，2015年4月17日）。"敕/飭"，教訓、教誨義。《國語·齊語》："令夫工，羣萃而州處。……論比協材，旦暮從事，施於四方，以飭其子弟。"韋昭注："飭，教也。"《廣雅·釋詁》："飭、戒……備也。"王念孫《疏證》："《說文》：'敕，誡也'；'誡，敕也'。鄭注《曾子問》云：'戒猶備也。'飭、勑、敕古通用。"

[31] 整理者："今本作'福莫大於行義，禍莫大於淫祭，醜莫大於傷人，賞莫大於信義，讓莫大於賈上，罰莫大於貪詐'。盧文弨以爲'行義'當依上文作'干善'，又以爲'莫大於信義讓'六字當爲衍文，已經發現了今本的一些問題。行，《左傳》昭公二十五年：'人所履行。'今本'貪詐'，簡文作'多詐'，當以簡文爲是。陳逢衡云：'此言極福、極禍、極醜、極賞、極罰之害，不言極命者，上已言大命世、小命身，故不復言也。'"

[32] 整理者："今本作'古之明王奉此六者，以牧萬民，民用而不

失'。潘振云：'牧，養也。 不失，不失其度也。'"唐大沛："操此六方三術之用而不流於過中失正，以治天下之民，民服其教，守其法，忍好惡，安本分，而無民墮、民禄、民鬼、民叛、民賈、民詐之虞，則上不失其道，民亦不失其道，天下大治矣。"唐注將"牧"訓爲"治"，甚是。"牧民"爲成詞，即治理、管理人民。《國語·魯語上》："且夫君也者，將牧民而正其邪者也，若君縱私回而棄民事，民旁有慝無由省之，益邪多矣。"《抱朴子·百里》："蒞政而政荒，牧民而民散。"

[33] 整理者："今本作'撫之以惠，和之以均，斂之以哀，娛之以樂，慎之以禮，教之以藝，震之以政，動之以事，勸之以賞，畏之以罰，臨之以忠，行之以權'。 今本'撫之以惠'，簡本作'秕之以季'。'秕'從亡聲，讀爲滂母魚部之'撫'。'季'爲見母質部字，而'惠'爲匣母質部字，故可通假。 臵，讀爲來母談部之'斂'，《禮記·喪服大記》鄭注：'棺之入坎爲斂。'藝，《禮記·樂記》鄭注：'才技也。'震，簡文作'正'，當以簡文爲是。 正，《左傳》襄公六年杜注：'正曲直也。'臨，《論語·爲政》'臨之以莊則敬'，邢昺疏：'自上蒞下曰臨。'中，讀爲'衷'。 權，簡文作'耑'。'權'爲羣母元部字，'耑'爲端母元部字，二者可相通。"今按，今本"撫之以惠"之"惠"，簡本作"季"。"季"字本從"穗"字初文得聲，故可讀爲"惠"。 相關討論，可參看鄔可晶（2019C）文。 簡文與今本"臨"相應之字，原篆作■，整理者隸定爲"霝"，據今本讀爲"臨"。 對於此字的構形，整理者没有作出解釋，推測是將其分析爲從似需聲。 需、臨聲紐雖均爲來母，然韻部分屬耕、侵二部，讀音並不相近。 而且將此字分析爲從似需聲，構字理據亦不分明。我們認爲此字當分析爲從雨臨聲，讀爲"臨"。 戰國文字"臨"字作■（《耆夜》8號簡）形，但亦有省作■（《弟子問》9號簡）形者。 我們認爲簡文■形下部所從，實即寫作■形的"臨"字省體，字從雨臨聲，可隸定作"霝"，或即"霖"字異體。 馬王堆帛書《養生方》有"蓾"字，即《說文》訓爲"蒿屬"的"萙"字的異體，"霝"爲"霖"之異體正可與之類比。《說文·雨部》："霃，霖雨也。 南陽謂霖霃。 从雨仌聲。"段玉裁、桂馥、朱駿聲等學者均指出，"霃"爲"淫"之假借字，"霃雨"即"淫

雨"（參看《說文解字詁林》11357—11358頁）。"霖"、"淫"、"霃"均爲侵部字，在表示"久雨"這一義項上，當是關係非常密切的親屬詞。 我們認爲，見於《說文》的"霃"字，很可能就是從雨臨聲的"霖"字之省。又《說文·雨部》："霖，小雨也。 从雨衆聲。《明堂月令》曰：'霖雨。'"段玉裁注："《月令》無此文，惟'季春行秋令，淫雨蚤降'，注云：'今《月令》曰衆雨。'漢人衆讀平聲，即許所據之霖雨之也。 但記文淫雨，鄭注云霖雨。 許不當以小雨釋霖，似'小'必是誤字。"《說文》引《月令》篇之"霖雨"，鄭注作"霖雨"，可見"霖"與訓爲"霖雨"的"霃"爲一字異體（參看《說文解字詁林》11353頁）。 前文我們已經提到，"霃"即"霖"字之省，則"霃"所從之"仦"本爲"臨"字之省（《說文·仦部》："仦，衆立也。 从三人。 讀若欽岑。"讀音與"淫"、"臨"相近）。 後人誤認"霃"所從之"仦"即"衆"字（《正字通·人部》："仦，衆本字。"），故又造"霖"爲"霃"字異體。"衆"爲冬部字，與侵部關係極近。"霖"從"衆"聲，亦可讀爲"霖"。 簡文"耑"，今本作"權"。 張富海（2017）："《方言》卷八：'豨，關西謂之豬。'《爾雅·釋獸》'豨子貜'郭璞注：'豨，豚也。 一名豨。'春秋徐王義楚鍴，這類器西周自名作鑵。"關於西周自名爲"鑵"類器物的討論，宜參看謝明文（2014B）。 唐大沛："此皆言牧民之政。 惠，愛利之也。 撫柔萬民，莫先於仁政也。 和輯民情，必以均平之道，使民徇分。 王道在體民情：疾痛死喪之類，民情所哀，必節其情以斂之；……冠婚喜慶之類，民情所樂，必順其情以娛之。 ……禮有節文，度數不可違失，使民慎之。 藝，技藝也，教之使習。 政以正民，震恐之，使不玩法。 事以興功，振動之，使無懈惰。 有功則賞，所以勸勉之使自奮。 有罪則罰，所以畏懼之使遠罪。 ……上文十事皆臨民之道，而立法必以中爲準。 用中之道非執一也，必權而得中乃可行之。"

[34] 整理者："今本作'權不法，忠不忠，罰不服，賞不從勞，事不震，政不成'。 今本'忠不忠'，簡文作'中不忠'，當以簡文爲是。 丁宗洛云：'不忠，浮山校據後文"賞不必中"語定作"不中"。 洛案：子莫執中，不足言中，故以"不中"爲善。'簡文作'中不忠'，'中'當釋爲

'衷',丁氏之說不確。 簡文所缺損之字,當據補爲'不服賞'三字。 今本'震'字,簡文作'替',待考。《逸周書·寶典》:'以法從權,安上無慝。'《大開武》:'淫權破故,故不法官,民乃無法。'朱右曾云:'常法非權,小忠非忠。 服,執持也。 適輕適重,不可執一也。 從,讀爲縱,猶失也。 震,震矜。 成,盛也,猶言鋪張揚厲也。'孫詒讓曾疑'成'當爲'戚'之誤,不確。"唐大沛:"蓋權其事理所宜,非可拘於常法,法有定而權無定也。 中無定在,權之斯得。 執中無權,猶爲執一,故中不可泥於一定之中。 罰必當其罪,不強服之。 勞而有功則賞,若賞從力役之勞,則濫矣,故不從勞。 震者,矜張之意。 執事當敬,不可矜張。 政以積久而成,不期速成。"唐說對於文義理解大體正確,惟"政不成"之"成",當理解爲"成命"、"成法"之"成",義爲既定的、固定不變的。 潘振將成理解爲"一成不變",近是。"政不成"即施政不可拘於成法,應根據具體情況有所變通,即所謂"權"。 整理者隸定作"替"之字,原篆作𦓅,趙平安(2015B)釋爲"耕",可信。"耕"字在簡文中是否應讀爲今本之"震",待考。

[35] 整理者:"今本作'藝不淫,禮有時,樂不滿,哀不至,均不壹,惠不忍人'。 今本之'滿',簡文作'伸'。 今本之'惠不忍人',簡文作'季必仞人'。 唐大沛認爲此處之'不'爲衍文,據簡文,'不'實爲'必'字之誤。 此處言'藝不淫',後文稱'藝淫則害于才',此處'淫'當指'淫巧',《禮記·月令》鄭注:'謂奢僞怪好也。'伸,《管子·七臣七主》尹知章注:'謂放恣也。'至,《國語·越語下》韋注:'謂極也。'忍人,見《左傳》文公元年'且是人也,蠭目而豺聲,忍人也',杜注:'能忍行不義。'"唐大沛:"《寶典篇》言明刑曰'惠而能忍,尊天大經',知'不'字是衍文。 觀下節'惠而不忍人'句,與此一正一反可見。 …… 藝不尚淫巧。 禮時爲大,如昏、冠、喪、祭行之有時。 樂不可極,哀有節。 均有等差,各視其分次,不均而實均也,故不壹。 惠者,愛利之意。 唯仁人能愛人斯能惡人,恩不掩義也。 放流迸逐,鋤惡所以安良,故仁慈當濟以剛斷。 此與《孟子》言不忍人之政義迥別。"

[36] 整理者:"今本作'凡此,物攘之屬也'。 潘振、丁宗洛等皆改

'攘'爲'權'。丁宗洛云:'玩上惠均十二字,一順一逆,俱以權爲主。此句乃總結文法,則攘爲權之訛明矣。或曰《前漢·禮樂志》"盛揖攘之容"、《藝文志》"合於堯之克攘",攘即讓。但讓字與上無涉,不如權字妥。'核以簡文,該字作'耑',讀爲'權'。潘振云:'總括其大概曰凡。屬,類也。言此十一事皆行權之類也。'"

[37] 整理者:"今本作'惠不忍人,人不勝害,害不如死'。據今本,簡文所缺損之字當補爲'害'字重文。今本'如'字,簡本作'知',當以簡本爲是。孔晁注云'害則死□而猶不知□',可知傳世本當作'知',盧文弨校改爲'如',誤。潘振云:'此言不行權之害。不勝害,言多害也,如後世與之邑而據以叛者是已。言惠而必與之,人多害之,死且不知。'"丁宗洛:"此段乃反言以申明上段,此三句則言忍人之害,以見不忍人之善。"唐大沛:"煦煦爲婦人之仁,有罪不加誅。惡人不誅則善人受害,如盜賊之類。人不堪其害,是不勝害也。'害不如死',此民激憤之情也。《糴匡解》歷言惠民之政,而繼之曰'於民大疾惑,殺一人無赦',此惠而能忍之明證也。"

[38] 整理者:"今本作'均一則不和,哀至則匱,樂滿則荒,禮無時則不貴,藝淫則害于才,政成則不長,事震則寡功'。今本'樂滿則荒',簡文爲'樂伸則亡';亡,讀爲'荒'。簡文所缺損之字,據今本當補爲'無時'。才,簡本作'材'。今本'事震則寡功',簡本作'事舋則不攻'。《逸周書·大開武》:'淫巧破用。用不足,百意不成。'《成開》:'盡哀民匱',又'荒樂無別'。潘振云:'匱,窮也。荒,廢也。不長,言近淺也。均一不差分,故人不和。哀其則難繼,樂過則廢時。禮不沿襲,當王者貴,故無時不貴也。人各有能有不能,教藝而求其備,是害之也。政不成,故淺近;事騷動,故少功。'"陳逢衡:"親親尊賢必有等差,均一則無辨,故不和。哀至則費財,故匱。樂滿則無節,故荒。禮無時則用非其宜,故不貴。藝淫則相習爲無用,故害於才。政期於速成則苟且,故不長。不長猶不達也。震矜其事則志滿而驕,故鮮爲功。"唐大沛:"哀過情則匱竭而不能繼,樂過情則無厭而流於荒亂。當其可謂之時,如祭不欲疏,亦不欲數,用失其宜,非禮所貴。人之才力當務正事,

作爲淫巧，則聰明誤用，故害於才。……政期於速成則程章苟且，故不可長久。 矜張其事則有初鮮終，故寡功。"上述陳、唐二説大致相同（惟解"哀至則匱"當以唐説爲長），對於文義的理解相對準確。

　　[39] 整理者："今本作'以賞從勞，勞而不至；以法從中則賞，賞不必中；以權從法則行，行不必以知權'。 今本此段，學者早已疑其有誤。從簡文可知，今本'勞而不至'之後有脱文，簡文此處雖有殘損，但據上下文，可補爲'以[罰從]備，備而不釨'。'以法從中則賞'，簡文作'以中從忠則賞'；'以權從法則行'，簡文作'以尚從法則不行'；今本'行不必'之後則脱漏二'法'字。 此段以往學者們所注皆不確。 釨，疑讀爲'恥'，《論語·爲政》'道之以政，齊之以刑，民免而無恥。'"今本"勞而不至"下唐大沛補"以罰使服，服而不悦"，簡文"備（服）"字上殘筆與"使"不類，整理者補"從"字，待考。"釨"字網友"蚊首"讀爲悦戴之"戴"，似可信（"簡帛網"論壇《清華五〈命訓〉初讀》第23樓，2015年4月17日）。 今本"以權從法則行"，"行"上陳逢衡補"不"字，與簡文相合。 簡本"尚"，今本作"賞"，整理者從之。 簡文"賞"均作本字，無作"尚"者。 頗疑"尚"當讀爲本字，尊尚、尊崇也。 唐大沛："以賞從勞，以賞從力役之勞。 至，盡也，謂盡力也。'以罰'二句，言以罰使之服，民雖服，非心悦誠服也。"簡文"以中"以下數句，似可理解爲： 以中道遵從於忠心，則爲世所尊尚；然世所尊尚之事，未必合乎中道也。 以權變遵從成法，則事難施行，故行事不必拘於成法。

　　[40] 整理者："今本作'權以知微，微以知始，始以知終'。 終，事物的結局，與'始'相對。《詩·蕩》：'靡不有初，鮮克有終。'郭店簡《性自命出》：'始者近青（情），冬（終）者近義。'《逸周書·常訓》：'慎微以始而敬終，乃不困。'《左傳》襄公二十五年引《書》'慎始而敬終，終以不困'，很可能出自《常訓》。 陳逢衡云：'人所不見之地曰微。權以知微，精義入神之謂。 微以知始者，知至至之也。 始以知終者，知終終之也。 上文行不必以知權指民説，此知微、知始、知終指牧民者説，所謂道天莫如無極也。'"

攝
命

攝　命[1]

　　王曰："劼姪郟（毖）巽（攝）[2]！亡（無）承朕卿（鄉-饗）。余弗造民庚（康），余亦夐（惸/煢）窮亡（無）可事（使）[3]。余一人無晝夕【1】難（勤）卹，咸（湛）囡（溺）才（在）慸（憂）[4]。余亦闉（橫）于四方，宓（宏）臂（乂）亡（無）詼（斁）[5]。甚（諶）余我邦之若否，雩（越）小大命[6]。棘（肆）余【2】縶（韷-載）猷（繇）卜乃身，休，卜吉。"[7]王曰："巽（攝）！今余既明命女曰肇出內朕命[8]，虞（且）今民不（丕）造不庚（康）[9]，□□□【3】肙（怨）。雩（越）四方小大邦，雩（越）御事[10]，庶百又（有）告有眷（舛-陵？）[11]，今是亡（無）其奔告，非女亡（無）其龤（協），即行女。"[12]王曰：【4】"巽（攝），敬哉！母（毋）閖（閉）于乃隹（唯）沖（沖）子少（小）子，母（毋）遽〈遬（速/弛）〉才（在）服，難（勤）膚（祇）乃事。"[13]有（又）曰："女（汝）隹（唯）䍙（衛）事䍙（衛）命[14]。女（汝）隹（唯）【5】沖（沖）子少（小）子，女（汝）鬼（威）由覜（表）由誈（望）[15]。不啻女（汝）鬼（威），則由護（賴）女（汝）訓言之諆[16]。女能謞（歷），女能并=命=（并命，并命）難（勤）【6】縶（肆）[17]。女（汝）其敬哉！狱（虔）卹乃事[18]。女（汝）母（毋）敢怙偈（遏）余曰乃妧（毓），有（又）曰四方大嬴（贏）亡民，亦斯欽我【7】御事[19]。今亦啟（肩）宖（弘）難（勤）乃=事=（乃事，乃事）亡（無）佗（它），女（汝）隹（唯）言之司[20]。隹（唯）言乃事，我非易，引（矧）行劈（憜）？敬茅（懋）！惠【8】不惠，亦乃服，隹（唯）民直（攸）鰍（協）[21]。弗龏（邛）其魯，亦勿敄（侮）其遹（慈），通（恫）㝨（瘝）寡㝨（鰥），惠于少（小）民[22]。龏=（翼翼）鬼（畏）【9】少（小）心，龏（恭）民長=（長長）[23]。女（汝）亦母（毋）敢象（憜）才（在）乃死（尸）服，敬學眚明，勿愈之庶不訓（順）[24]。女（汝）亦母（毋）不彔（夙）夕巠（經）悳（德）[25]，【10】甬（用）事朕命。谷（欲）女（汝）鸞=（繹繹），弗羿（邛）我一人才（在）立（位）。亦則乃身亡（無）能諫（憸），甬（庸）非頌（誦）女（汝）正（政）命（令）[26]，女（汝）有告于【11】朕[27]？女（汝）母（毋）敢有退于之，自一話一言，女（汝）亦母（毋）敢達（軼）于之[28]。言隹（唯）明，母（毋）淫母（毋）弗彔（節），其亦隹（唯）【13】余事[29]。女（汝）有命正，有即（次）正，亦若之頌（誦），㬥（弼）羕（祥）[30]。女（汝）有退進于朕命，乃隹（唯）誑（妄）亡（無）毀（奉），則或即命[31]。【12】乃亦隹（唯）肇惎（謀），亦則勾（謁）逆（愬）于朕，是隹（唯）君子秉心，是女（汝）則隹（唯）肇悽（濟），㬥（弼）羕（祥）。乃既眚（謀），女（汝）迺敢【14】整恆（殛）[32]。女（汝）則亦隹（唯）肇不（丕）子不學，不啻女（汝），亦鬼（畏）隻（獲）懃朕心。"[33]王曰："奭（攝）！女

攝命　337

（汝）有隹（唯）沖（沖）子，余既𥎦（設）【15】乃服[34]，女（汝）母（毋）敢朋兌（酗）于酉（酒），勿教人悥我[35]。 曰勿朋多朋[36]，鮮隹（唯）楚（胥）台（以）夙（夙）夕敬，亡（罔）非楚（胥）㠯（以）䧹（墮）【16】遜（愆）；鮮隹（唯）楚（胥）學于威義（儀）䙮（德），亡（罔）非楚（胥）㠯（以）淫惡（極）。"[37] 王曰："粦（攝）！ 余辟相隹（唯）卸（御）事，余厭既異氒（厥）心氒（厥）【17】䙮（德），不迎則窜于余[38]。引（矧）女（汝）隹（唯）子，今乃辟余，少（小）大乃有䎽（聞）智（知），䝿（弼）羕（祥）[39]。 女（汝）其有斁（敦）有甚（湛），【18】乃罙余言，乃智（知）隹（唯）子不隹（唯）之頌，是亦尚弗毅（奉）乃彝[40]。 乃乍（作）穆＝（穆穆），隹（唯）龏（恭）威義（儀），甬（用）辟余才（在）【19】立（位），乃克甬（用）之彝[41]。 女（汝）不迺是，隹（唯）人乃亦無智（知）亡（無）䎽（聞）于民若否[42]。 乃身顡（載）隹（唯）明隹（唯）㝨（寅），女亦母（毋）【20】敢鬼（畏）甬（用）不審不允。"[43] 王曰："粦（攝）！ 巳，女（汝）隹（唯）沖（沖）子，余既明命女（汝），乃服隹（唯）㝨（寅）。 女（汝）母（毋）敢橐＝（橐橐—蠹飽）[44]，凡人有【21】獄有眷（䢜—凌?），女（汝）勿受幣（幣）。 不明于民＝（民，民）其聖（聽）女（汝）？ 寺（時）隹（唯）子乃弗受幣（幣），亦尚夏（辯）逆（愬）于朕[45]。 凡人無【22】獄亡（無）眷（䢜—凌?），迺隹（唯）悥（德）言＝（享。享）顡（載）不（丕）閈（孚），是亦引休。 女（汝）則亦受幣（幣），女（汝）迺尚彛

（祇）逆（愬）告于朕。"[46] 王曰："奡（攝）！余肈【23】事（使）女＝（汝，汝）母（毋）斁（斁），女（汝）亦引母（毋）好＝宏＝（好宏，好宏）毇（創）悳。有女（汝）由（胄）子，余隹（唯）其卹。"[47] 王曰："奡（攝）！乃克悉甬（用）朕命，雩（越）朕【24】畀（毖）朕教。民朋口興從顯女（汝），從龏（恭）女（汝）與女（汝）[48]，曰：'穆＝（穆穆）不顯，載（載）允非尚（常）人。王子則克悉甬（用）【25】王教王學，亦義若寺（時），我少（小）人隹（唯）由。'民有曰之[49]。余一人害叚〈叚-假〉，不則戠（識）智（知）之䎽（聞）之言；余【26】害叚〈叚-假〉，不則高捀（奉）乃身，亦余一人永奄（安）才（在）立（位）[50]。所弗克戠（職）甬（用）朕命朕教，民朋亦則興妥（仇）昌（怨）【27】女（汝），妥（仇）口女（汝）。亦則隹（唯）肈不逮（濟）。逆所（忤）朕命，隻（獲）䐓（羞）婋（毓）子。"[51] 王曰："奡（攝）！人有言多，隹（唯）我鮮，隹（唯）朕【28】口口口箴（箴）教女，余隹（唯）亦羿（邛）乍（作）女（汝），余亦隹（唯）誓（誓）燬兌（說）女（汝）[52]。有女（汝）隹（唯）沖（沖）子，余亦隹（唯）肈敄（稽）女（汝）悳（德）【29】行，隹（唯）穀（穀）罙非穀（穀）。"[53] 王曰："奡（攝）！敬哉，怵（虔）聖（聽）乃命，余既明戩劼畀（毖）女（汝），亡（無）多朕言。曰兹女（汝）母（毋）弗敬[54]，【30】甚谷（欲）女（汝）寵（恭）乃服，弗爲我一人䐓（羞）。"[55]【31】隹（唯）九月既望壬申，王才（在）鎬京，各（格）于大室，即立（位），咸[56]。士疌右白奡（攝）立才

攝命　339

（在）中廷[57]，北卿（嚮），王乎乍（作）册任册命白㬎（攝）[58]："歔！"[59]【32】

【箋釋】

[1] 整理者："《攝命》凡三十二簡，簡長約四十五釐米，寬約〇·六釐米。第三、二五、二九簡略有殘缺，其他基本完整。簡背有序號，無篇題。篇題'攝命'爲整理者根據簡文内容擬定。篇末'唯九月既望壬申，王在鎬京，各于大室，即位，咸。士㞷右伯攝，立在中廷，北鄉。王呼作册任册命伯攝'云云，與西周册命銘文基本一致。全篇主體部分爲周天子册命'攝'之命辭，文句與《周書》、西周中晚期銅器銘文相類。册命對象'攝'，篇末稱'伯攝'，爲嫡長，篇中稱'王子'，又有王曰'高奉乃身'等語，推測'攝'或即懿王太子夷王燮，而篇中周天子則爲孝王辟方。孝王，《史記·周本紀》以爲共王弟，《史記·三代世表》、《世本》以爲懿王弟，後說較可信。而《書序》云'穆王命伯冏爲周太僕正，作《冏命》'，《尚書大傳》、《史記·周本紀》等作'伯䌛'，'䌛'字爲此篇'㬎（攝）'字之訛；上博簡《紂衣》'攝以威儀'字作'囧'，似即'冏'字所本。《書序》以爲穆王命太僕，《史記·周本紀》更指爲穆王即位初年所作，當係今文《尚書·書序》相承舊説。簡文中天子命攝'出納朕命'，協於畿内御事百官與畿外四方小大邦，告誡攝當勤恤政事，恫瘝小民，毋敢怠惰、酗酒，可見册命的等級規格。總之，本篇屬'書'類文獻，對於西周史研究有重要意義。"今按，"㬎"字原篆作 形，其字在西周金文中寫作 形（伯侯父盤，集成10129）。字亦見於郭店《緇衣》45號簡，寫作 ，今本對應之字作"攝"，裘按謂"（㬎）從'耶'聲，'耶'、'攝'古音相近"。商代族徽金文中有字作 形（集成5280），或即"㬎"字的象形初文。"㬎"字或從"立"寫作 （清華簡《治邦之道》22號簡）、 （清華簡《楚居》3號簡）、 （九店44號簡）等形，《楚居》辭例爲"厥狀㚔（聶）耳"，《山海經·海外北經》："聶耳之國在無腸國東，使兩文虎，爲人兩手聶其耳。"郭璞注："言耳長，行則以手攝持之

也。"《治邦之道》辭例爲"謹路室、墅（攝）汜梁"，"攝"爲整治、整頓義。 另外在九店簡、天星觀簡中，"墅"讀爲表緣飾義的"攝"（參看《九店楚簡》第106—107頁，注釋170，中華書局，2000年）。 很顯然，"墅"爲"巽"字異體，在可以確定文義的辭例中均應讀爲"攝"。 戰國竹簡文字中又有"聶"字，見於曾侯乙墓竹簡19號簡、上博簡《用曰》12號簡、《吳命》6號簡等，辭例明確者亦讀爲"攝"。 曾侯乙墓竹簡又以"聑"表緣飾義，讀爲"攝"。 李家浩先生在上引《九店楚簡》注釋中已經指出，"聑"字當從"耶"聲，"聶"、"耶"二字古音相近，可以通用。"巽"字的象形初文像人突出其巨大的雙耳形，所從兩"耳"的方向自然是相對的，這一特點仍然保留在上舉本篇簡文以及郭店《緇衣》篇"巽"字形體當中。"巽"字從"立"的異體"墅"本來所從兩"耳"也是左右相對的，如上舉《治邦之道》篇"墅"字形體。 後來才變成兩"耳"方向一致，如上舉清華簡《楚居》篇及九店簡形體。 值得注意的是，上面提到曾侯乙墓竹簡中讀爲"攝"的"聑"字，所從兩"耳"也是左右相對的。 很明顯"聑"字是已經是形聲字，當從"耶"聲。"墅"字作爲"巽"字異體，由從"人"變爲從"立"，而且不少形體所從雙"耳"方向一致，很可能也已經是從"耶"聲的形聲字。 如果我們以 爲"巽"字象形初文的看法不誤的話，那麼"耶"最初應該沒有表音作用。 後來文字變得不再象形之後，"耶"從"巽（攝）"字形體中割裂出來，並獲得了"攝"的讀音。 類似的例子，如"嬰"本象人頸部有貝串爲飾，戰國時期"嬰"字所從"貝"旁多寡不拘，或一個，或兩個，或三個，表明"嬰"所從"賏"旁不具有表音作用（參看馮勝君：《試説東周文字中部分"嬰"及從"嬰"之字的聲符——兼釋甲骨文中的"瘦"和"頸"》，載復旦大學出土文獻與古文字研究中心編《出土文獻與傳世典籍的詮釋——紀念譚樸森先生逝世兩周年國際學術研討會論文集》，上海古籍出版社，2010年）。 但在《説文》中"賏"字已從"嬰"字中割裂出來獨立成字，讀音與"嬰"相同，並作爲"罌（甖）"、"譻"等字的聲符[有一件戰國早期子賏戈（集成11100），銘文爲鳥蟲篆，所謂"賏"字之釋很可疑。 古文字中另有從"賏"聲之字，如"顉"、"䥍"等字，所從"賏"旁似與從"嬰"字中割裂出來的"賏"無關。 戰國文字中還有"羀"字，音義不詳。 字書中的"羀"係"羿"字之訛。 相關討論，參看陳劍：《清華簡〈皇門〉"羀"字補説》，載氏著《戰國竹書論集》第 385 — 403 頁，上海古籍出版社，2013 年；季旭昇主編《清華大學藏戰國竹簡（壹）讀本》第 125 — 127 頁，藝文印書館，2013 年）。"奥"和"眀"的關係，與"嬰"和"賏"的關係非常相近，可以參照理解。 整理者認爲本篇簡文中出現的人名"奥"，即見於《尚書大傳》、《周本紀》等傳世古書的"伯羿"之"羿"，"羿"（另有異文作"奂"、"奥"）係"奥"之形訛。 古文《尚書》篇目《羿命》或作《冏命》，"冏（囧）"則係上博簡《緇衣》篇讀爲"奥（攝）"的"图"字訛文（《説文》謂"图"字讀若"聶"）。 賈連翔（2018）對此説有進一步論證，可參看。"奥"與"羿"、"图"與"冏"形體均相近，可以視作平行的訛誤關係。 唯"羿（冏）"與"奥（图）"上古音有較大差距，其致誤之由是否爲單純形體訛混，值得進一步探究。 上引賈連翔文曾提到林義光認爲"羿"古文作"奥"，"（奥）象人聳兩耳形，兩耳審聽，儆惕之象，與'羿'同意"。 林説敏鋭注意到"羿"、"奥"、"畍"之間的聯繫，卓識可佩。 現在看來，"羿"與"奥"應爲形體訛混的關係，但"羿"字的讀音應來自"畍"。《説文》謂"亞"讀若"誑"（"亞"實亦從"羿"字中割裂而來，代表了"羿"的讀音，徐鉉謂"羿"從"亞"亦聲），"冏"讀若"獷"，均爲見系陽部字。"畍"字不見於古文字，《説文》謂"畍"從"眀"亦聲，戰國文字中恐懼之﹝懼﹞一般寫作"愳"，從"眀"聲。 可見"眀"爲見系魚部字，"畍"亦當爲見系魚部字，與見系陽部字的"羿"古音相近。 所以我們認爲"羿"的形體係由"奥"訛變而來，讀音很可能來源於與其形音俱近的"畍"字。"图"字的來源尚不清楚，《汗簡》"押"字作 形，謂"見《説文》"，當即指《説文》訓爲"下取物縮藏之"的"图"字（"聶"聲與"甲"聲古音相近）。 李春桃先生認爲汗簡形體爲"甲"字訛變（參看李春桃《傳抄古文綜合研究》第 646 頁，吉林大學博士學位論文，2012 年），從上博《緇衣》以"图"爲"攝"，與《説文》謂"图"讀若"聶"相吻合的情況來看（前引賈連翔文提到，葉德輝早已指出《説文》之"图"與"攝"義同），李説似不確。 甲骨文亦有字作 形（合集

22173），音義不明，不知與"囡"字是否有關。

　　［2］ 整理者："劼，李學勤比對戎生編鐘'劼遣'、晉姜鼎'嘉遣'，以爲'劼'義同於'嘉'（《戎生編鐘論釋》，《文物》一九九九年第九期）。'姪'如字，兄弟之子。 毖，《爾雅·釋詁》、《説文》、《漢書》孟康注皆訓爲'慎'，其實當從《廣韻》訓爲'告'（見《經義述聞》'女典聽朕毖'條，江蘇古籍出版社，一九八五年，第九五頁），下同。'奰'字也見於郭店簡《緇衣》'攝以威儀'，此爲册命對象，篇末稱'伯攝'，爲嫡長，篇中稱'王子'，又有王曰'高奉乃身'等語，推測王爲共王弟，《史記·三代世表》、《世本》以爲懿王弟、夷王叔父，後説較可信。《書序》云'穆王命伯冏爲周太僕正，作《冏命》'，《尚書大傳》、《史記·周本紀》、《漢書·古今人表》、《説文》等作'伯臩'，'臩'字當即此'奰'字之訛；而上博簡《紂衣》'攝以威儀'字作'囡'，似即'冏'字所本。《書序》云穆王命太僕，司馬遷更指穆王即位初年所命，恐爲伏生以來《尚書》學者相承之説。"石小力（2018）："清華（叁）《説命下》簡7：'王曰："敓（説），余既諰（諟）故（劼）諹（毖）女（汝），思（使）若玉冰，上下罔不我義（儀）。"''諰故諹'無疑與《攝命》之'劼姪毖'意同。 諰故，整理者讀爲'諟劼'，曰：'諰，從只，章母支部字，讀爲禪母支部的"諟"，《禮記·大學》注"正也"。"故諹"即"劼毖"，《書·酒誥》："汝劼毖殷獻臣。"對比同篇"厥誥毖庶邦庶士"，知爲告戒之意。'（原注：清華大學出土文獻研究與保護中心編，李學勤主編《清華大學藏戰國竹簡（叁）》，中西書局，2012年，第130頁）與《攝命》解釋不同。 但兩處文例相似，皆爲王對王子或臣下的告誡，當統一理解較爲合適。'劼姪'、'諰故'或爲'毖'之修飾語，或與'毖'意近，我們懷疑三字當爲同義連用。 劼，《説命》的注釋已經指出，在《酒誥》篇中'劼毖'與'誥毖'相同，則'劼'有誥戒之意。 諰，疑讀爲規，勸誡也。《鄭武夫人規孺子》篇之'規'字，本作從言從弓之形，李守奎先生釋爲'規'，認爲從言從支，支即'規'之初文（原注：李守奎：《釋楚簡中的'規'兼説'支'亦'規'之表意初文》，《復旦學報》2016年第3期）。李文引陳劍先生説弓即枝指之'枝'的初文。 故從支聲之字可以讀爲'規'，而只聲字與支聲字又屢見通用，

故'訊'與'詍'有可能爲一字異體,'訊'也是規勸之'規'的異體。 姪（定紐質部）,與訊（章紐支部）古音聲紐皆爲唇音（引者按,當爲"舌音"之誤）,韻部稍有距離,二字可能是意近的關係,讀爲何字待考,但也不排除與'訊'通假的可能性。"今按,簡文"劼"字原作❀形,整理者引李學勤先生説認爲"'劼'義同於'嘉'",但李先生在該篇文章中明確提出戎生編鐘銘文中的"'劼'字實係'嘉'字的省體",這實際上認爲"劼"應直接釋爲"嘉",而非"義同"的關係。 裘錫圭（1999）在討論戎生編鐘時則認爲,"晉姜鼎'劼'字,過去誤釋爲'嘉',可據此銘糾正",與李學勤先生的看法正好相反。 我們認爲裘錫圭先生的意見是正確的,"劼"字在清華簡《越公其事》篇中出現在"劼燭"一詞中（38號簡）,寫作❀,與本篇簡文同形。 整理者讀"劼燭"爲"詰誅",揆諸文義,十分允洽。 這也證明了"劼"字當從"吉"聲,斷不能釋爲"嘉"。 另詳參《厚父》篇注釋[2]。 簡文後文（30號簡）又有"余既明䤈劼𢾅（愍）女（汝）"語,"䤈劼"與"愍"連用,"䤈"字雖不識,但很可能是從"啓"得聲的,"啓"也是支部字,與"訊"韻部相同。"姪"爲質部字,同爲質部字的"實"與支部字"是"常可相通。 如此看來,"劼姪"、"訊詍"與"䤈劼"很可能是上下字含義相近,經常搭配使用的複合詞。 類似的例子如"顛躓",又可顛倒語序作"躓顛";"鰥寡"亦可作"寡鰥"（參看本篇9號簡）。 上引石小力先生文提到,"'劼姪'、'訊詍'或爲'愍'之修飾語,或與'愍'意近",他主後説。 也有學者主前説,認爲"劼姪"是修飾動詞"愍"的狀語。 如蕭旭（2018）據《爾雅》、《廣雅》等字書材料,認爲"劼"、"姪（侄）"都有牢固義,"劼姪"同義連用,是堅定、堅決的意思。

[3] 整理者:"鄉,訓爲'往'、'昔'。《大誥》'洪惟我幼沖人……弗造哲迪民康',謂我不遭賢人進用,致民人康安。 曼,長。 竆,困窘不得志。"今按,簡文"亡承朕卿"的含義,整理者並未有明確説解。 寧鎮疆（2019）首先指出師詢簋銘文中有這樣一句話"首德不克夒,故亡（無）承先王卿（饗）"（集成4342）,應與簡文聯繫起來考慮,其説謂:"我們認爲《攝命》的'亡承朕鄉',其實即周王語帶憂患地訓誥伯攝,説他無以承

受社稷之重任（'無以承受'類乎《左傳·成公二年》'攝官承乏'之'乏'）。爲何無以承受呢？下文云'余弗造民康，余亦夏窮亡可使'，或'弗'或'亡'，都是負面情況，顯然就是解釋具體的原因。因此，'鄉'訓爲'鄉祭'或'鄉祀'之'鄉'，我們認爲要比理解爲表'過去'義的'往''昔'順適得多。"整理者對於簡文"余弗造民康"一句的理解，在注釋中引《大誥》文爲説，甚是。"弗造哲迪民康"之"造"，按照典籍的一般用法讀爲"遭"，類似的例子如《書·文侯之命》："嗚呼，閔予小子嗣，造天丕愆。"僞孔傳："言我小子而遭天大罪過。""迪"當據《爾雅》訓爲"道"，錐江生《尚書校詁》將這兩句話翻譯爲"（成王）未遇明哲賢輔，導民安康"，較之整理者的串講更加準確。簡文"造民康"之"造"字的用法與《大誥》篇之"造"不同，簡文之"造"當訓爲"成"，造成、成就義（參看《古訓匯纂》2288頁）。《詩·大雅·思齊》："肆成人有德，小子有造。"鄭箋："子弟皆有所造成。""余弗造民康"，意思是說我沒能達成、成就百姓安康（之業）。"夏"字原篆作󰀀形，整理者釋爲"曼"，鄥可晶（2018B）改釋爲"夏"，讀爲"惸/煢"，謂："《詩·小雅·正月》：'哿矣富人，哀此惸獨。'孔疏：'哀哉此單獨之民窮而無告。'簡文'余亦夏窮亡可使'之'夏'讀爲'惸'，'惸'、'窮'連用，顯然是很合適的。"鄥説可信。

[4] 整理者："難，《説文》以爲堇聲，簡文四見，皆讀爲'勤'。勤恤，見《召誥》'上下勤恤'、《國語·周語上》'勤恤民隱'。咸，讀爲'湛'，'咸圂在憂'略同於毛公鼎'圂湛于艱'（《殷周金文集成》二八四一，中華書局，一九八四年）。'在憂'猶云'在疚'，《詩·閔予小子》'閔予小子，遭家不造，嬛嬛在疚'，《左傳》哀公十六年'旻天不弔，不愁遺一老，俾屏余一人以在位，煢煢余在疚'。"今按，簡文"無"，用爲連詞，不論的意思。《詩·魯頌·泮水》："無小無大，從公于邁。""無晝夕"，即不論晝夜。抱小（2018）據簡文"咸（湛）圂在憂"，認爲《封許之命》篇之"󰀀童才（在）憂"應與之文義相同或相近，󰀀字應釋爲"圂"，"童"可讀爲"湛"。"咸（湛）圂"與"圂童（湛）"是同一語詞的不同書寫形式。

[5] 整理者："《墨子·兼愛》引《泰誓》有'光于四方',《堯典》云'光被四表',《漢書·王莽傳》、《後漢書·崔駰列傳》等作'橫被',孔傳訓'被'爲'充'。 宏,大。 乂,治。 斁,敗。"

[6] 整理者："'若否'、'小大',《尚書》、金文習見。 越,《尚書》中多用爲連詞。"從語法結構以及簡文文義來看,"甚余我邦之若否,越小大命"一句中的"甚"當爲動詞,如果理解爲告喻、勸諫義則較爲合適。結合音義以及用字習慣等方面考慮,我們認爲"甚"或許應讀爲"諗"。"甚"聲與"今"聲相通,古文字材料中屢見其例,如表戰勝、平定義的"戡",在清華簡《耆夜》、《祭公》等篇中寫作"戜";清華簡《保訓》篇"今朕疾允病,恐弗念終",整理者讀"念"爲"堪"(參看白于藍《簡帛古書通假字大系》1383頁,福建人民出版社,2017年)。"諗"典籍常訓爲"告",如《詩·小雅·四牡》"將母來諗",鄭箋:"諗,告也。"體會古書用例,"諗"並非簡單的告喻,而是往往含有諷諫、勸誡義。 如《國語·晉語七》:"欒伯請公族大夫,公曰:'荀家惇惠,荀會文敏,黶也果敢,無忌鎮静,使兹四人者爲之。 夫膏梁之性難正也,故使惇惠者教之,使文敏者導之,使果敢者諗之,使鎮静者修之。'"韋昭注:"諗,告也,告得失。""告得失",與簡文之"諗若否"均隱含有勸誡的意味,所以《説文》將"諗"訓爲"深諫也"。《左傳》閔公二年:"昔辛伯諗周桓公云:'內寵並后,外寵二政,嬖子配嫡,大都耦國,亂之本也。'""諗"亦勸諫義。"甚(諗)余我邦之若否,越小大命",意思是"(汝應)以我邦之若否及小大命諷喻、勸諫於我"。

[7] 整理者："《爾雅·釋詁》:'肆、故,今也。'《尚書》'肆'字多用於分句句首表結果。'晝'字不識,上半所從與金文'妻'同,疑讀爲'卦'。 猒,讀爲'猒'。《大誥》:'我有大事,休,朕卜并吉。'"今按,"晝"字原篆作圖形,應嚴格隸定爲"晝"。 程浩(2019)認爲此字當是"霛"字訛省(網友"斯行之"亦有此説,見簡帛網論壇"清華簡八《攝命》初讀"第49樓)。"霛"字本篇簡文多次出現(20、23、25號簡),均寫作圖形,與"晝"字形體有較大差距。 高佳敏(2020)提到,安大簡《詩經》47號簡"晝寢晝興",今本作"載寢載興"。 安大簡"晝"字原

篆作❏，整理者認爲即"䎽"字異體（參看黃德寬、徐在國主編：《安徽大學藏戰國竹簡（一）》105頁注釋18，中西書局，2019年）。❏與本篇簡文❏同形，故本篇簡文"䎽"爲"䎽"字異體的可能性很大。上引網友"斯行之"認爲"䎽（䎽）"當訓爲"始"，似可信。

[8] 整理者："'明命'見於《詩·烝民》等。肇，發語詞，未必訓作'始'。《堯典》舜命龍爲納言，'夙夜出納朕命，惟允'。下文亦云'乃事亡他，汝唯言之司'。"今按，整理者引《詩·烝民》解簡文"明命"，恐不確。《烝民》："仲山甫之德，柔嘉維則。令儀令色，小心翼翼。古訓是式，威儀是力。天子是若，明命使賦。"鄭箋："顯明王之政教，使群臣施佈之。"將"明命"解釋爲動賓詞組，這種理解恐怕有誤。現代學者一般將"明命"理解爲名詞性結構，如周振甫則將"明命使賦"翻譯爲"王的明命使他傳佈"（參看周振甫：《詩經譯注》446頁，中華書局，2010年），將"明命"理解爲名詞性的偏正結構。而簡文"明命"後面帶兼語式爲賓語，顯然是一個動詞性的偏正結構，"明"是修飾謂語動詞"命"的狀語。所以簡文"明命"與《烝民》篇的"明命"含義不同，不宜引作書證。高佳敏（2020）已經意識到整理者的疏失，引《逸周書·商誓》："今紂棄成湯之典，肆上帝命我小國曰：'革商國！'肆余明命汝百姓，其斯弗用朕命，其斯爾冢邦君，商庶百姓，予則口劉滅之。"可參看（原引文標點及起訖有小誤，已逕改）。

[9] 整理者："《大誥》有'民不康'，'洪惟我幼沖人……弗造哲迪民康'，則簡文'丕造不康'謂大遭不康。或説'不造'如字讀，《詩·思齊》'小子有造'，鄭箋訓爲成就。"

[10] 整理者："'四方小大邦'謂畿外諸侯，'御事'爲畿內王官，《大誥》'猷大誥爾多邦越爾御事'，亦以畿外'多邦'、畿內'御事'並舉。"

[11] 整理者："'省'字本篇或從二火作'睂'，金文則作'𤈇'、'𤈈'、'𤈉'等形，'省'字下半所謂'自'形當是'𤈈'下一'火'與'口'形相結合的結果，'睂'則在'省'基礎上上半復從二火。有省，下'有獄有睂'、'無獄無睂'及趞簋（《集成》四二六六）、牧簋（《集成》

四三四三)、卅三年逨鼎(《近出殷周金文集録二編》三三〇,中華書局,二〇一〇年)、親簋(《近出二》四四〇)'訊小大有㝬'、'訊庶有㐱'、'諫訓有桒'等疑讀爲《周易》吉凶悔吝之'吝',《説文》'吝,恨惜也','有吝'類於古書所謂'心有不平'、'有争心','訊小大有吝'、'訊庶有吝'指處理争訟。 而本篇'敬學替明'及尹姞鬲(《集成》七五四)、史牆盤(《集成》一〇一七五)之'桒明'、'㐱明',桒、明同訓。 或説'有省'讀爲'有嫌','替明'讀爲'廉明',參看李學勤:《清華八〈攝命〉中的"嫌"、"廉"》(《文物》二〇一八年第九期);或説'有省'讀爲'有訟','替明'讀爲'崇明',參看陳劍:《試爲西周金文和清華簡〈攝命〉所謂"桒"字進一解》(《出土文獻》第十三輯,中西書局,二〇一八年)。"今按,簡文"替"字原篆作⿰(4號簡)、⿰(10號簡),前一形體當是後一形體的省變。 相關辭例爲"庶百有告有替"(4號簡)、"敬學替明"(10號簡)、"凡人有獄有替"(21-22號簡)、"凡人無獄無替"(22-23號簡)。 整理者已經正確地將這一形體與金文中舊釋"桒"字(或從"桒"之字)聯繫起來,但將其讀爲"吝"則未能得到學術界普遍認可。 對於此字的釋讀,經過不少學者努力,已經在音義方面找到了一些重要綫索,爲進一步研究打下了很好基礎。 首先,整理者所引陳劍文指出,這一形體應與傳抄古文字寫作⿱形,用爲"晉(僭)"、"潛"之字聯繫起來(類似形體陳文還舉出一些,宜參看)。⿱所從聲符即"替"字,則"替"字讀音應與"晉(僭)"、"潛"相同或相近。 另外趙平安(2019)指出,"替"字應即見於《説文·炎部》的"燅"字,《説文》謂"燅"字從"㐭"得聲,讀若桑葚之"葚"。"㐭"、"葚"、"晉"均爲侵部字,聲紐亦不遠,故"燅"、"替"形音俱近,"燅"很可能是"替"經過變形音化(即將所從"自"旁改造爲聲符"㐭")而產生的異體。 從"有告有替"、"有獄有替"這樣的辭例來看,"替"所表示的詞應與獄訟之事有關,其讀音應與侵部字相近。 從目前相關材料所提示的綫索來看,"替"字的音、義與傳統上對金文中"桒"(或從"桒"之字)的釋讀有一定距離,故整理者注釋中提到的李學勤、陳劍文以及上引趙平安文都認爲,金文中辭例與簡文"替"相近、舊釋爲"桒"之字都應該改釋。 陳劍先生認爲,"替"字所從的類似"炎"旁形體,在甲骨文中寫作🔲(合集 261),象人沐浴形,是"浴"的表意初文。"尖(浴)"字在金文中與"夶"的主要區別在於"舛"旁的有無,趙平安先生認爲"夶"是訓爲"行難也"的"遴"字的表意初文(趙平安:《説文小篆研究》171 頁,廣西教育出版社,1998 年),故金文中"夶"均從"舛"。但古文字中寫作"大"的人形在參與構形時是否從"舛",往往無別。故"尖(浴)"亦有從"舛"者,與"夶"同形。"尖(浴)"在與獄訟有關的辭例中讀爲"訟",趙平安(2019)説同。陳劍先生將金文及本篇簡文之"尖(浴)明"讀爲"崇明",趙平安(2019)則讀爲"聰明"。仔細思考上述陳劍、趙平安先生的意見,我們認爲還有一些問題未能完全落實。首先陳劍先生所釋"尖(浴)"字從"舛"的形體,是否爲"夶"的同形字,尚可進一步推敲。金文形體一般而言比較規範,目前似很難舉出與"尖(浴)"、"夶"類似的完全同形但非一字的例子。另外將金文中舊釋爲"夶"之字改讀爲"訟",而金文中"訟"字亦非罕見(參看董蓮池《新金文編》265 頁,作家出版社,2011 年)。在西周金文中用不同的字表示同一個詞的現象不能説没有,但也絕非很常見的現象,這也是陳劍和趙平安先生説法的一個明顯缺陷。陳斯鵬(2018)將與獄訟有關的"眷"讀爲"譖",認爲是起訴、訴訟的意思。陳説主要依據秦漢簡法律文書中常見"譖訊"一詞,但從相關文例來看,"譖訊"更可能是同義連用,"譖"在法律文書中的意思也是詢問,而非起訴或訴訟。因此陳斯鵬先生的意見不能圓滿地解釋相關辭例,亦不可信。在清華八出版之前的審讀會上,針對陳劍先生的意見,沈培先生曾提出質疑。他認爲金文"夶"字之釋目前尚難以否定,與獄訟有關的"夶"當讀爲"陵"或"凌",表示"陵犯"、"侵凌"義。因爲沈先生的意見尚未成文,其説尚難詳論。從典籍與古文字材料通假用例來看,"夶"聲與"夌"聲相通,是毫無問題的。《史記·萬石張叔列傳》"萬石君徙居陵里",裴駰《集解》引徐廣曰:"陵,一作鄰。"楚國金文中有地名"陾(鄰)陽",何琳儀先生讀爲"陵陽"(參看徐俊剛:《非簡帛類戰國文字通假材料的整理與研究》262 頁,吉林大學博士學位論文,2018 年)。"夶"聲與"令"聲經常相通,而銀雀山漢簡《晏子》:"夫君人者幾(豈)以泠

（陵）民？ 社禝（稷）是主也。""夌"讀爲"陵"（參看白於藍《簡帛古書通假字大系》1284—1286頁）。"眷"字異體"䝬"從"亩"得聲，"亩"爲來紐侵部字，與來紐蒸部的"凌/陵"讀音更爲接近。不排除"眷（粦）"因經常讀爲"凌/陵"，故將形體改造爲從"亩"得聲，以更加貼近"凌/陵"的讀音。此問題尚待進一步研究。

[12] 整理者："'奔告'見於《西伯戡黎》。'非汝亡其協'，句式同清華簡《尹誥》'非民亡與守邑'。'今是亡其奔告'句謂即使無其奔告，事非汝不協，故使汝。"今按，《西伯戡黎》："西伯既戡黎，祖伊恐，奔告于王。""奔告"意即奔走報告，"告"即普通的報告、通報之義。簡文"奔告"應與上句"庶百有告有眷（凌？）"聯繫起來考慮。因爲"眷"在後文與"獄"連言，所以此處與"眷"連言的"告"應該也與獄訟之事有關，應理解爲控告、告愬。《管子·任法》："賤人以服約卑敬悲色，告愬其主，主因離法而聽之。""愬"的詞義偏於揭發他人過失，如《説苑·臣術》："愬無罪者，國之賊也。""告愬"連言，則"告"亦有控告、告發之義。此義在秦漢簡牘法律文書中常見，如張家山漢簡《二年律令》："告人不審，所告有它罪與告也罪等以上，告者不爲不審。"（132號簡）這一段簡文大意是説，無論是畿外諸侯還是畿内王官所管轄的範圍，都有衆多獄訟、侵凌之事，現在他們（當事人）沒有地方去告愬，如果不是你，則很難使他們和協，所以安排你任職。

[13] 整理者："《大誥》'予不敢閉于天降威'，'閉'訓爲閉塞。遞，字形説詳陳志向：《'虒'字補釋》（《文史》二〇一八年第一期），《説文》'更易也'，内史亳觚有'弗敢虒'（《商周青銅器銘文暨圖像集成》九八五五，上海古籍出版社，二〇一二年）。'毋虒'略同於詩書之'勿替'，《小雅·楚茨》'勿替引之'，《召誥》'式勿替有殷歷年'，中山王䁻鼎（《集成》二八四〇）'毋替厥邦'。或説讀爲'虒（弛）'，訓爲懈怠。難，讀爲'勤'，《多方》有'克勤乃事'。祗，《爾雅·釋詁》：'敬也。'"今按，整理者引《尚書·大誥》"予不敢閉于天降威"句，解釋簡文"毋閉于乃唯沖子小子"，並將"閉"訓爲"閉塞"，均可信。只是所引《大誥》文如何理解，歷來有很多爭議。整理者限於體例，無法展開討

論。此處略加辨析,以爲補充。先把相關文獻引在下面,《尚書·大誥》:"王若曰:'猷大誥爾多邦,越爾御事。弗弔!天降割于我家,不少延!洪惟我幼沖人,嗣無疆大歷服。弗造哲迪民康,矧曰其有能格知天命?已!予惟小子若涉淵水,予惟往求朕攸濟。敷賁,敷前人受命,兹不忘大功!予不敢閉于天降威。用寧〈文〉王遺我大寶龜,紹天明。"其中"予不敢閉于天降威"句,僞孔傳連"用"作一句讀,謂:"言我不敢閉絶天所下威用而不行。將欲伐四國。"蔡沈《書集傳》與僞孔説略同。清人已經據本篇以及《尚書》其他篇中屢次出現"天降威"的説法,指出"天降威"係當時習語,不應將"用"與"天降威"連讀(參看金兆梓:《尚書詮譯》157頁,中華書局,2010年)。俞樾甚至將"閉于"乙爲"于閉",並在此下斷讀,將"天降威"屬下讀,更爲無據(參看顧頡剛、劉啓釪:《尚書校釋譯論》第三册1266頁,中華書局,2005年)。也有學者依據《莽誥》將"閉"讀爲"比",如雒江生:"言我東征,雖不敢自比于上天降威,而要用文王遺留攝政大寶龜,疑則占卜,以繼承上天助我周家明意。"(參看氏著《尚書校詁》233頁,中華書局,2018年)對於以《莽誥》與《大誥》相比附的做法,上引金兆梓書有中肯批評,可參看。但他將相關文句解釋爲"我對上天所降下的困難,不敢掩藏,也不敢迴避",仍嫌未達一間。因爲"不敢掩藏"的意思是蒙蔽成王,不向他報告情況。如曾運乾云:"言今昊天疾威,予不敢壅不上聞也。"(《尚書正讀》158頁,華東師範大學出版社,2011年)但"不敢迴避"則是周公面對挑戰而當仁不讓。這兩種意見不能並存。我們認爲後一種理解應該是正確的,周秉鈞即持這種看法。他將相關文句解釋爲"言于三監等叛變之時,我不敢閉藏而不用也。"(參看氏著《尚書易解》149頁,華東師範大學出版社,2010年)簡文"毋閉于乃唯沖子小子",意思是説不要以自己還是小孩子爲藉口而自我壅閉——不敢(或不願)承擔責任。簡文"遞",原篆作遞,整理者隸定爲"遞",不誤。根據文意,"遞"所從之"虎"當是"虒"之訛,在簡文中讀爲"弛"。石小力(2018):"《説文》:'弛或作 㢮。'內史亳同(《銘圖》09855):'成王易(錫)內史亳豐(醴)祼,弗敢虒(弛),作祼同。'涂白奎讀'虒'爲'弛'(原注:涂白奎:《內史亳舿與西周王號生稱》，復旦網，2012年6月12日）。可相參照。弛，懈也，與'惰'意近，後文'勤祇乃事'與'毋弛在服'乃正反爲文，金文屢見毋惰乃政，毋惰乃服（原注：參陳劍《金文"彖"字考釋》，《甲骨金文考釋論集》，綫裝書局，2007年），亦可參。"

［14］ 整理者："衛，訓爲護衛、蔽捍。"

［15］ 整理者："《洪範》'威用六極'，《史記·宋世家》、《漢書·五行志》、《漢書·谷永傳》作'畏用六極'，《五行志》應劭注'天所以……畏懼人用六極'，即'用六極威'。由，訓爲'用'，下同。覝，讀爲'民之表也'之'表'。望，讀如'令聞令望'之'望'。"

［16］ 整理者："不啻，見《多士》、《無逸》、《秦誓》等，謂'不但'。'蘐'字係後書，讀爲'勱'，《說文》'勉也'。'訓言之譔'結構同於《秦誓》'群言之首'；譔，《說文》'專教也'。句謂汝不但以儀表資望威民，亦用言教幹事。"今按，《尚書·立政》："其唯吉士，用勱相我國家。"孔疏："其唯任用善士，使勉力治我國家。""勱"爲副詞用法，當解釋爲"勤勉地、勉力地"。除此之外，先秦典籍中似未見其他用例。如果以《立政》篇"勱"字的用法理解簡文"則由勱汝訓言之譔"，似有不合（"勱"後當有表遵循一類含義的動詞）。我們懷疑"蘐"應讀爲"賴"，"薎"聲與"萬"聲相通，"萬"聲與"賴"聲相通，古文字材料中多有其例，是常見的通假習慣（參看白於藍《簡帛古書通假字大系》760、1180—1182頁）。"賴"典籍常訓爲"恃"、"利"（參看《故訓匯纂》2194頁）。其核心義爲倚恃、憑藉，引申爲從所依靠的人或事中獲得利益，即"利"。今言"有賴於"實際上就隱含了依靠和獲利兩方面的含義。《尚書·呂刑》："一人有慶，兆民賴之。"即"兆民"依賴"一人有慶"這件事，並從中獲得益處。簡文"不啻汝威，則由勱（賴）汝訓言之譔"，大意是說（百姓）不僅有賴於你的威儀，還有賴於你所教訓的言語。

［17］ 整理者："譎，讀爲'歷'，訓爲簡選。清華簡《芮良夫毖》'間（簡）鬲（歷）若否'，謂簡選若否，詳王坤鵬：《清華簡〈芮良夫毖〉篇箋釋》（武漢大學簡帛網，二〇一三年二月二十六日）。并，訓爲'偕'。難，讀爲'勤'。《後漢書·周燮傳》'肆勤以自給'，李注：'肆，

陳也。'"簡文"并"，陳民鎮（2018）讀爲"屏"，似可信。《逸周書·祭公》："維我後嗣，旁建宗子，丕維周之始并。"朱右曾校釋："今後所封建，亦當思維樹屏之義，以藩王室。 惠曰： 并、屏古字通。""𫀉（肆）"，單育辰讀爲"肄"，訓爲"勞"。 其說謂："從上下文看，'𫀉（肆）'不如讀爲'肄'，訓'勞'。《尚書·顧命》'陳教則肄，肄不違'、《詩·邶風·谷風》'有洸有潰，既詒我肄'、《左傳·昭公三十年》'若爲三師以肄焉'，舊注皆訓'肄'爲勞。'肄'又可作'勩'，二字語音相近。《詩·邶風·谷風》：'有洸有潰，既詒我肄。'《釋文》：'肄，《爾雅》作勩。'《詩·小雅·雨無正》'正大夫離居，莫知我勩'，毛傳：'勩，勞也'，《左傳·昭公十六年》引作'莫知我肄'。 整理者所引《周繇傳》全句作：'有先人草廬結于岡畔，下有陂田，常肆勤以自給。'李訓'肆'爲陳，不知所云，錢大昕已説應是'肄'字，亦是勤的意思。"（參看簡帛網論壇"清華簡八《攝命》初讀"第50、107樓）

　　[18] 整理者："㚔，從二矢，即'箭'字初文'𥎦'，讀爲'虔'，訓爲'敬'（詳沈培：《卜辭'雉眾'補釋》，《語言學論叢》第二十六輯，商務印書館，二〇〇二年）。 叔尸鐘、鎛有'虔卹厥死（尸）事'（《集成》二七二、二八五），《逸周書·嘗麥》有'憂卹乃事'。"鄔可晶（2019A）謂："'𥎦'與所謂'箭之初文'㚔'非一字，清華簡整理者誤混爲一。 如果承認'㚔'亦'箭'字，則斷不能讀爲'虔'（'箭'、'虔'聲母相差太遠）。 但整理者把《攝命》的'㚔卹乃事'讀爲'虔恤乃事'，與叔弓鐘、鎛銘'虔卹厥死（尸）事'相合，甚有理致。 若此，或可證'㚔'確非'箭'字，而是另一個與'虔'音同或音近之字。 甲骨文'㚔'字作 、，'矢'旁有小點，可能象血滴之形，竊疑'㚔'即訓'殺'之'虔'的表意初文（張富海先生告訴我，'戔'字以"二'戈"表'殘殺'意，則'㚔'字以"二'矢"表'虔殺'意是合乎造字理據的）。 卜辭'㚔眾'似僅二見（《合》26889、26893），有可能與'雉（失）眾'無關，而應讀爲'虔眾'，即卜問眾是否被殺。《合》35273 也有'㚔'字：'☐弗㚔孜☐'（參看沈培《卜辭'雉眾'補釋》，《語言學論叢》第二十六輯，241頁）'孜'除用爲動詞外，還可表示某一種人（如《合》891 正：

'鼓以孜。'《合》9339：'壬子卜：砅（？）以孜启，隻（獲）。'）此殘辭似卜問會不會虐殺'孜'這種人。"

　　[19]　整理者："怙，《說文》：'恃也。'' ' 右半所從與下第一四簡 '亦則 逆于朕'之' '同，與清華簡《厚父》第五簡' '、中山王嚳壺（《集成》九七三五）' '所從相近，可隸爲'偈'、'匂'，'匂'形簡省近於'凶'形，讀爲'遏'，訓爲'止'。 參看鄔可晶：《戰國時代寫法特殊的'曷'的字形分析，並說'敱'及其相關問題》（《出土文獻與古文字研究》第七輯，上海古籍出版社，二〇一八年，第一七〇～一九七頁）。 㜤，即'毓'字，下文有'毓子'，詩書'育子'、'鬻子'、'鞠子'皆謂'稚子'。'羸'字見曾侯乙編鐘，裘錫圭、李家浩以爲對應《國語·周語下》'故謂之羸亂，所以優柔容民也'。 欽，敬。 句謂汝毋敢怙恃、遏止我曰汝尚幼稚，四方羸憊流民尚能敬我御事。"今按，整理者對"汝毋敢怙遏余曰乃毓"一句的理解，似未達一間。"怙"與"遏"文義差別頗大，"怙恃"可與"幼稚"搭配，但"遏止"似難以做同樣理解。 我們認爲"汝毋敢怙遏余曰乃毓"似應理解爲"你不要怙恃汝幼，以遏止、沮敗余事"，也就是説"怙"、"遏"兩個動詞所帶的賓語分别是"乃毓"與"余（事）"。 簡文"又曰四方大羸亡民"之"又曰"乃承上句之"曰"而言，動作的發出者亦爲"攝"。 王告誡攝說，你既不要以年幼爲藉口，也不要以"四方大羸亡民"爲藉口，來沮敗我的政事。（雖然面臨困難），也要敬慎於我朝政事的治理（即簡文"御事"當理解爲動賓詞組，"御"訓"治"）。 前文言王勉攝以"敬"、"虔卹"，與簡文此處之"欽"，文義一脉相承。"四方大羸亡民"似可理解爲"四方之民大羸亡"（"羸亡"可理解爲使動用法，使其民羸亡），又疑"四方"指四面邊境之敵國（毛公鼎銘文有"四方大猾不靜"語），"四方大羸亡民"意思是說四方敵國（之侵擾）使我民疲病流亡。 疑莫能定，識此備參。

　　[20]　整理者："肩，克。 肱，讀爲'兢'，訓爲戒慎恐懼。 或説'肩肱'猶云'股肱'，訓爲輔佐。《多方》有'克勤乃事'。《左傳》昭公二十八年：'夫舉無他，唯善所在。'"今按，簡文"惢"似可直接讀爲"弘"，訓爲大。《尚書·顧命》："用敬保元子釗弘濟于艱難。""弘"的用

法與簡文相同。"今亦肩弘勤乃事"，意思是説你現在也可以大大勤勞於你的政事。

［21］ 整理者："隓，從陸從力，訓爲廢壞。《康誥》'惠不惠，懋不懋。已，汝惟小子，乃服惟弘'，《左傳》昭公八年引之云'《周書》曰"惠不惠，茂不茂"，康叔所以服弘大也'，杜注：'言當施惠於不惠者，勸勉於不勉者。'簡文謂行墮者亦敬勉之，不惠者亦當施惠，亦汝之服。"今按，整理者對相關簡文斷句及理解恐有可商。 我們認爲簡文"我非易"之"易"當理解爲難易之"易"，《詩·大雅·敬之》："敬之敬之，天維顯思，命不易哉！"陳奐云："僖二十二年《左傳》釋此《詩》云：'先王之明德，無不難也，無不懼也。''無不難'解'不易'，此古義也。"（《詩毛氏傳疏》861頁，臺灣學生書局，1968年）清華簡《周公之琴舞》與上引《敬之》"命不易哉"相應文句作"文非易帀"，沈培先生有文詳論"易"當爲難易之"易"，可信（參看孫永鳳：《清華簡〈周公之琴舞〉集釋》62頁，吉林大學碩士學位論文，2015年）。 簡文"我非易"之"易"亦當如此理解。"矧行惰"之"矧"訓爲"况"（參看《故訓匯纂》1575頁），表反詰。 類似用法如《詩·大雅·抑》："神之格思，不可度思，矧可射思？"鄭箋："矧，况。 射，厭也。 神之來至去止，不可度知，况可於祭末而有厭倦乎？"這種反詰的語氣，隱含着禁止義，有"怎麽可以、怎麽能夠"一類的意思。"我非易，矧行惰"的意思是説我之在位，實艱匪易，又怎麽可以行爲怠惰呢？"敬懋"作一句讀，承上"矧行惰"言，是進一步告誡攝要敬慎勤勉於政事，不可怠惰。"唯民攸協"屬上讀，連上文大意爲"施惠於不惠者，也是你的職責，這樣百姓才能和協"。

［22］ 整理者："隹，讀爲'雖'。 魯，讀爲'旅'，訓爲衆，《多方》云周文王'靈承于旅'。 敄，讀爲'侮'。 遝，試讀爲'童蒙'之'童'。 上'罙'字讀爲'瘝'、'矜'，訓爲哀憐；下'罙'字讀爲'鰥'。《康誥》'恫瘝乃身'，《後漢書·和帝紀》作'朕寤寐恫矜'。 清華簡《説命》有'恫瘝小民'，毛公鼎有'毋敢龏=橐=，迺敄（侮）鰥寡'。"黃傑（2019）："'龏'與簡11'弗龏我一人才（在）立（位）'之'龏'音義皆近，可能是同一個詞的不同書寫形式。……此處的'龏'也應當讀爲

'邛',訓爲勞、病。《爾雅·釋詁上》:'邛,勞也。'《詩經·小雅·巧言》:'匪其止共,維王之邛。'鄭玄箋:'邛,勞也。''弗齂(邛)其魯(旅)',意爲不使其徒衆勞病。"今按,簡文"弗齂其魯"與下句"亦勿侮其邍"結構相同,其文義或相反,或相近,應聯繫起來考慮。這兩句簡文上承"唯民攸協"句,又以"惠于小民"結束,句中的"其"當指代"民","魯"、"邍"以及下文"寡鰥"都是小民中的某一類人,由"寡鰥"推斷,這些人應該都是百姓中需要特殊關照的弱勢群體。"齂"黄傑讀"邛",似可從。"魯"或當讀爲本字,魯鈍、愚笨義。《論語·先進》:"參也魯。""邍",似可讀爲"惷"。"恩"聲與"春"聲音近,典籍中亦有間接通假例證(參看《古字通假會典》24、25頁)。《說文》:"惷,愚也。""魯"、"惷"文義有相近之處。"弗邛其魯,亦勿侮其惷",意即不要使魯鈍之人勞病,也不要欺侮愚笨無知之人。

[23] 整理者:"《詩·大明》:'維此文王,小心翼翼。''長長'見於《荀子》,用法同《康誥》云文王'不敢侮鰥寡,庸庸、祗祗、威威'。"

[24] 整理者:"'豖'當爲'象'字之訛,讀爲'惰',如逆鐘'毋豖(惰)乃政'(《集成》六三),毛公鼎'汝毋敢豖(惰)在乃服',述盤'不豖(惰)口服'。說詳陳劍:《金文'象'字考釋》(《甲骨金文考釋論集》,綫裝書局,二〇〇七年,第二四三~二七二頁)。死,讀爲'尸',訓爲'主'。服,事。追簋蓋有'追虔夙夕卹厥死事'(《集成》四二二二)。'眚明'又見於尹姞鼎、史牆盤、虎簋蓋(《近出殷周金文集錄》四九一,中華書局,二〇〇二年)等,說詳注〔九〕。 繇,用。'之'指代'庶不順'。"整理者釋爲"豖"之字,單育辰改釋爲"象",認爲"象字上部也不是'豖'頭的兩撇,而是'象'的頭部,象兩撇下面的圈正象金文中'象'身中的圈形,故直接隸作'象'即可"(參看簡帛網論壇"清華簡八《攝命》初讀"第18樓)。"眚明",李學勤(2018B)讀"廉明",陳劍(2018)讀"崇明",王寧(2018)、趙平安(2019)讀"聰明",待考。

[25] 整理者:"'汝亦毋不夙夕經德',句法同《康誥》'汝亦罔不克敬典'。'經德'見《酒誥》、《孟子·盡心下》,趙注:'經,行也。'齊陳曼

簋：'肇勤經德。'（《集成》四五九六）者沪鐘：'女亦虔秉丕經德。'（《集成》一二〇）"今按，整理者引者沪鐘銘文小有失誤，其中所謂"經德"之"經"原篆作▇（集成 132.2），何琳儀先生認爲係"汭涇"二字合文，讀"不汭涇德"爲"不墜經德"。董珊先生不認同何琳儀先生將"經德"訓爲常德，認爲典籍中所見"經德"均爲動賓詞組，"經"訓"行"。他將"澄"視作"'汭'字增加義符的繁體，或爲'涇水之汭'所造的專字"，亦讀爲"墜"（參看董珊《越者汈鐘銘新論》，復旦網，2008年3月1日）。清華十《四告》篇有"不澄于非彝"句（26號簡），"澄"字原篆作▇，與上引沪鐘銘同形。《四告》篇整理者將簡文及沪鐘銘"澄"字均讀爲"墜"，證明前引董說當可信。這樣看來，者沪鐘銘文不宜引作簡文"經德"一詞的例證。

[26] 整理者："谷，讀爲'欲'。于省吾說毛公鼎'俗我弗作先王羞'、'俗女弗以乃辟圅于囏'，及《尚書》八見之'裕'，皆當讀爲'欲'，用於祈使句句首（《雙劍誃尚書新證》，中華書局，二〇〇九年，第一二七～一三〇頁）。㱿=，鐘鎛銘文習見，正始石經《多士》用作'配天其澤'之'澤'，可讀爲'繹繹'。《漢書·韋玄成傳》'繹繹六轡'，顏注云：'繹繹，和調之貌。''弗矜我一人在位'，略同於毛公鼎'毋童（動）余一人在位'，'矜'讀爲'功'，《說文》'以勞定國也'，功、動皆訓爲'勞'。諹，讀爲'愓'，《說文》'放也'，段玉裁以爲與'豫'、'婸'等字通用。正命，見塱盨'厥非正命'（《集成》四四六九）。"網友"心包"認爲，"'矜'要讀爲'邛'（該詞後世或用'劰'表示），訓爲'勞、病'句義方通。意即不要讓我一人在位憂勞，要替我分擔責任"（參看簡帛網論壇"清華簡八《攝命》初讀"第24樓）。

[27] 今按，王寧（2018）認爲此處簡序當爲簡11＋簡13＋簡12，從文義看似較整理者簡序爲優，兹從之（本篇簡背有序號，但簡12、簡13序號字迹均被編繩破壞，難以作爲編聯依據）。"頌"應讀爲"誦"，二字直接相通，典籍有其例（參看《古字通假會典》8頁）。《說文》："誦，諷也。"《詩·大雅·桑柔》"誦言如醉"，馬瑞辰謂："誦言，即諷諫之言也。"（《毛詩傳箋通釋》973頁，中華書局，1989年）《國語·楚語上》

"宴居有師工之誦",韋昭注:"誦,謂箴諫時世也。"簡文"庸",詎也,難道(參看《故訓匯纂》703頁)。《左傳》莊公十四年:"子儀在位十四年矣,而謀召君者,庸非貳乎?"這兩句簡文大意是説,"你有告於我的,難道不是你所諷誦的政令嗎"?亦以反詰語氣,告誡攝應時時以政令諷諫於我。

[28] 整理者:"于,句中虛詞。《皋陶謨》:'予違,汝弼。汝無面從,退有後言。'《立政》:'自一話一言。'逢,讀爲'泆',訓爲淫放。"今按,楊樹達《詞詮》謂"自一話一言"之"自"爲"推拓連詞,與雖同"(參看《尚書校詁》387頁)。簡文之"自"亦應理解爲"雖然"義。這段簡文句式錯落,正常的語序應爲"自一話一言,汝毋敢有退于之,汝亦毋敢逢于之",後兩句對仗整齊,"退"與"逢"文義當正相反。我們認爲"逢"當讀爲"軼",超軼、超過義,與下文"毋淫"之"淫"義略同。這幾句簡文大意是説,"雖然是一言一語,你既不要隱瞞,也不要誇飾"。

[29] 整理者:"言隹明,'言'或上屬爲句。䆁,從晶,室聲,可讀爲書母質部之'節',參看裘錫圭:《由郭店簡〈性自命出〉的'室性者故也'説到〈孟子〉的'天下之言性也'章》(《裘錫圭學術文集·簡牘帛書卷》,復旦大學出版社,二〇一五年,第三七八~三八八頁)。'淫'與'弗節'義同。'其亦唯'未詳,疑有脱誤。"簡文"其亦唯余事"文義疑與"言唯明,毋淫毋弗節"相承,意思是説"我的政事亦應如此(毋淫毋弗節)"。

[30] 整理者:"弜,甲骨卜辭中用作'勿'。羕,永,《詩·漢廣》'江之永矣',《説文》引作'江之羕矣'。此句句意略同於《洛誥》'乃唯孺子頒,朕不暇聽。……汝乃是不蘉,乃時惟不永哉。篤敘乃正父,罔不若予,不敢廢乃命'。彼云周公歸政成王,云惟成王事,我不暇聽,凡事當就教於官長耆老,汝不黽勉從事,則惟不永。此謂汝有命卿官長,當就彼咨諏,若事事告於我,則不能永長。"簡文"命正"、"即正"之"正",整理者解爲"官長",似可信。"即"或許可以讀爲"次",訓爲副、貳,"次正"與"命正"相比,可能是職銜較低的官長。"亦若之誦"上承"誦汝政令"言,意思是説你所統攝之命正、次正,均應像你一樣以各

自的政令諷喻於我。 簡文"弜羕", 亦見於 14 號簡, 均應與 18 號簡之"醤恙"聯繫起來考慮。"醤恙"之"醤"整理者括注爲"弼", "弜羕"之"弜"亦應讀爲"弼"(參看裘錫圭:《說弜》, 載氏著《裘錫圭學術文集·甲骨文卷》15—19頁, 復旦大學出版社, 2012年)。"弜羕"、"醤恙"或可讀爲"弼祥", 祥, 善也。《詩·大雅·大明》: "大邦有子, 倪天之妹。文定其祥, 親迎于渭。"毛傳: "祥, 善也。"《尚書·皋陶謨》: "曰若稽古, 皋陶曰: '允迪厥德, 謨明弼諧。'""謨明弼諧"意思是計謀聰明, 輔臣和協。 參照"弼諧"一詞, 則"弼祥"似可理解爲輔弼祥善。 簡文"弼祥"是對前文的總結, 即如果攝和部下都能以政令諷喻於王, 且一言一語都能做到實事求是, 則庶幾可以稱之爲良善輔臣。

〔31〕 整理者: "退進, 猶云進退。《周禮·小司寇》'孟冬祀司民, 獻民數于王, 王拜受之, 以圖國用而進退之', 鄭注: '進退, 猶損益也。'望, 希望。《孟子·梁惠王上》: '無望民之多於鄰國也。'逢, 逢迎。《孟子·告子下》: '逢君之惡。'句謂汝於朕命有所損益, 唯望汝無逢迎我意, 當即告於我。"今按, 簡文"毅"字, 整理者讀爲"逢"。 此字亦見於 19 號簡, 辭例爲"是亦尚弗毅乃彝", 二"毅"字應統一考慮。"毅"的基本聲符爲"丰", 而從"丰"聲之字基本只與同諧聲之字相通假, 極少例外。 我們認爲"毅"或許可以讀爲"奉", 訓爲奉行。 19 號簡"弗毅(奉)乃彝"可以理解爲不奉行彝常, 本簡之"毅(奉)"以奉行義理解似亦可通。 前一句"汝有退進于朕命", 是説對王所發出的政令有所損益(也就是前文所説的"退于之"和"軼于之"), 未能嚴格執行。"乃唯誑無毅"似可讀爲"乃唯妄無奉", 即不循法度不奉行王命。"則或即命"表上述行爲的結果, 可翻譯爲"則應該就命於朕", 即由王親自發布政令。

〔32〕 整理者: "匃, 讀爲'遏', 説詳注〔一七〕。'遏逆于朕', 略同於《君奭》'遏佚前人光在家'、清華簡《厚父》'王廼遏失其命'。《大雅·桑柔》: '君子實維, 秉心無競。'悽, 讀爲'咨'。《説文》: '謀事曰咨。'句謂君子秉心, 汝始謀則亦遏逆於我; 汝始謀不永之事, 終則必悔。整, 齊。 惡, 讀爲'極'、'殛'。《洪範》'嚮用五福, 威用六極', 六極'一曰凶短折, 二曰疾, 三曰憂, 四曰貧, 五曰惡, 六曰弱',《康誥》'爽

惟天其罰殛我'，皆訓爲'罰'。 整極謂至於殛罰。"今按，簡文"勻"，似應讀爲"謁"，訓爲報告、稟告。《禮記·月令》："先立春三日，太史謁之天子曰：'某日立春。'"鄭玄注："謁，告也。""悽"，已有網友指出當讀爲"濟"，訓爲成功、成就。《左傳》莊公十四年："莊公之子猶有八人，若皆以官爵行賂，勸貳而可以濟事，君其若之何！"這一段簡文的大意是説，在開始謀事的時候，要謁告並受命於朕，這才是君子所應秉持之心，這樣就可以濟事，庶幾可爲良弼。 簡文"𠱾"，整理者讀爲"悔"，並將"乃既𠱾"三字屬上讀，恐非。"既𠱾"與前文"肇謀"相對，"𠱾"亦當讀爲"謀"。"肇謀"爲初謀，"既謀"爲已謀。 簡文大意是説謀略已定，你方可有所整飭、誅殛。

[33] 整理者："丕子，見於《金縢》，孔傳以爲'太子'。 勲，勞苦。 朕心，見《康誥》'朕心朕德惟乃知'。"這幾句簡文大意是説，如果丕子不學，將懼惕、勞苦汝心及朕心。

[34] 整理者："《康誥》'汝惟小子，乃服惟弘'，與此句意相類。"

[35] 整理者："朋，字形説解詳黄文傑《説朋》(《古文字研究》第二十二輯，中華書局，二〇〇〇年，第二七八～二八二頁)，訓爲朋比，《皋陶謨》云丹朱'朋淫于家'。《洛誥》'孺子其朋，孺子其朋'，《後漢書·爰延傳》延上封事引之，'言慎所與也'。《無逸》'無若殷王受之迷亂，酗于酒德哉'，簡文謂汝毋敢朋酗於酒，使人以爲我德。"今按，"勿教人惎我"句頗費解，整理者的解釋也很牽强。"教"的使令義出現得很晚，以此義來理解簡文恐非。 教，典籍常訓爲"效"，效倣義。"惎"暫讀爲"給/詒"，訓爲欺騙。"勿效人詒我"，即不要效倣有的人欺詒於我。然如此理解，與上下文義不諧，頗嫌突兀。 待考。

[36] "曰"，用爲句首語氣詞。《尚書·召誥》："曰其稽我古人之德。"

[37] 整理者："鮮，如字讀，訓爲'少'。 楚，讀爲'胥'，孫詒讓讀毛公鼎'楚賦'爲'胥賦'(《籀廎述林》，中華書局，二〇一〇年，第二一〇頁)。《盤庚》'惟胥以沈'、《詩·雨無正》'淪胥以鋪'、《小旻》'淪胥以敗'、《抑》'淪胥以亡'，皆謂相率。 罔非，《尚書》習見，義爲

'皆'。《酒誥》'罔非酒惟辜',謂皆酗酒之過;清華簡《說命》'罔非乃載',謂皆汝傅說之事。 愆,《說文》:'過也。'句謂毋結交朋黨,鮮有相率夙夕敬者,皆相率以墮愆;鮮有相率效於威儀者,皆相率以淫愆。"

[38] 整理者:"辟、相同義連用,《周頌·雝》'相維辟公,天子穆穆',毛傳:'相,助。'《酒誥》:'自成湯咸至于帝乙,成王畏。 相惟御事,厥棐有恭。'《國語·周語下》'克厭帝心',韋注:'厭,合。'迊,讀爲'之',訓爲'往'、'適'。《經義述聞》據《爾雅·釋詁》'俾、使,從也',以《君奭》'海隅出日,罔不率俾'、《大戴禮·少閒》'出入日月,莫不率俾'猶《魯頌》'至于海邦,莫不率從'、《五帝德》'日月所照,莫不從順'、《文侯之命》'罔不率從'(第一〇一頁)。 句謂輔相御事,其心其德與我異,則不從己志,而從於我。"石小力(2019)認爲簡文"厭"當訓爲滿足,"異"當讀爲屢見於金文的"嚴在上,翼在下"之"翼",訓爲"敬"。 可備一説。"不迊則窜于余",文義難明,待考。

[39] 整理者:"毛公鼎言小大政'引唯乃智,余非用有聞',謂小大事當總聽於汝毛公,我非用有聞。 類於《立政》'文王罔攸兼于庶言、庶獄、庶慎,惟有司之牧夫,是訓用違;庶獄、庶慎,文王罔敢知于茲',《洛誥》'乃惟孺子頒,朕不暇聽'。'智(知)'、'聞'、'聽'皆指權責歸屬。 弼,《說文》:'輔也。'詳,《說文》:'審議也。'"

[40] 整理者:"斁,讀爲'斁',訓爲'敗'。 甚,讀爲'湛',《說文》:'没也。'眔,訓爲'及'、'逮'。 逢,《說文》:'遇也。'彝,常。 '弗逢乃彝'與下'克用之彝'對文。 句謂汝有敗没,壞我教命,則知汝不堪用,不能用常道。"今按,體會簡文文義,我們認爲"頌"的賓語是上一句中的"余言","頌"爲頌揚義,典籍亦作"誦"。《左傳》襄公三十一年:"文王之功,天下誦而歌舞之,可謂則之。"這段簡文的大意是説,對於我的言語,如果你不進行頌揚的話,你將會斁敗湛没,而且這也是不奉行常道的表現。

[41] 整理者:"'乃作穆穆'至'乃克用之彝'與上'汝其有斁有湛'至'是亦尚弗逢乃彝'句正反設辭。"

[42] 整理者:"汝不迺是,唯人乃亦無知亡聞于民若否"對應上文

'矧汝唯子，今乃辟余，小大乃有聞知弼詳'。"

［43］ 整理者："卻，疑即'馘'字，《說文》：'讀若載。'句中語助。寅，敬。'唯明唯寅'，句法同於《詩經》習見的'維熊維羆'、'維柜維柘'、'侯栗侯梅'。 審，詳悉。"

［44］ 整理者："《康誥》：'汝惟小子，乃服惟弘。''橐'字從橐（《說文》所謂'从橐省'），由聲，疑即'韜'字異體，讀爲'滔'，訓爲'慢'。"整理者隸定爲"橐"之字，原篆作橐，石小力（2018）改釋爲"橐"，可信。"橐"字下有合文符號，"橐"字字形中包含有"朿"字，所以我們認爲很可能是"朿橐"二字的合文。 類似的合文形式，在古文字中並不罕見，大家熟知的"大夫"合文作"夫₌"，就是因爲"夫"的字形中包含有"大"字。《說文》將"橐"、"橐"、"囊"等字分析爲從"橐"省，顯然非是。 從古文材料來看，"橐"、"橐"等所從的義符"朿"，本象兩頭扎口的口袋。 典籍中或謂"有底曰囊，無底曰橐"，或謂"無底曰囊，有底曰橐"（參看《說文解字詁林》2714頁）。 如依前說，則"朿"即"橐"之本字，在簡文中或可讀爲從"棗"聲的"蠹"。"橐"從"缶"聲，或可讀爲"飽"（古文字中"缶"聲與"包"聲相通之例極多，參看白於藍《簡帛古書通假字大系》130—131頁）。"汝毋敢蠹飽"是冒下文"汝勿受幣"而言，意思是說在審理獄訟、侵凌之事時，不要收受賄賂，中飽私囊。"蠹"指侵害他人或國家利益，如《戰國策·秦策一》："韓亡則荊魏不能獨立，則是一舉而壞韓蠹魏。"高誘注："蠹，害也。"簡文"蠹飽"特指"受幣"而言，"飽"是補充說明"蠹"的（"蠹"的本意是蛀蟲，與"飽"搭配可以起到語帶雙關的修辭效果），"蠹"以至於"飽"，說明"受幣"較多。

［45］ 整理者："'凡人有獄有眚'句與下'凡人無獄無眚'對文。'幣'字從帛，'受幣'見《周禮·小宰》。'聽'謂治獄，《周禮·大司寇》云兩造'入束矢於朝，然後聽之'。 簡文'幣'功能與'束矢'相當，'受幣'則謂受理獄訟。'尚'表祈使語氣。'寔'讀爲'辯秩東作'、'勿辯乃司民湎于酒'之'辯'，訓爲'使'。'逆'訓爲'迎'。 句謂有獄訟之事不明，則勿受理，而使上告於朕。"今按，整理者將"受幣"理解爲受理獄

訟，恐非。此説無法解釋下文"凡人無獄無眚（凌？），……汝則亦受幣"語。從簡文兩處出現"受幣"的語境來看，"受幣"本身應該是一個中性詞，即接受財物的意思。但如果在獄訟之中"受幣"，其性質就與《尚書·吕刑》提到的"獄貨"（斷獄所得財賄）相類，詞義具有負面色彩；如在"無獄無眚（凌？）"的情況下"受幣"，則應理解爲普通的財物餽贈，不具有貶義色彩。整理者讀"𡘽"爲"辯"，可從。然"辯"在簡文中當爲争辯、分辯義，《孟子·滕文公下》："予豈好辯哉！予不得已也。""逆"或可讀爲"愬"，告愬。"時唯子乃弗受幣，亦尚辯愬于朕"，應聯繫下文"汝則亦受幣，汝𨗇尚祗愬告于朕"考慮，大意是説無論你是否"受幣"，都應該向我辯白、告愬清楚。看來王不僅對攝是否應該"受幣"做了明確要求，而且規定事後都要向王告愬、辯白清楚。

[46] 整理者："'卻'字詳注〔三九〕。'閆'字'門'中所從爲上博簡《紂衣》'萬邦作孚'之'孚'字。'孚'訓爲'信'，詩書中習見天命不誠、天不可信之語，如《詩·大明》'天難忱斯'、《蕩》'其命匪諶'，《大誥》'天棐忱辭'、'天棐忱'，《康誥》'天畏棐忱，民情大可見，小人難保，往盡乃心'，《君奭》'若天棐忱，我亦不敢知曰，其終出于不祥'。孫詒讓《尚書駢枝》：'謂天命無常，不可信也。'（中華書局，二〇一〇年，第一二九頁）簡文'享祀不孚'與上引《康誥》文意相類。"簡文"不孚"之"不"，單育辰先生讀爲"丕"，訓爲"大"（參看簡帛網論壇"清華簡八《攝命》初讀"第23樓）。《左傳》莊公十年："公曰：'犧牲玉帛，弗敢加也，必以信。'對曰：'小信未孚，神弗福也。'"言祭祀應取信於神，神方能賜以福佑。簡文大意是説，如果能做到人人都無争訟、欺凌，這是因爲以德享祀。享祀如能大大取信於神，則會有長久的休美。這種情況下你可以接受餽贈的財物，但也應該向我辯白清楚。

[47] 整理者："'毇'字又見於清華簡《子產》、《越公其事》等篇，即鐘鎛銘文習見的'林鐘'之'林'，從㐭得聲，來母侵部字，此處讀爲'貪婪'之'婪'。大簋蓋有'余弗敢毇（婪）'（《集成》四二八九）。好好、宏宏謂好己所好，宏己所宏。《巷伯》'驕人好好，勞人草草'，鄭箋：'好好者，喜讒言之人也。'劊，訓爲'斷'，或讀爲'劌'，訓爲割

傷。 由，用。 句謂汝毋好己所好，大己所大，壞傷德行；有汝，故用子，汝當恤我。"石小力（2019）："疑此處的重文符號當讀爲'汝毋婪，汝亦矧毋好宏，好宏劊德'。'好宏'，跟貪婪一樣，也是負面的行爲。""由子"，網友"暮四郎"讀爲"胄子"（參看簡帛網論壇"清華簡八《攝命》初讀"第84樓）。

[48] 整理者："愍，詻。'朕命越朕愍朕教'，下文有'朕命朕教'。'民'下二字據殘畫及下文當爲'朋則'。《微子》：'小民方興，相爲敵讎。'"

[49] 整理者："'曰'以下從'穆穆丕顯'至'我小人唯由'爲代民立言。 允，誠然。 時，是。 由，用。 句謂汝能用朕命朕教，民則從汝恭汝，民則謂曰：王子穆穆丕顯，信非常人；王子能盡用王教王學如是，我小民亦惟王教王學是用。'民有曰之'謂民有如此言者。"

[50] 整理者："兩句句法同《呂刑》'今爾何監，非時伯夷播刑之迪。 其今爾何懲，惟時苗民匪察于獄之麗'，彼言當監於伯夷，懲於有苗。'叚'字左半訛作'户'，訓爲憑藉。 㡿，即'顏'字，讀爲'安'。《文侯之命》'有績予一人，永綏在位'，'綏'亦訓'安'。 句謂我唯憑藉汝知聞之言，我唯高奉乃身是憑，則余一人永安在位。"

[51] 整理者："'所弗克職用朕命朕教'句對應上文'乃克悉用朕命越朕愍朕教'。 㚔，即'宄'，《説文》：'姦也。 外爲盗，内爲宄。'此處讀爲'仇'。 下'仇'下一字從艸從言，右下不詳。 悽，讀爲'咨'，訓爲'謀'，詳注〔二九〕'悽'字訓釋。 逆，訓爲迎候。 所，讀爲'許'。"今按，簡文"悽"，網友"暮四郎"讀爲"濟"。 簡文"逆所"之"所"，整理者讀爲"許"，網友"此心安處"讀爲"忤"（以上意見參看簡帛網論壇"清華簡八《攝命》初讀"第85、86樓）。 這段簡文大意是説，如果你不奉行我的命令和政教，那麼百姓就會群起而怨恨你，你就不會成功。 如果違背我的命令，你就只能得到羞辱。

[52] 整理者："鮮，少。《酒誥》：'予不惟若兹多誥。'功，勞，詳注〔二四〕。 誓，疑從言，折省聲，即'誓'字。 毇，不識。 誓毇，疑即《秦誓》之'杌隉'，《易·困》作'臲卼'，《説文》作'槷䡄'，訓爲不

安。兑，讀爲'説'。句謂我亦以此不安之狀告汝。"

［53］ 整理者："耆，《周頌》'耆定爾功'，毛傳：'致也。'穀，《爾雅·釋詁》：'善也。'句謂我以德行之善與不善致告汝。"簡文"敳"，單育辰先生讀爲"稽"，"是稽考的意思，此處是言王會稽考善及不善之事"（參看簡帛網論壇"清華簡八《攝命》初讀"第14樓）。

［54］ 整理者："𡧰，從宀、卧、启，相似字形見於㦰簋'朕文母競敏行'（《集成》四三二二），讀爲'啓'。'劼毖'與簡文首句對應。《書·酒誥》'汝劼毖殷獻臣'，清華簡《説命》'余既諟劼毖汝'，皆當釋爲'嘉告'。'無多朕言曰茲'謂朕言如此，無以朕言爲多。"今按，簡文"曰茲"二字屬下讀，從單育辰先生説（參看簡帛網論壇"清華簡八《攝命》初讀"第14樓）。"曰"，句首語氣詞。"茲"猶言今，現在。《廣雅·釋言》："茲，今也。"《尚書·盤庚上》："茲予大享于先王，爾祖其從與享之。"

［55］ 整理者："甚，副詞。'甚欲'見《史記·樗里子甘茂列傳》。毛公鼎：'俗（欲）我弗作先王羞。'或疑'甚欲汝寵乃服，弗爲我一人羞'接第三二簡之後，承'王呼作冊任册命伯攝：叔'爲句。"鄔可晶先生認爲，"'寵'讀爲'龏'較好。意謂很希望你秉持、奉行你的職責服事，不要給我帶來羞辱"（參看簡帛網論壇"清華簡八《攝命》初讀"第71樓）。簡文"茲汝毋弗敬，甚欲汝寵乃服，弗爲我一人羞"，顯然是訓誥的結束語。朕已教訓汝當如此，今汝當敬乃職事，不要使我蒙羞。"茲汝毋弗敬"與"甚欲汝寵乃服，弗爲我一人羞"語氣連貫，仍當以整理者目前所定簡序爲是。

［56］ 整理者："鎬京，宗周。《世本》'懿王徙於犬丘'，《漢書·地理志》云在右扶風槐里縣。懿王都犬丘，當與西戎勢力擴張有關。《史記·秦本紀》記載孝王扶植大駱後裔，以和西戎，厲王時西戎反王室，所滅者正爲'犬丘大駱之族'。但懿王時'犬丘'似爲'離宮別館'，册命場所依然多在宗周鎬京。咸，訓爲'終'，金文中多表示某一儀節結束，如趞曹鼎：'唯三月初吉乙卯，王在周，各大室，咸。井叔入右趞，王乎内史册令（命）趞。'"

[57] 整理者：“右者爲‘士疌’。《堯典》皋陶作士，士爲理官，掌刑獄，簡文攝之執掌亦與刑獄相關。 又或禮書多載儀節制度諸侯變於天子，卿大夫變於國君，但士卑不嫌與君匹敵，如《禮記·喪大記》‘君沐粱，大夫沐稷，士沐粱’。‘疌’字釋讀詳陳劍《釋‘疌’及相關諸字》（《出土文獻與古文字研究》第五輯，上海古籍出版社，二〇一三年，第二五八～二七九頁）。”

[58] 整理者：“作册任，任爲私名。 或讀爲‘壬’，日名。《盤庚》有‘遟任’，于省吾以爲‘任本應作壬，殷人多以十干爲名也’（《雙劍誃尚書新證》，第七四頁）。”

[59] 整理者：“虞，金文多作‘䖒’形，句首語詞。 楊樹達説《費誓》‘徂兹淮夷、徐戎并興’，‘徂’即金文‘䖒’字，讀爲‘嗟’，‘徂兹’即‘嗟兹’，《管子·小稱》有‘嗟兹乎’（《積微居金文説》，中華書局，一九九七年，第二、四一頁）。 王曰‘虞’，收束全篇。 西周中晚期册命銘文時間、場所、右者在全篇最末，見於詢簋篇尾‘唯王十又七祀，王在射日宫，旦，王格，益公入右詢’（《集成》四三二一）、師詢簋篇尾‘隹元年二月既望庚寅，王格于大室，榮内右詢’（《集成》四三四二）。 此外，第三二簡容字較前三十一簡爲多，亦當留意。”李學勤（2018A）：“‘惟王曰祀’‘王曰×’，就是把王的一件重要行事，用簡要的文句來概括，然後就把這件事作爲時間的標準，所以，我們可以看到簡文最後的‘王乎作册任册命白（伯）㠯（攝）：“虞”’就相當於王曰虞，這裏没有説哪一年，‘虞’，可以讀爲‘作’，作事情之作，或者類似的什麽事，這裏不一定説死了。 王曰虞是一種重要體例。 這種‘王曰×’的重要體例以前在西周没有見過，商末甲骨裏有。”

參考文獻

A

艾　蘭（2010A）：《清華簡〈保訓〉的"中"與天命》，簡帛網，2010年3月20日。

艾　蘭（2010B）：《怎樣成爲君王》，《光明日報》國學版，2010年7月12日。

艾　蘭（2010C）：《何爲〈書〉？》，《光明日報》國學版，2010年12月20日。

艾　蘭（2015）：《論〈書〉與〈尚書〉的起源——基於新近出土文獻的視角》，《出土文獻與古文字研究（第六輯）——復旦大學出土文獻與古文字研究中心成立十周年紀念文集》，上海古籍出版社，2015年。

B

白軍鵬（2013）：《〈尚書〉新證三則》，《史學集刊》2013年第1期。

白於藍（2012）：《清華簡〈保訓〉篇竹簡編連問題芻議》，《中國古文字研究會第十九屆年會散發論文合集》，復旦大學，2012年。

白於藍（2014）：《〈清華大學藏戰國竹簡三〉拾遺》，《中國文字研究》2014年第2期。

白於藍、段　凱（2015）：《清華簡〈説命〉三篇校釋》，《戰國文字研究的回顧與展望國際學術研討會論文集》，復旦大學，2015年。

參考文獻　367

白於藍、吳　祺（2016）：《清華簡〈厚父〉校釋四則》，《紀念于老誕辰120周年姚老誕辰90周年會議論文集》，吉林大學，2016年。

班　固：《漢書》，中華書局，1962年。

抱　小（2018）：《〈攝命〉"湛圂在憂"與〈封許之命〉"圂童在憂"合證》，復旦網，2018年11月22日。

C

蔡　偉（2011）：《據清華簡校正〈逸周書〉三則》，復旦網，2011年1月6日。

蔡一峰（2018）：《出土文獻與上古音若干問題探研》，中山大學博士學位論文（導師：陳偉武教授），2018年。

蔡哲茂（2006）：《論殷卜辭中的"㕚"字爲成湯之"成"——兼論"㕚""㕚"爲咸字説》，《中研院歷史語言研究所集刊》第七十七本第一分，2006年。

蔡哲茂（2013）：《殷卜辭"咸"爲成湯説補論》，《中國出土文獻與上古史國際學術研討會論文集》，天津師範大學，2013年。

陳秉新（2004）：《釋叉及從叉之字》，《古文字研究》第二十五輯，中華書局，2004年。

陳國慶：《漢書藝文志注釋彙編》，中華書局，1983年。

陳　劍（2006）：《釋"琮"及相關諸字》，《中國簡帛學國際論壇2006會議論文集》，武漢大學，2006年；收入氏著《甲骨金文考釋論集》，綫裝書局，2007年。

陳　劍（2007）：《甲骨金文考釋論集》，綫裝書局，2007年。

陳　劍（2011A）：《清華簡〈皇門〉"䍙"字補説》，復旦網，2011年2月4日。

陳　劍（2011B）：《清華簡〈金縢〉研讀三題》，《出土文獻與古文字研究》第四輯，上海古籍出版社，2011年。

陳　劍（2011C）：《〈上博八·王居〉復原》，復旦網，2011年7月20日。

陳　劍（2012）：《"備子之責"與"唐取婦好"》，《中研院第四屆國際漢學會議論文集》，2012 年，臺北。
陳　劍（2013A）：《清華簡與〈尚書〉字詞合證零札》，《清華大學出土文獻與中國古代文明國際學術研討會論文集》，清華大學，2013 年。
陳　劍（2013B）：《清華簡"戾災皋蠱"與〈詩經〉"烈假"、"罪罟"合證》，《清華簡與〈詩經〉研究國際學術研討會論文集》，香港浸會大學，2013 年。
陳　劍（2015A）：《清華簡字義零札兩則》，《戰國文字研究的回顧與展望國際學術研討會論文集》，復旦大學，2015 年。
陳　劍（2015B）：《〈容成氏〉補釋三則》，《出土文獻與古文字研究》第六輯，上海古籍出版社，2015 年。
陳　劍（2015C）：《〈清華簡（伍）〉與舊說互證兩則》，復旦網，2015 年 4 月 14 日。
陳　劍（2015D）：《說"規"等字並論一些特別的形聲字意符》，《第三屆漢字文化研討會論文集》，北京大學，2015 年。
陳　劍（2017）：《簡談對金文"蔑懋"問題的一些新認識》，復旦網，2017 年 5 月 5 日。
陳　劍（2018）：《試爲西周金文和清華簡〈攝命〉所謂"粦"字進一解》，《出土文獻》第十三輯，中西書局，2018 年。
陳夢家：《尚書通論》，中華書局，2005 年。
陳民鎮（2011A）：《清華簡〈尹至〉集釋》，復旦網，2011 年 9 月 12 日。
陳民鎮（2011B）：《清華簡〈尹誥〉集釋》，復旦網，2011 年 9 月 12 日。
陳民鎮（2011C）：《清華簡〈保訓〉集釋》，復旦網，2011 年 9 月 19 日。
陳民鎮（2011D）：《清華簡〈保訓〉"中"字解讀諸說平議》，復旦網，2011 年 9 月 19 日。
陳民鎮（2018）：《清華簡（八）讀札》，清華網，2018 年 11 月 17 日。
陳斯鵬（2018）：《舊釋"粦"字及相關問題檢討》，《紀念清華簡入藏暨清華大學出土文獻研究與保護中心成立十周年國際學術研討會論文集》，清華大學，2018 年。

陳　偉（2009A）：《楚地出土戰國簡册[十四種]》，經濟科學出版社，2009年。

陳　偉（2009B）：《〈保訓〉詞句解讀》，簡帛網，2009年7月13日。

陳　偉（2012）：《清華簡金縢零釋》，《承繼與拓新： 漢語語言文字學國際研討會論文集》，香港中文大學，2012年。

陳雄根、何志華編著：《先秦兩漢典籍引〈尚書〉資料彙編》，香港中文大學中國文化研究所，2003年。

程　浩（2011）：《清華簡〈程寤〉研讀札記》，復旦網，2011年1月8日。

程　浩：《"書"類文獻先秦流傳考——以清華藏戰國竹簡爲中心》，清華大學博士學位論文（導師： 李學勤教授），2015年。

程　浩（2019）：《〈攝命〉首節芻議》，《"清華簡〈攝命〉研究高端論壇"論文集》，上海大學，2019年。

程　燕（2015）：《清華五札記》，簡帛網，2015年4月10日。

程元敏（2012）：《尚書周書牧誓洪範金縢呂刑篇義證》，萬卷樓圖書公司，2012年。

程元敏：《尚書學史》，華東師範大學出版社，2013年。

崔　述：《崔東壁遺書》，上海古籍出版社，2013年。

D

董　珊（2014）：《楚簡中从"大"聲之字的讀法》，載氏著《簡帛文獻考釋論叢》，上海古籍出版社，2014年。

董　珊（2011）：《釋西周金文的"沈子"和〈逸周書·皇門〉的"沈人"》，《出土文獻》第二輯，中西書局，2011年。

段玉裁：《經韻樓集〔附補編、年譜〕》，上海古籍出版社，2008年。

F

馮勝君（2007）：《郭店簡與上博簡對比研究》，綫裝書局，2007年。

馮勝君（2011）：《出土文獻所見古書的載體以及構成和傳布方式》，《出土文獻與古文字研究》第四輯，上海古籍出版社，2011年。

馮勝君（2012）：《試論清華簡〈保訓〉篇書法風格與三體石經的關係》，《清華簡研究》第一輯，中西書局，2012年。

馮勝君（2015）：《有關出土文獻的"閱讀習慣"問題》，《吉林大學社會科學學報》2015年第1期。

馮勝君（2016）：《清華簡〈說命〉"圗水"解》，《古文字研究》第三十一輯，中華書局，2016年。

馮勝君（2017）：《也談清華簡〈金縢〉以及〈詩·豳風·鴟鴞〉所見周初史事》，《中國簡帛學國際論壇2017·新出土戰國秦漢簡牘研究論文集》，武漢大學，2017年10月；又《簡帛》第十八輯，上海古籍出版社，2019年。

馮　時（2012）：《清華〈金縢〉書文本性質考述》，《清華簡研究》第一輯，中西書局，2012年。

復旦大學出土文獻與古文字研究中心研究生讀書會（以下簡稱"復旦讀書會"）（2010）：《清華九簡研讀札記》，復旦網，2010年5月30日。

復旦讀書會（2011A）：《清華簡〈尹至〉、〈尹誥〉研讀札記（附：〈尹至〉、〈尹誥〉、〈程寤〉釋文）》，復旦網，2011年1月5日。

復旦讀書會（2011B）：《清華簡〈程寤〉簡序調整一則》，復旦網，2011年1月5日。

復旦讀書會（2011C）：《清華簡〈耆夜〉研讀札記》，復旦網，2011年1月5日。

復旦讀書會（2011D）：《清華簡〈金縢〉研讀札記》，復旦網，2011年1月5日。

復旦讀書會（2011E）：《清華簡〈皇門〉研讀札記》，復旦網，2011年1月5日。

復旦讀書會（2011F）：《清華簡〈祭公之顧命〉研讀札記》，復旦網，2011年1月5日。

復旦讀書會（2011G）：《清華簡〈尹至〉、〈尹誥〉、〈程寤〉研讀札記》，《中國經學》（第八輯），廣西師範大學出版社，2011年。

復旦研究生（2011）：程少軒、鄔可晶主編，復旦大學出土文獻與古文字研究中心研究生編："清華簡字形辭例檢索數據庫"，復旦網，2011年。

付　強（2013）：《從賓組卜辭看〈說命〉的用詞續考》，清華網，2013年5月9日。

G

高佳敏（2020）：《清華簡〈攝命〉集釋》，西南大學碩士學位論文，2020年。

高榮鴻（2015）：《〈清華叁·說命（上）〉釋讀與初步研究》，《第二十六屆中國文字學國際學術研討會論文集》，聖環圖書出版社，2015年。

葛志毅（1998）：《試論〈尚書〉的編纂資料來源》，《北方論叢》1998年第1期。

葛志毅（2012）：《釋中——讀清華簡〈保訓〉》，《邯鄲學院學報》2012年第3期。

顧頡剛：《尚書學講義》，《顧頡剛全集》卷八，中華書局，2011年。

顧頡剛：《〈逸周書·世俘篇〉校注、寫定與評論》，《文史》第二輯，中華書局，1963年）。

顧　實：《漢書藝文志講疏》，商務印書館，1924年。

廣瀨薰雄（2015）：《說俞玉戈銘文中的"才林田俞圾"句》，《出土文獻與古文字研究》第六輯，上海古籍出版社，2015年。

桂　馥：《札樸》，中華書局，1992年。

郭永秉（2013）：《清華簡〈尹至〉"彔至在湯"解》，《清華簡研究》第一輯，中西書局，2013年。

郭永秉（2015）：《簡說清華簡〈厚父〉篇應屬〈夏書〉而非〈周書〉》，簡帛網，2015年5月6日。

H

何景成（2008）：《說"列"》，《中國文字研究》2008年第2輯。

何景成（2014）：《史頌器銘"瀆蘇滿"新解》,《吉林大學古籍研究所建所三十周年紀念論文集》,上海古籍出版社,2014年。

何有祖（2011）：《清華大學藏簡讀札（一）》,簡帛網,2011年1月8日。

侯乃峰（2013）：《讀清華簡（三）〈説命〉胜錄》,簡帛網,2013年1月16日。

胡敕瑞（2013）：《讀〈清華大學藏戰國竹簡（叁）〉札記之一》,清華網,2013年1月5日。

胡厚宣（1959）：《殷卜辭中的上帝和王帝（下）》,《歷史研究》1959年第10期。

黃德寬、徐在國（1998）：《郭店楚簡文字考釋》,《吉林大學古籍整理研究所建所十五周年紀念文集》,吉林大學出版社,1998年。

黃　傑（2013A）：《初讀清華簡釋文筆記》,簡帛網,2013年1月7日。

黃　傑（2013B）：《讀清華簡（叁）〈説命〉筆記》,簡帛網,2013年1月9日。

黃　傑（2019）：《清華簡〈攝命〉簡7-10的斷句與釋讀》,《"清華簡〈攝命〉研究高端論壇"論文集》,上海大學,2019年。

黃冠雲（2013）：《周公、〈金縢〉與〈鴟鴞〉》,《清華簡與〈詩經〉研究國際會議論文集》,香港浸會大學,2013年。

黃懷信（2011A）：《清華簡〈尹至〉補釋》,簡帛網,2011年3月17日。

黃懷信（2011B）：《由清華簡〈尹誥〉看〈古文尚書·咸有一德〉》,簡帛網,2011年3月25日。

黃懷信（2011C）：《清華簡〈程寤〉解讀》,《魯東大學學報（哲學社會科學版）》2011年第4期。

黃懷信（2011D）：《清華簡〈皇門〉校讀》,簡帛網,2011年3月14日。

黃懷信（2011E）：《清華簡〈金縢〉校讀》,《古籍整理研究學刊》2011年第3期。

黃懷信、張懋鎔、田旭東：《逸周書彙校集注》,上海古籍出版社,2007年。

黃人二、趙思木（2011A）：《讀〈清華大學藏戰國竹簡〉書後（一）》，簡帛網，2011 年 1 月 7 日。

黃人二、趙思木（2011B）：《清華簡〈尹至〉餘釋》，簡帛網，2011 年 1 月 12 日。

黃庭頎（2012）：《清華大學藏戰國竹簡〈尹至〉探析》，《有鳳初鳴年刊》2012 年 7 月。

黃麗娟（2012）：《清華簡〈尹誥〉疑難字詞考釋》，《國文學報》2012 年第 12 期。

黃澤鈞：《出土文獻中"書類文獻"判別方式討論》，《"出土文獻與尚書學研究"國際學術研討會論文集》，2018 年。

J

季旭昇（2010）：《説文新證》，福建人民出版社，2010 年。

季旭昇（2013）：《清華大學藏戰國竹簡（壹）讀本》，藝文印書館，2013 年。

賈連翔（2016）：《釋〈厚父〉中的"我"字》，《古文字研究》第三十一輯，中華書局，2016 年。

賈連翔（2018）：《"攝命"即〈書序〉"冏命"説》，《清華大學學報（哲學社會科學版）》2018 年第 5 期。

賈連翔（2020A）：《淺談竹書形制現象對文字釋讀的影響——以清華簡幾處文字補釋爲例》，《出土文獻》2020 年第 1 期。

賈連翔（2020B）：《〈封許之命〉綴補及相關問題探研》，《出土文獻》2020 年第 3 期。

蔣善國：《尚書綜述》，上海古籍出版社，1988 年。

蔣玉斌、周忠兵（2011）：《據清華簡釋讀西周金文一例——説"沈子"、"沈孫"》，《出土文獻》第二輯，中西書局，2011 年。

K

柯鶴立（2013）：《清華簡〈保訓〉中的"訓"及古代傳播"訓"的方式》，

《清華簡研究》第一輯,中西書局,2013年。

L

李春桃(2016):《清華簡與〈尚書〉對讀二題》,《第二屆簡帛學的理論與實踐學術研討會論文集》,首都師範大學,2016年。

李家浩(1996):《信陽楚簡中的"柿枳"》,《簡帛研究》第二輯,法律出版社,1996年。

李家浩(2008):《關於〈詛楚文〉"鞯輸"的釋讀》,《中國語言學》第一輯,山東教育出版社,2008年。

李家浩(2002):《談古代的酒器鎜》,《古文字研究》第二十四輯,中華書局,2002年。

李家浩(2013):《楚公逆鐘銘文補釋》,《出土文獻與中國古代文明國際學術研討會論文集》,清華大學,2013年。

李家浩(2015):《戰國楚簡"夰"字補釋》,《漢語言文字研究》第一輯,安徽大學出版社,2015年。

李家浩(2016):《楚簡文字中的"枕"字——兼談戰國文字中幾個從"臼"之字》,《出土文獻》第九輯,中西書局,2016年。

李 零(1993):《包山楚簡研究(占卜類)》,《中國典籍與文化論叢》第一輯,中華書局,1993年。

李 零(2009A):《説清華楚簡〈保訓〉篇的"中"字》,《中國文物報》2009年5月20日。

李 零(2009B):《讀清華簡〈保訓〉釋文》,《中國文物報》2009年8月21日。

李 零:《三種不同含義的"書"》,《中國典籍與文化》2003年第1期。

李 零:《簡帛古書與學術源流》,生活·讀書·新知三聯書店,2004年。

李 零:《何枝可依》,生活·讀書·新知三聯書店,2009年。

李 零:《蘭臺萬卷——讀〈漢書·藝文志〉》,生活·讀書·新知三聯書店,2011年。

李 零:《大地文章——行走與閲讀》,生活·讀書·新知三聯店,

2016 年。

李　銳（2009A）：《讀〈保訓〉札記》，孔夫子 2000 網，2009 年 6 月 17 日。

李松儒（2016）：《清華簡殘泐字辨析三則》，《古文字研究》第三十一輯，中華書局，2016 年。

李天虹（2014）：《由清華簡〈皇門〉"耆門"談上博簡〈姑成家父〉的"強門"》，《古文字研究》第三十輯，中華書局，2014 年。

李學勤（1989）：《祭公謀父及其德論》，載氏著《李學勤集》，黑龍江教育出版社，1989 年。

李學勤（2009A）：《論清華簡〈保訓〉的幾個問題》，《文物》2009 年第 6 期。

李學勤（2009B）：《解讀周文王遺言》，《光明日報》2009 年 4 月 13 日。

李學勤（2011）：《由清華簡〈金縢〉看周初史事》，《中國經學》第八輯，廣西師範大學出版社，2011 年。

李學勤（2012）：《新整理清華簡六種概述》，《文物》2012 年第 8 期。

李學勤（2015）：《清華簡〈厚父〉與〈孟子〉引〈書〉》，《深圳大學學報》2015 年第 3 期。

李學勤（2018A）：《談清華簡〈攝命〉篇體例》，《清華大學學報（哲學社會科學版）》2018 年第 5 期。

李學勤（2018B）：《清華簡〈攝命〉篇"粦"字質疑》，《文物》2018 年第 9 期。

李學勤：《文物研究與歷史研究》，《中國文物報》1988 年 3 月 11 日。

李學勤：《李學勤集》，黑龍江教育出版社，1989 年。

李學勤：《走出疑古時代》，遼寧大學出版社，1994 年。

李學勤：《簡帛佚籍與學術史》，江西教育出版社，2001 年。

李學勤：《初識清華簡》，中西書局，2013 年。

李學勤主編：《清華大學藏戰國竹簡（壹）》，中西書局，2011 年。

李學勤主編：《清華大學藏戰國竹簡（叁）》，中西書局，2013 年。

李學勤主編：《清華大學藏戰國竹簡（伍）》，中西書局，2015 年。

李學勤主編：《清華大學藏戰國竹簡（捌）》，中西書局，2018年。
廖名春（1996）：《〈尚書〉始稱新證》，《文獻》1996年第4期。
廖名春（2010）：《清華簡與〈尚書〉研究》，《文史哲》2010年第6期。
廖名春（2011A）：《清華簡〈尹誥〉研究》，《史學史研究》2011年第2期。
廖名春（2011B）：《清華簡〈尹誥〉篇補釋》，孔子2000網，2011年1月5日。
廖名春（2011C）：《清華簡〈金縢〉篇補釋》，孔子2000網，2011年1月5日。
廖名春（2013）：《清華簡〈傅說之命中〉新讀》，孔子2000網，2013年1月5日。
廖名春（2014）：《清華簡〈說命中〉的內容與命名》，《揚州大學學報（人文社會科學版）》2014年第4期。
林志鵬（2009A）：《清華簡〈保訓〉"自演水"補釋》，簡帛網，2009年10月20日。
林志鵬（2009B）：《清華大學所藏楚竹書〈保訓〉管窺——兼論儒家"中"之內涵》，簡帛網，2009年4月21日。
林之奇：《尚書全解》，《儒藏》精華編第15冊，北京大學出版社，2014年。
劉　剛（2013）：《清華叁〈良臣〉爲具有晉系文字風格的抄本補證》，復旦網，2013年1月7日。
劉國忠（2010）：《清華簡〈金縢〉及周公居東的真相》，《出土文獻》第一輯，中西書局，2010年。
劉信芳（2011）：《清華藏簡（壹）試讀》，復旦網，2010年9月9日。
劉洪濤（2010）：《談戰國楚系的"跂"字》，簡帛網，2010年5月31日。
劉洪濤（2011）：《清華簡補釋四則》，復旦網，2011年4月27日。
劉　雲（2011A）：《說清華簡〈皇門〉中的"賏"聲字》，復旦網，2011年1月23日。
劉　雲（2011B）：《清華簡文字考釋四則》，復旦網，2011年6月10日。

羅　琨（2011）：《讀〈尹至〉"自夏徂亳"》，《出土文獻》第二輯，中西書局，2011 年。

羅　琨（2012）：《〈保訓〉"求中"、"得中"解》，《出土文獻》第三輯，中西書局，2012 年。

羅　琨（2014）：《"生二牡豕"傳說中的上古史影》，《中國社會科學報（A05 版）》2014 年 3 月 12 日。

羅小華（2016）：《試論望山簡中的"肜开"——兼論戰國簡册中的旗杆》，《出土文獻》第九輯，中西書局，2016 年。

駱珍伊（2015）：《試説〈封許之命〉的"武王司明型"》，復旦網，2015 年 7 月 10 日。

M

馬　楠（2010）：《西周"五門三朝"芻議》，《出土文獻》第一輯，中西書局，2010 年。

馬　楠（2011）：《清華簡第一册補釋》，《中國史研究》2011 年第 1 期。

馬　楠（2012）：《周秦兩漢書經考》，清華大學博士學位論文（導師：彭林教授），2012 年。

馬　楠（2015）：《清華簡第五册補釋六則》，《出土文獻》第六輯，中西書局，2015 年。

馬文增（2015）：《清華簡〈厚父〉新釋、簡注、白話譯文》，簡帛網，2015 年 5 月 12 日。

馬　雍：《尚書史話》，中華書局，1982 年。

馬宗霍：《説文解字引經考》，中華書局，2013 年。

孟蓬生（2002）：《郭店楚簡字詞考釋（續）》，《簡帛語言文字研究》第一輯，巴蜀書社，2002 年。

孟蓬生（2009A）：《〈保訓〉"疾漸甚"試解》，復旦網，2009 年 7 月 10 日。

孟蓬生（2009B）：《〈保訓〉釋文商補》，復旦網，2009 年 6 月 23 日。

孟蓬生（2012）：《〈莊子·在宥〉"喬詰卓鷙"試解——兼釋"叩惽""饕

戾"》,《歷史語言學研究》第五輯,商務印書館,2012年。
孟蓬生(2013):《清華簡"叕"字試釋》,復旦網,2013年5月13日。
孟蓬生(2015):《釋清華簡〈封許之命〉的"彖"字——兼論"彖"字的古韻歸部》,復旦網,2015年4月10日。
米　雁(2011):《清華簡〈金縢〉"亞"字試詁》,復旦網,2011年1月12日。
明　珍(2014):《清華簡〈尹至〉釋字一則》,簡帛網,2014年4月11日。

N

寧鎮疆(2019):《清華簡〈攝命〉"亡承朕鄉"句解——兼說師詢簋相關文句的斷讀及理解問題》,簡帛網,2019年1月22日。

P

鵬　宇(2015):《〈清華大學藏戰國竹簡(伍)〉零識》,清華網,2015年4月10日。
彭裕商(1998):《周公攝政考》,《文史》第45輯,中華書局,1998年。
彭裕商(2012):《〈尚書·金縢〉新研》,《歷史研究》2012年第6期。
彭裕商(2015):《梅本古文〈尚書〉新考》,《出土文獻與古文字研究(第六輯)——復旦大學出土文獻與古文字研究中心成立十周年紀念文集》,上海古籍出版社,2015年。
皮錫瑞:《經學通論》,中華書局,1954年。
皮錫瑞:《今文尚書考證》,中華書局,2009年。

Q

錢存訓:《書於竹帛:中國古代的文字記錄》,上海書店出版社,2002年。
裘錫圭(1988):《關於殷虛卜辭的命辭是否問句的考察》,《中國語文》1988年第1期。

裘錫圭（1989）：《對〈關於殷虛卜辭的命辭是否問句的考察〉一文的評論的答覆》，載 *Early China* No.14（1989 年），中文原稿載氏著《裘錫圭學術文集·甲骨文卷》，復旦大學出版社，2012 年。

裘錫圭（1999）：《戎生編鐘銘文考釋》，《保利藏金》，嶺南美術出版社，1999 年；又《裘錫圭學術文集·金文及其他古文字卷》，復旦大學出版社，2012 年。

裘錫圭（2004）：《談談上博簡〈子羔〉篇的簡序》，《上海館藏戰國楚竹書研究續編》，上海書店出版社，2004 年。

裘錫圭（2008）：《釋古文字中的有些"悥"字和从"悥"、从"兇"之字》，《出土文獻與古文字研究》第二輯，復旦大學出版社，2008 年。

裘錫圭（2011）：《説清華簡〈程寤〉篇的"祮"》，《出土文獻與古文字研究》第四輯，上海古籍出版社，2011 年。

裘錫圭（2012）：《説从"嗇"聲的从"貝"與从"辵"之字》，《文史》2012 年第 3 輯。

裘錫圭：《出土文獻與古典學重建》，《光明日報》2013 年 11 月 14 日第 11 版。

裘錫圭：《裘錫圭學術文集》，復旦大學出版社，2012 年。

裘錫圭主編：《長沙馬王堆簡帛集成》，中華書局，2014 年。

裘錫圭、陳　劍（2016）：《説"徇""譐"》，朱慶之等編：《漢語歷史語言學的傳承與發展——張永言先生從教六十五周年紀念文集》，復旦大學出版社，2016 年。

清華讀書會（2015）：《清華簡第五册整理報告補正》，清華網，2015 年 4 月 8 日。

屈萬里：《漢石經尚書殘字集證》，中研院歷史語言研究所，1963 年。

屈萬里：《尚書集釋》，中西書局，2014 年。

R

任　達（2020）：《馬王堆帛書〈五星占〉研究》，吉林大學博士學位論文（導師：馮勝君教授），2020 年。

任　攀（2015）：《〈東漢元和二年"蜀郡西工造"鎏金銀銅舟〉補正》，《出土文獻與古文字研究（第六輯）——復旦大學出土文獻與古文字研究中心成立十周年紀念文集》，上海古籍出版社，2015 年。

S

單育辰（2015）：《〈清華大學藏戰國竹簡（伍）〉釋文訂補》，《"戰國文字研究的回顧與展望"國際學術研討會論文集》，復旦大學出土文獻與古文字研究中心，2015 年。

沈寶春（2011）：《論清華簡〈程寤〉篇太姒夢占五木的象徵意涵》，簡帛網，2011 年 3 月 14 日。

沈建華（2011）：《清華楚簡〈尹至〉釋文試解》，《中國史研究》2011 年第 1 期。

沈建華（2014）：《清華楚簡〈説命〉"失仲"與卜辭中的"失"族》，《甲骨文與殷商史》新四輯，上海古籍出版社，2014 年。

沈　培（2004）：《西周金文中的"繇"和〈尚書〉中的"迪"》，《古文字研究》第二十五輯，中華書局，2004 年。

沈　培（2011）：《清華簡字詞考釋二則》，復旦網，2010 年 1 月 9 日。

沈　培（2010A）：《清華簡〈保訓〉釋字一則》，《出土文獻》第一輯，中西書局，2010 年。

沈　培（2010B）：《再談西周金文"叚"表情態的用法》，復旦網，2010 年 6 月 16 日。

沈　培（2013）：《清華簡和上博簡"就"字用法合證》，簡帛網，2013 年 1 月 6 日。

沈　培（2015）：《談談清華簡〈傅説之命〉和傳世文獻相互對照的幾個"若"字句》，《簡帛》第十輯，上海古籍出版社，2015 年。

石小力（2018）：《清華簡第八輯字詞補釋》，《紀念清華簡入藏暨清華大學出土文獻研究與保護中心成立十周年國際學術研討會論文集》，清華大學，2018 年。

石小力（2019）：《清華簡〈攝命〉與西周金文合證》，《"清華簡〈攝命〉

研究高端論壇"論文集》,上海大學,2019 年。

施謝捷(1994):《釋"盩"》,《南京師大學報(社會科學版)》1994 年第 4 期。

司馬遷:《史記》,中華書局,1963 年。

宋華强(2011A):《清華簡校讀散札》,簡帛網,2011 年 1 月 10 日。

宋華强(2011B):《清華簡〈皇門〉札記一則》補正,簡帛網,2011 年 2 月 28 日。

宋華强(2011C):《清華簡〈金縢〉校讀》,簡帛網,2011 年 1 月 8 日。

宋華强(2011D):《清華簡〈金縢〉讀爲"穫"之字解説》,簡帛網,2011 年 1 月 14 日。

蘇建洲(2006):《〈上博楚簡(五)〉考釋二則》,簡帛網,2006 年 12 月 1 日。

蘇建洲(2010):《〈清華簡〉考釋四則》,復旦網,2010 年 1 月 9 日。

蘇建洲(2015):《〈封許之命〉研讀札記(一)》,復旦網,2015 年 4 月 18 日。

蘇建洲(2016):《談談〈封許之命〉的幾個錯別字》,《古文字研究》第三十一輯,中華書局,2016 年。

孫飛燕(2011):《清華簡〈皇門〉管窺》,《清華大學學報(哲學社會科學版)》2011 年第 2 期。

孫海波:《魏三體石經集録》,藝文印書館,1975 年。

孫慰祖、徐谷甫編:《秦漢金文彙編》,上海書店,1997 年。

T

唐　蘭(1962):《西周銅器斷代中的"康宫"問題》,《考古學報》1962 年第 1 期。

田　河(2007):《出土戰國簡册所記名物分類匯釋》,吉林大學博士學位論文(導師:吴振武教授),2007 年。

田旭東(2013):《〈程寤〉"六木"寓意另解》,《清華大學"出土文獻與中國古代文明"國際學術研討會論文集》,清華大學,2013 年。

W

王國維：《觀堂集林》，中華書局，1959 年。

王　輝（2013）：《一粟居讀簡記》，《清華簡研究》第一輯，中西書局，2013 年。

王鳴盛：《尚書後案》，北京大學出版社，2012 年。

王念孫：《讀書雜志》，上海古籍出版社，2014 年。

王　寧（2011）：《清華簡〈尹至〉〈尹誥〉中的"衆"和"民"》，復旦網，2011 年 2 月 4 日。

王　寧（2012A）：《清華簡〈尹至〉釋證四例》，簡帛網，2012 年 2 月 21 日。

王　寧（2012B）：《清華簡〈尹至〉"勞"字臆解》，簡帛網，2012 年 7 月 31 日。

王　寧（2013）：《讀清華三〈説命〉散札》，簡帛網，2013 年 1 月 8 日。

王　寧（2016）：《清華簡〈説命〉補釋五則》，簡帛網，2016 年 2 月 19 日。

王　寧（2015）：《讀〈封許之命〉散札》，復旦網，2015 年 4 月 28 日。

王　寧（2018）：《清華簡〈攝命〉讀札》，復旦網，2018 年 11 月 27 日。

王先謙：《尚書孔傳參正》，中華書局，2011 年。

王應麟：《漢書藝文志考證》，《漢制考 漢書藝文志考證》，中華書局，2011 年。

王志平（2014）：《清華簡〈説命〉中的幾個地名》，《簡帛》第九輯，上海古籍出版社，2014 年。

韋　婷（2017）：《清華簡〈程寤〉篇零札一則》，待刊稿。

魏宜輝（2016）：《利用戰國文字校讀〈尚書〉二題》，《古漢語研究》2016 年第 1 期。

鄔可晶（2013A）：《説金文"䞈"及相關之字》，《出土文獻與古文字研究》第五輯，上海古籍出版社，2013 年。

鄔可晶（2013B）：《釋上博楚簡中的所謂"逐"字》，《簡帛研究二〇一二》,廣西師範大學出版社,2013 年。

鄔可晶(2014):《讀清華簡〈芮良夫毖〉札記三則》,《古文字研究》第三十輯,中華書局,2014 年。

鄔可晶(2016A):《〈尹至〉"惟戴虐德暴疃亡典"句試解》,《出土文獻》第九輯,中西書局,2016 年。

鄔可晶(2016B):《利用出土文獻校讀古書兩篇》,《出土文獻與中國古典學國際學術研討會論文集》,耶魯—新加坡國大學院,2016 年。

鄔可晶(2017):《談談清華簡〈程寤〉的"望承"》,《出土文獻》第十輯,中西書局,2017 年。

鄔可晶(2018A):《"咸有一德"探微》,《出土文獻與中國古典學》,中西書局,2018 年;收入氏著《戰國秦漢文字與文獻論稿》,上海古籍出版社,2020 年。

鄔可晶(2018B):《試釋清華簡〈攝命〉的"夐"字》,復旦網,2018 年 11 月 17 日。

鄔可晶(2019A):《試釋殷墟甲骨文的"達"字》,《出土文獻與古文字研究》第八輯,上海古籍出版社,2019 年。

鄔可晶(2019B):《"憂"及有關諸字綜理》,《商周金文與先秦史研究論叢》,科學出版社,2019 年。

鄔可晶(2019C):《釋"穗"》,《文字・文獻・文明》,上海古籍出版社,2019 年。

吳承仕:《經典釋文序錄疏證》,中華書局,2008 年。

吳 琳(2015):《清華簡(五)〈厚父〉篇集釋》,復旦網,2015 年 7 月 26 日。

吳振武(1998):《陳曼瑚"逐"字新證》,《吉林大學古籍整理研究所建所十五周年紀念文集》,吉林大學出版社,1998 年。

吳振武(2006A):《說甚六鼎銘文中的"以鹿四方,以從句吳王"句》,《簡帛》第一輯,上海古籍出版社,2006 年。

吳振武(2006B):《新見西周再簋銘文釋讀》,《史學集刊》2006 年第 2 期。

吴振武（2015）：《〈清華簡（伍）〉成果發布會上的講話》，《清華大學藏戰國竹簡（伍）》成果發布會，清華大學，2015年4月9日。

X

夏含夷（2012）：《先秦時代"書"之傳授——以清華簡〈祭公之顧命〉爲例》，《清華簡研究》第一輯，中西書局，2012年。

夏含夷（2018）：《説杸：清華簡〈程寤〉篇與最早的中國夢》，《出土文獻》2018年第2輯。

夏含夷：《興與象——中國古代文化史論集》，上海古籍出版社，2012年。

夏含夷：《海外夷堅志——古史異觀二集》，上海古籍出版社，2016年。

小　狐（2010）：《〈保訓〉"演水"臆解》，復旦網，2010年3月15日。

蕭　旭（2011A）：《清華竹簡〈程寤〉校補》，復旦網，2011年1月13日。

蕭　旭（2011B）：《清華竹簡〈皇門〉校補》，復旦網，2011年1月10日。

蕭　旭（2018）：《清華簡（八）〈攝命〉校補》，復旦網，2018年12月7日。

謝明文（2014A）：《金文叢考（一）》，《出土文獻》第五輯，中西書局，2014年。

謝明文（2014B）：《談談金文中宋人所謂"鏙"的自名》，復旦網，2015年12月25日。

謝明文（2015A）：《釋東周金文中的幾例"醯"字》，《出土文獻》第六輯，中西書局，2015年。

謝明文（2015B）：《談談青銅酒器中所謂三足爵形器的一種別稱》，復旦網，2015年4月1日。

謝維揚（2016）：《由清華簡〈説命〉三篇論古書成書與文本形成二三事》，《上海大學學報（社會科學版）》2016年第11期。

徐俊剛（2013）：《釋清華簡〈説命中〉的"夲"字》，復旦網，2013年3月29日。

徐在國（1998）：《古璽文字八釋》，《吉林大學古籍整理研究所建所十五周年紀念文集》，吉林大學出版社，1998 年。

徐在國（2017）：《〈詩·周南·葛覃〉"是刈是濩"解》，《安徽大學學報（哲學社會科學版）》2017 年第 5 期。

薛培武（2015）：《〈王孫遺者鐘〉中"和調民人"試釋》，簡帛網，2015 年 11 月 30 日。

Y

閻若璩：《尚書古文疏證》，上海古籍出版社，2010 年。

楊　安（2011A）：《"助"字補説》，復旦網，2010 年 4 月 26 日。

楊　安（2011B）：《"助"、"叀"考辨》，《中國文字》新三十七期，藝文印書館，2011 年。

楊　博：《戰國楚竹書非"史書"類文獻史料内涵析論》，《中國文化研究所學報》No.68，2019 年 1 月。

楊念群（2012）：《清華簡〈尹誥〉引發古文〈尚書〉真僞之争——〈咸有一德〉篇名、時代與體例辨析》，《學習與探索》2012 年第 9 期。

楊念群（2014）：《清華簡〈説命〉考論》，《淮陰師範學院學報（哲學社會科學版）》2014 年第 1 期。

于　鬯：《香草校書》，中華書局，1984 年。

虞萬里（2013）：《清華簡〈説命〉"鵑肩女惟"疏解》，《出土文獻與中國古代文明國際學術研討會論文集》，清華大學，2013 年；又《文史哲》2015 年第 1 期。

虞萬里：《榆枋齋學林》，華東師範大學出版社，2012 年。

虞萬里編：《二十世紀七朝石經專論》，上海辭書出版社，2018 年。

袁　瑩（2011A）：《清華簡〈程寤〉校讀》，復旦網，2011 年 1 月 11 日。

袁　瑩（2011B）：《説"朘"》，復旦網，2011 年 9 月 26 日。

Z

張秉權（1957）：《小屯·第二本·殷虚文字丙編·上輯（一）》，中研院歷史語言研究所，1957 年。

張崇禮（2013）：《釋楚文字"列"及从"列"得聲的字》，復旦網，2013 年 6 月 28 日。

張崇禮（2014）：《清華簡〈傅説之命〉箋釋》，復旦網，2014 年 12 月 18 日。

張富海（2003）：《郭店楚簡〈緇衣〉篇研究》，北京大學碩士學位論文，2003 年。

張富海（2008）：《讀新出西周金文偶識》，《古文字研究》第二十七輯，中華書局，2008 年。

張富海（2011）：《清華簡〈尹至〉字詞補釋二則》，《中國文字學會第六屆學術年會論文集》，2011 年。

張富海（2013）：《讀清華簡〈説命〉小識》，《簡帛文獻與古代史學術研討會暨第二屆出土文獻青年學者論壇會議論文集》，2013 年。

張富海（2016A）：《清華簡字詞補釋三則》，《古文字研究》第三十一輯，中華書局，2016 年。

張富海（2016B）：《清華簡〈繫年〉通假束釋》，載李守奎主編《清華簡〈繫年〉與古史新探》，中西書局，2016 年。

張富海：《漢人所謂"古文"之研究》，綫裝書局，2007 年。

張富海：《楚簡通假字彙編與研究》（未刊稿），2017 年。

張國淦：《漢石經碑圖》，《民國時期經學叢書》第三輯，文聽閣圖書有限公司，2009 年。

張　輝、江　荻（2016）：《先秦漢語弱首音節詞頭詞現象——以〈尚書〉和〈山海經〉統計分析爲例》，《漢語史研究的材料、方法與學術史觀研討會論文集》，南京大學，2016 年。

張卉（2013）：《清華簡〈説命〉"説于羣伐失仲考"》，復旦網，2013 年 12 月 18 日。

張世超（2012A）：《佔畢脞説（三、四）》，復旦網，2012 年 2 月 23 日。

張世超（2012B）：《佔畢脞説（五、六）》，復旦網，2012 年 2 月 29 日。

張舜徽：《漢書藝文志通釋》，華東師範大學出版社，2004 年。

趙平安（2001）：《從失字的釋讀談到商代的佚侯》，《中國社會科學院歷史研究所學刊》第一集，社會科學文獻出版社，2001 年；又載氏著：《新出簡帛與古文字古文獻研究》，商務印書館，2009 年。

趙平安（2002A）：《釋"沓"及相關諸字——論兩周時代的職官"醓"》，《古文字研究》第二十四輯，中華書局，2002 年。

趙平安（2002B）：《〈窮達以時〉第九號簡考論——兼及先秦兩漢文獻中比干故事的衍變》，《古籍整理研究學刊》2002 年第 2 期。

趙平安（2002C）：《釋"剢"及相關諸字》，《語言》第三輯，首都師範大學出版社，2002 年；又載氏著《新出簡帛與古文字古文獻研究》，商務印書館，2009 年。

趙平安（2009）：《〈保訓〉的性質和結構》，《光明日報》2009 年 4 月 13 日。

趙平安（2012）：《〈芮良夫毖〉初讀》，《文物》2012 年第 8 期。

趙平安（2013A）：《試析清華簡〈説命〉的結構》，清華網，2013 年 5 月 7 日。

趙平安（2013B）：《清華簡〈説命〉"䜌強"考》，清華網，2013 年 5 月 16 日。

趙平安（2015A）：《談談戰國文字中值得注意的一些現象——以〈厚父〉爲例》，《出土文獻與古文字研究》第六輯，上海古籍出版社，2015 年。

趙平安（2015B）：《釋清華簡〈命訓〉中的"耕"字》，《深圳大學學報》2015 年第 3 期。

趙平安（2019）：《古文字中的"嗇"及其用法》，《中國文字》2019 年第 1 期。

趙慶淼（2016）：《商周時期的族群遷徙與地名變遷》，南開大學博士學位論文（導師：陳絜教授），2016 年。

趙雅思、陳家寧（2011）：《清華簡〈皇門〉集釋》，復旦網，2011 年 8 月 24 日。

趙雅思：《從簡本與傳世本〈皇門〉看古書流傳與校勘問題》，《文學界

（理論版）》2012 年第 5 期。
朱德熙、裘錫圭：《馬王堆一號漢墓遣策考釋補正》，《文史》1980 年第 10 輯。
朱鳳瀚（2011）：《讀清華簡〈金縢〉兼論相關問題》，《【簡帛·經典·古史】國際論壇論文集》，香港浸會大學，2011 年。
朱鳳瀚（2012）：《讀清華楚簡〈皇門〉》，《清華簡研究》第一輯，中西書局，2012 年。
朱謙之：《新輯本桓譚新論》，中華書局，2009 年。
朱曉海（2010）：《〈尹至〉可能是百篇〈尚書〉中前所未見的一篇》，復旦網，2010 年 6 月 17 日。
子　居（2009）：《清華簡〈保訓〉解析》，復旦網，2009 年 7 月 8 日。
子　居（2010）：《清華簡九篇九簡解析》，孔子 2000 網，2010 年 6 月 30 日。
子　居（2011A）：《清華簡〈尹至〉解析》，《學燈》第二十一期。
子　居（2011B）：《清華簡〈程寤〉解析》，《學燈》第十九期。
子　居（2013A）：《清華簡〈傅説之命〉上篇解析》，孔子 2000 網，2013 年 1 月 6 日。
子　居（2013B）：《清華簡〈傅説之命〉中篇解析》，孔子 2000 網，2013 年 4 月 3 日。
子　居（2013C）：《清華簡〈傅説之命〉下篇解析》，孔子 2000 網，2013 年 7 月 8 日。
子　居（2015A）：《清華簡〈厚父〉解析》，清華網，2015 年 4 月 28 日。
子　居（2015B）：《清華簡〈封許之命〉解析》，清華網，2015 年 7 月 16 日。

附網址
復旦網：　復旦大學出土文獻與古文字研究中心網站，http://www.gwz.fudan.edu.cn/。
簡帛網：　武漢大學簡帛研究中心網站，http://www.bsm.org.cn/。
清華網：　清華大學出土文獻研究與保護中心網站，http://www.ctwx.tsinghua.edu.cn/。

後　記

　　呈現在讀者面前的這本小書是國家社科基金項目"清華簡《尚書》類文獻綜合研究"的最終成果，成果出版距離立項已有八年之久。除了本人疏懶拖沓的性格因素使然之外，有關《尚書》的問題本就紛繁複雜，大量細節晦暗不清，使人如墜五里迷霧；有時候爲了弄清一個問題，花費了不少心力，結果却往往是歧路亡羊，不得不廢然而返。現在小書即將付梓，感覺對於《尚書》的認識才剛剛有了一點眉目。因此，這本小書自然是相關研究的初步嘗試，錯謬之處在所難免，希望能得到學界同仁的指正。

　　小書寫作過程中，友生賈旭東、温皓月、蔣建坤、張丹幫助搜集資料，費力不少；責任編輯顧莉丹女士爲小書出版提供了很多幫助，在此一併表示感謝！

馮勝君
辛丑歲杪於長春

圖書在版編目(CIP)數據

清華簡《尚書》類文獻箋釋 / 馮勝君著. —上海：上海古籍出版社，2022.1（2024.1重印）
ISBN 978-7-5732-0212-3

Ⅰ.①清… Ⅱ.①馮… Ⅲ.①《尚書》-注釋 Ⅳ.①K221.04

中國版本圖書館 CIP 數據核字（2021）第 267303 號

責任編輯：顧莉丹
封面設計：王楠瑩
技術編輯：耿瑩禕

清華簡《尚書》類文獻箋釋
馮勝君　著
上海古籍出版社出版發行
（上海市閔行區號景路 159 弄 1－5 號 A 座 5F　郵政編碼 201101）
(1) 網址：www.guji.com.cn
(2) E-mail：guji1@guji.com.cn
(3) 易文網網址：www.ewen.co
上海展强印刷有限公司印刷
開本 700×1000　1/16　印張 24.5　插頁 5　字數 364,000
2022 年 1 月第 1 版　2024 年 1 月第 3 次印刷
印數：2,901—3,950
ISBN 978-7-5732-0212-3
K·3124　定價：118.00 元
如有質量問題，請與承印公司聯繫
電話：021-66366565